개정 2판

체육교수론

박명기 · 이병준 · 이주욱 · 홍덕기 편저

PREFACE
서 문

체육교수론 [개정 2판]

『체육교수론』을 두 번째 개정하면서 몇 가지 소회를 밝히고자 한다. 이번 전면 개정의 주된 이유는 체육교수론 분야의 발전과 변화를 반영하고, 책의 완성도를 높이기 위한 편저자의 학문적 열정 때문이다. 체육교수론 분야의 기존 저서들을 종합 정리한 본서는 출간 이후 강의를 하는 분들과 임용고사를 준비하는 수험생들로부터 많은 호응을 받았다. 그러나 다른 한편으로는 내용 구성과 편집상의 미비점과 너무 오래된 이론을 다루고 있다는 냉정한 지적도 적지 않았다.

이번 전면 개정에서는 체육교수론 분야에서 최근의 이론과 실천에 대해 깊은 이해를 가진 이주욱, 홍덕기 교수가 저자로 참여하면서 두 가지 측면에서 큰 변화를 시도하였다. 첫째, 체육교수론 분야의 흐름을 반영하여 새로운 구성 체계로 내용을 보완하였다. 개정판의 2부 "탐구적 체육학습 교수법"을 과감히 덜어내고, 체육교수론 분야에서 가장 권위 있는 교재로 인정받는 Judith E. Rink의 "Teaching Physical Education for Learning"을 번역한 "학습자 중심 체육교수론"으로 대체하였다. 이와 함께 1부 체육교수이론의 내용도 최신 이론을 중심으로 재구성하였다. 둘째, 독자들이 지적해온 내용의 오류와 오타 및 띄어쓰기와 가독성이 떨어지는 편집을 개선하는 더 많은 노력을 기울였다.

체육 수업 방법 개선을 위한 국내외 많은 학자들의 노력에 힘입어 다양하고 깊이 있는 체육 교수·학습론이 발전해 왔다. 이러한 성과물들은 체육 전공 학생들과 체육 교사들의 체육교육에 대한 이해를 넓히고 학교 체육수업의 실질적인 개선을 가능하게 했다. 그러나 때로는 관점을 달리하는 여러 이론들이 혼재되어 체육 교수·학습론을 연구하거나 실천하는 이들에게 혼란을 주기도 했다. 본서는 이러한 "혼란" 상황을 최대한 바로잡고 현재 우리나라에서 사용되고 있는 주요 체육교수론 서적들의 핵심 주제들을 체계적으로 정리하겠다는 의도에서 기획되었다.

본서가 의도하는 목표 혹은 효용성을 좀 더 구체적으로 제시하면 다음과 같다.
첫째, 대학의 체육교수론, 체육지도법, 체육 교과교육학 강좌의 교재로 유용하게 사용될 수 있을 것이다. 그것은 본서가 그간 체육 교수·학습 분야에서 정립된 효율적 체육 교수법, 학습자 중심 체육교수론, 체육 장학, 수업 스타일, 수업 모형 등의 핵심 주제들을 종합적이고 체계적으로 정리하여 제시하고 있기 때문이다.

PREFACE
서 문

둘째, 본서는 무엇보다도 체육 임용고사를 준비하는 학생들에게 큰 도움이 될 것이라고 확신한다. 임용고사를 준비하는 학생들이 직면하는 어려움 중 하나는 체육 교과교육학 분야의 경우, 현재 출간되어 있는 여러 이론서들이 다루는 내용이 방대할 뿐 아니라, 이론서들 간에 내용 요소들이 상충되기도 하고, 같은 개념에 대해 용어를 달리 사용하는 경우도 있으며, 생경하고 잘못된 번역으로 인해 내용의 이해가 곤란한 경우가 적지 않다는 점이다. 이로 인해 학생들은 체육 교수 이론의 전체적 구조와 맥락을 파악하고 핵심 요소들을 이해하는데 많은 어려움을 겪게 된다. 본서는 이러한 점에 주목하여, 여러 권의 체육 교수·학습 이론서들이 다루는 내용들을 논리적 구조에 따라 요약·정리하고 어색하거나 잘못된 번역을 최대한 바로잡아, 단 한 권의 책으로 완벽한 임용고사 준비가 가능하도록 하였다.

셋째, 편저자들은 본서를 통해 체육교수론 분야에서 상충되거나 혼란스럽게 사용되는 개념들을 보완, 정리하고자 노력하였다. 우리나라에서 체육 교과교육학 자체는 상대적으로 신흥 학문이라 할 수 있다. 따라서 현재 통용되는 체육 교수·학습과 관련된 이론의 대부분이 구미 선진국에서 연구되고 검증된 것들이기 때문에, 번역하는 과정에서 통일된 용어가 사용되지 못하거나 의미가 잘못 전달된 경우가 적지 않다. 본서는 이러한 문제들을 해결하기 위해 동일한 개념을 다른 용어로 사용한 경우에는 괄호에 묶어 병행 표시하였고, 번역이 어색하거나 잘못된 경우에는 의미가 잘 통하도록 최선을 다하여 수정 번역하였다.

마지막으로, 이 자리에서 분명하게 밝혀 두고 싶은 것이 있다. 편저자들 나름대로의 학문적 욕심과 작은 노력에도 불구하고, 본서는 앞서 관련 이론서들의 출판을 통해 체육 교수·학습 분야를 개척한 여러 학자들의 노고에 힘입어 세상에 빛을 보게 되었다는 점이다. Siedentop, Rink, Mosston, Metzler 등과 같은 외국 학자들뿐만 아니라 주옥같은 체육교수 이론들을 우리나라에 소개한 강신복, 손천택, 류태호, 조미혜, 유정애 교수 같은 분들의 선구자적 노력에 전적으로 빚지고 있음을 부인할 수 없다. 이 분들의 노고에 진심으로 감사한다. 본 개정서 또한 처음의 의도와 달리 잘못되거나 미비한 점들이 계속 발견될 수 있을 것이다. 그러나 이는 오롯이 편저자들의 몫이다. 독자 여러분의 따끔한 질정을 달게 받아, 앞으로도 계속 수정 보완의 기회를 갖도록 하겠다. 자료 정리에 매달려 한동안 무심했던 우리들을 인내로 격려해준 가족들, 출판을 허락해준 Rainbow Books의 민선홍 사장님, 그리고 편집에 수고한 출판사 직원 분들께도 고마움을 전한다.

2025년 2월
편저자 대표 박 명 기

CONTENTS 목차

Part 01 체육 교수 이론 1

[1장] 효율적인 교수와 체육수업의 생태 3
[2장] 예방적 수업 운영과 학습자 관리 전략 10
[3장] 교수 결과의 사정, 그리고 장학과 관찰 19

Part 02 학습자 중심 체육교수론 45

[1장] 체육수업의 이해 47
[2장] 운동 학습에 영향을 주는 요인 53
[3장] 과제 설계하기 61
[4장] 과제 제시 67
[5장] 과제 분석과 과제 발달 72
[6장] 수업 활동 중 교수 79
[7장] 교수 전략 84
[8장] 수업 계획 91
[9장] 교수-학습 과정의 사정 99

Part 03 | 체육 교수 스타일 ·············· 113

[1장] 교수 스타일의 개요 ·············· 115

[2장] 교수 스타일의 종류 ·············· 132

1. 지시형 스타일(A) ·············· 132
2. 연습형 스타일(B) ·············· 136
3. 상호학습형 스타일(C) ·············· 141
4. 자기점검형 스타일(D) ·············· 147
5. 포괄형 스타일(E) ·············· 153
6. 유도발견형 스타일(F) ·············· 161
7. 수렴발견형 스타일(G) ·············· 168
8. 확산발견형 스타일(H) ·············· 173
9. 자기설계형 스타일(I) ·············· 182
10. 자기주도형 스타일(J) ·············· 187
11. 자기학습형 스타일(K) ·············· 191

Part 04 | 모형중심의 체육수업 개관 ·············· 193

[1장] 체육수업모형의 구성 ·············· 195
[2장] 모형중심의 체육수업에서 필요한 교사 지식 ·············· 204
[3장] 모형중심의 체육수업 전략 ·············· 219
[4장] 모형중심 수업에 필요한 효과적인 교수 기술 ·············· 227
[5장] 효과적인 체육수업의 계획 ·············· 235
[6장] 모형중심 수업에서의 학생 평가 ·············· 240

CONTENTS 목차

체육교수론 [개정 2판]

|| Part 05 || 체육수업모형 ·· 251

- [1장] 직접 교수 모형 ··· 253
- [2장] 개별화 지도 모형 ··· 272
- [3장] 동료 교수 모형 ··· 288
- [4장] 협동 학습 모형 ··· 303
- [5장] 스포츠 교육 모형 ··· 327
- [6장] 탐구 수업 모형 ··· 346
- [7장] 전술 게임 모형 ··· 363
- [8장] 개인적·사회적 책임감 모형 ·························· 380

찾아보기 ·· 399

Part 01

체육 교수 이론

Part 01 체육 교수 이론

Chapter 01 효율적인 교수와 체육수업의 생태

1. 효율적인 교수의 특징과 직접적 지도

효율적인 교수를 하는 교사는 강제적, 부정적, 징벌적 학습자 관리 기술에 의존하지 않고 학생들이 높은 비율로 학습 활동에 참여하도록 돕는다.

1) 효율적인 교수의 특징

- 학습 내용에 배당한 시간의 비율이 높다.
- 학습자의 과제 참여 비율이 높다.
- 학습 과제가 학습자의 발달 단계에 적합하다.
- 따뜻하고 긍정적인 학습 분위기를 조성한다.
- 학습자의 과제 참여 비율을 높게 유지하는 과제 구조를 설계한다.

2) 비효율적인 교수의 특징

Medley의 연구(1977)	Everston과 Brophy의 연구(1978)
• 학생의 과제 수행 능력에 대한 비판	• 수업의 흐름이 자주 끊김
• 수업 방해 학생에 대한 지나친 질타	• 학습 과제에 대한 설명 생략
• 수업 관리에 많은 시간 소요	• 명료하지 않은 학습 목표
• 미숙한 수업 운영 구조	• 학생의 주의집중 시간 고려 부족
• 실제 학습 시간이 많지 않음	• 높은 비율의 일탈 행동

3) 직접적 지도(direct instruction)란?

높은 비율의 실제 학습 시간을 목표로 하는 직접적 지도법은 다음과 같은 특징을 지닌다(Rosenshine, 1979).

- 직접적 지도는 계열화, 구조화된 학습 과제를 사용하는 학문 중심적, 교사 중심적 수업 형태이다.
- 직접적 지도는 학습자에게 학습 목표를 명확히 제시하고, 학습지도에 충분한 시간을 할애한다. 교사는 학습자의 발달 단계에 적합한 과제를 개발하고 설명과 시범을 통해 학습자가 학습 과제를 이해할 수 있도록 한다.

- 교사는 직접적 지도를 통해 학습자가 학습 목표와 관련한 성공 경험을 할 수 있도록 도와주며 시행착오에 대해 적절한 피드백을 제공한다.
- 직접적 지도 과정에서 교사와 학생의 상호작용은 구조화되긴 하지만 권위주의적이지 않으며 즐거운 학습 분위기에서 이루어진다.
- 교사는 직접적 지도를 통해 일련의 계열화된 학습 과제를 제시하고 학습자를 이끌어간다.

2. 교수 기능의 체계적 개발[1]

1) 교수 기능 연습법(Siedentop, 1991)

교수(수업) 기능의 개선을 위해서는 실제 현장에서 연습할 필요가 있다. 교사는 구체적인 목표를 설정하고 과학적이고 체계적으로 수집한 자료를 바탕으로 실제적인 지도를 통하여 교수 기능을 개발하여야 한다.

구 분	내 용
1인 연습 (self practice)	• 거울을 이용하거나 수업 장면을 녹화하여 적절한 단어 구사법이나 비언어적 의사소통법을 연습 ⇒ 교사의 언어구사력, 표정 관리, 피드백 제시 등 개별 교수행동 개발에 적합 (예비교사나 초임교사가 단순 교수 기능을 처음 배울 때 유용)
동료 교수 (peer teaching)	• 소집단의 동료들과 모의수업 장면을 통한 연습 ⇒ 몇 가지 교수 기능에 대해 제한된 모의수업 상황을 만들어 연습
축소수업 (micro-teaching)	• 몇 가지 교수 기능에 초점을 맞추어 소수의 실제 학생들을 활용한 교수 연습 • 축소수업은 동료교수와 달리 소수의 실제 학생을 대학으로 초청하여 교수 기능을 연습
반성적 교수 (reflective teaching)	• 6-8명으로 구성된 소집단에 교사가 1명씩 배당되어 학습 목표와 평가 방법을 설명한 다음 수업을 실시. 수업에 참가한 학생들의 질문지 자료를 토대로 수업을 한 교사와 학생들, 다른 관찰자들이 모여 교수법에 관해 "반성적 토의"를 하며 교수 기능을 향상시키는 방법 ⇒ 객관적인 자료를 바탕으로, 효율적인 교수 기능 연습법
현장에서의 소집단 교수	• 소집단의 실제 학생들(5-10명)을 대상으로 제한된 수업시간(10분-20분) 동안 수업을 진행하여 교수 기능을 연습하는 방법 ⇒ 수업지도 기술과 관련된 교수 기능을 연습
현장에서의 대집단 단시간 교수	• 학급 전체 학생을 대상으로 수업 시간을 5-10분으로 축소하여 연습 ⇒ 수업 운영이나 수업조직과 관련된 교수 기능을 연습
실제 교수	• 학급 전체 학생을 대상으로 하는 실제 수업 ⇒ 실제 수업상황을 경험하고 총체적인 교수 기능을 연습

[1] Siedentop, D(1991)의 Developing Teaching Skills in Physical Education을 강신복·손천택이 번역한 『체육교수이론』(2008)의 내용을 요약하여 인용한 것이다.

2) 교수 기능의 발달 단계

- **초기 곤란 단계**
  교사가 직전교육 단계에서 배웠던 교수 기능을 실제 현장의 체육수업에서 제대로 발휘하지 못하는 단계이다. 교사는 학생들과의 상호작용에 관련된 개별적 교수 기능(피드백 제공 등)을 다양하게 사용하지 못하고 있는 단계로 초임 교사의 수업 초기에 나타난다. 1인 연습이나 동료 교수 등과 같은 교수 연습법을 활용하여 교수 기능을 향상할 수 있다.

- **다양한 기능의 학습 단계**
  교수 연습법을 통해 초기 곤란 단계를 극복하고 다양한 교수 기능을 학습하면서 학생들에게 피드백을 제공하고, 비언어적 행동 사용 방법(몸짓, 손짓, 표정 등)을 활용하게 된다.

- **동시 처리 방법의 학습 단계**
  한 가지 기능이나 전략을 향상하는 데 초점을 맞추는 동시에 다른 문제의 처리가 가능한 단계이다. 예를 들어, 수업 운영 기술의 개선에 신경을 쓰면서 동시에 피드백 기능 향상이 가능하다.

- **교수 기능의 적절한 이용에 관한 학습 단계**
  다양한 상황에 맞는 적절한 피드백을 제공할 수 있는 단계이다. 이 단계에서는 구체적 목표 설정과 피드백이 기능 숙달에 도움이 된다.

- **자신감과 예측력(상황 이해)의 습득 단계**
  교수 기능을 연습하여 사용할 수 있을 뿐만 아니라, 학생들이 보이는 반응에 교수 기능의 효과를 알 수 있게 되는 단계이다. 즉, 교수 기능의 습관화 단계이다. 교사가 다양한 교수 기능 레퍼토리를 갖추고 이를 자신 있게 사용할 수 있게 됨에 따라, 점차 학습 환경의 요구를 예측할 수 있는 능력을 획득하게 된다. 즉, Kounin이 말하는 '상황 이해'(with-it-ness) 능력을 습득하게 되는 단계이다.

3. 효율적인 교수 전략

1) 학업 성취도와 관련된 다섯 가지 변인(Rosenshine과 Furst, 1971)

- **명확한 과제 제시** : 학습지도, 시범, 토의 등 명확한 과제 전달은 학생들의 과제 이해를 돕고 불필요한 시간을 줄인다.
- **교사의 열의** : 긍정적인 학습 분위기를 조성하며 학습자의 활발한 학습을 돕는다.
- **수업 활동의 다양화** : 지루한 수업 분위기를 예방하고 학습 내용에 집중하도록 돕는다.
- **과제 지향적 교수 행동** : 수업 내용이 무엇이든지 교육의 가장 중요한 목적은 교과 학습을 중시하는 것이다. 과제 지향적 교수 행동은 효율적인 교수와 학업 성취도에 가장 중요한 변인이다.
- **수업 내용** : 교과의 핵심적인 내용을 강조한다.

2) 효율적인 체육 교수에 관한 연구 결과

- **체육수업 중 교사의 시간 사용**

  그간의 기술적 분석 연구 결과, 체육 교사들은 수업 운영, 교수, 관찰 등의 교수 행동에서 많은 시간을 사용했다. 반면, 교사·학생 간의 상호작용에 사용하는 시간은 매우 적었다.

  교수(instruction)
  - 강의, 설명, 시범, 교과에 관한 정보의 전달 등과 같은 언어적, 비언어적 행동을 말한다. 체육수업 중 교사 행동의 30% 정도를 차지한다.

  수업 운영(class management)
  - 수업 활동을 조직하고 변경하며, 용구의 배치 등 상규적 수업 활동을 말한다. 일반적으로 체육수업 중 교사 행동의 20-22% 정도를 차지한다.

  관찰(observation)
  - 교사가 상호작용 없이 학생들을 지켜보는 것을 의미한다. 일반적으로 체육수업 중 교사 행동의 20-45% 정도를 차지한다.

  상호작용(interaction)
  - 수업 중 학생 행동의 칭찬, 부정적 행동에 대한 질책, 피드백의 제공, 학생들의 아이디어의 수용 등의 교사 행동을 의미한다. 교사가 학생과 상호작용에 사용하는 시간은 3~16% 정도를 차지한다.

- **체육수업 중 학생의 시간 사용**

  학생의 수업 활동에 관한 기술적 분석 연구에 의하면 학생들은 체육수업 시간에 수업 운영, 정보수용, 과제(운동) 참여, 대기에 수업 시간의 대부분을 사용하는 것으로 나타났다.
  - 수업 운영(class management) : 학생들의 출석 확인, 조 편성, 장소 이동, 수업 장면의 전환 등의 활동을 의미한다.
  - 정보 수용(information-receiving) : 수업조직, 규칙 및 안전, 과제 등의 정보를 수용하는 활동을 의미한다.
  - 과제(운동) 참여(task engagement) : 기능연습, 반복연습, 간이게임, 게임, 체력 운동, 준비 및 정리운동 등의 활동을 의미한다.
  - 대기(waiting) : 교수 및 연습 활동 전후 또는 도중에 과제에 참여하지 않은 채 기다리는 활동을 의미한다.

- **연구의 시사점**

  이러한 연구 결과는 기존의 체육수업이 학생의 실제 학습 시간을 충분하게 제공하지 못하고 있음을 보여주고 있다.

- **체육수업에서 학습자의 실제 학습 시간(ALT-PE)이 적은 이유**

  교사의 수업 운영 및 수업조직 측면의 미숙함
  수업 계획의 부적절성

- Mcleish(1981)의 학습 시간 모델에 따른 효율적인 체육 교수
    - 좋은 수업은 실제 학습 시간의 비율이 높고 학생의 대기 시간이 낮았다. 반면, 비효율적인 수업은 실제 학습 시간의 비율이 낮고 학생의 대기 시간이 높다.
    - 학생의 학습 효과는 학습 과제에 직접 참여할 학습 기회의 수와 양에 비례한다(학습자 반응 기회, OTR: Opportunity To Respond).
    - 학습 과제의 반복적 연습과 교사의 피드백을 통해 심동적, 인지적, 정의적 기능을 숙달시킴으로써 학습 효과를 높일 수 있다.
    - 학습자는 과제 참여시 성공 경험을 통해 유능감을 얻는다. 따라서, 교사는 학생의 과제 성공률을 높일 수 있도록 학습 과제의 난이도를 조절한다.

4. 체육수업의 생태⟨2⟩

1) 수업의 생태학적 이해

수업의 생태학적 이해는 나무가 아닌 숲을 보는 관점으로, 수업의 전체적인 맥락을 고려하는 방식이다. 즉, 수업을 장기간의 집단 활동으로 보면서 교수·학습을 하나의 '일'로 인식하는 것이다. 이러한 관점은 수업을 날씨, 장비, 시간 등 다양한 요인들이 서로 영향을 주고받는 생태적 역동성의 관점으로 이해하며 교사와 학생의 관계를 일방적인 관계가 아닌 양 방향적 영향 관계로 본다.

2) 체육수업의 과제 체계

체육수업의 과제 체계는 세 가지로 구성된다. 첫째, 운영 과제 체계는 출석, 이동, 수업조직 등 수업 관리와 관련된 과제이다. 둘째, 학습 지도 과제 체계는 실제 교과 학습 활동이다. 셋째, 사회적 행동 과제 체계는 학생들 간의 관계 맺기를 의미한다. 특히 사회적 행동 과제는 다른 두 과제와 은밀하게 결합되어 나타나며, 때로는 수업을 방해하는 요인이 되기도 한다.

3) 과제의 발달

과제 발달은 교사의 진술 과제에서 시작하여 실제 과제로 이어지며 발달한다. 따라서 실제 과제는 교사의 일 방향적 전달이 아니라 "교사의 요구 과제 → 학생의 반응(일치 또는 불일치) → 교사의 관찰 → 교사의 반응"이라는 순환적 과정을 통해 조건적으로 발달한다. 이 과정에서 학생들은 과제를 자신의 수준에 맞게 수정하기도 하며, 교사의 반응에 따라 실제 과제의 형태가 결정된다.

⟨2⟩ 이 내용은 손천택·박정준(2018)의 체육교수이론에서 요약하여 인용한 것이다.

4) 생태모형의 주요 개념

생태모형의 주요 개념은 책무성, 명료성/모호성, 위험성, 과제 경계로 구성된다. 첫째, 책무성은 학습 행동과 과제 참여에 대한 책임 부여, 둘째, 명료성은 과제의 명확한 정의, 셋째, 위험성은 과제의 난이도와 책무성의 강도, 넷째, 과제 경계는 수행 범위와 기대를 설정하는 것을 의미한다. 교사가 학생들에게 과제 수행에 대한 책무성을 강하게 부여하지 않으면 학생들은 자신의 편의에 따라 주어진 과제를 수행하게 된다.

5) 과제 체계 내 타협

과제 체계 내 타협은 학생들이 과제의 경계를 확인하고 수정하는 과정이다. 교실 수업에서는 주로 언어적 타협이 이루어지지만, 체육수업에서는 실제 연습 과정에서 과제를 수정하는 형태로 나타난다. 학생들은 자신의 수준에 맞게 과제를 더 쉽게 혹은 어렵게 수정하며, 교사의 반응을 보며 수정 가능한 범위를 파악한다.

6) 과제 체계 간 타협

과제 체계 간 타협은 세 과제 체계가 서로 영향을 주고받으며 균형을 이루는 과정이다. 교사들은 학생들의 협조를 얻기 위해 '운영 과제'와 '학습 지도 과제' 간의 타협을 시도하며, 때로는 '사회적 행동 과제'를 적절히 수용하기도 한다. 능동적인 교사는 학생들의 사회적 행동 과제 체계를 적절히 수용하면서 그들의 협력을 얻어내는 동시에 학습 목표 지향적인 수업 체계를 개발할 수 있는 능력이 있다.

7) 장학과 책무성

장학은 학생들에게 적절한 행동, 과제 참여, 학업성취에 대한 책임을 부여하는 교수 행위이다. 장학과 책무성은 전문적 체육 교사가 갖춰야 할 핵심적인 교수 기능이다. 특히 체육수업은 교실수업과 달리 넓은 공간에서 이루어지므로 학생들의 과제 수행을 관찰하고 관리하는 것이 더욱 중요하다. 교사는 성적 평가, 피드백, 도전과 경쟁 등 다양한 방식으로 학생에게 책무성을 부여할 수 있다.

8) 생태학적 연구의 주요성과

생태학적 연구의 주요성과는 운영 과제가 학습 지도 과제보다 더 명확하게 진술되고 엄격하게 관리된다는 점이다. 실제 학습 과제는 조건적으로 발달하며 가끔 진술 과제와 다르게 진행된다. 교사의 적극적인 장학과 관찰이 부족하면 학생들은 과제를 자신의 의지대로 수정하거나 수행하지 않는다. 학생들은 교사의 설명보다 자신의 행동에 대한 교사의 반응을 보고 행동 방침을 결정한다. 운영 과제는 일련의 루틴으로 구성되며, 전문적인 교사는 이를 쉽게 확립한다. 학생들이 교사의 설명보다 다른 학생의 과제 수행에 대한 반응을 더 중요하게 여긴다. 또한, 대부분의 체육 교사가 수행 능력보다는 학생의 노력을 더 중시한다는 점도 발견되었다. 능동적인 교사는 과제 도전, 공개 시연, 피드백 제공 등 다양한 방법으로 책무성을 부여한다.

9) 수업생태와 내용 지식

수업생태와 내용 지식의 관계는 매우 중요하다. 교사가 가르치는 내용에 대해 깊이 있게 알수록 그 가치를 중요하게 여기게 되며, 이는 학업 지향적 수업생태를 유지하는 데 도움이 된다. 단순히 기능만이 아닌 전략적 이해를 포함한 포괄적인 내용 지식이 필요하다.

10) 학업 중심 수업생태

학업 중심 수업생태는 단순한 즐거움을 넘어선 교육적 가치를 추구한다. 이는 운영 과제 체계와 사회적 행동 과제 체계를 적절히 활용하여 학습 지도 과제 체계를 효과적으로 운영하는 것을 의미한다.

Chapter 02 예방적 수업 운영과 학습자 관리 전략

1. 예방적 수업 운영

교사 효율성에 관한 연구 결과에서 "우수한 교사는 수업 방해 행동을 예방하는 수업 운영 체계를 개발하고 유지함으로써 교과 학습에 집중하도록 한다."는 것이다. 예방적 수업 운영은 체육 교사가 교육 현장에서 유연하고 효과적인 수업 운영 구조를 개발하는 데 필요한 기술 및 전략과 관계가 있다.

1) 수업 운영 관찰 요소

- **수업 운영 시간**

    학생들이 수업의 조직, 이동 등 학습과 관련성이 없는 과제에 사용한 시간의 총체이다. 예를 들어, 출석점검, 학습 용구의 배치, 대기, 팀 조직, 이동 등이다.

- **수업 운영 에피소드의 길이**

    교사가 시작한 수업 운영 행동에서부터 다음 지식 전달이나 활동이 시작될 때까지의 시간을 의미한다. 예를 들면 출석을 점검하는 시간이 이에 해당된다.

- **이동**

    수업에서 학생들이 한 장소에서 다른 장소로 이동하는 데 소비하는 시간을 의미한다. 예를 들어, 팀이 코트를 바꾸거나 한 장소에서 다른 장소로의 이동하는 경우다. 스테이션 수업일 경우, 스테이션 간에 이동시간을 짧게 하는 것이 좋다.

- **체육수업에서의 상규적인 활동**

    상규적인 활동은 빈번히 일어나는 수업 운영 활동 중 교사와 학생이 미리 약속한대로 행해지는 활동이다. 예를 들어, '언제 물을 마실 수 있고 화장실에 갈 수 있는가?' 등이다.

- **수업 진행의 방해**

    수업의 유연한 전개 및 여세를 방해하는 학생과 교사의 모든 행동을 의미한다. 수업 활동을 방해하는 학생 혹은 예기치 않는 사건이 발생했을 때 교사의 대응 등이 이에 해당한다.

2) 수업 운영의 효율성을 높이기 위한 교수 기술

- **최초 활동의 통제**

    최초 활동의 통제 방법으로는 학생들이 체육 시간에 알아두어야 할 기대 행동(집합 장소, 수업 시작, 활동 내용 등)을 공지하는 방법과 전시학습에서 차시 예고를 하는 방법이 있다.

- **수업 시간의 엄수**

    수업 시간 엄수는 최초 활동의 통제와 함께 유연한 수업 진행에 효과적이다. 교사와 학생은 수업 시간을 잘 지켜서 수업 운영 시간을 줄일 수 있다.

- **출석 점검 시간의 절약**

    출석 점검에 사용되는 시간을 절약하여 수업 지도나 연습, 경기 등에 사용한다면 효과적 수업이 가능하다. 출석 점검 시간을 절약하는 방법에는 학생들의 자기 서명, 수업 보조 학생을 통한 출석 점검 등이 있다.

- **주의 집중에 필요한 신호의 교수**

    학생들에게 과제를 설명하거나 집단적 피드백을 제공하기 위해서는 신속한 신호 교환이 이루어져야 한다. 교사와 학생들 간 신호에 대한 약속이 선행된 후, 그에 대한 연습을 통하여 상규적 활동이 되도록 한다. 예를 들어, 호루라기를 신호로 사용할 수 있다.

- **높은 비율의 피드백과 긍정적인 상호작용의 활용**

    높은 비율의 피드백과 긍정적인 상호작용을 활용하면 학생들의 신속한 수업조직에 도움이 된다.

- **학생 수업 운영 시간의 기록 공지**

    각 학급이 소비한 수업 운영 시간을 기록하여 추후 공지하는 방법을 사용함으로써 학생들에게 경쟁을 유도할 수 있다. 학생 개인별 또는 모둠별, 학급별로 운영 행동(관리 행동)과 운영 시간 기록을 작성하여 공개한다.

- **수업 운영(관리) 게임의 이용**

    학생들이 하나의 게임 형태 내에서 수업 운영 목표를 성취하면 그에 대한 보상을 주는 행동수정 기법을 의미한다. 수업 운영 게임은 정해 놓은 수업 운영 목표를 달성했을 경우 포상을 주는 게임 형태로서, 학생들의 학습 동기를 유발할 수 있다.

- **열의, 격려, 주의 환기의 활용**

    교사는 수업에 대한 열정을 가지고 학생들을 격려하고 수업 운영에 관련된 규칙을 수업 중에 재확인함으로써 수업 운영의 효율성을 높일 수 있다.

    환기(prompt)는 학습자에게 올바른 행동 방법을 상기하는 교사의 언어적 행동이다. 주의 환기는 학생들에게 항상 준비 태세를 갖추게 하고 수업 진행에 관심갖도록 한다. 주의 환기는 새로운 행동이 요구되는 초기 학습 상황에 유용하며, 부적절한 학생 행동이 발생하기 전에 일관성을 가지고 자주 실시하는 것이 좋다.

| 표 1.1 | 수업 운영(관리) 게임의 예

문제상황	• 초임 교사가 수업 운영으로 골머리를 앓고 있었다. 수업 운영에 많은 수업 시간이 허비되고 있었고, 학생들의 수업 방해 행동도 너무 많았다.
게임규칙	• 이때, 한 가지 관리 게임을 채택하여 전 학급을 대상으로 실시하였다. 포상은 수업 시간 중 학생들이 원하는 활동을 할 수 있는 자유시간(분 단위)을 주는 것이었다. 포상을 받기 위해서는 모든 학생이 다음의 목표를 성취하여야만 했다. - 운동장에 나오게 되면 미리 제시해 둔 시작 과제 활동을 읽고 정해진 장소에 가서 8분 동안 연습한다(상: 매 수업 2분 자유시간을 얻음). - 교사가 주목 신호로 호루라기를 불면 반드시 5초 내로 주목하고 조용히 한다(상: 매번 1분 자유시간을 얻음). - 하나의 과제 활동에서 다음 과제 활동으로 옮겨갈 때, 교사의 신호가 주어진 후 15초 내로 다음 활동을 한다(상: 매번 1분의 자유시간을 얻음).
실시결과	• 누적된 자유시간은 매주 금요일 체육수업 시간에 사용하게 하였다. 자유시간에는 학생들 각자가 원하는 활동(축구, 농구, 전술 회의, 휴식 등)을 할 수 있도록 했다.

3) 학습 방해 행동을 예방하고 과제 지향적인 수업을 유지하는 데 유용한 교수 기능 (Kounin, 1970)[3]

- **상황 이해(상황 파악, 사태 파악, with-it-ness)**
  교사가 학생들이 무엇을 하고 있는지 항상 알고 있다는 사실을 학생들에게 전달하는 것. 즉, 교사가 자신의 머리 뒤에도 눈이 있다는 것을 학생들에게 알려 학생들의 수업 이탈 행동을 방지하는 것(부처님 손바닥 위에 놓인 손오공)을 의미한다.

- **동시 처리(overlapping)**
  수업 흐름을 유지하는 동시에 수업 이탈 행동을 하는 학생을 제지하는 것이다.

- **여세 유지(momentum)**
  교사가 수업 진행을 늦추거나 학생의 학습활동을 중단시키지 않고 계속해서 활력있는 수업을 진행해 나가는 것이다.

- **유연한 수업 전개(smoothness)**
  수업 활동의 흐름이 중단되지 않도록 수업의 도입-전개-평가를 부드럽게 전개하는 것이다.

- **집단 경각(group alerting)**
  교사가 모든 학생에게 과제에 몰두하도록 경각심을 고취하는 것이다.

- **학생의 책무성(accountability)**
  교사가 학생들에게 수업 중 과제 수행에 대한 책임감을 부여하는 것이다.

---

[3] 1장 2절의 내용 참고

> **잠깐!**
>
> ☑ **부주의하고 수업을 이탈하는 학생 행동을 감소시키는 교수 기능 - Ornstein과 Levine(1981)**
> - 신호 간섭(signal interference) : 시선의 마주침, 손짓, 그 밖의 교사 행동으로 학생의 수업 방해 행동을 제지하는 것
> - 접근 통제(proximity control) : 교사가 수업 방해 행동을 하는 학생에게 가까이 접근하거나 접촉함으로써 그의 행동에 관심이 있다는 사실을 전달하는 것
> - 긴장 완화(tension release) : 긴장을 완화하는 유머를 이용하는 것
> - 상규적 활동의 활용(applying routine) : 스케줄, 학습 과제, 일상적 수업, 루틴 등과 같은 상규적 활동을 활용하는 것
> - 유혹적인 대상의 제거(removal of seductive materials) : 운동 용구, 외부 물품 등과 같이 부주의한 행동이나 수업 파괴적 행동을 조장하는 대상물을 제거하는 것
> - 방역 차원의 수업 제외(antiseptic removal) : 수업 파괴적인 행동을 하는 학생에게 물을 떠오게 하거나 심부름을 보냄으로써 수업 장면에서 제외하는 것

4) 수업 흐름을 방해하는 교사 행동(Kounin, 1970)

다음은 수업 흐름을 막고 학생들의 수업 이탈 행동을 조장하는 대표적인 교사 행동이다.

- **수업방해 활동에 대한 동시 처리의 미숙함**

    교사가 수업을 진행하는 중 학생이나 방문객으로 인해 방해될 때 이를 적절히 처리하지 못하거나 방치하면 수업의 흐름이 깨지게 된다. 이 때 교사는 학습 활동에 주의를 기울이면서 수업에 방해가 되는 사건을 손짓, 말, 눈짓 등으로 동시에 처리해야(동시 처리) 유연한 수업 전개와 여세 유지가 가능하다.

- **학습 활동의 방해**

    학생들이 진행하고 있는 학습 활동이 종결되기 전에 교사가 임의대로 학생들의 현재 활동을 중단시키는 것을 말한다. 따라서 교사는 학생의 학습 활동이 자연적으로 종료되는 시기를 기다렸다가 다른 활동을 전개하는 것이 수업 흐름을 유지하는 데 효과적이다.

- **탈선**

    교사가 수업과 무관한 일에 정신을 쏟는 것을 말한다. 교사는 수업 목표에 부합되는 교수 활동에 시간을 할애함으로써 수업 목표와 무관한 활동을 방지해야 한다.

- **중도 포기와 전환-회귀**

    중도 포기는 수업 초기에 계획된 활동을 실행하다가 그 활동을 종결하지 못한 채 다른 활동을 전개하는 것을 말하며, 전환-회귀는 어떤 활동을 하다가 중단하고 다른 활동으로 전환하였다가 다시 최초의 활동으로 돌아오는 것을 말한다. 전환-회귀는 수업의 유연성을 파괴하고 수업의 여세를 둔화시킴으로써 수업 흐름을 저해하게 된다.

- **과잉 설명**

    교사가 특정 과제를 설명하거나 시범을 보이는 데 있어서 필요 이상으로 많은 시간을 할

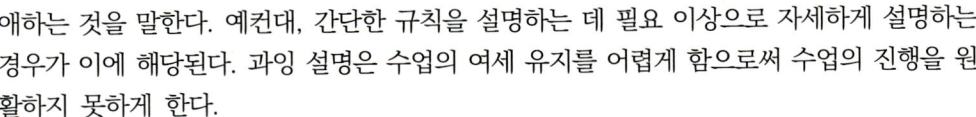

애하는 것을 말한다. 예컨대, 간단한 규칙을 설명하는 데 필요 이상으로 자세하게 설명하는 경우가 이에 해당된다. 과잉 설명은 수업의 여세 유지를 어렵게 함으로써 수업의 진행을 원활하지 못하게 한다.

- **세분화 : 활동 단위 선택의 착오**
  세분화는 집단 세분화와 활동 세분화로 구분된다. 집단 세분화는 전체 집단이 동시에 할 수 있는 활동을 한 사람씩 개별적으로 수행하게 하여 활동에 참여하지 않는 학생들을 오랫동안 대기시킴으로써 효과적인 학습을 방해하는 것을 말한다. 활동 세분화는 학습 과제를 지나치게 상세하게 세분화함으로써 구분된 각각의 과제 연습이 전체 과제와 어떻게 연결되는지를 알지 못하게 하는 것을 말한다. 이러한 세분화는 수업의 효율성 및 여세 유지에 방해가 된다.

2. 학습자 관리 기술

1) 수업 중 학생 행동의 유형

- **과제와 관련된 행동**
  수업 내용과 과제에 관련된 모든 학생 행동을 말한다. 예컨대, 학습 지도시 교사의 행동에 주의집중하는 것, 적절한 태도로 학습 지도에 응하는 것 등이 이에 해당된다. 교사는 과제와 관련된 학생 행동이 유지 및 강화되도록 유도해야 한다.

- **적절한 사회적 상호작용**
  과제와 관련된 학생의 역할 수행을 유도하는 학생간 상호작용 또는 학생-교사간 상호작용을 말한다. 예를 들면, 웃음, 격려 등이다.

- **과제에 무관심한 행동**
  교사의 교수 활동과 다른 학생의 학습 활동을 방해하지는 않지만 학습 과제와는 무관한 학생 행동을 말한다. 예를 들면, 교사를 멍하니 응시하거나 조는 행동 등이다.

- **방해 행동**
  교사의 교수 활동과 다른 학생의 학습 활동을 방해하는 학생 행동을 말한다. 예를 들면, 교사가 시범 보일 때 잡담하는 행위 등이다.

2) 행동수정을 위한 기본 전략

수업 중 부적절한 학생 행동이 발생할 경우, 교사는 다음과 같은 원리를 이용하여 적절한 행동으로 유도해야 한다.

- 행동수정의 수반성을 신중하게 정의하라 : 수반성이란 행동과 결과의 관계에 대한 진술이다. 따라서 교사가 학생들의 행동을 수정하려면 "만약 X라는 행동을 하면 Y가 일어날 것이다", "다시 한 번 수업 시간에 늦으면 교무실로 보내겠다." 등과 같이 말해야 한다.
- 구체적으로 진술하라 : 교사는 수정하고자 하는 행동이 무엇인지 학생들이 분명하게 이해할 수 있도록 구체적으로 진술해야 한다.

- 조금씩 변화시켜라.
- 단계적 변화를 추구하라.
- 일관성을 유지하라.
- 현재 수준에서 출발하라.

| 표 1.2 | 수업 규칙 제정의 원칙과 내용

제정원칙	① 규칙은 짧고 명확해야 한다. ② 규칙은 학생의 나이 수준에 적합한 언어나 기호로 전달되어야 한다. ③ 규칙은 5~8개 정도가 전달하기 쉽고 학생들이 기억하기 쉽다. ④ 가능하다면 긍정적인 어법으로 진술하라. 그러나 긍정적 실례와 부정적 실례가 모두 제공되어야 한다. ⑤ 규칙은 학교의 규칙과 일관성이 있어야 한다. ⑥ 규칙을 따를 때의 결과와 그렇지 않을 때의 결과에 일관성이 있어야 한다. ⑦ 실행할 수 없거나 실행할 의사가 없는 규칙은 만들지 않도록 한다.		
	범주	**내용**	**사례**
규칙내용	안전	용·기구 취급과 학급 친구들을 대하는 것과 관련된 적절한 행동	체조 용구는 허락 하에서만 사용한다. 축구공을 사람 몸에 직접 차지 않는다. 등
	타인 존중	교사와 학급 동료를 대하는 것과 관련된 적절한 행동	친구를 격려하고, 응원하라. 등 말대꾸 하지 마라. 모욕주지 마라. 등
	수업 환경 존중	용·기구와 시설을 사용하는 것과 관련된 적절한 행동	공 위에 앉지 말라. 운동장을 깨끗하게 이용하라. 사용한 용·기구는 제자리에 가져다 놓아라. 등
	동료 지원	친구를 돕고, 서로 함께 나누고, 격려하는 것과 관련된 적절한 행동	기구와 공간은 함께 나누어 사용해라. 친구를 격려하라. 등
	최선	시간을 잘 활용하고 과제 연습에 집중하며, 배우려고 노력하는 등의 적절한 행동	제시간에 출석하라. 열심히 연습하라. 언제나 최선을 다하라. 등

3) 올바른 행동 향상에 필요한 기술

- **수업 규칙 제정**

  수업 규칙은 효과적인 수업 운영의 기초가 되므로, 교사는 수업 규칙을 명확하게 제정하여 학생들에게 분명하게 전달해야 한다. 수업 규칙은 교사가 학생과 의논하여 정하는 것이 바람직하다.

- **긍정적인 상호작용을 통한 적절한 행동 유도**

  비난 등의 부정적인 상호작용은 학생들의 학업성취 및 학업 관심을 저하하는 원인이 된다. 따라서 교사는 칭찬, 격려 등의 긍정적인 방법으로 학생과 상호작용해야 한다.

- **상호작용 시 다양한 방법 사용**

  교사는 부드러운 언어 및 다양한 표정, 몸짓 등의 비언어적 행동을 통해서 학생과 긍정적으로 상호작용해야 한다.
- **부적절한 행동의 단서를 무시하고 긍정적인 상호작용**
  교사는 학생이 부적절한 행동을 할 경우, 수업에 특별히 방해가 되지 않는 경우 등 상황에 따라 학생의 부적절한 행동 단서를 무시하고, 적절한 행동을 유도하기 위하여 긍정적으로 상호작용할 수 있다.

4) 부적절한 행동의 감소에 필요한 기술

- **부적절한 행동의 무시**
  부적절한 행동을 무시하면서 적절한 행동에 대한 긍정적인 상호작용의 비율을 높이는 것은 유연한 수업 진행과 좋은 학습 분위기 조성에 도움이 된다. 반면, 부적절한 행동을 지속해서 제지할 경우, 학생에게 부적절한 행동이 강화될 수도 있다.

- **언어적 제지 활용**
  교사는 학생들에게 부적절한 행동의 유형에 대해 구체적으로 알려주고, 부적절한 행동을 통해 수업을 방해할 시 즉각 단호하고 엄격하며 수반성을 동반한 언어적 제지를 가해야 한다.

- **구체적이고 효과적인 상벌 전략 사용**
  - 삭제 훈련(omission training) : 교사가 학생에게 특정의 잘못된 행동에 참여하지 않은 데 보상을 주는 것이다. 예 : 수업 중 떠들지 않은 데 대해 칭찬하거나 상점을 주는 것.
  - 적극적 연습(전향적 연습, 긍정적 연습, positive practice) : 학생이 부적절한 행동을 할 때 일정한 횟수의 적절한 행동을 되풀이하게 시키는 것이다. 예 : 용·기구를 제대로 치워놓지 않으면 다시 가져다 올바르게 치우기를 3번 반복시키는 것.
  - 퇴장(time-out) : 수업 위반 행동에 대한 벌로서 일정한 시간 동안 체육활동에 참가를 금지하는 것이다. 예 : 수업을 방해한 학생을 5분 동안 수업에서 제외하는 것.
  - 보상 손실(반응 대가, reward cost) : 학생의 수업 위반 행동에 대한 벌로서 학생에게 유익 하거나 소중한 어떤 것(보상)을 상실시키는 것이다. 예 : 수업 중 친구를 때린 행동에 대한 벌로서 점수를 깎는 것. 수업 위반 행동이 3회 이상인 사람은 교내스포츠 활동 참여 기회를 박탈하는 것.

5) 행동수정 전략의 공식화

- **행동 공표(behavior proclamation)**
  행동 공표란 개인이나 집단 또는 전체 학급을 대상으로, 성취해야 할 행동과 수반성과 관련된 보상에 관한 교사의 공식적인 진술이나 발표를 말한다.
  공표는 성취되어야 할 행동, 회피해야 할 행동, 그리고 그러한 수반성을 만족시켰을 때 제공되는 보상 등을 진술한다.

- **행동 계약(behavior contracts)**
  행동 계약은 교사와 학생이 어떤 행동의 실행 여부에 대해 상호 계약을 체결하는 것을 말한다. 학생이 행동을 정의하고, 보상을 결정하고, 수반성을 확립하는 데 직접 참여한다는 면에서 행동 공표와 다르다.
이는 학생에게 자기관리 기술을 학습할 기회를 제공할 수 있다.

- **좋은(바람직한) 행동 게임(good behavior game)**

  학급 집단의 모든 학생이 규칙에 맞는 행동을 할 경우 일정한 점수를 부여한다. 총점이 보상 기준에 도달하는 경우 집단 전체의 학생들이 좋아하는 활동에 참가하도록 보상을 줌으로써 바람직한 행동을 유발하게 하는 게임 방식이다.

  부적절한 행동을 자주하는 집단을 대상으로 좋은 행동 게임을 사용하면 적절한 행동을 하도록 유도하는 데 효과적이다.

  행동 게임은 수업 운영과 수업조직을 위해서도 사용할 수 있다.

- **대용 보상 체계(token system)**

  가장 널리 알려진 행동수정 기법이다. 대용 보상 체계는 학문적, 수업 운영적, 수업 조직적인 결과에 대해 사용될 수 있는 공식적인 프로그램으로서 학생들은 다양한 보상과 바꿀 수 있는 토큰(token)에 관심을 쏟는다.

  체육에서 사용되는 전형적인 보상은 우수 선수 명단 게시, 운동 종목 선택의 기회 부여, 과외 체육 시간 부여, 교사의 개인 지도나 보조와 같은 특권 부여 등을 들 수 있다.

6) 행동수정의 기본 원리

정적 강화와 부적 강화는 모두 행동의 발생 빈도를 증가시킨다는 점에서 동일하다. 다른 점은 정적 강화는 바람직한 행동을 함으로써 원하는 것(예: 칭찬·휴식·음식·돈·게임 등)을 얻게 되는 것이고, 부적 강화는 바람직한 행동을 함으로써 원하지 않는 것(예: 꾸지람·화장실 청소 등)을 피할 수 있다는 점이다.

효과 \ 작용	자극 제시	자극 제거
행동 증가	정적 강화	부적 강화
행동 감소	정적 처벌(형태 1벌)	부적 처벌(형태 2벌)

- **정적 강화(positive reinforcement)**
  - 좋아하는 자극을 제공하여 행동의 빈도를 높이는 것이다.
  - 행동 공표
  - 행동 계약
  - 좋은(바람직한) 행동 게임
  - 대용 보상 체계(토큰 시스템)

- 상반되는 행동(부조화 행동)의 차별 강화

    바람직하지 못한 행동을 직접 수정하려고 하는 대신에 그와 상반되는 좋은 행동을 강화해서 바람직하지 않은 행동은 점차 사라지게 하고 바람직한 행동은 증가하도록 하는 강화전략이다.

    예시: 공부하는 행동과 떠드는 행동은 동시에 양립할 수 없다. 떠드는 행동에 어떤 벌을 제공 하는 것이 아니라 공부하는 행동에 정적 강화를 통해 떠드는 행동을 약화하거나 제거하는 것이다. 이때 떠드는 행동을 증상 행동, 공부하는 행동을 상반 행동이라 한다.

- 다른 행동(무반응 행동)의 차별 강화

    어떤 구체적인 행동이 일정 기간 발생하지 않을 때 그것을 강화하는 행동수정 기법이다.

    예시: 심하게 피부를 긁어 상처가 아물지 않는 아동의 경우 그 아동이 2분 간격으로 몸을 한 번도 긁지 않았을 때 강화를 주고 그 간격을 점점 늘려 나가는 것이다.

> **잠 깐 !**
>
> ☑ 정적 강화는 프리맥의 원리를 토대로 하여 이루어진다.
>
> 프리맥의 원리 : 선호하는(좋아하는 혹은 높은 빈도의) 반응(행동)은 바람직하지만 덜 선호하는 바람직한 반응(행동)을 강화하여 그 행동의 발생 빈도를 증가시킬 수 있다는 긍정적 강화 원리이다. 학생이 좋아하는 활동을 이용하여 학생이 좋아하지 않지만 바람직한 활동에 대한 학습 동기를 부여하는 데 이용할 수 있다. 예) 공부를 싫어하는 아이에게 공부하는 습관을 키워주기 위하여 공부를 30분하면 아이가 좋아하는 오락게임을 30분 동안 할 수 있도록 한다.

- 부적 강화

    혐오 자극의 제거로 학습자 행동을 강화하는 것이다. 부적 강화도 정적 강화처럼 결과적으로 학습자가 유리하다고 느끼게끔 하는 것이지만, 좋아하는 자극을 제공하지 않고 혐오 자극을 제거하는 것으로 강화한다는 점에서 차이가 있다.

    예시: 화장실 청소 당번인 학생에게 '오늘 공부 열심히 하면 화장실 청소를 면제시켜 주겠다'고 이야기하여 열심히 공부하는 학생 행동을 증가시킨다.

- 정적 처벌(형태 1벌)
    - 회복적 과수정 : 파괴 행위를 한 사람에게 파괴된 상황을 최초의 상태 이상으로 회복시키도록 하는 것
    - 적극적(전향적, 긍정적) 연습 과수정 : 부적절한 행동을 한 학습자에게 올바른 행동을 수차례 반복시키는 것

- 부적 처벌(형태 2벌)⟨4⟩
    - 퇴장(time-out): 수업 위반행동에 대한 벌로서 일정한 시간 동안 체육활동에 참가를 금지시키는 것
    - 반응 대가(보상 손실, reward cost): 학생의 수업 위반행동에 대한 벌로서 학생에게 유익하거나 소중한 어떤 것(보상)을 상실시키는 것

⟨4⟩ 1부 1장의 2절 내용 참고

Chapter 03 교수 결과의 사정, 그리고 장학과 관찰

1. 교수 결과의 사정(평가)

1) Siedentop의 완전 교수 사정(평가) 모델

- 교수 사정(평가)을 위한 3가지 변인
  ① 교사의 교수과정 변인
    - 교사의 교수과정 변인으로는 학습 지도, 질문, 피드백의 제공, 잘못된 행동의 중단, 적절한 행동에 대한 칭찬 등과 같은 교수 기능을 들 수 있다. 또한, 교사의 교수과정 변인은 수업 조직, 행동 관리, 학생의 장소 이동, 수업 활동의 흐름을 방해하는 행동의 처리 등의 전략을 포함한다. 이 변인은 교사의 교수 수행력과 직접 관련되는 것으로서, 수업 중인 교사를 직접 관찰하여 측정할 수 있다.
  ② 학생의 학습 과정 변인
    - 학생의 학습 과정 변인은 학습 기여 행동이나 학습 방해 행동과 직접 관련된 것으로, 학습 장소 이동 시간, 수업 중 잘못된 행동의 정도, 수업 중 개개 학생이 얻게 되는 유효 학습 시간, 기능 연습의 횟수, 수업 중 과제에 집중한 시간의 비율, 정보수집에 소비된 시간 등이 포함된다. 이 변인은 학생의 학습에 직접 관련된 것으로서 수업 중인 학생들을 직접 관찰하여 측정할 수 있다.
  ③ 학생의 학습 결과 변인
    - 학생의 학습 결과 변인은 학생의 학습 성취, 즉 학습 및 성장의 증거로 간주되는 학습자의 변화를 포괄하는 것으로, 기능 습득, 게임 운영 능력의 향상, 체력 향상, 과제 지식의 습득, 체육에 대한 태도 변화 등이 포함된다. 교수 및 교수 결과를 사정할 때는 단기간의 학습 결과 측정과 장기간의 학습 결과 측정을 구별하여 실시하는 것이 효과적이다.

> **잠깐!**
>
> ☑ **측정, 평가, 사정의 개념 비교**
>
> 측정(measurement) : 대상(사물이나 사람)의 속성에 체계적으로 수치(numerical value)를 부여하는 것
> 평가(evaluation) : 측정치에 대해 양적·질적 특성을 파악한 후 가치판단(value judgement)을 하는 것
> 사정(assesment) : 다양한 측정결과를 바탕으로 대상의 전체적인 모습을 조명하는 것

- 완전 교수 사정(평가) 모델을 위한 두 가지 보조 장치
  ① 사정된 정보를 이용하여 교수 전략을 수정하는 일련의 피드백
    - 피드백에는 두 가지 형태가 존재한다. 학생의 학습 과정 변인에 관한 정보를 이용하여 교수 전략을 수정하는 과정 피드백과 학생의 학습 결과에 대한 정보를 이용하여 교수 전략을 수정하는 결과피드백이다.

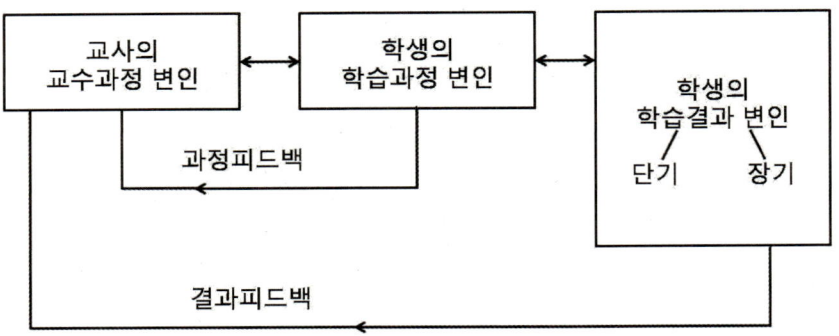

| 그림 1.1 | 완전 교수 사정(평가) 모델

  ② 교사의 교수과정 변인과 학생의 학습 과정 변인 간 상호작용
    - 교사는 학생에게 영향을 주면서 동시에 학생으로부터 직접적인 영향을 받는다. 따라서 교사와 학생 간의 상호작용에 대한 이해가 중요하다.

2) 실제 상황에서의 교수 사정(평가)

교수 사정(평가)은 세 가지 수준 또는 다른 세 가지 측면에서 바라볼 수 있으며, 수준별 정보는 교사와 학생을 직접 관찰하여 얻는다.

수준 I	개별적 교수 행동(discrete teaching behavior)
수준 II	분석적 교수 단위(analytic teaching units)
수준 III	준거적 과정 변인(criterion process variables)

- 개별적 교수 행동의 사정(평가) : 피드백, 강화, 질문, 격려
    개별적 교수 행동이란 체육수업을 진행하는 교사의 개별적 행동을 의미한다.
    개별적 교수 행동의 사정은 교사가 통제된 상황에서 기능을 연습시키는 교수 기능의 초기 발달 단계에 적합하다.
    수업 중 피드백, 칭찬, 질문, 언어적 행동의 빈도 및 정확성 등의 개별 행동을 관찰하여 사정한다.
    - 관찰 범주 : 개별적 교수 행동의 발생 빈도를 계산하여 그것을 단위 시간당 비율로 나타내거나, 일정 간격으로 교사를 관찰하여 특징적인 교사의 행동을 기록할 수 있다.

- **분석적 교수 단위의 사정(평가) : 수업 운영 장면, 교사 피드백 제공과 관련된 일련의 과정**

    두 가지 이상의 개별 활동 또는 교수과정 변인과 학습 과정 변인의 결합으로 구성되는 단위를 분석적 교수 단위라 한다. 수업 운영 장면의 분석이나 교사의 자극(지시)→학생의 반응→교사의 피드백이라는 일련의 과정 분석 등에 유용하다.

    분석적 교수 단위를 사정(평가)하는 것은 개별적 교수 행동을 사정(평가)하는 것보다 의미 있는 정보 획득이 가능하다.

    수업의 운영, 조직, 지도와 같은 교사의 특정 기능과 관계가 깊은 정보는 교수·학습의 사정(평가)에 중요하다. 두 가지 이상의 개별 활동 또는 교수과정 변인과 학습 과정 변인의 결합으로 구성되는 단위를 분석적 단위라 한다.

    - 관찰 범주 : 수업 운영 장면은 중요한 분석적 단위 중의 하나이다. 수업 운영 장면이란 교사가 수업 운영을 시작하여 다음 학습 활동 또는 연습 활동이 시작되기 직전에 그것을 끝낼 때까지의 일련의 시간이라고 정의할 수 있다. 따라서 수업에서 전체 수업 운영 시간은 수업 운영 장면에 소비된 시간의 총합이 된다. 교사의 지시 → 학생의 반응 → 교사의 피드백이라는 일련의 과정을 하나의 단위로 사정하게 되면 개별적인 행동으로 구분하여 검토하는 것보다 한층 의미있는 정보를 얻을 수 있다.

- **준거적 과정 변인의 사정(평가) : 실제 학습 시간, 적절한 학습 과제의 시행 횟수**

    준거적 과정 변인이란 수업 과정에서 학생의 학습 성취도에 대한 직접적인 근거를 제공해주는 변인을 말한다.

    준거적 과정 변인의 사정은 학생의 학습 과정 중심적 변인의 개념화를 통해서 얻어질 수 있다. 수업 중에 직접 이루어지는 과정 평가법은 기존의 결과 중심 평가법보다 학생의 학습 성취도를 보다 잘 알 수 있게 해준다.

    - 관찰 범주 : 체육의 실제 학습 시간 및 적절한 학습 과제의 시행 횟수는 학생의 학습 성취도 및 교사의 교수 기능을 사정(평가)하는 가장 좋은 준거적 과정 변인이 될 수 있다. 또한 이러한 측정치는 개별적 교수 행동과 분석적 단위에 대한 진단과 사정에도 좋은 정보가 된다.

잠깐!

☑ **체육 실제 학습 시간(Academic Learning Time-Physical Education: ALT-PE)**

체육수업에서 교사가 제시한 과제를 학생이 성공적으로 (또는 성취감을 느끼면서) 참여한 시간을 의미한다. 여기에는 첫째, 적절한 과제 수준, 둘째, 학습 과제에 대한 성공 지향성, 셋째, 학습 과제에 참여한 시간의 세 가지 요소가 포함된다. 따라서 ALT-PE가 높으면 학생의 학업성취가 향상되므로, 우수한 교사는 학생의 ALT-PE를 향상시키는 수업 전략을 사용한다.

2. 체육수업 장학⟨5⟩

1) 장학의 목적

- 교육의 질적 향상
  장학의 가장 중요한 목표는 교수학습의 질과 수업 효과성을 높이는 것이다.
- 교사의 전문성 신장
  장학은 교사들이 학습자와 교수학습에 대한 이해를 넓히도록 돕는다. 장학사들은 교사와 직접 상호작용을 통해서 수업 효과성을 높이도록 돕는다.
- 직무 동기의 부여
  장학은 수교사들이 가르치는 일에 헌신하고 교육 신념과 가치를 내면화하도록 도움을 준다.
- 학교 효과성의 제고
  장학은 효과적인 학습을 위해 교수의 질을 관리하고 시설과 기자재를 효율적으로 활용하며 학생 간 참여적 의사결정과 소통이 이루어지도록 민주적 절차와 과정을 활용한다.

2) 효율적인 체육수업 장학의 지침

- 수업 장학은 목표 지향적이어야 한다.
- 수업 장학은 체계적으로 이루어져야 한다.
- 수업 장학은 시기, 맥락, 대상 교사 등과 관계없이 일관성이 있어야 한다.
- 수업 장학은 관련된 수업 기술 개선에 초점을 두어야 한다.
- 수업 장학은 교사의 발달 단계에 따라 실시되어야 한다.
- 수업 장학은 정확하고, 적절하며, 객관적인 피드백을 직접적으로 제공해야 한다.
- 수업 장학은 진단적이고 처방적인 성격이어야 한다.
- 수업 장학은 빈번하게 이루어져야 한다.

3) 체육수업 장학의 절차

- 수업 관찰 전에 교사와 협의를 한다.
- 수업에 대한 교사의 의도를 파악한다.
- 수업 장학 계획을 체계적으로 수립하고 다양한 장학 평가 도구를 준비한다.
- 즉각적이고 적절한 피드백을 제공한다.
- 교사에게 문서화된 장학 자료를 제공한다.

⟨5⟩ 장학의 내용은 김대진(2012)의 스포츠교육학 총론의 내용을 요약하여 인용한 것이다.

4) 수업 장학의 유형

- **임상 장학(clinical supervision)**

    장학 담당자와 교사가 수업 관찰 계획, 실행, 결과에 대한 협의의 과정을 거쳐 수업 지도에 관한 전반적인 문제를 해결하고 수업 기술 개선과 향상을 도모하는 체계적인 지도·조언 과정이다. 장학 담당자는 교장, 교감, 외부 장학 요원과 전문가가 포함된다. 임상 장학의 대상은 초임 교사나 경력 교사 중에서 수업 개선이 필요한 교사가 자발적으로 참여하는 것이다.

- **동료 장학(peer supervision)**

    동료 장학은 일반적으로 두 명 이상의 교사가 서로 수업을 관찰하고, 토론을 하면서 자신들의 수업 전문성을 향상하는 과정이다. 동료 장학은 같은 학년 단위 또는 같은 교과 단위로 수업 연구과제의 해결을 하거나 수업 개선을 위해 협의하는 등 다양한 유형이 있다. 또한, 교사 간 서로 정보, 아이디어 또는 조언을 주고받는 공식적·비공식적 행위도 광의의 동료 장학으로 볼 수 있다.

- **자기 장학(self-directed supervision)**

    자기 장학은 임상 장학을 원하지 않는 교사가 혼자 독립적으로 자신의 전문성과 성장을 위해 스스로 계획을 세우고 실천하는 것이다. 자기 수업을 녹음 또는 녹화하고 생활지도, 동아리 활동 지도, 학급 관리 등 학생들과 면담이나 학생을 대상으로 한 의견 조사를 분석하여 수업 성찰과 개선의 자료로 활용한다.

- **확인 장학(monitoring supervision)**

    확인 장학이란 관리자가 잠시 비공식적으로 수업을 관찰하는 방문 장학(drop-in supervision)을 통하여 교사들에게 지도·조언하는 것이다. 확인 장학의 주체는 관리자인 교장, 교감이며 교사들을 대상으로 계획 수립 단계, 실행 단계, 결과 활용 단계로 구분하여 장학 활동을 실천한다. 확인 장학은 수업 관찰을 받는 교사와 관련이 있는 중요한 문제들을 다른 교사들과 함께 공개적으로 토의해야 한다.

- **요청 장학(requested supervision)**

    교사가 수업 개선을 위해 장학사를 초청해서 이루어지는 장학이다. 요청 장학은 교사 주도·학교주도의 장학으로 선진적인 형태이다. 요청 장학은 학교 수준, 기관 차원의 수준에서 교사 개인 차원으로 확대되어야 한다.

3. 전통적 교수 평가(사정) 방법

교수과정이나 결과를 평가할 때 많이 사용되어 온 전통적인 평가 방법에는 직관적 판단법, 목견적 관찰법, 일화 기록법, 점검표·평정척도 등이 있다. 이런 평가 방법들은 사용의 용이성 덕분에 여전히 널리 사용되고 있지만, 평가의 신뢰성이나 타당성이 낮은 경우가 많다.

1) 직관적 판단법(직관적 관찰법)

- 개념

  직관적 판단법(intuitive judgment)은 교수에 대한 통찰력과 경험이 있는 선임 교사나 장학사가 교사의 교수 활동을 보고 그것에 대해 직관적으로 전체적인 판단을 내리는 방법이다. 이 방법은 교사의 행동에 초점을 맞추기는 하나 학생에게는 충분한 관심을 집중하지 못한다. 그러나 이 방법도 체계적 관찰 방법과 같이 사용될 경우, 그 유용성을 인정받을 수 있다.

- 장점

  교수·학습 과정서 일어나는 문제들을 쉽게 확인할 수 있다.
  구체적인 과제 이탈 대상이 없을 때 유용하게 사용할 수 있다.
  모든 학습 지도 행동을 자유롭게 관찰할 수 있다.

- 단점

  신뢰성과 타당성의 부족으로 그릇된 결론에 도달할 가능성이 매우 높다.
  데이터가 체계적인 방법으로 수집되지 않기 때문에 교수 행동의 발달 과정을 계속해서 기록하기 어렵다.

- 적용

  직관적 관찰은 관찰할 구체적 사건이나 행동이 없을 때 가장 유용하게 사용된다.
  직관적 관찰은 가설을 설정하는 데 크게 도움이 된다.

2) 목견적(육안) 관찰법

- 개념

  교사 양성 과정에서 자주 사용되고 있는 피드백의 형태는 목견적(육안) 관찰법(eyeballing)이다. 이 방법은 먼저 장학사나 협력 교사가 교사의 지도 행동을 일정 시간 관찰한다. 그들은 수업 내용을 요약하거나 자료를 기록하지 않는다. 수업 종료 후에는 수업 활동을 함께 논의한다.

- 장점

  어떤 구체적인 사건이나 가치있는 정보에 관하여 논의할 때 유용하다.
  체계적으로 관찰·기록하는 방법과 함께 사용되면 가치있는 자료가 될 수 있다.

- **단점**

    교수 기술을 체계적으로 향상하기 어렵다.

    잘못된 개념, 이전의 경험, 암시로 인한 시각적, 인지적 오류를 범하기 쉽다.

- **적용**

    목견적 관찰은 별다른 관찰 도구의 준비 없이 손쉽게 사용할 수 있다.

    목견적 관찰은 관찰자가 평가의 전문성을 가지고 있을 경우 체계적 관찰법 못지않은 유용성을 가진다.

3) 일화 기록법

- **개념**

    일화 기록법(anecdotal records)은 관찰자가 '인상적인' 수업 장면을 기록하여 평가에 활용하는 방법이다. 즉, 관찰자는 수업 중 발생하는 사건이나 수업 행동을 주관적인 판단에 따라 상세하게 기록한다. 기록은 무엇이 일어나고 있는지를 사실적으로 기술한다. 이 방법은 주관적 관찰법이지만 목견적 관찰법보다 광범위하고 신뢰성이 높다.

- **장점**

    수업 관찰 중 가치있는 정보의 손실을 방지하여 준다.

    잃어버리기 쉬운 환경적 맥락을 그대로 기록할 수 있다.

- **단점**

    관찰 후에 상세한 기록을 의미있는 정보로 분류하는 데 엄청난 시간이 필요하며, 자료 분석에서는 고도의 통찰력과 분석력이 요구된다.

    동일한 현상을 관찰자마다 다르게 기록할 수 있다.

- **적용**

    일화 기록은 가설 없이 자료를 수집하는 데 유용하게 사용될 수 있다.

    일화 기록이 완료되면, 교사는 어떤 사항이 실제로 일어났는지 검토하고 일어난 사항들과 그들 간의 관계를 이해하기 위해서 노력해야 한다.

    일화 기록법은 어떤 문제에 중요한 구체적인 행동을 사전에 예측할 수 없을 때 교사들이 사용하는 유용한 관찰법이다.

4) 점검표와 평정척도

- **개념**

    점검표(checklist)는 표적 행동이나 사항의 발생 유무를 체크하여 평가하는 방식으로, 오랫동안 널리 이용되었다. 점검표는 대체로 "예" 혹은 "아니오"로 기술되어 있으나 때때로 "예"와 "아니오" 사이에 "가끔", "때때로", "드물게", "결코" 등의 반응을 포함하여 구성하기도 한다.

    반면에, 평정척도(rating scale)는 표적 행동이나 사항에 대해 많은 선택점(choice points)을 가지도록 정교하게 구성된다.

- **점검표의 장단점**

    - 장점 : 교수 기술의 개선 측면에서 상당히 진실한 자료의 수집이 가능하다. 수업의 계속적인 관찰을 위한 도구로 사용하면 효과가 크다.
    - 단점 : 진술 항목이 신뢰성 있는 관찰을 보장할 수 있을 만큼 명확히 정의되기 힘들다.

| 표 1.3 | 점검표(checklist)의 예

항목 \ 평가	예	아니오
체육복 착용		V
정시 집합	V	
과제 참여	V	

| 표 1.4 | 평정척도의 예

내 용	평 점 (1: 전혀 그렇지 않다, 5: 매우 그렇다)				
	1	2	3	4	5
1. 수업과정 중에 형성평가 계획이 적절하게 수립되어 있다.				V	
2. 형성평가의 문항이 수업목표 성취도를 충분히 반영하고 있다.					V
3. 형성평가가 학생들의 학습동기를 유발시킬 수 있는 요소들로 구성되어 있다.			V		
4. 교사의 형성평가 실행이 공정하고 일관성이 있다.				V	

배구 평가지

학생이름	포어암 패스	오버헤드 패스	서브	전체
김학생	2	2	3	
허학생	1	2	2	
정학생	2	3	3	
박학생	3	3	3	
이학생	1	1	1	
송학생	2	2	3	

포어암 패스
1- 서브를 받거나 정확하게 보낼 수 없다.
2- 대부분 서브를 받을 수 있으며 가끔 정확하게 보낸다.
3- 대부분 정확하게 서브를 받고 보낸다.

오버헤드 패스
1- 네트 너머의 공이나 포어암 패스의 공을 오버헤드 패스로 변환하여 정확하게 보낼 수 없다.
2- 가끔 공을 패스로 변환하여 정확하게 보낸다.
3- 대부분 패스를 변환하여 정확하게 보낸다.

서브
1- 네트 너머로 공을 보낼 수 없다.
2- 가끔 네트 너머로 공을 보낸다.
3- 대부분 네트 너머로 공을 보낸다.

| 그림 1.2 | 평정 척도법

- **평정척도의 장단점**
  - 장점 : 다른 관찰 도구로 처리하기 힘든 질적 차원의 행동을 기록하는 데 적합하다.
  - 단점 : 관찰 행동을 신중하게 정의하지 않거나 적절한 훈련을 받지 않고 이 도구를 사용하는 등 남용 사례가 많다.

선택점이 적은 평정척도

매우 그렇다.	1	2	3	4	5	전혀 그렇지 않다.

선택점이 많은 평정척도

매우 그렇다.	1	2	3	4	5	6	7	8	9	10	전혀 그렇지 않다.

- **적용**

  평정척도는 행동의 질적 차원에 관한 정보를 수집하기에 적합한 도구이다. 교사나 학습자 행동의 적절성, 학습자의 운동 기능 수준, 반응의 양 또는 기술 반응의 형태적 특징 등에 관한 자료를 수집할 때 유용하게 사용될 수 있다. 그러나 평정척도는 선택점이 많을수록 정확한 정보를 얻을 수 있는 반면 신뢰성이 떨어진다는 점에서, 유사 과학적인(pseudo-scientific) 평가 방법이라는 한계를 지니고 있다.

4. 체계적인 관찰(평가) 방법

전통적 교수 관찰(평가) 방법들은 신뢰성과 객관성을 담보하기가 어렵다. 반면 체계적 관찰 방법은 행동 범주의 명확한 정의를 바탕으로 빈도, 시간, 비율, 계열성 등에 대한 신뢰성과 객관성을 높은 평가 자료를 얻을 수 있다.

> **잠깐!**
>
> ☑ **체계적인 관찰법의 장단점**
>
> 1) 장점
> - 객관적인 자료를 수집할 수 있다.
> - 관찰할 행동 범주를 정의하여 결정할 수 있다.
> - 인상이나 의견이 아닌 관찰 가능한 행동을 직접 관찰할 수 있다.
> - 기초자료와 지속적인 자료의 비교를 통해 교수 기능을 개선할 수 있다.
> - 장학의 자료로 활용할 수 있다.
> 2) 단점
> - 시간과 인력이 많이 필요하다.
> - 조작적으로 정의된 행동 범주만 관찰함으로써 수업의 단면만 관찰할 가능성이 있다.
> - 예견치 못한 중요한 장면을 관찰할 수 없는 경우도 존재한다.

1) 사건 기록법

- **개념**

    사건 기록법(event recording)은 일정 시간 내에 일어나는 개별적인 사건을 누가 기록하는 방법을 말한다. 예컨대, 교사와 학생 간 긍정적인 상호작용을 기록하거나 학생들의 규칙 위반 행동을 기록하는 것이 이에 해당된다.

```
                    교사의 수업 행동 기록

교  사 : 박 강 민                수업 내용 : 매트 다리벌려구르기
관찰자 : 김 학 열                시  간 : 13:30 ~ 14:10 (40분)
```

피드백 대상			빈도	%
	학급	正 正 下	13	81%
	집단	丅	2	13%
	개인	一	1	6%
피드백 성격				
	긍정적	丅	2	13%
	중립적	丅	2	13%
	부정적	正 正 一	11	74%
피드백 구체성				
	일반적	正 正	9	81%
	구체적	丅	2	19%

| 그림 1.3 | 사건 기록의 예

- **장점**

    타당하고 신뢰성있는 자료를 얻을 수 있는 체계적인 관찰 방법이다.
    교사와 학생의 상호작용에 대한 기록을 간단히 측정할 수 있다.

- **단점**

    행동에 대한 정의(definition)의 적절성을 확보하지 못하면 사건 기록의 타당성이 저하된다.
    수업 맥락의 적절성을 고려하기 힘들다.

- **적용**

    사건 기록은 어떤 행동에 관한 양적 정보가 필요할 때 유용하게 사용된다.
    맥락 또는 적절성을 처리하는데 한계가 있으므로 신중하게 사용되어야 한다.

교사: 인ＯＯ											수업내용: 소프트볼	
관찰자: 홍ＯＯ											날짜: 2019-10-18	

피드백의 대상	1	2	3	4	5	6	7	8	9	10	총합	%
전체	✓											
집단												
개인		✓	✓	✓	✓							
긍정 혹은 부정												
긍정	✓				✓							
부정		✓	✓									
구체성												
일반적인	✓				✓							
구체적인		✓	✓									
피드백 종류												
평가적	✓				✓							
교정적		✓	✓									
적용하지 않음												
단서의 적절함												
적절함		✓	✓									
적절하지 않음												
적용하지 않음	✓											

수업 시간(분) _____
분당 피드백 비율 _____

| 그림 1.4 | 사건 기록법 기록지(교사 피드백)

2) 지속시간 기록법

- **개념**

  사건 기록법으로는 학생의 참여 정도에 관한 유용한 정보 습득이 불가능하므로 학생의 행동을 시간 단위(분, 초)로 측정하는 방법을 이용할 필요가 있다. 지속시간 기록법(duration recording)은 수업 행동의 지속시간을 시간 단위(분, 초)로 측정하는 방법으로서, 교사의 학습 지도 시간의 양과 학생의 수업 참여 시간의 양 등을 이해하는 데 활용이 가능하다.

- **장점**

  약간의 노력과 훈련으로 타당하고 신뢰성있는 자료를 얻을 수 있다.
  오랫동안 지속되는 개념의 이해에 필요한 자료를 수집하는 데 적합하다.

교사의 수업 행동 기록

교 사 : <u>박 강 민</u>
관찰자 : <u>김 학 열</u>
수업 내용 : <u>육상(이어 달리기)</u>
시 간 : <u>13:30 ~ 14:10 (40분)</u>

시간 \ 종목	교사의 과제전달 (설명과 시범)	수업 관리(운영)	적극적 감독(관찰, 피드백 제공, 학습지도 등)
	3 : 06	1 : 17	6 : 18
	1 : 08	1 : 24	5 : 20
	4 : 30	0 : 46	3 : 50
	2 : 06	0 : 40	4 : 25
	1 : 10	2 : 50	
		1 : 50	
		1 : 00	
		0 : 20	
계	12 : 00	8 : 47	19 : 13
비율	30%	16%	54%

| 그림 1.5 | 지속시간 기록(시간 직접 측정)의 첫 번째 예

- **단점**

  신속하게 변화하는 행동 관찰에는 부적합하다.
  사건의 발생 여부에 대한 정확한 정의가 내려지지 않으면 신뢰성이 떨어진다.

- **적용**

  지속시간 기록은 교사와 학생들의 수업 시간 사용에 관한 유익한 정보를 제공한다.

  교사 행동 중 수업 운영, 조직, 설명, 시범, 관찰, 문제 행동의 처리 등에 소요된 시간의 비율은 지속시간 기록을 통해 얻은 자료로 분석할 수 있다.

  학습자의 수업 시간 사용, 실제 연습 시간이 관련된 행동, 그리고 다른 학습자 행동들도 지속시간 기록법을 사용함으로써 적절한 자료를 수집할 수 있다.

체육교수론 [개정 2판]

교사의 수업 행동 기록

교 사 : <u>박 강 민</u>   수업 내용 : <u>배구(오버핸드패스)</u>
관찰자 : <u>김 학 열</u>   시 간 : <u>13:30 ~ 13:50 (20분)</u>

설명(E)   관찰(O)
수업 운영(M)   상호작용(I)
시범(D)

```
       1분        2분        3분        4분        5분
M              E                          M
       6분        7분        8분        9분       10분
            D           M    O
      11분       12분       13분       14분       15분
                      I         E                  O
      16분       17분       18분       19분       20분
                 I              O
```

	시간(초)	비율(%)
설명(E)	240	240/1200 × 100 = 20
수업 운영(M)	220	18
시범(D)	100	8
관찰(O)	540	46
상호작용(I)	100	8
계	1200(초)	100(%)

| 그림 1.6 | 지속시간 기록(time line)의 두 번째 예

3) 간격(동간) 기록법

- **개념**

    간격 기록법(interval recording)은 행동을 단시간 간격으로 관찰하고 어떤 행동이 각 시간 간격을 대표하는지를 결정하는 방법을 말한다. 예컨대, 전체 시간을 5~10초의 동일한 간격 (동간)으로 구분하여 첫 번째 간격에서는 행동을 관찰하고 두 번째 간격에서는 그 간격을 대표하는 행동을 기록한다. 관찰 시작 시간과 기록 시작 시간을 미리 녹음테이프에 녹음한 다음 이어 잭에 연결하여 기록 및 분석에 사용한다.

- **장점**

    행동이 순서대로 기록되므로 계열성에 관한 정보를 획득할 수 있다.
    두 명 이상의 관찰자가 동시에 관찰함으로써 관찰 체계의 신뢰성을 확보할 수 있다.

- **단점**

    행동을 관찰하고 기록하는 데 시간의 제한을 받는다.
    기록하는 동안에 발생한 행동들은 기록되지 않는다.
    행동 범주에 대해 명확한 정의를 내리지 않으면 신뢰성이 떨어진다.

- **적용**

    간격(동간) 기록은 수업에서 시간의 사용에 관한 구체적인 기술이 필요할 때 지속시간 기록과 같은 방법으로 사용될 수 있다. 교사 행동(예 : 강의, 조직, 시범, 피드백 제공, 관찰, 상호작용, 체육관에서 교사의 위치와 비언어적 행동)은 관찰자가 원하는 어떤 구체적인 수준에서 동간 기록법으로 정확하게 기록할 수 있다.

    측정 단위가 작고 행동 범주가 철저하게 변별될수록 내용을 더 완전하게 기술할 수 있다.
    간격 기록법에서 중요한 것은 간격의 길이에 관한 결정이다. 관찰 내용에 대한 적절한 간격을 결정함으로써 하나의 간격에서 한 가지 이상의 행동이 일어나는 것을 피할 수 있다.
    간격 기록에서는 항상 시간에 맞추어 관찰과 기록을 해야 한다. 따라서 초시계나 관찰과 기록을 알리는 녹음테이프가 자주 사용된다.

교사의 수업 행동 기록

교 사 : 박 강 민   수업 내용 : 배구(오버핸드패스)
관찰자 : 김 학 열   시 간 : 13:30 ~ 13:50 (20분)

설명(E)   관찰(O)
수업 운영(M)   상호작용(I)
시범(D)

```
        1                2                3                4              5
M M M M M M M M E E E E E E E E E E E E E E E M M M M M
        6                7                8                9             10
M M M M D D D D D D D D D M M M O O O O O O O O O O O O
       11               12               13               14             15
O O O O O O O O O O O O I I I E E E E E E E E E O O O O
       16               17               18               19             20
O O O O O O O O O I I I I I O O O O O O O O O O O O O O
```

〈자료 요약〉

	동간의 수(회)	동간의 비율비율(%)
설명(E)	24	240/1200 × 100 = 20
수업 운영(M)	22	18
시범(D)	10	8
관찰(O)	54	46
상호작용(I)	10	8
계	1200(초)	100(%)

| 그림 1.7 | 간격(동간) 기록의 첫 번째 예

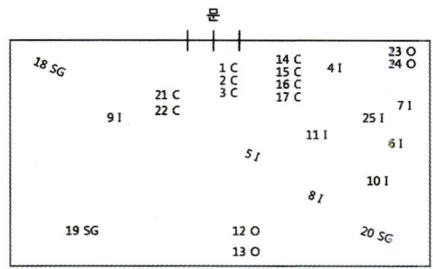

교사의 수업 행동 기록

교 사 : 박강민   수업 내용 : 창작 무용
관찰자 : 김학열   날짜 : 12월 8일
학 반 : 중 2~3   관찰시간 : 13:30 ~ 13:55 (25분)

기록 방법 : 관찰자는 1분 간격으로 교사가 연습 지역의 어디에 위치하는지 일련번호로 표시하고, 지향하는 표적을 함께 기록한다(교사 위치 지도, teacher location map).

학급(C)   소집단(SG)   개인(I)   관찰(O)

| 그림 1.8 | 간격(동간) 기록의 두 번째 예

4) 집단적 시간표집법(순간표집법)

- **개념**

    집단적 시간표집법(group time sampling)은 한 집단의 전체 구성원에 대해서 정기적인 자료를 수집하는 방법으로, 플라첵(placheck: planned activity check)이라고도 한다. 수업 관찰 중 규칙적인 시간 간격(10초 이내)으로 학생들을 신속하게 둘러보고 어떤 행동에 참여하는 학생들의 숫자를 헤아린다. 학생의 수업 참여 정도, 노력 정도, 적절한 행동 등과 같은 사항을 관찰하는 데 적합하다.

- **장점**

    매우 짧은 시간에 유익한 정보를 수집할 수 있다.

    별도의 관찰 시간이 필요하지 않으므로 교수 활동을 수행하면서 전체 학생들이나 개인 학생들에 관한 정보를 수집할 수 있다.

- **단점**

    신속하게 변화하는 행동을 관찰하는 데 부적합하다.

    행동 범주에 대해 명확한 정의를 내리지 못하면 신뢰성이 떨어진다.

- 적용

    집단적 시간 표집은 수업 전반에 걸쳐 일어나는 학습 참여 행동이나 특징들에 관한 정보를 수집하는데 유용한 관찰 방법이다.

    집단적 시간 표집법을 통해 기능발달의 다른 단계에 얼마만큼의 시간이 실제로 소비되었는지를 결정할 수 있다.

학생행동 분석											
학급 : 제5차시 배구 관찰자 : 김학열				교 사 : 박강민			학생수 : 30명 관찰시간 : 13:30 ~ 14:00(30분) (3분마다 1회씩 집단적 시간 표집)				
시간 학생행동	1:30	1:33	1:36	1:39	1:42	1:45	1:48	1:51	1:54	1:57	평균 (명)	비율 (%)
과제 참여 행동	20	30	28	26	27	30	30	29	30	28	27.8 (명)	92.7 %
일탈 행동	10	0	2	4	3	0	0	1	0	2	2.2 (명)	7.3 %

| 그림 1.9 | 집단적 시간 표집의 예

5) 자기 기록법

- 개념

    관심 있는 행동을 제3 관찰자의 힘을 빌리지 않고 기록하는 방법을 말한다. 이 방법은 교사가 자기 교수 기능을 개선하는 장학 자료로 활용하는 데 유용하다.

- 장점

    교사 자신의 교수 행동에 대한 객관적인 자료의 수집이 가능하다.
    교사 스스로 관찰할 행동 범주를 결정할 수 있다.
    기초자료와 지속적인 자료의 비교를 통해 교수 기능을 개선할 수 있다.
    자기 장학 자료로 활용할 수 있다.

- 단점

    시간과 노력이 많이 필요하다.
    조작적으로 정의된 행동 범주만 관찰함으로써 수업의 단면만 분석할 가능성이 있고, 예견치 못한 중요한 장면을 관찰하기 힘들다.

5. 관찰(평가) 도구의 예

1) 상호작용 분석 시스템(CAFIAS: Cheffers Adaptation of Flanders' Interaction Analysis System)

상호작용 분석은 복잡한 관찰 방법의 하나로, 행동 범주를 교사 행동과 학습자 행동으로 구분하고 각 행동이 일어나는 순서에 따라 기록한다. 최초의 상호작용 분석 체계는 Flanders 상호 분석 체계(FIAS)이며, 원래 교사와 학습자 간 언어적 상호작용 패턴을 기술하기 위해서 개발되었으나, 현재는 수업 분위기의 측정을 위해 사용되고 광범위하게 사용되고 있다.

상호작용 분석 체계는 교사의 직접 또는 간접적인 영향과 그러한 행동의 결과로 나타나는 학습자 반응의 유형을 기술할 수 있다. 관찰 결과는 행동을 기술하기 위해 사용된 행동 범주의 범위와 계열성에 관한 기록이다.

상호작용 관찰 체계는 명확히 정의된 행동 범주가 있으므로 관찰자들은 행동이 어떤 행동 범주에 속하는지를 결정해야 한다. 대부분 체계는 행동 범주에서 변화가 발견되거나 발견되지 않을 때 3, 5 또는 10초 간격으로 행동을 기록한다.

상호작용 분석적 관찰에서 나타나는 것은 사건의 발생 빈도뿐만 아니라 행동 패턴의 계열성이다. 이러한 계열성을 행동 연쇄 또는 행동 에피소드라고 한다.

장점
- 상호작용 관찰 체계의 장점은 포괄성과 사건의 범위 및 계열성 보존에 있다.
- 사건의 계열성이 보존되므로 사건 간의 관계 분석이 가능하다.

단점
- 상호작용 분석 체계의 가장 큰 단점은 실용성이다. 가장 간단한 차원에 관한 상호 독립적이면서 포괄적인 범주들을 계획하는 데도 상당한 시간이 필요하다.
- 기록은 신속하고 포괄적으로 이루어져야 하므로 대부분의 상호작용 관찰 체계를 신뢰성 있게 사용하는 방법을 학습하는 데는 많은 시간이 필요하다.

2) 체육의 실제 학습 시간(ALT-PE) 분석 시스템

체육의 실제 학습 시간(Academic Learning Time-Physical Education: ALT-PE)은 체육수업에서 학습자가 적절한 학습 과제에 성취감을 느끼면서 참여한 시간의 양을 측정하기 위해 개발되었다.

첫째, 적절한 (난이도의) 과제 수준, 둘째, 학습 과제에 대한 성공 지향성, 셋째, 학습 과제에 참여한 시간(양)의 세 가지 요소가 포함된다.

ALT-PE는 여러 가지 다양한 관찰 방법과 함께 사용될 수 있다.

학생들이 적절한 난이도 수준에서 운동 활동에 참여하는 시간의 양을 측정할 수 있다.

행동 범주의 정의를 적절한 운동, 부적절한 운동, 지원적 운동, 운동 불참으로 구분했다.

적절한 운동	학습자가 과제 지향의 운동에 높은 비율의 성공을 경험하면서 참여하는 것
부적절한 운동	학습자가 과제 지향의 운동에 참여하지만, 운동이나 과제가 개인 능력에 너무 어렵거나 쉬워서 그것의 연습이 수업 목표에 기여할 수 없는 것
지원적 운동	학습자가 다른 학생들이 그 활동을 학습하거나 수행하는 것을 도와주기 위한 목적으로 과제 지향의 운동에 참여하는 것
운동 불참	학습자가 과제 지향의 운동에 참여하지 않는 것

위의 네 가지 행동 범주에 대해 자료를 수집하기 위한 관찰 방법으로 동간 기록법, 집단 시간 표집법, 지속시간 기록법, 사건 기록법을 사용한다.

적절한 난이도 수준으로 운동 활동에 참여하는 시간의 양이 많을수록 학생의 학업성취도가 향상되는 것으로 본다. 우수한 교사는 학생의 ALT-PE를 향상하는 수업 전략을 사용한다.

- **실제 학습시간(ALT-PE)**

  체육의 실제 학습시간(Academic Learning Time-Physical Education, ALT-PE)은 Siedentop과 오하이오 주립대학의 학생들에 의해 개발되었다(Metzler, 1979; Siedentop et al, 1979, 1982). 이 도구는 학생이 교사가 제시한 과제를 성공적으로 수행한 비율로 수업 활동에 참여하는 것을 측정하도록 설계되었다. 실제 학습시간(ALT-PE)은 다양한 부류의 학생들이 포함된 체육수업의 맥락과 표집 된 학생들의 운동 참여 유형을 설명할 수 있다. ALT-PE는 몇 가지 다른 유형의 관찰 방법과 함께 사용할 수 있다. 여기에 제시된 전체 도구 일부는 운동 활동에 대한 정보만 제공한다. 더 완전한 도구 및 다른 유형의 기법에 대해서는 ALT-PE 설명서를 참조하기 바란다.

  - 목적

  이 도구의 목적은 학생이 적절한 난이도 수준에서 운동 활동에 참여하는 시간을 설명하는 것이다. 범주 정의는 〈표 1.5〉를 참조하기 바란다.

| 표 1.5 | 학생 운동 활동에 대한 범주 정의: ALT-PE

적절한 운동 (Motor Appropriate, MA)	학생은 높은 수준의 성공을 거두는 방식으로 주제에 적합한 활동에 참여한다.
부적절한 운동 (Motor Inappropriate, MI)	학생은 주제에 적합한 활동에 참여는 하지만 그 활동이나 과제가 개인의 능력에 비해 너무 어렵거나 너무 쉬우면 과제연습이 수업 목표에 기여할 수 없다.
운동 지원 (Motor Supporting, MS)	학생은 다른 사람이 그 활동을 배우거나 수행할 수 있도록 돕기 위해 주제에 적합한 활동에 참여하고 있다(예: 자리 잡기, 장비 가지고 있기, 다른 사람에게 공을 전달하기).
운동 비참여 (Not Motor engaged, NM)	학생은 주제에 적합한 활동에 참여하지 않는다. 이 범주는 학습자가 다음과 같이 운동을 하지 않은 상태에서 무엇을 하고 있는지 자세히 설명할 수 있다.
임시 (Interim, I)	학생은 현재 진행 중인 과제활동과 관련 없는 행동에 참여하고 있다.
대기 (Waiting, W)	학생은 과제나 운동을 완료하고 다음 단계를 기다리고 있다.
비과제활동 (Off-Task, OF)	학생은 그 시간에 해야 할 일을 하지 않고 있다.
과제활동 (On-Task, OT)	학생은 운동에 참여하지만, 주제와 관련된 활동에는 참여하지 않는다.
인지 (Cognitive, C)	학생은 인지 활동에 적절히 참여한다.

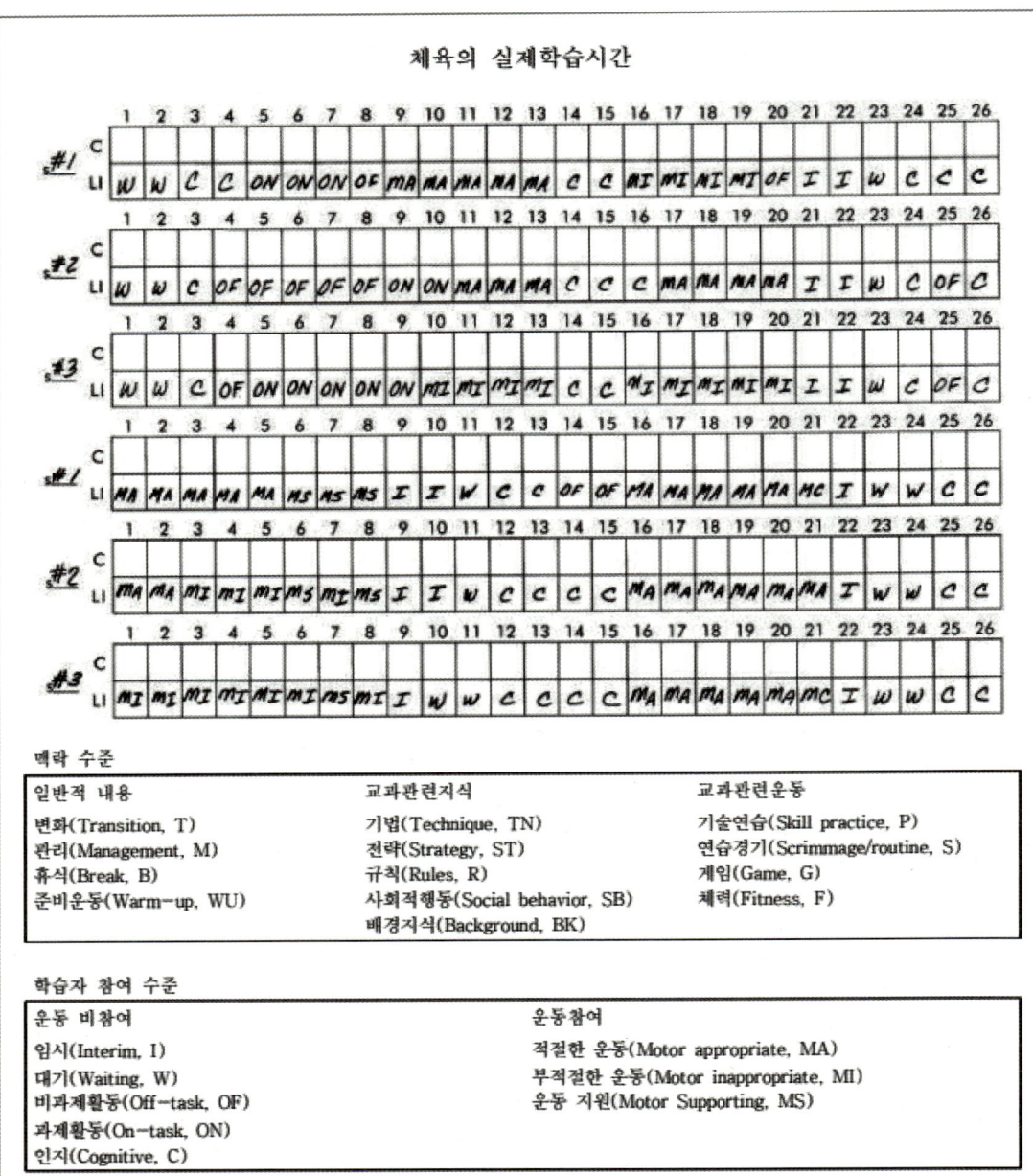

| 그림 1.10 | 등간 기록법을 사용한 ALT-PE 자료의 예

- 자료 해석

체육수업에서 평균 ALT-PE 는 14~25% 정도이다(Parker, 1989). 이는 특별히 좋은 결과가 아니다. 운동 적정 시간이 학습과 관련이 깊다면, 교사는 가장 높은 수준의 운동 적정 시간을 위해 노력해야 한다. ALT-PE는 일부 연구자에 의해 체육교육에서 교사의 교수 효율성을 예측할 수 있는 단일 요인으로 간주한다(Siedentop et al., 1979). Silverman(1991)에 의해 수행된 연구는 높은 수준의 학생 참여와 학생 학습 간의 관계를 보여주었다. 적절한 수준의 난이도로 운동 활동에 참여하는 학생이 더 많은 것을 배우게 된다고 가정하는 것은 합리적인 추측이다.

| 표 1.6 | 학생의 시간 사용에 관련된 범주 정의

조직 관리(Management Organization, MO)	학생은 수업에 필요한 사람, 시간, 장비 혹은 공간을 조직적으로 배열하기 위한 활동에 참여한다.
품행 관리(Management Conduct, MC)	학생은 기대되는 행동을 유지하기 위한 활동에 참여한다.
활동 (Activity, A)	학생은 수업내용에 활동적으로 참여한다.
교수 (Instruction, I)	학생은 수업내용에 필요한 정보를 받는다.
비과제 (Off Task, OT)	학생은 교사가 지도하는 활동에 참여하지 않는다.

• 학생의 시간 사용

- 목적

이 도구의 목적은 학생이 시간을 어떻게 보내는지를 설명하는 것이다. 범주의 정의에 대해서는 〈표 1.6〉을 참조한다. 기록 절차. 학생이 시간을 어떻게 보내는지를 기록하기 위해 몇 가지 대안을 사용할 수 있다. 지속시간 기록법은 타임라인을 사용하거나 실시간 적절한 범주에 배치하여 사용할 수 있다. 학생의 51%가 자신의 행동을 바꾸면, 관찰자는 시간을 기록하고 기록지에 표시한다. 이 유형의 도구를 사용하는 가장 일반적인 방법은 등간 기록법(10초마다 일어나는 일을 기록지에 기록)을 사용하는 것이다. 어느 경우든 모두 전체 집단 또는 한 학생을 대상으로 관찰할 수 있다. 자료는 각 범주에 할당된 총시간 비율로 분석할 수 있다. 이 도구의 가장 간단한 형태는 참여의 3가지 범주(설명[I], 활동[A], 관리[M])를 선택하고, 타임라인에 10초마다 3가지 중 하나를 코딩하는 것이다. 범주가 10초 간격 내에서 바뀌면, 관찰자는 10초 간격을 가장 잘 나타내는 범주를 결정해야 한다. 〈그림 1.11〉은 기록지의 예시이다. 자료 해석. 활동 시간(activity time)이 실제 학습시간(ALT-PE)만큼 적절한 운동 참여 시간을 측정하는 구체적인 기준은 아니지만, 활동 시간은 학생이 연습하거나 운동을 배우는 시간을 측정하는 척도를 제공할 수 있을 것이다. 높은 수준의 활동 시간은 바람직하며, 이 수준은 체육수업에서 전체 시간의 50% 미만으로 떨어지지 않아야 한다. 다른 범주를 사용하면 교사는 활동 시간을 줄이는 시간이 어디에 소비되고 있는지를 알 수 있다. 필요한 경우 다른 범주의 사용 시간을 줄여 활동 시간을 늘릴 수 있다. 교사는 지속해서 관리 시간 및 설명 시간은 줄이고, 학생의 활동 시간을 늘리기 위해 노력해야 한다.

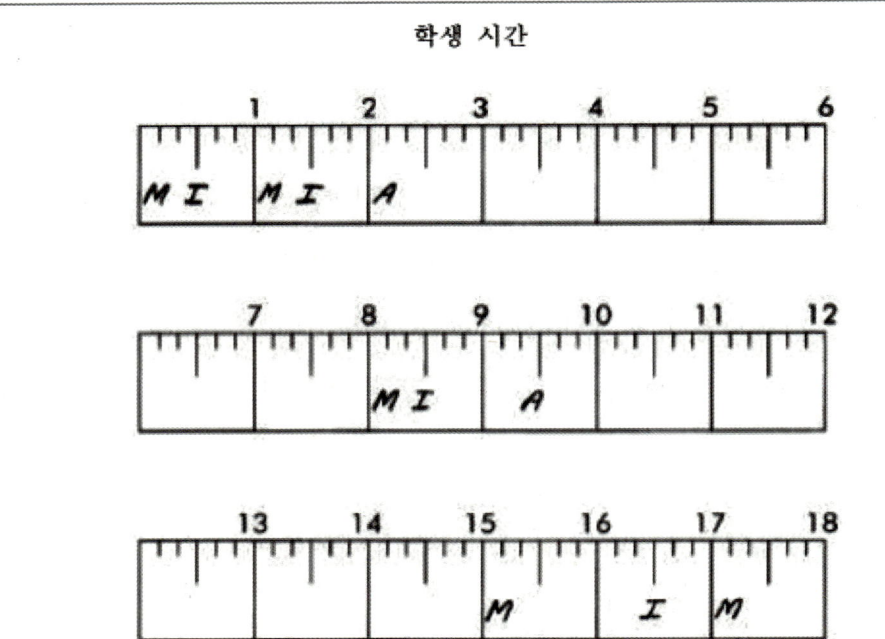

| 그림 1.11 | 지속시간 기록지(학생 시간 소비)

Part 01 체육 교수 이론

> **잠 깐 !**
>
> ☑ **학습 시간의 개념 분류**
> - 체육에 할당된 시간(AT) : 체육에 할당된 시간은 학교 당국이 체육활동에 할애한 시간이다.
> - 운동 참여 시간(MET) : 체육활동에 학습자들이 소비한 시간이다.
> - 과제 참여 시간(TOT) : 학습자가 학습 과제에 실제로 투입한 시간량에 영향을 미치는 변인으로 학습자의 학습 과제에 대한 내재적 동기 수준을 제시하고 이 동기 수준에서 교사의 필수 행동이 영향을 미친다는 것이다.
> - 실제 학습 시간(ALT) : 교사가 학업적 과제에 할애한 시간이 아니라 학습자가 수업 내용에 참여하여 소비한 시간이다.
> - 체육 실제 학습 시간(ALT-PE) : 학습자가 교사가 제시한 학습 과제에 적절한 성공률(80%이상)을 보이며 체육수업에 참여하는 시간이다.

> **잠 깐 !**
>
> ☑ **깔때기 효과**
>
> 학습 시간의 사용은 교수 효율성이나 학습자의 학습 성취를 예언하는 변인으로 여겨지고 있다. 체육에 할당된 시간에서 실제 학습 시간에 이르기까지 학습 시간은 점차 감소하는 경향을 보이는데, 이를 깔때기 효과(funneling effect)라고 한다.

3) 과제 발달 분석지

과제 발달의 범주는 제시(시작, 정보) 과제, 세련 과제, 확대(확장) 과제, 응용(적용) 과제로 구분한다(Rink, 1985).[6]

제시 과제	운동 과제를 진술 또는 제시하는 것이다.
세련 과제	학생들이 이전의 과제 수행 방법을 질적으로 향상시키는 것을 모색한다.
확대 과제	다양한 반응을 모색하거나 이전의 과제에 복잡성이나 난이도를 더한다.
응용 과제	학생들에게 운동 기능을 응용 또는 경쟁적인 상황에서 사용하도록 하는 것이다.

사건 기록이나 지속시간기록을 사용하여 과제 발달을 분석할 수 있다. 수업에서 세련 과제와 확대 과제가 계속해서 결여되거나 교사들이 세련 과제와 확대 과제를 거치지 않고 바로 제시 과제에서 응용 과제로 진행하면 과제 발달의 적절성이 결여된 것으로 볼 수 있다.

---

[6] 2부 5장의 1절 내용 참고

- 기록 절차

  과제 초점에 따른 내용발달을 기술하기 위한 방안으로 여러 가지 관찰 방법을 사용할 수 있다. 가장 쉽게 사용할 수 있는 기법은 사건 기록법이다. 교사가 과제를 주면, 관찰자는 과제 유형을 결정하고, 순서대로 기록지에 점을 표시한다(〈그림 1.12〉). 학생들의 과제 집중 시간에 대한 정보가 필요한 경우, 지속시간기록법을 사용하여 각 과제에 소요된 시간을 기록할 수 있다. 관찰자는 과제가 시작되면 초시계를 누르고 과제가 끝나면 초시계를 중지한다. 이 정보는 과제의 지정된 범주 옆에 기록한다.

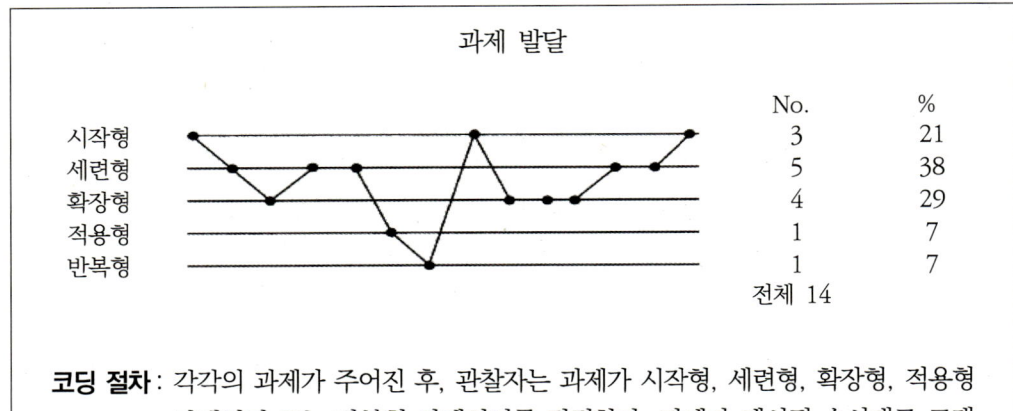

| 그림 1.12 | 과제 초점 기록지(과제 발달)

- 자료 해석

  일부 교사는 과제를 개별적으로 개선하거나 수정하여 학생들과 함께 과제를 개발할 수 있다. 대규모 학급에서 체육수업 상황의 특성상 이러한 과제 발달은 불가능하다.

  과제를 제시하는 이상적인 순서는 없다. 만약 교사의 수업에서 세련형 과제와 확장형 과제가 부족하고 시작형 과제에서 바로 적용형 과제로 빠르게 넘어간다면, 과제 발달 방법의 적절성에 의문이 생기게 된다. 〈그림 1.12〉의 수업 예시는 교사가 개발한 과제를 세련형, 확형, 적용형 과제의 순서로 제시하고 있다. 이 예시에서 세련형 과제가 많이 제시되어 있지만, 모든 수업에서 세련형 과제의 비율이 높을 필요는 없다.

Part 02

학습자 중심 체육교수론

Chapter 01 체육수업의 이해

1. 체육수업의 개요⟨1⟩

1) 체육수업의 개요

- 체육수업의 주요 목적

  학생들이 신체적으로 적극적인 삶(physicaliy active life)을 살 수 있도록 기능, 지식, 태도를 가르치는 것이다.

- 미국 체육교육 국가 기준 교수-학습 과정의 중요성

| 표 2.1 | 미국 체육교육 국가 기준

기준 1	신체 리터러시를 갖춘 개인은 다양한 운동 기능과 움직임에 있어서 유능감을 보여줄 수 있다.
기준 2	신체 리터러시를 갖춘 개인은 움직임과 수행과 관련한 개념, 원칙, 전략, 전술적 지식을 상황에 맞게 적용할 수 있다.
기준 3	신체 리터러시를 갖춘 개인은 건강 관련 신체 활동과 체력 수준을 유지하는 데 필요한 지식과 기능을 시범 보일 수 있다.
기준 4	신체 리터러시를 갖춘 개인은 자신과 타인을 존중하는 개인 및 사회적 책임감을 가질 수 있다.
기준 5	신체 리터러시를 갖춘 개인은 건강, 즐거움, 도전, 자기표현 그리고 사회적 상호작용을 위한 신체 활동 가치를 인정할 수 있다.

출처 : National Standards for K-12 Physical Education, SHAPE America-Society of Health and Physical Educators.

미국 체육교육 국가 기준을 효과적으로 가르치는 교사가 되기 위해서는 교사로서 갖춰야 할 기능을 개발해야 한다.

⟨1⟩ 2부의 내용은 Judith E. Rink의 'Teaching Physical Education for Learning 8th Edition'을 류태호, 이병준, 이주욱, 이규일, 임용석, 홍덕기가 번역한 학습자 중심 체육교수론의 내용을 요약하여 인용한 것이다.

| 표 2.2 | 초임 체육 교사 기준

기준 1 : 과학적이며 이론적인 지식
예비 체육 교사는 신체적으로 교육받은 개인으로 성장하기 위해 필요한 기초 학문에 기반하여 과학적이고 이론적인 개념을 익히고 적용한다.

기준 2 : 기능과 체력에 기반을 둔 유능감
예비 체육 교사는 유능한 움직임 수행과 건강 관련 체력을 시범 보이는 데 필요한 지식과 기능을 갖춘 신체적으로 교육받은 개인이다.

기준 3 : 계획과 실행
예비 체육 교사는 모든 학생의 다양한 요구를 충족시키기 위해 지역, 주, 국가 수준에 기초해 학생에게 발달적으로 적절한 학습 경험을 계획하고 실행한다.

기준 4 : 교수 전달과 관리
예비 체육 교사는 학생의 참여와 학습을 증진하는 데 필요한 효율적인 의사소통과 교육학적 기능 및 전략을 사용한다.

기준 5 : 학생의 학습에 주는 영향
예비 체육 교사는 학생의 학습을 촉진하고 교수 의사결정을 알리는 데 필요한 평가와 반성을 활용한다.

기준 6 : 전문성
예비 체육 교사는 효과적인 전문인이 되기 위해 필수적인 태도를 보인다.

출처 : For Initial Physical Education Teacher Education(2017) SHAPE America-Society of Health and Physical Educators

2) 목표지향적인 행동인 교수 행위

- **교수 행위의 의미**
    - 교수 행위는 교육 목표를 달성하기 위한 목표지향적 활동이다.
    - 교사는 수업을 통해 학생들이 무엇을 원하는지 명확히 해야 한다.
    - 목표가 없는 수업은 효과적인 학습이 될 수 없다.

- **목표의 형태**
    - 교육 목표는 다양한 형태로 나타난다.
    - 인지적 목표: 지식의 이해를 목표로 한다.
        예시: 운동의 원리 이해, 규칙 숙지
    - 심동적 목표: 기술과 동작의 습득을 목표로 한다.
        예시: 특정 스포츠 기술 습득, 체력 향상
    - 정의적 목표: 태도와 가치의 형성을 목표로 한다.
        예시: 협동심 개발, 스포츠퍼슨십 함양
    - 교사는 교육 목표에 따라 수업 목표를 설정하고 교수 활동을 계획해야 한다.

- 실현 가능한 목표 설정하기
    학생들의 수준과 환경을 고려하여 실현 가능한 목표를 설정해야 한다.
    예시: 초등학생은 기본 움직임 기능을 학습하고, 중학생은 스포츠 기술을 습득한다.
- 목표 달성을 위한 교수과정 선택하기
    목표에 맞는 적절한 교수 방법과 전략을 선택해야 한다.
    예시: 협동심 향상을 위해 팀 활동을 도입하거나, 기술 습득을 위해 개별 연습 시간을 제공한다.
- 교수과정을 통한 목표 달성
    수업 과정에서 지속적인 피드백과 평가를 통해 목표 달성 여부를 확인한다.
    필요에 따라 과정을 수정하여 학습 효과를 극대화한다.

2. 교수과정에 대한 이해

1) 수업 전과 수업 후의 루틴들

- 수업 전 루틴
    중등학교에서는 옷 갈아입기, 출석 체크, 공지 사항 전달 등이 필요하다.
    루틴 시간의 최소화: 실제 수업 시간을 확보하기 위해 루틴에 소요되는 시간을 줄여야 한다.
    예시: 학생들이 라커룸에서 빨리 나올 수 있도록 체육관에서 자유로운 활동을 허용한다.
- 수업 후 루틴
    수업 종료 후 옷 갈아입기, 장비 정리 등이 포함된다.
    효율적인 시간 관리를 통해 다음 수업 준비에 차질이 없도록 한다.

2) 학습 과제와 학생의 반응

- 학습 과제의 중요성
    교사가 학생들에게 제시하는 학습 활동으로, 수업 내용과 직접 관련된다.
    예시: "배구 토스를 3회 연속 성공할 때까지 연습하세요."
- 과제 제시와 과제 조직
    과제 수행을 위해 인원수, 공간, 시간, 장비 등을 적절히 조직한다.
    학생들에게 연습 대형과 과제의 목적을 명확히 전달한다.
- 학생의 반응
    교사는 학생들의 과제 참여도와 수행 능력을 관찰하여 다음 과제로의 전환 시점을 결정한다.
    학생 반응에 따라 과제를 명확히 제시하거나 수정 및 발전시킨다.

- 과제 발달(task development)
  학생들의 학습을 심화하기 위해 과제의 난이도나 복잡성을 조절한다.
  예시: 수행 능력 향상을 위한 추가 정보 제공
  난이도 향상을 통한 도전 의식 고취
  자기 평가나 경쟁 상황을 통해 능력 평가

3) 교수 기능

교사가 수업에서 수행해야 하는 일련의 역할과 행동으로, 효과적인 교수-학습 과정을 위한 핵심 요소이다.

- 목표 제시
  학습 목표와 목적을 명확히 전달한다.
  예시: "오늘은 다양한 이동 형태와 방향 전환 방법을 배워보겠습니다."
- 과제 설계
  제시된 목표에 맞는 계열적이고 적절한 학습 경험을 설계한다.
  예시: 기본 이동 동작 → 방향 전환 동작 → 복합 이동 동작 순으로 과제를 구성한다.
- 과제 제시
  과제를 효과적으로 설명하고 시범하며, 학생들의 동기를 유발한다.
  예시: "이렇게 앞으로 이동합니다. 다른 방향으로 이동할 수 있는 사람 있나요?"
- 학습 환경의 조직 및 관리
  학생들이 과제에 집중하고 동기부여를 받을 수 있는 환경을 조성하고 유지한다.
  예시: 개인 공간을 확보하고 신호에 따라 움직이도록 지도한다.
- 학습 환경 모니터링
  학생들의 수행을 관찰하고 평가하여 피드백을 제공한다.
  예시: "직진과 후진 동작을 잘하고 있네요."
- 과제 발달
  학생 반응에 따라 과제를 수정하고 발전시킨다.
  예시: "옆으로 이동하는 동작을 추가해 볼까요?"
- 학생의 과제 수행 평가
  학생들이 목표를 달성하는 정도를 평가한다.
  예시: 다양한 이동 기술을 활용한 방향 전환 능력을 평가한다.
- 평가
  교수과정의 효과성을 평가한다.
  예시: 학생들의 수행 결과를 분석하여 수업의 효과성을 검토한다.

4) 내용 행동과 관리 행동

- **내용 행동(content behaviors)**

  수업 내용과 직접적으로 관련된 행동으로, 학생들의 학습에 직접적인 영향을 준다.

  예시: 과제 수행 방법 설명
  　　　학생들의 과제 참여 지도
  　　　수행 향상을 위한 피드백 제공
  　　　과제의 수정 및 발전

- **관리 행동(management behaviors)**

  학습 환경을 조성하고 유지하는 행동으로, 학습을 위한 조건을 형성한다.

  품행 관리: 학생들의 적절한 행동을 조직, 지시, 강화한다.

  예시: "뛰지 말고 걸으세요.", "오늘 수업에 적극 참여해서 고마워요."

  조직 관리: 학생 수, 공간, 시간, 장비 등을 관리한다.

  예시: "라켓을 들고 코트로 이동하세요."

- **균형의 중요성**

  두 행동 모두 효과적인 수업을 위해 필수적이며, 균형 있게 수행되어야 한다.

  내용 행동은 학습 목표 달성에 직접 기여하고, 관리 행동은 학습 환경을 최적화한다.

3. 교수에 대한 가치와 신념

1) 교사의 신념이 교수에 미치는 영향

- **교사의 가치와 신념**

  교사는 어떻게 가르쳐야 하는지에 대해 다양한 가치와 신념을 가지며, 이는 수업 방법과 내용에 직접 영향을 준다.

- **학습 이론과 철학적 배경**

  교사의 신념은 심리학과 철학에서 제기된 학습 이론에 뿌리를 두고 있다.

  예시: 행동주의, 인지주의, 구성주의 등

- **교수자 중심 수업 vs. 학습자 중심 수업**

  교수자 중심 수업: 교사의 지시와 통제를 중시한다.

  학습자 중심 수업: 학생의 자율성과 참여를 강조한다.

  예시: 어떤 교사는 명확한 지시와 시범을 통해 가르치고, 다른 교사는 학생들이 스스로 탐색하도록 유도한다.

- **교육적 의사결정**

  교사는 교육 목표, 학생의 요구, 수업 환경을 고려하여 적절한 교수 전략을 선택해야 한다. 중요한 것은 장단기적 교수 목적에 맞게 효과적인 절차를 선택하는 것이다.

2) 신념의 유연성과 전문성 향상

- **신념의 반성 및 수정**

    교사는 자신의 신념을 반성하고 필요에 따라 수정해야 한다.
    경험과 지식을 바탕으로 최선의 교수 방법을 탐색한다.

- **성장의 제약 요소**

    경험과 지식에 기반하지 않은 신념은 교사의 성장을 제약할 수 있다.
    반대 증거가 제시되었을 때 유연하게 신념을 조정할 수 있어야 한다.

3) 교사의 개인적 특성

- **개인적 특성과 교수 방법**

    교사는 각자 다른 성격, 능력, 선호도가 있으며, 교사의 개인적 특성은 교수 기능 수행 방식과 학생들과의 상호작용에 영향을 준다.
    예시: 조용하고 차분한 교사, 열정적이고 활발한 교사

- **다양한 교수 방법의 활용**

    교사는 자신의 장점을 활용하여 학생들에게 동기를 부여한다.
    예시: 직접 시범을 보이는 교사
    학생이 시범을 보이게 하는 교사
    미디어를 활용하는 교사
    언어적으로 동작을 설명하는 교사

- **효과적인 교수의 조건**

    개인적 특성을 활용하되, 교수 기능을 효과적으로 전달하는 것이 중요하다.
    학생들의 학습 성취를 촉진하기 위해 교수 기능을 적절히 수행해야 한다.
    교수 기능의 효과적인 전달은 선택이 아닌 필수이다.

Chapter 02 운동 학습에 영향을 주는 요인

1. 운동 기능 유능감과 신체 활동의 관계

운동 기능의 유능감은 신체 활동 참여를 촉진하는 핵심 요소이다(Stodden et al., 2009). 아동기에 기본적인 운동 습관을 형성한 학생들은 신체적으로 더욱 활발하며, 지속적인 운동 기능 발달을 추구할 가능성이 높다. 이러한 유능감은 가족 환경, 사회경제적 지위 등 다양한 요인의 영향을 받는다. 교사들은 학생들의 운동 기능 유능감 향상을 위해 신체 활동 참여를 독려해야 하며, 학생의 유능감 향상은 운동 학습에 긍정적인 영향을 준다.

학생들의 운동 기능 유능감은 자신의 운동 능력에 대한 인식이며, 이는 신체 활동 참여 의지와 밀접하게 연결되어 있다. 따라서 교사는 학생들의 유능감을 높이기 위한 교수 전략을 고려해야 한다.

2. 학습의 개념과 학습 이론

학습은 새로운 경험, 훈련, 생물학적 상호작용의 결과로 나타나는 비교적 영구적인 행동 변화를 의미한다. 그러나 학습은 직접 관찰할 수 없으며, 학생의 수행을 통해 추론된다. 학생들은 배웠지만 수행하지 못하거나, 반대로 배운 적은 없지만 수행하는 경우도 있다.

운동 기능 학습에 대한 이해를 설명하는 세 가지 주요 학습 이론이 있다:

- **행동주의 이론**(behaviorist theory)[2]

    외재적 환경이 행동을 형성한다고 본다. 학습은 관찰이 가능한 행동의 변화로 간주하며, 강화와 보상을 통해 바람직한 행동을 형성한다. 교사는 긍정적인 피드백과 보상을 사용하여 학생들의 행동을 유도한다.

- **정보처리 이론**(information-processing theory)

    학습자의 내적 인지 과정을 중시하며, 정보의 선택, 해석, 저장 과정을 다룬다. 학습자는 정보를 처리하고 의미를 구성하여 학습하며, 교사는 학습자의 정보처리 방식에 맞게 지시와 피드백을 제공한다.

- **인지 이론**(cognitive theory)

    학습자의 문제 해결 능력, 창의성, 전략 등을 강조하며, 학습자가 지식을 구성하는 과정을 중시한다. 구성주의 관점에서 학습은 학습자가 자신의 경험과 새로운 정보를 연결하여 지식을 능동적으로 구축하는 과정이다. 예비 교사들은 이러한 이론들을 바탕으로 다양한 교수 전략을 활용하여 학생들의 운동 학습을 효과적으로 지원할 수 있다.

---

[2] 5부 2장의 2절 내용 참고

3. 운동 기능 학습의 과정과 단계

Fitts와 Posner(1967)는 운동 기능 학습을 세 단계로 구분하였다:

- 인지 단계(cognitive phase)

    학습자는 무엇을 해야 하는지 이해하는 단계로, 시범과 명확한 설명이 중요하다. 이 단계에서 학생들은 움직임 수행 과정에 집중하며, 오류를 범하기도 하는 등 일관성이 낮다.

- 연합 단계(associative phase)

    기술의 세부 요소를 조정하고 세련화하는 단계이다. 학습자는 타이밍, 속도, 힘 등을 조절하며, 수행의 일관성이 높아진다. 교사는 피드백을 통해 학생들이 기술을 세부적으로 개선하도록 돕는다.

- 자동화 단계(autonomous phase)

    기술이 자동화되어 수행 중에 의식적인 노력이 거의 필요 없어진다. 학습자는 주변 환경에 더 집중할 수 있으며, 높은 수준의 기술 수행이 가능하다. 교사는 복잡한 상황에서의 적용과 전략에 초점을 맞춰 지도한다.

각 단계에서 교사의 역할은 다르며, 학생의 학습 단계에 맞는 적절한 교수 전략을 선택하는 것이 중요하다. 이는 운동 학습의 효율성을 높이고 학생들의 능력을 최대한 발휘하게 한다.

4. 움직임 조절과 제한 요인

역동적 체계 이론(dynamic systems theory)에 따르면, 움직임은 다양한 제한 요인(constraints)에 의해 결정된다.

- 유기적 제한(organismic constraints)

    학습자의 신체적 능력과 성숙도에 관련된 요인이다. 예를 들어, 근력, 유연성, 협응력 등이 해당한다.

- 환경적 제한(environmental constraints)

    물리적 환경이나 사회적 환경과 같은 외부 요인이다. 예를 들어, 날씨, 장비, 공간 등이 해당한다.

- 과제 제한(task constraints)

    과제의 특성, 규칙, 장비 등에 관련된 요인이다. 예를 들어, 게임의 규칙, 사용되는 도구의 크기와 무게 등이 해당한다.

이러한 제한 요인들은 움직임의 선택과 수행에 영향을 미친다. 교사는 이러한 제한 요인을 파악하고 조절하여 학생들의 운동 학습을 최적화해야 한다. 예를 들어, 학생의 능력에 맞는 장비를 사용하거나, 과제의 난이도를 조절함으로써 효과적인 학습을 도울 수 있다.

5. 운동 기능 학습을 위한 필수조건

1) 전제조건

운동 기능을 학습하기 위해서는 해당 기술을 수행할 수 있는 신체적 능력과 발달적 준비도가 필요하다. 교사는 과제 분석을 통해 학생들이 기술을 학습할 준비가 되었는지 확인해야 한다. 이는 학습의 성공 여부를 결정짓는 중요한 요소이다. 예를 들어, 근력이 부족한 학생에게는 가벼운 장비를 사용하게 하거나, 기술을 단순화하여 제시할 수 있다.

2) 과제에 대한 명확한 이해

학생들은 수행하려는 과제에 대한 명확한 아이디어를 가져야 한다. 정확한 시범과 설명은 올바른 운동 프로그램(motor program)을 형성하는 데 필수적이다. 이는 학생들이 무엇을 해야 하는지 이해하고, 효과적으로 운동 기술을 습득하도록 돕는다.

3) 동기와 주의 집중

학습에는 동기와 주의 집중이 필수적이다. 동기는 학습자가 학습 과정에 적극적으로 참여하도록 이끌며, 주의 집중은 학습 내용에 대한 깊은 이해를 가능하게 한다. 교사는 흥미로운 과제와 성공 경험을 제공하여 학생들의 동기를 유발하고 유지해야 한다.

4) 연습과 피드백

일관된 연습은 운동 기능 습득에 필수적이다. 또한, 피드백은 학생들이 자신의 수행을 평가하고 개선하는 데 도움을 준다. 피드백은 결과 지식(knowledge of results)과 수행 지식(knowledge of performance)에 대한 피드백으로 나뉜다.

- **결과 지식(KR)**
  수행의 결과에 대한 정보, 예를 들어 슛이 골대에 들어간 경우.
- **수행 지식(KP)**
  수행의 과정에 대한 정보, 예를 들어 슛 동작에서 팔의 각도나 힘의 조절.

교사는 적절한 피드백을 제공하여 학습을 촉진해야 한다. 교사의 적절한 피드백은 학생들이 자신의 오류를 인식하고 수정할 수 있도록 도와준다.

6. 운동 기능의 유형과 학습 전략

1) 개방 기술과 폐쇄 기술 ⁽³⁾

- **개방 기술**(open skills)
  환경이 변하는 상황에서 수행되는 기술로, 다양한 조건에서의 연습이 필요하다. 예를 들어, 축구 경기에서의 드리블이나 패스는 상대 선수의 움직임에 따라 달라진다.

- **폐쇄 기술**(closed skills)
  환경이 안정적인 상황에서 수행되는 기술로, 동일한 조건에서의 반복적인 연습이 효과적이다. 예를 들어, 볼링이나 체조의 특정 동작.

교사는 기술의 특성에 따라 적절한 연습 조건을 설정해야 한다. 개방 기술은 다양한 상황에 적응할 수 있도록 연습을 다양화하고, 폐쇄 기술은 정확성과 일관성을 높이기 위해 반복연습을 강조한다.

2) 불연속, 계열적, 연속적 기술

- **불연속 기술**(discrete skills)
  시작과 끝이 명확한 단일 동작(예: 창던지기).

- **계열적 기술**(serial skills)
  불연속 기술이 연속적으로 연결된 동작(예: 공 잡고 던지기).

- **연속적 기술**(continuous skills)
  시작과 끝이 명확하지 않은 반복적인 동작(예: 수영, 달리기).

교사는 기술의 유형에 따라 학습 내용을 구조화하고, 학생들이 기술을 효과적으로 습득할 수 있도록 지도해야 한다.

7. 기능발달과 학습의 적절성

1) 환경적 조건의 영향

과제의 환경적 조건은 기술 수행 방식에 큰 영향을 미친다. 예를 들어, 농구에서 수비수의 위치나 골대와의 거리에 따라 슛 방법이 달라진다. 교사는 이러한 조건을 고려하여 학생들이 상황에 맞는 적절한 반응을 할 수 있도록 지도해야 한다.

---

(3) 2부 5장의 3절 내용 참고

2) 학습자의 능력과 적절성

학생들의 발달 수준과 신체적 능력에 따라 기술 수행 방식이 달라진다. 예를 들어, 근력이 부족한 학생은 배구에서 두 손으로 서브를 할 수 있다. 교사는 학생들의 능력에 맞게 과제를 조정하고, 적절한 반응을 이끌 수 있어야 한다. 이는 학생들의 성공 경험을 높이고, 학습 동기를 유지하는 데 중요하다.

8. 연습 조건의 설계와 적용

1) 전체 연습과 부분 연습

- **전체 연습**(whole practice)
  기술을 전체적으로 연습하는 방식이다. 리듬과 타이밍이 중요한 기술에 효과적이다.
- **부분 연습**(part practice)
  기술을 부분으로 나누어 연습한 후 전체를 연결하는 방식이다. 복잡하고 안전이 중요한 기술에 적합하다.

교사는 기술의 특성과 학생들의 수준을 고려하여 연습 방식을 선택해야 하며, 이는 운동 학습의 효율성을 높인다.

2) 연습의 다양성

다양한 형태의 연습은 운동 학습에 긍정적인 영향을 준다.
- **연습 조건의 변화**
  속도, 거리, 환경 등을 변화시켜 다양한 상황에 적응할 수 있도록 한다.
- **기술의 변화**
  여러 기술을 무작위로 연습하여 정보처리 능력을 향상한다.

이는 학생들이 실제 상황에서 기술을 유연하게 적용할 수 있도록 돕는다.

3) 집중 연습과 분산 연습

- **집중 연습**(massed practice)
  짧은 시간에 집중적으로 연습하는 방식이다.
- **분산 연습**(distributed practice)
  연습 시간을 여러 차례로 나누어 분산시키는 방식이다.

연구에 따르면 분산 연습이 장기적인 학습에 더 효과적이다. 교사는 연습 시간을 효율적으로 배분하여 운동 학습을 최적화해야 한다.

9. 동기와 목표 설정의 중요성

동기는 학습자의 적극적인 참여를 이끌며, 목표 설정은 학습 방향을 명확히 한다. 교사는 학생들이 자신감과 성취감을 느낄 수 있도록 과제를 설계하고, 긍정적인 피드백을 제공해야 한다.

1) 귀인이론과 통제의 소재

귀인이론(attribution theory)은 학생들이 성공이나 실패의 원인을 어떻게 해석하는지에 대한 이론이다. 이는 학습 동기에 영향을 미친다.

- 내적 요인

  노력, 능력 등 자신이 통제할 수 있는 요인에서 성공이나 실패의 귀인을 찾으면 학습 동기가 높아진다.

- 외적 요인

  운, 과제의 난이도 등 자신이 통제할 수 없는 요인에서 귀인을 찾으면 학습 동기가 낮아질 수 있다.

통제의 소재(locus of control)는 개인이 자신의 행동 결과에 대한 책임을 어디에 두는지를 나타낸다.

- 내적 통제 소재

  자신의 행동이 결과에 영향을 미친다고 믿는다. 이러한 학생들은 학습에 적극적으로 참여하며, 성취에 대한 책임감을 느낀다.

- 외적 통제 소재

  외부 요인이 결과에 영향을 미친다고 믿는다. 이러한 학생들은 학습에 대한 통제감을 느끼지 못하며, 동기부여가 어려울 수 있다.

교사는 학생들이 자신의 성공과 실패를 내적 요인으로 귀인을 찾도록 지도해야 한다. 이를 통해 학생들의 자기효능감과 학습 동기를 높일 수 있다. 또한, 긍정적인 학습 경험과 성공 경험을 제공하여 학생들이 학습에 대한 통제감을 느낄 수 있도록 돕는다.

10. 학습의 전이와 교수 설계

1) 대칭적 전이

한쪽 사지로 학습한 기술이 반대쪽 사지로 전이되는 현상이다. 일반적으로 주로 사용하는 쪽으로 먼저 연습한 후 반대쪽을 연습하는 것이 효과적이다. 이는 운동 학습의 범위를 넓히고 균형 있는 기술 습득을 돕는다.

2) 과제 간 전이

한 기술에서 습득한 내용이 유사한 다른 기술의 학습에 긍정적인 영향을 미친다. 예를 들어, 오버핸드 던지기를 잘하면 테니스 서브를 배우는 데 도움이 된다. 교사는 기술 간 유사성을 활용하여 학습 효과를 증진할 수 있다.

3) 과제 내 전이

한 기술 내에서 연습 조건이나 난이도를 변화시켜 학습한 내용이 더 복잡한 상황으로 전이된다. 예를 들어, 수비수가 없는 상황에서 연습한 농구 레이업 슛을 수비수가 있는 상황으로 전이시키는 것이다. 교사는 과제의 난이도를 점진적으로 높여 학생들의 적응력을 키워야 한다.

전이를 촉진하기 위한 일반적인 원칙은 다음과 같다:

- **연습 상황과 실제 상황의 유사성**
    연습이 실제 수행 환경과 유사할수록 전이가 잘 일어난다.
- **기술의 충분한 학습**
    기술을 충분히 연습하여 숙달하면 전이가 촉진된다.
- **개인의 명확한 과제 기대**
    학생들에게 과제의 목표와 기대를 명확히 제시하면 전이가 촉진된다.

11. 학습자의 특성과 교수 전략

1) 운동 능력의 다양성

학생들은 각기 다른 운동 능력을 지니고 있다. 교사는 이를 고려하여 개별화된 교수 전략을 수립해야 한다. 이는 모든 학생이 운동 학습에서 성공과 즐거움을 느낄 수 있도록 한다. 학생들의 운동 능력은 연습과 경험을 통해 발달할 수 있으며, 교사의 긍정적인 기대와 지원이 중요하다.

2) 지능과 인지 발달 단계

피아제의 인지 발달 단계에 따르면, 학생들은 발달 수준에 따라 사고방식이 다르다.

- **감각운동기(0~2세)**
    언어 이전 단계로, 대상 영속성이 없다.
- **전조작기(2~7세)**
    상징적 사고가 시작되지만 논리적이지 않다. 자기중심적 사고가 특징이다.
- **구체적 조작기(7~11세)**
    논리적 사고가 가능하지만, 구체적인 대상에 한정된다. 보존 개념을 이해하고, 타인의 관점을 인정하기 시작한다.

- **형식적 조작기(12세 이상)**

  추상적 사고와 가설 설정이 가능하다. 복잡한 문제 해결과 추론이 가능하다.

  교사는 학생들의 인지 발달 단계에 맞는 교수 방법을 선택해야 한다. 예를 들어, 구체적 조작기 단계의 학생들에게는 직접적인 경험과 구체적인 예시를 제공하는 것이 효과적이다. 형식적 조작기 단계의 학생들에게는 추상적인 개념과 문제 해결 과제를 제시할 수 있다.

과제 설계하기

1. 학습 과제의 선정 기준

학습 과제는 학생들이 학습 목표와 목적을 달성할 수 있도록 설계되어야 한다. 효과적인 학습 과제를 선정하기 위해 다음 네 가지 기준을 고려해야 한다.

1) 학습 과제는 학생들의 운동 수행 능력 향상에 기여할 수 있어야 한다.

체육수업에서 제공되는 학습 경험은 학생들의 운동 수행 능력 향상에 도움이 되어야 한다. 단순히 재미를 위한 활동이나 학습 목표와 무관한 활동은 지양해야 한다. 예를 들어, 단순한 공놀이보다는 학생들의 신체적 수행을 향상할 수 있는 구체적인 운동 기술을 연습하도록 학습 경험을 설계해야 한다.

- **실제 맥락**

    일부 교사들은 체육수업에서 운동 기술을 가르치기보다는 학생들이 자유롭게 신체 활동을 하도록 하는 것이 좋다고 생각할 수 있다. 그러나 체육수업은 학생들의 운동 기능 향상을 목표로 해야 하며, 이를 위해 적절한 학습 과제를 제공해야 한다.

2) 학습 과제는 모든 학생에게 최대한의 활동과 연습 시간을 제공해야 한다.

학생들이 학습 목표를 달성하기 위해서는 충분한 연습 시간이 필요하다. 연습 시간은 운동 기술 학습이나 체력 발달에 중요한 요인이므로, 교사는 가능한 한 모든 학생에게 최대한의 활동과 연습 시간을 제공할 수 있도록 학습 과제를 설계해야 한다. 이를 위해 수업 운영과 내용 결정에서 학생들의 참여율을 높이는 방안을 고려해야 한다.

- **실제 맥락**

    시설이나 장비의 제한, 학생들의 독립적 학습 능력 부족, 정확한 피드백 제공을 위한 관찰 영역 제한 등의 이유로 연습 시간을 최대화하기 어려울 수 있다. 그러나 교사는 이러한 문제를 해결하기 위해 노력해야 한다. 예를 들어, 장비를 충분히 확보하거나, 학생들의 독립적 학습 능력을 향상하기 위한 지도를 제공하며, 학생들의 활동 참여를 높일 수 있는 수업 방식을 도입해야 한다.

3) 학습 과제는 모든 학생의 경험 수준에 적합해야 한다.

학생들은 자신의 능력 수준에 적합한 학습 과제에 참여할 때 효과적으로 학습할 수 있다. 과제 난이도가 높으면 학생들은 좌절감을 느끼고, 너무 낮으면 지루함을 느낄 수 있다. 교사는 학생들의 경험 수준과 능력을 고려하여 학습 과제를 설계해야 한다.

- **성공률**

    학생들이 과제를 시도할 때 성공률이 지나치게 높거나 낮으면 과제의 수준이 적절하지 않다는 신호이다. 일반적으로 교육 관련 연구에서는 약 80%의 성공률을 적절한 과제 수준으로 제시한다.

- **주의 사항**

    학생들의 능력 수준에 맞는 과제를 제공하기 위해서는 개별화된 학습이 필요하다. 교사는 학생들의 학습 속도와 능력에 따라 과제의 난이도와 내용을 조절해야 한다.

4) 학습 과제는 심동적, 정의적, 인지적 교육 목표의 통합에 기여할 수 있어야 한다.

좋은 교육은 학생들의 전인적 성장을 돕는다. 따라서 학습 과제는 심동적(운동 기능), 정의적(태도, 가치), 인지적(지식) 측면의 교육 목표를 통합적으로 달성할 수 있도록 설계되어야 한다.

예시: 배구에서 오버헤드 패스를 가르칠 때, 단순히 기술 습득에만 초점을 두는 것이 아니라, 학생들이 팀원들과 협력하여 연습하고, 기술의 원리를 이해하며, 자신과 팀의 발전에 기여할 수 있도록 학습 과제를 설계해야 한다.

2. 수업 과제 설계

수업 과제는 학습 경험의 핵심 요소로, 학습자가 수업에서 실제로 수행해야 할 활동이다. 수업 과제를 설계할 때는 다음의 세 가지 차원을 고려해야 한다.

1) 과제의 내용 차원

과제의 내용은 학습자가 수행해야 할 구체적인 움직임이나 활동이다. 교사는 수업 목표를 바탕으로 학습자의 능력을 향상할 수 있는 내용을 선택해야 한다. 내용 선택 시에는 학생들의 능력 수준, 학습 목표와의 연계성, 그리고 학습 경험의 가치 등을 고려해야 한다.

- **내용 선택 시 고려 사항**

    선택한 내용이 학습 목표 달성에 기여하는가?
    모든 학생에게 가치 있는 학습 경험을 제공하는가?
    학생들의 능력 수준에 적합한가?
    학습자의 정의적 및 인지적 참여를 고려하여 학습 경험을 재설계할 수 있는가?

    예시: 배구의 오버핸드 서브를 가르칠 때, 힘이 부족한 학생들도 성공적으로 서브를 할 수 있도록 네트 높이나 공의 종류를 조절하는 등의 방안을 고려할 수 있다.

2) 과제의 목표 설정

과제의 목표 설정은 학습자에게 과제 및 연습의 의도를 명확히 알려주는 것이다. 학생들이 연습 과정에서 무엇에 초점을 두어야 하는지 알 수 있도록, 교사는 과제의 목적과 목표를 구체적으로 제시해야 한다. 이를 통해 학생들은 학습 목표를 이해하고 효과적으로 학습에 참여할 수 있다.

예시: 농구 드리블 연습에서 "공을 많이 튀기는 것보다는 드리블하는 손과 공이 거의 떨어지지 않도록 연습하자"와 같이 구체적인 목표를 제시하면 학생들은 연습의 초점을 명확히 이해할 수 있다.

3) 과제의 조직과 관리

과제의 조직과 관리는 수업에서 집단 구성, 시간, 공간, 장비 등을 관리하는 것이다. 교사는 학습 목표 달성을 위해 학생들을 어떻게 조직하고, 공간과 시간을 어떻게 활용하며, 어떤 장비를 사용할 것인지를 계획해야 한다.

- **집단 구성**

    체육수업의 집단 구성은 집단 크기, 각 집단 내에 적극적인 학생의 수, 학생들을 집단으로 구성하는 데 있어 교사가 활용할 수 있는 기준과 관련된 사항을 결정하는 것이다.

- **집단의 크기**
    - 개별 활동: 학생들이 혼자서 과제를 수행한다.
    - 파트너 활동: 두 명의 학생이 함께 과제를 수행한다.
    - 소집단 활동: 3~6명의 학생들이 함께 과제를 수행한다.
    - 대집단 활동: 7명 이상의 학생들이 함께 과제를 수행한다.
    - 학급 전체 활동: 전체 학급이 함께 과제를 수행한다.

    각 집단 유형은 과제의 특성, 학생들의 능력 수준, 학습 목표 등에 따라 선택된다. 예를 들어, 조작 기술 연습에서는 개별 활동이나 파트너 활동이 효과적일 수 있다.

- **집단 구성 기준**

    집단을 구성할 때는 다음과 같은 기준을 고려할 수 있다.

    능력 수준: 학생들의 능력 수준에 따라 집단을 구성하여 비슷한 수준의 학생들이 함께 학습하도록 한다.
    - 성별: 성별에 따라 집단을 구성할 수 있지만, 이는 현대 교육에서 권장되지 않는 방식이다.
    - 흥미: 학생들의 흥미나 관심사에 따라 집단을 구성한다.
    - 사회적 적합성: 학생들 간의 사회적 관계를 고려하여 집단을 구성한다.
    - 집단 크기: 학습 목표나 과제의 특성에 따라 집단의 크기를 조절한다.
    - 우연: 특별한 기준 없이 무작위로 집단을 구성한다.

        예시: 능력 수준이 다른 학생들을 한 집단에 구성하면, 능력 수준이 낮은 학생들이 소외될 수 있다. 따라서 능력 수준에 따라 집단을 구성하여 모든 학생이 적절한 학습 경험을 제공받을 수 있도록 해야 한다.

- 시간 관리

    과제 연습에 필요한 시간을 적절히 배분하고, 연습 속도를 조절하여 학생들이 충분히 학습할 수 있도록 해야 한다. 교사는 학생들의 학습 속도와 과제의 난이도를 고려하여 연습 시간을 계획해야 한다.

- 공간 관리

    연습 공간을 효율적으로 배치하고, 학생들의 안전과 학습 효율을 고려하여 공간을 활용해야 한다. 공간 관리는 다음과 같은 요소를 포함한다.
    - 연습 공간 지정: 학생들이 어디에서 연습할 것인지 결정한다.
    - 연습 공간 분할: 공간을 적절히 분할해서 학생들이 효율적으로 연습할 수 있도록 한다.
    - 학생 배치: 학생들을 공간 내에 어떻게 배치할 것인지 계획한다.
    예시: 분산 대형, 원 대형, 가로 대형 등 다양한 대형을 활용하여 학생들을 배치할 수 있다.

- 장비 배치

    장비의 수량과 종류를 고려하여 모든 학생이 효과적으로 학습에 참여할 수 있도록 해야 한다. 장비 배치는 다음과 같은 요소를 포함한다.
    - 장비의 수량: 가능한 한 모든 학생이 장비를 개별적으로 사용할 수 있도록 한다.
    - 장비의 종류: 학생들의 능력 수준과 과제의 난이도에 따라 적절한 장비를 선택한다.
    - 장비의 배치: 장비를 학생들이 쉽게 접근할 수 있는 곳에 배치한다.

3. 전환시간 관리

전환시간은 한 활동에서 다른 활동으로 넘어갈 때 사용하는 시간을 말한다. 교사는 전환시간을 효율적으로 관리하여 학습 시간이 낭비되지 않도록 해야 한다. 이를 위해 다음과 같은 전략을 사용할 수 있다.

- 용구 교체

    연습 공간 가까이에 장비를 배치하여 학생들이 빠르게 장비를 교체할 수 있도록 한다.

- 집단 구성 변경

    학생들이 빠르게 새로운 집단으로 이동할 수 있도록 간단한 기준(옷 색깔, 생일 등)을 활용한다.

- 새로운 연습 공간으로 이동

    학생들이 새로운 공간으로 이동할 때 효율적으로 배치할 수 있도록 미리 계획한다.

4. 환경 관리에서의 학생 의사결정

학습 경험 설계 시 학생들이 의사결정에 참여할 수 있도록 하면 학습 효과가 높아진다. 학생들은 다음과 같은 사항에 대한 의사결정에 참여할 수 있다.

- 사람: 누구와 연습할 것인가?
- 시간: 언제 시작하고 얼마나 연습할 것인가?
- 공간: 어디에서 연습할 것인가?
- 용구: 어떤 장비를 사용할 것인가?

이를 통해 학생들의 책임감과 자율성이 향상되며, 학습 과정에 적극적으로 참여할 수 있다.

- 주의 사항

  학생들의 독립적인 학습 능력이 부족한 경우, 교사는 과제를 적절히 구조화하여 학생들이 점진적으로 의사결정 능력을 발달시킬 수 있도록 도와야 한다.

5. 안전한 학습 과제 설계

안전은 학습 과제 설계에서 가장 기본적인 요소 중의 하나이다. 교사는 학생들의 안전을 보장하기 위해 다음 사항을 고려해야 한다.

- 학생들의 준비 상태 확인

  학생들이 과제를 안전하게 수행할 수 있는 준비가 되었는지 확인해야 한다.

- 안전한 연습 방법 지도

  학생들에게 안전한 연습 방법을 가르치고, 위험한 행동을 하지 않도록 지도해야 한다.

- 안전한 환경 관리

  연습 공간의 배치, 장비의 상태 등을 점검하여 안전한 학습 환경을 조성해야 한다.

1) 학생 안전을 위한 교사의 법적 의무

교사는 학생들의 안전에 대한 법적 책임을 지고 있다. 부주의나 고의적인 행동으로 학생들에게 상해가 발생하면 법적 소송에 휘말릴 수 있다. 따라서 교사는 다음과 같은 의무를 준수해야 한다.

- 학생 감독

  학생들을 감독 없이 방치하면 안 된다.

- 안전한 지시

  학생들에게 위험한 과제를 지시하면 안 된다.

- **위험 요소 제거**
  수업 중 발생할 수 있는 위험 요소를 사전에 파악하고 제거해야 한다.
  학생 보호: 학생들 간의 갈등이나 위험한 상황이 발생하지 않도록 관리해야 한다.

법원은 체육수업이 본질적으로 위험 요소를 포함하고 있음을 인정하지만, 교사가 위험을 최소화하기 위해 노력해야 한다는 점을 강조한다. 따라서 교사는 학생들의 안전을 최우선으로 고려하여 수업을 설계하고 운영해야 한다.

과제 제시

1. 학습자의 주의집중 유도하기

과제 제시에서 가장 먼저 고려해야 할 것은 학습자의 주의집중을 효과적으로 유도하는 것이다. 학생이 교사의 지시에 집중하지 않으면 아무리 좋은 과제 제시도 효과가 줄어든다.

1) 효과적인 신호와 절차 수립하기

수업 시작과 과제 전환 시에 학습자의 주의를 끌기 위한 신호와 절차를 명확히 수립해야 한다. 예를 들어, 일정한 손뼉 소리나 특정 구호를 사용하여 학생들이 즉각적으로 집중할 수 있도록 한다. 이러한 신호에 대한 반응을 학생들과 사전에 연습하고, 신호에 따라 행동할 때까지 기다려야 한다.

2) 외부 환경 요인 통제하기

학습자의 주의가 산만해지는 외부 요인을 최소화해야 한다. 교사는 수업 공간을 정돈하고, 불필요한 용구나 장비를 치워 학생들이 과제에만 집중할 수 있도록 환경을 조성해야 한다. 주변 소음이나 날씨 등 외부 요인이 수업에 미치는 영향을 고려하여 대처 방안을 마련해야 한다.

3) 시각 및 청각 능력에 대한 고려

학생들의 시각 및 청각 능력을 고려하여 과제를 제시해야 한다. 모든 학생이 교사의 설명을 명확히 들을 수 있도록 목소리의 크기와 속도를 조절하고, 시범을 보일 때는 모든 학생이 잘 볼 수 있는 위치에서 진행해야 한다.

4) 시간 활용의 효율성 높이기

과제 제시는 간결하고 명확해야 하며, 불필요하게 시간을 끌지 않도록 한다. 학생들의 주의집중 시간이 한정되어 있으므로, 핵심 내용을 중심으로 설명하고 시범을 통해 보충한다.

2. 내용의 계열화와 과제 조직 방법

과제의 내용과 조직을 논리적으로 계열화하여 제시함으로써 학습자의 이해를 돕는다. 관리적인 지침과 과제의 내용을 분리하여 제시하고, 복잡한 관리 정보는 단계별로 안내한다.

1) 관리 지침과 내용의 분리

예를 들어, 파트너를 선택하고 공을 가져오는 등의 관리적인 지침은 먼저 제시한 후, 과제의 내용인 기술적인 부분을 설명한다.

2) 복잡한 정보의 단계별 제시

한꺼번에 많은 정보를 전달하지 않고, 필요한 순간에 필요한 정보만을 제공하여 학생들이 혼란스러워하지 않도록 한다.

3. 과제 제시의 명료성 향상하기

1) 학습자 친화적으로 과제 제시

과제 제시는 학습자의 관점에서 이해하기 쉽게 구성해야 한다. 학생들이 앞으로 무엇을 하게 될지, 왜 해야 하는지를 명확히 알려주어 학습 동기를 높인다.

2) 논리적 순서에 따른 제시

과제의 내용을 논리적인 순서에 따라 제시하여 학습자가 자연스럽게 내용을 따라올 수 있도록 한다. 이는 동작의 실행 순서나 난이도에 따른 계열화를 포함한다.

3) 예시와 반대 예시 활용

올바른 예시뿐만 아니라 잘못된 예시도 함께 제시하여 개념에 대한 명확한 이해를 도모한다. 이를 통해 학생들은 무엇이 올바른 수행인지 더욱 분명히 알 수 있다.

예시: 올바른 슛 자세를 보여준다.
반대 예시: 잘못된 슛 자세를 보여주어 비교한다.

4) 과제 제시의 개별화

학생들의 경험과 수준에 맞게 과제를 개별화하여 제시한다. 학생의 이름을 사용하거나 개인적인 경험을 언급함으로써 학습자와 과제 사이의 연계성을 높인다.

5) 어려운 내용의 반복 설명

이해하기 어려운 부분은 다른 방법으로 반복하여 설명한다. 이를 통해 모든 학생이 핵심 개념을 충분히 이해할 수 있도록 한다.

6) 학습자의 과거 경험 활용

학생들의 이전 경험과 현재 학습 내용을 연결하여 학습 전이를 촉진한다. 이는 새로운 개념을 보다 쉽게 이해하고 적용하는 데 도움이 된다.
예시: "지난주에 배운 패스 기술을 생각해 보면, 오늘 배우는 드리블 기술과 연결될 거야."

7) 이해도 확인

질문이나 토의를 통해 학생들의 이해도를 확인한다. 필요하다면 추가 설명이나 시범을 통해 오해를 바로잡는다.
예시 질문: "누가 방금 설명한 동작의 첫 번째 단계를 말해줄 수 있을까?"

8) 역동적으로 수업 자료 제시

목소리의 톤, 속도, 강약 등을 조절하여 역동적으로 과제를 제시한다. 이는 학생들의 주의집중을 높이고 학습 동기를 자극한다.

4. 과제 전달 방법의 선택

1) 언어적 전달

설명이 복잡하지 않고 학생들이 이미 익숙한 내용일 경우 언어적 전달만으로 충분할 수 있다. 그러나 추상적인 개념이나 새로운 용어를 사용할 때는 추가적인 보조 자료가 필요할 수 있다.

2) 시범 활용

시범은 언어로 전달하기 어려운 동작이나 기술을 효과적으로 보여줄 수 있다.

- **좋은 시범의 특징**
    - 정확성: 시범은 정확해야 한다. 잘못된 동작을 시범으로 보이면 학생들도 잘못 배우게 된다.
    - 학생 시범 활용: 가능하다면 숙련된 학생이 시범을 보일 수 있도록 하여 동료 학습을 촉진한다.
    - 연습 조건과의 일치: 시범은 실제 연습할 환경과 조건에서 이루어져야 한다.
    - 핵심 정보 강조: 시범 중에 중요한 동작이나 포인트를 강조하여 학생들이 주의 깊게 볼 수 있도록 한다.
    - 창의적 표현, 문제 해결, 표현 활동에서의 시범 활용: 창작 과정, 프로젝트 학습, 문제 해결 과제에서 시범은 다양한 반응의 예나 개념을 전달할 수 있는 도구로 활용된다.
    - 어떤 기술을 왜 그렇게 수행해야 하는지에 관한 정보 제공
    - 시범 후 학생의 이해도 점검

3) 매체 활용

영상, 사진, 그림 등의 매체를 활용하여 학습 자료를 보완한다. 이는 학생들의 시각적인 이해를 돕고, 복잡한 동작을 반복적으로 보여줄 수 있는 장점이 있다.

- 준비 철저: 매체를 활용할 때는 사전에 충분히 준비하여 수업 시간이 낭비되지 않도록 한다.
- 적합성 고려: 학생들의 수준과 수업 내용에 맞는 매체를 선택한다.

5. 학습 단서의 선택 및 조직

학습 단서(learning cue)는 동작의 기술 또는 과제의 주요 특성을 식별하고 수행자와 소통하는 단어 또는 어구이다.

1) 정확한 단서 선택

학습 단서(learning cue)는 학생들이 과제를 수행하는 데 필요한 핵심 정보를 제공한다. 단서는 정확하고 명확해야 하며, 과제의 중요한 요소를 반영해야 한다.

2) 기술의 핵심을 요약한 단서

복잡한 기술은 핵심 요소를 요약한 단서를 사용하여 학생들이 기억하고 적용하기 쉽게 한다.
예시: 배구 서브: "토스 – 뒤로 – 스윙 – 정지"
점프 착지: "뛰기 – 펴기 – 웅크리기"

3) 학습자의 수준과 나이에 적합한 단서

단서는 학생들의 나이와 능력 수준에 맞게 조정되어야 한다.

- 초보 학습자
  간단하고 전체적인 동작에 초점을 맞춘 단서를 사용한다.
- 숙련된 학습자
  세부적인 기술 요소에 대한 단서를 제공한다.
- 어린 학습자
  구체적이고 시각적인 이미지를 활용한 단서를 사용한다.
- 나이가 많은 학습자
  추상적인 개념이나 기술적 용어를 포함한 단서를 사용할 수 있다.

4) 과제의 속성에 따른 단서 선택

과제의 성격에 따라 적합한 단서를 선택한다.

- **폐쇄 기술에 적합한 단서**

    특징: 환경 변화가 적고, 기술 자체에 집중하는 기술

    단서 선택 방법

    - 동작의 실행 순서에 따라 단서를 계열화한다.
    - 동작의 핵심 요소를 강조하는 단어를 사용한다.
        예시: 볼링 스윙: "푸시어웨이 – 스윙 – 스윙백"
        　　　체조 동작: "손 – 손 – 발 – 발"

- **개방 기술에 적합한 단서**

    특징: 환경이 변화하고, 상황에 따라 반응해야 하는 기술

    단서 선택 방법

    - 상황 판단과 반응 조절에 관한 단서를 제공한다.
    - 지각 단서를 활용하여 환경 변화에 대처하도록 한다.
        예시: 농구 드리블: 수비수 없이 연습: "손가락으로 공을 누르듯이"
        　　　수비수와 대항: "수비수가 가까이 오면 낮은 드리블"
        　　　축구 패스: 패스 방법: "발 안쪽으로 밀어주듯이 패스"
        　　　상황 대처: "동료가 빈 공간으로 움직일 때 패스"

5) 계열적이고 자율적인 연습을 위한 단서 조직

단서를 계열적으로 조직하여 학생들이 동작의 흐름을 이해하고 연습할 수 있도록 한다. 또한, 학생들이 스스로 연습할 수 있는 단서를 제공하여 자기 주도적인 학습을 촉진한다.

- **요약 단서 사용**

    동작의 흐름을 한 단어나 구로 요약하여 제공한다.
        예시: "준비 – 가리키고 이동 – 스윙"

- **단서의 단계별 제시**

    복잡한 동작을 단계별로 나누어 단서를 제공한다.

- **학생의 리허설 기회 제공**

    단서를 활용하여 학생들이 스스로 동작을 연습해 볼 수 있도록 한다.

Chapter 05 과제 분석과 과제 발달

1. 과제 발달의 과정

효과적인 수업은 과제의 발달적 분석을 통해 학생들에게 계열적인 학습 경험을 제공하는 것이다. 이를 위해 교사는 수업 목표, 내용 속성, 학생 평가 능력을 기반으로 과제를 발달시켜야 한다. 과제 발달의 주요 요소는 다음과 같다.

1) 시작(제시, 정보) 과제(information task)

시작 과제는 어떤 운동이나 학습 활동을 가장 기초적인 수준에서 학습할 수 있도록 소개하고 안내하는 과제이다.

예시: 배구 패스 연습을 위해서 두 명씩 짝을 만든다. 약 3m의 거리에서 두 손으로 공을 높이 던져 보낸다. 짝은 나에게 공을 오버헤드로 토스하고 나는 공을 손으로 잡는다.

2) 과제 계열화: 확대(확장) 과제

확대 과제는 단순한 것에서 복잡한 것으로, 쉬운 것에서 어려운 것으로 학습 경험을 계열화하는 것이다. 과제의 난이도와 복잡성을 점진적으로 증가시키거나, 수행 방식을 변화시켜 과제를 확대한다.

예시: 배구 수업에서 네트 높이를 낮추어 쉬운 서브 연습을 시작하고, 점차 네트 높이를 올려 난이도를 어렵게 한다. 농구 드리블 연습에서 정지 상태에서 드리블을 시작하고, 점차 이동하며 드리블하는 것으로 발전시킨다.

3) 수행의 질에 초점을 둔 시범: 세련 과제

세련 과제는 학생들에게 과제를 어떻게 잘 수행할 것인지에 대한 질적인 측면을 강조하는 것이다. 교사는 수행의 핵심 요소를 시범과 설명을 통해 전달하고, 학생들의 연습 초점을 좁혀 학습 책임감을 높인다.

예시: "드리블할 때 손가락 끝을 사용하여 공을 컨트롤해 보자."
"배구 토스 시에 무릎을 굽혀 탄력을 이용해 보자."

4) 기술의 적용과 평가 기회 제공: 적용/평가 과제

적용/평가 과제는 학생들이 학습한 기술을 실제 상황에서 적용하고 평가할 수 있는 기회를 제공한다. 이를 통해 학생들은 기술의 효과성을 경험하고 자신감과 동기를 높일 수 있다.

예시: 농구에서 1대1 드리블 대결을 통해 드리블 기술을 적용해 본다.
　　　배구에서 팀별로 게임을 진행하여 서브와 리시브 기술을 활용한다.

| 표 2.3 | 학습 과제의 단계화

☑ **배구 토스 과제 전개의 예**

- 과제 1 : 5m 정도의 높이로 파트너에게 공을 오버헤드 토스한다. 파트너는 날아오는 공을 잡은 후 다시 오버헤드 토스하여 보낸다.
- 과제 2 : 오버헤드 토스 준비 자세를 취하고 공을 토스한다.
- 과제 3 : 토스 높이가 높지 않다면 그 이유를 찾아보고, 좀 더 공 밑으로 들어가 오버헤드 토스한다.
- 과제 4 : 파트너와 연속해서 5회 이상 오버헤드 토스할 수 있으면, 2~3 걸음 물러나 토스한다.
- 과제 5 : 언더핸드 패스를 활용해 토스한다. 파트너가 던져 준 공을 언더핸드로 토스하고, 상대는 오버헤드 토스한다. 날아온 공을 잡아 처음의 순서대로 다시 반복한다. 순서는 '던지기'-'언더핸드 토스'-'오버헤드 토스'-'공잡기'가 된다.
- 과제 6 : 파트너와 연속해서 5회 이상 성공하면 거리를 벌려 반복한다.
- 과제 7 : 세 명이 한 팀이 되어, 한 명은 서브하고, 서브된 공을 언더핸드 패스로 받고, 나머지 한 명은 오버헤드 토스를 한다. 처음에는 쉬운 서브로 시작해 가능한 수준이 되면 좀 더 어렵게 서브한다.

☑ **배구 토스 과제 전개 과정을 그래프로 제시하면 다음과 같다.**

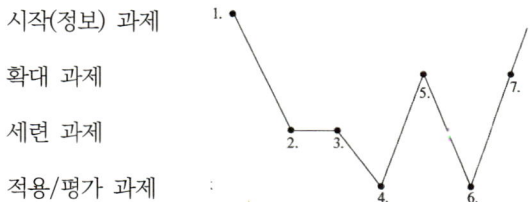

─ 잠깐! ─

☑ **체육 학습 과제의 실제 적용의 예**

- 학생들이 잘 이해하지 못한다. → 과제를 명확하게 재 진술한다.
- 학생들에게 과제가 너무 쉽다. → 과제를 중단하고 다음 단계로 뛰어넘는다.
- 학생 대부분이 성공을 하지 못한다. → 과제의 난이도를 낮춘다.
- 각 단계에서 보여야 할 학습 단서를 제대로 보여주지 못한다. → 과제가 단계에 적절한지 확인하고 과제를 재 부여한다.
- 학생들이 기능의 난이도를 스스로 낮추거나 높일 준비가 되어 있다. → 한 단계 높은 과제를 제시하거나 확장형 과제를 사용한다.
- 학생들이 현재 과제에 자신감을 가지고 잘 한다. → 한 단계 높은 과제를 제시하거나 적용형(응용형) 과제를 사용한다.

2. 과제 발달 계획: 발달적 분석

발달적 분석은 과제를 확대 과제, 세련 과제, 적용/평가 과제로 구분하여 계열적인 학습 경험을 설계하는 것이다. 이를 통해 교사는 학생들의 능력 수준과 학습 목표에 적합한 과제를 개발할 수 있다.

1) 확대 과제 개발: 교사의 과제 전개

확대 과제는 과제의 복잡성과 난이도를 조절하는 것으로, 다음과 같은 방법을 활용한다.

- **부분 연습**
  기술을 세분화하여 연습한다.
  예: 테니스 서브에서 토스 연습, 스윙 연습 등을 별도로 진행
- **용구 변형**
  장비의 무게나 크기를 조절한다.
  예: 가벼운 공을 사용하여 배구 패스 연습
- **연습 공간 관리**
  공간을 늘리거나 줄여 난이도를 조절한다.
  예: 축구 드리블 연습에서 공간을 좁혀 난이도 증가
- **운동 수행의 의도 전환**
  수행 목표를 변화시킨다.
  예: 배팅 연습에서 특정 방향으로 공 보내기
- **운동 수행에 참여하는 인원수 조절**
  개인 연습에서 단체 연습으로 전환한다.
  예: 개인 슛 연습에서 팀 플레이로 발전

2) 세련 과제 개발: 수행의 질 추가

세련 과제는 수행의 질에 대한 피드백을 학생들에게 전달하는 것이다. 확대 과제가 수행의 특성에 중심을 둔다면, 세련 과제는 '그 기술을 어떻게 수행할 것인가?(움직임 실행의 형태적 특성 혹은 품/자세 특성)에 관심을 둔다. 세련 과제의 역할을 다음과 같다.

- 세련 과제는 과제 제시에 활용할 수 있는 단서들을 확인시켜 준다.
- 세련 과제는 학생이 수행하는 동안 관찰해야 하는 초점을 제공한다.
- 세련과제는 피드백 정보를 제공한다.
  예시: "골프 스윙 시에 허리를 회전하여 스윙의 파워를 높여 보자."
  "발레 동작에서 발끝을 곧게 펴고 균형을 유지해 보자."

3) 적용/평가 과제 설계

적용/평가 과제는 경쟁적 혹은 평가적 속성을 포함하여 동기부여를 높인다. 적용 과제는 학습자의 초점이 '그 기술을 어떻게 수행할 것인가'에서 '그 기술을 활용해 수행 목적을 어떻게 달성할 것인가'로 전환된다.

예시: "1분 동안 몇 개의 슛을 성공시킬 수 있는지 측정해 보자."
"파트너와 함께 스트레칭 동작을 평가하고 피드백을 제공하자."

4) 실제 수업에서의 과제 발달

교사는 수업 중 학생들의 반응과 능력 수준에 따라 계획된 과제를 유연하게 조절해야 한다. 계획된 확대, 세련, 적용/평가 과제는 실제 수업 상황에 따라 제공될 수도 있고 제공되지 않을 수도 있다. 유능한 교사는 과제 분석을 통해 학습 과정을 계열적으로 구성할 수 있을 뿐만 아니라 학생과 함께 과제를 수정할 수 있는 교사이다.

- **역순 연쇄(backward chaining)**
  어떤 경우에는 과제 순서나 계열성에 따라 가르치지 않고 확장 과제나 적용 과제를 먼저 가르치는 것이 더 효과적일 수 있다.
- **과제 난이도 조절**
  학생들의 성공률에 따라 과제를 쉽게 또는 어렵게 조정한다.
- **피드백 제공**
  개별 학생 또는 전체 학생들에게 수행에 대한 피드백을 제공한다.
- **과제 생략 또는 추가**
  필요에 따라 계획된 과제를 건너뛰거나 새로운 과제를 추가한다.

3. 운동 기술의 속성에 따른 과제 발달

운동 기술은 폐쇄 기술과 개방 기술로 구분되며, 각 기술의 속성에 따라 가르치는 방법이 달라진다.

1) 폐쇄 기술의 발달

폐쇄 기술은 고정된 환경에서 수행되는 기술로, 환경 조건이 변하지 않는다. 예를 들어, 볼링, 체조 동작 등이 있다. 교사가 폐쇄 기술을 지도할 때 고려해야 할 의사결정은 다음과 같다.

- **학습의 선행 조건**: 학생의 신체 능력과 운동 능력을 고려하여 기술이나 용구를 변형하거나 대체할지를 결정한다.
- **학습의 선행 조건**: 학생의 신체 능력과 운동 능력을 고려하여 기술이나 용구를 변형하거나 대체할지를 결정한다.

- 전체-부분 문제: 기술의 복잡성과 리듬을 고려하여 전체로 가르칠지 부분으로 나눠 가르칠지를 결정한다.
- 용구 변형: 학습자의 수준에 맞게 용구의 크기, 무게 등을 조절하여 성공적인 학습 경험을 제공한다.
- 의도성 확립: 학습자의 수준에 맞게 수행 목표를 조정하여 성공 경험을 보장한다.
- 정확성 vs 파워: 먼저 힘 조절 능력을 습득한 후 정확성에 초점을 두도록 순서를 결정한다.
- 환경 계획: 학습 목표 달성을 위해 명시적인 반응을 끌어낼 수 있는 환경을 설계한다.

2) 준 폐쇄 기술의 발달

준 폐쇄 기술은 볼링에서 스페어 처리하기, 벙커에서 샷 하기, 평균대 위에서 앞구르기처럼 기본적인 폐쇄 기술을 다양한 환경에 맞게 응용하는 것을 의미한다.

- 가장 단순한 환경에서 기술의 일관성을 확보한 후 점진적으로 복잡한 실제 환경으로 연습을 확대해야 한다.
- 교사는 세련 과제와 단서 제공, 문제 해결 경험을 통해 학습자가 기본 패턴을 다른 환경에 맞게 적절히 변형하는 방법을 이해할 수 있도록 도와주어야 한다.

3) 개방 기술의 발달

개방 기술은 수행자가 변화하는 복잡한 환경(예: 게임 상황)에 운동 기술을 적용하는 것으로, 이동 움직임 기술, 체조 기술, 게임 기술 등이 해당한다.

- 초기에는 폐쇄 기술처럼 가르치기: 초보 단계에서는 단순한 환경에서 시작하되, 지나치게 오래 폐쇄된 환경에서 연습하는 것은 피해야 한다.
- 반응 연습과 반응 활용: 효율성(적절한 운동 패턴으로 반응하는 능력)과 적용성(환경에 따라 적절한 반응을 선택하는 능력)을 모두 발달시켜야 하며, 기술의 일관성이 어느 정도 확보된 후에 복잡한 환경에서의 반응 선택 능력을 훈련해야 한다.

4. 게임 기술의 발달

게임 기술은 개별 기술의 총합 이상으로, 기술들의 결합과 상황에 따른 적용 능력이 필요하다. 게임 기술의 발달은 4단계로 이루어진다.

1) 게임 단계

- 단계 1: 통제 능력 발달

의미: 용구나 신체의 기본적인 통제 능력을 발달시키는 단계이다.
예시:
- 보내기 동작: 공을 정해진 방향으로 일관되게 던지기/차기
- 받기 동작: 다양한 속도와 방향의 공 잡기
- 이동 동작: 드리블하며 방향 전환하기

지도 방법:
- 가장 쉬운 조건에서 시작
- 높이, 방향, 힘의 난이도를 점진적으로 증가
- 정지 상태에서 움직이는 상태로 확대

- **단계 2: 복잡 통제와 기술 결합**

  의미: 기본 통제 능력에 복잡성이 더해지고 여러 기술이 결합하는 단계이다.

  예시:
  - 축구: 드리블하며 패스, 드리블하며 슛
  - 배구: 리시브에서 토스로 연결
  - 농구: 드리블에서 패스로 전환

  지도 방법:
  - 기술 간 전환 움직임 강조
  - 협동적 환경에서 연습 진행
  - 실제 게임에서 자주 사용되는 결합 기술 위주로 지도

- **단계 3: 기초적인 공격과 수비 전략**

  의미: 기술 실행에서 전술적 활용으로 초점이 전환되는 단계이다.

  예시:
  - 영역형 경쟁: 1대1, 2대1, 3대2 상황에서의 공격과 수비
  - 네트형 경쟁: 상대 코트의 빈 공간 공략, 수비 위치 선정

  지도 방법:
  - 단순한 상황(1대1)에서 복잡한 상황으로 진행
  - 변형 게임을 통한 기본 전술 학습
  - 인원수, 경기장 크기, 규칙을 점진적으로 추가

- **단계 4: 복잡한 게임 수행**

  의미: 정식 게임과 유사한 복잡한 경험을 제공하는 단계이다.

  예시:
  - 농구: 팀 공격/수비 전술, 포지션별 역할 수행
  - 배구: 6인제 경기에서의 로테이션과 포지션 플레이

지도 방법:
경기 흐름 유지를 위한 적절한 규칙 변형
모든 학생의 참여를 위한 과제 난이도 조절
세련 과제를 통한 수행의 질적 향상 도모
교사는 지도자 역할을 유지하며 적극적 개입 필요

2) 게임 단계에 따른 고려 사항

- **이전 단계와 연계**
  높은 단계에 도달하였더라도 이전 단계의 기술과 경험을 계속 활용해야 한다.
- **단계별 학습 내용 확인**
  각 단계에서 배워야 할 기술과 전략을 명확히 이해한다.
- **학생 능력에 맞춘 수업 설계**
  학생들의 기술 수준과 이해도에 따라 단계를 조절한다.
- **교수자의 역할 유지**
  높은 단계에서도 교사는 학생들의 학습을 지원하고 피드백을 제공한다.

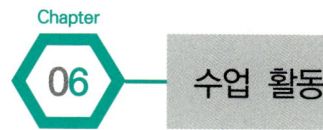

수업 활동 중 교수

1. 직접 기여 행동

1) 안전한 학습 환경 유지

안전은 모든 수업 활동에서 최우선으로 고려되어야 한다. 교사는 수업 전에 안전 문제를 예측하고 기구, 공간, 학생 배치를 적절히 계획해야 한다.

- 안전 문제의 예시
    - 학생들이 수행하기에 위험한 기술을 시도하는 경우
    - 라켓, 스틱 등의 도구를 너무 가까이에서 사용하는 경우
    - 빠른 활동을 할 때 충분한 공간이 확보되지 않은 경우
    - 불필요하게 위험한 활동을 선택하는 경우
    - 학생들이 공간과 타인을 고려하지 않고 움직이는 경우
    - 학생들이 통제되지 않은 상태로 활동하는 경우
    - 위험한 기구가 방치되어 있는 경우

2) 명확한 과제 제시와 강화

학생들이 과제를 제대로 수행하지 못한다면 교사는 과제를 다시 명확히 제시하고 강화해야 한다.
- 과제 수행 중 과제를 다시 언급하기: 학생들이 활동을 멈추지 않고도 과제를 재강조한다.
- 개별 학생에게 설명하기: 필요한 학생에게만 과제를 다시 설명한다.
- 전체 활동 중단 후 재설명: 학생들이 과제를 전혀 이해하지 못하는 경우 전체 활동을 멈추고 재설명한다.

3) 생산적인 학습 환경 유지

학생들이 과제에 집중하지 못하고 과제 외 행동을 하는 경우, 교사는 그 원인을 파악하고 적절한 조치를 해야 한다.
- 과제의 난이도 조절: 학생들의 수준에 맞게 난이도를 조절한다.
- 대기 시간 최소화: 학생들이 기다리지 않고 활동할 수 있도록 수업을 조직한다.
- 적절한 집단 구성: 학생들의 관계를 고려하여 생산적인 집단을 구성한다.
- 과제 수행 방법 교육: 학생들이 스스로 연습하기 전에 수행 방법을 명확히 알려준다.

4) 학생 반응에 대한 관찰과 분석

교사는 학생들의 과제 수행을 관찰하고 분석하여 적절한 피드백을 제공해야 한다.

- **수업 활동 관찰을 위한 교사의 위치**
  - 전체 관찰 위치 확보: 모든 학생을 한눈에 볼 수 있는 위치를 선택한다.
  - 다양한 각도에서 관찰: 운동 수행의 다른 측면을 보기 위해 위치를 변경한다.
  - 학생 수행에 미치는 영향 고려: 교사의 위치가 학생들의 수행에 영향을 줄 수 있음을 인지한다.
- **대집단을 위한 관찰 계획 설정하기**
  - 빠른 스캔 전략 사용: 특정 움직임을 관찰하기 위해 전체 학생을 빠르게 살펴본다.
  - 관찰 대상 선정: 기술 수준이 다른 몇 명의 학생을 선정하여 집중적으로 관찰한다.
  - 관찰 초점 결정: 무엇을 관찰할 것인지 사전에 결정하여 효율적으로 관찰한다.
- **관찰 대상 이해**
  - 과제의 주요 특징 파악: 학생들에게 기대되는 반응과 수행의 핵심 요소를 이해한다.
  - 관찰 단서 선정: 관찰할 때 집중해야 할 핵심 단서를 결정한다.
  - 학생 수준에 따른 조정: 학생들의 기술 수준과 학습 단계에 따라 관찰 초점을 조정한다.

5) 피드백 제공

피드백은 학생들의 학습을 촉진하는 중요한 도구이다.

- **평가적 피드백과 교정적 피드백**
  - 평가적 피드백: 학생의 수행에 대한 평가를 전달한다. 예: "잘했어.", "노력이 더 필요해."
  - 교정적 피드백: 수행을 향상하기 위한 조언을 제공한다. 예: "팔을 더 높이 들어봐.", "스텝을 크게 밟아봐."
- **피드백의 적절성(congruency)**
  - 적절한 피드백: 과제의 초점과 일치하며, 학생들이 주의해야 할 부분에 대한 정보를 제공한다.
  - 부적절한 피드백: 과제의 초점과 일치하지 않아 학생들을 혼란스럽게 한다.
- **일반적 피드백과 구체적 피드백**
  - 일반적 피드백: "좋아.", "잘했어." 등 포괄적인 칭찬과 격려를 한다.
  - 구체적 피드백: 수행의 특정 부분에 대한 정보를 제공한다. 예: "공을 던질 때 손목 스냅이 좋았어."
- **부정적 피드백과 긍정적 피드백**
  - 부정적 피드백: 잘못된 수행에 대해 지적한다. 예: "그렇게 하면 안 돼."
  - 긍정적 피드백: 올바른 수행이나 노력을 칭찬한다. 예: "지금처럼 하면 돼."
- **피드백의 대상**
  - 학급 전체 피드백: 모든 학생을 대상으로 제공한다.

- 집단 피드백: 특정 그룹을 대상으로 제공한다.
- 개인(학급) 피드백: 개별 학생을 대상으로 제공하고, 전체 학급은 조언을 통해 배운다.
- 개인(개별적) 피드백: 개별 학생에게 제공한다.
- **피드백의 타이밍**
  - 즉각적 피드백: 수행 직후에 제공하여 효과를 높인다.
  - 지연된 피드백: 필요한 경우 수행 후 일정 시간이 지난 뒤 제공한다.
- **학생 이해 증진을 위한 피드백의 사용**
  - 피드백을 통해 학생들이 자신의 수행을 이해하고 향상할 수 있도록 돕는다.
  - 질문을 통해 학생들이 스스로 문제를 인식하고 해결하도록 유도한다.

6) 개인과 소집단을 위한 과제 변경과 수정

교사는 학생들의 능력과 필요에 따라 과제를 적절히 변경하거나 수정해야 한다.

- **개인을 위한 과제 확장**
  - 난이도 조절: 과제의 복잡성을 높이거나 낮춰 도전감을 부여한다.
  - 연습 조건 변경: 공의 종류나 도구를 변경하여 과제를 조정한다.
- **개인을 위한 적용/평가 과제 설계**
  - 경쟁 상황 도입: 경쟁을 통해 동기를 높인다.
  - 자기 평가 기회 제공: 학생들이 자신의 수행을 스스로 평가하도록 한다.
- **개인을 위한 과제 변경**
  - 과제 자체 변경: 학생의 능력에 맞게 과제의 내용을 완전히 바꾼다.
- **개인을 위한 과제 세련**
  - 수행의 질 향상: 과제의 핵심 요소에 초점을 맞춰 수행의 질을 높인다.
  - 세부 요소 강조: 수행의 세부 요소를 강조하여 더 나은 수행을 유도한다.

2. 간접 기여 행동

1) 부상 학생에게 주의 집중

- **즉각적인 대응**
  부상 학생의 상태를 확인하고 필요한 조치를 한다.
- **수업 흐름 유지**
  다른 학생들의 수업이 중단되지 않도록 상황을 관리한다.

2) 주제 외 대화에 참여

- **시간과 장소 고려**
  수업 중에는 주제 외 대화를 최소화하고 수업 전후에 대화를 나눈다.
- **학생 관심 존중**
  학생의 관심사를 존중하되 수업에 방해가 되지 않도록 관리한다.

3) 학생의 생리적 욕구 처리

- **자율 허용**
  학생들이 필요할 때 생리적 욕구를 해결할 수 있도록 허용한다.
- **수업 방해 최소화**
  학생들이 수업에 방해가 되지 않도록 규칙을 설정한다.

4) 학생과 함께 경기하거나 심판 보기

- **수업 목표 유지**
  교사가 직접 경기에 참여하거나 심판을 보는 것은 수업 목표에 직접 기여하지 않을 수 있다.
- **학생 중심 수업**
  학생들의 학습에 집중할 수 있도록 교사의 역할을 조정한다.

3. 비기여 행동

비기여 행동은 수업에 전혀 기여하지 않는 행동으로, 교사는 이를 최소화해야 한다.

- **수업 방해 요소 관리**
  소방 대피 훈련, 학교 방송 등은 사전에 대비하여 수업 방해를 최소화한다.
- **개인 활동 자제**
  수업 중 개인적인 용무나 수업과 무관한 활동을 지양한다.

4. 교사의 우선순위 설정

효과적인 교사는 수업 중 발생하는 다양한 상황에서 무엇을 우선적으로 해야 하는지 알고 있다. 특히 경력 교사는 학생 개개인보다 학급 전체의 안전과 학습을 먼저 고려한다.

1) 과제 연습 중 교사의 우선순위

- **안전한 학습 환경 확인**
  수업 환경이 안전한지 먼저 확인한다.
- **과제 이해 및 참여 확인**
  학생들이 과제를 명확히 이해하고 참여하는지 확인한다.
- **학급 전체의 반응 관찰**
  학습 목표와 관련된 과제에 대한 학급의 반응을 관찰하고 필요하면 과제를 수정한다.
- **생산적인 학습 환경 유지**
  학생들의 활동이 생산적인지 지속해서 확인한다.
- **개별 학생의 수행 관찰 및 도움 제공**
  학생 개개인의 수행을 관찰하고 필요하면 도움을 준다.
- **전체 학생에 대한 의식 유지**
  모든 학생의 과제 참여와 진도를 지속해서 모니터링한다.

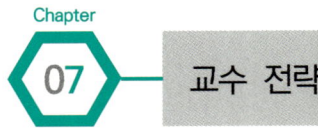

Chapter 07 교수 전략

1. 직접 교수와 간접 교수

1) 직접 교수(direct instruction)

직접 교수는 교사가 수업의 모든 요소를 주도적으로 이끌며, 학생들에게 명확한 목표와 구조화된 학습 활동을 제공하는 교수 방법이다. 주요 특징은 다음과 같다:

- 명확한 목표 설정: 교사가 학습 목표를 명확히 제시하고, 학생들의 목표 달성 여부를 적극적으로 관리한다.
- 구조화된 학습 활동: 과제가 단계별로 세분화되어 있으며, 학생들이 성공적으로 수행할 수 있도록 설계된다.
- 즉각적인 피드백 제공: 학생들의 수행에 대해 즉각적이고 구체적인 피드백을 제공한다.
  - 예시: 농구 체스트 패스를 가르칠 때, 교사는 정확한 기술 단서를 제공하고 학생들이 그에 따라 연습하도록 지도한다.

2) 간접 교수(indirect instruction)

간접 교수는 학습 과정에서 학생들의 참여와 책임을 강조하며, 교사는 안내자나 촉진자의 역할을 수행한다. 주요 특징은 다음과 같다:

- 학생 중심의 학습: 학생들이 스스로 생각하고 문제를 해결하도록 유도한다.
- 내용의 종합적 제시: 개별 기능보다는 전체적인 개념이나 전략에 초점을 맞춘다.
- 학생의 능력과 흥미 고려: 학습자의 필요와 관심사에 따라 수업을 조정한다.
  - 예시: 농구 체스트 패스를 가르칠 때, 학생들이 프로 선수의 영상을 보고 중요한 단서를 스스로 찾아내도록 한다.

3) 직접 교수와 간접 교수의 비교

- 교사의 역할: 직접 교수에서는 교사가 주도적으로 수업을 이끌지만, 간접 교수에서는 교사가 안내자 역할을 한다.
- 학생의 참여도: 간접 교수가 학생들의 인지적 참여를 높일 수 있지만, 시간 효율성 측면에서는 직접 교수가 유리하다.
- 내용의 복잡성: 복잡하고 높은 수준의 학습 내용을 다룰 때는 간접 교수가 효과적일 수 있다.

2. 교수 전략의 구성 요소

교수 전략은 수업에서 교사와 학생의 역할을 규정하며, 다음과 같은 핵심 요소로 구성된다.

1) 과제 선정
- 적절한 내용 선택: 학생들의 능력과 흥미에 맞는 내용을 선정한다.
- 개별화된 학습 기회 제공: 학생들이 자신의 수준에 맞는 과제를 선택할 수 있도록 한다.

2) 과제 전달
- 명확한 의사소통: 과제를 학생들에게 명확히 전달하기 위해 언어적 설명, 시범, 시각 자료 등을 활용한다.
- 다양한 전달 방법 사용: 유인물, 포스터, 영상 자료 등을 활용하여 과제를 전달한다.

3) 과제 발달
- 과제 간 발달: 한 기능에서 다른 기능으로의 전환을 고려하여 수업을 구성한다.
- 과제 내 발달: 같은 기능 내에서 난이도를 조절하여 학습을 심화한다.

4) 피드백 제공과 평가
- 즉각적 피드백 제공: 학생들의 수행에 대한 피드백을 적시에 제공한다.
- 평가 방법 다양화: 교사 평가, 동료 평가, 자기 평가 등을 통해 학생들의 학습을 평가한다.

3. 주요 교수 전략

1) 상호 교수(interactive teaching)

상호 교수는 교사와 학생 간의 상호작용을 통해 수업이 진행되는 전략이다. 교사가 수업의 모든 요소를 주도하며, 학생들은 교사의 지시에 따라 활동한다.

　　과제 선정: 교사가 과제를 선정하고 학생들은 동일한 과제를 수행한다.
　　과제 전달: 교사가 설명과 시범을 통해 과제를 전달한다.
　　과제 발달: 학생들의 반응에 따라 교사가 즉각적으로 과제를 조정한다.
　　피드백 제공: 교사가 직접 학생들에게 피드백을 제공한다.

- 장점

　　교사가 수업을 주도적으로 이끌어 효율적으로 목표를 달성할 수 있다.

- 단점

　　학생들의 개별적인 요구를 충족시키기 어렵고, 학생들의 자율성이 제한될 수 있다.

2) 스테이션 교수(station teaching)

스테이션 교수는 여러 개의 학습 스테이션을 마련하고, 학생들이 순환하며 다양한 과제를 수행하는 전략이다.

    과제 선정: 각 스테이션에 다른 과제를 배치하여 다양한 학습 기회를 제공한다.
    과제 전달: 과제 카드, 포스터 등을 활용하여 각 스테이션에서 과제를 전달한다.
    과제 발달: 학생들이 자기 속도에 맞게 학습할 수 있도록 진도를 조절한다.
    피드백 제공: 교사는 각 스테이션을 순회하며 학생들에게 피드백을 제공한다.

- 장점

    다양한 학습 경험 제공: 학생들이 여러 가지 과제를 경험하여 흥미를 높일 수 있다.
    학습의 개별화: 학생들이 자신의 수준과 속도에 맞게 학습할 수 있다.

- 단점

    관리의 복잡성: 여러 스테이션을 동시에 관리하기 어렵다.
    학생들의 집중도 저하 가능성: 감독이 부족하면 학생들이 과제에 집중하지 않을 수 있다.

3) 동료 교수(peer teaching)

동료 교수는 학생들이 서로 가르치고 배우는 전략이다.

    과제 선정: 교사 또는 학생이 과제를 선정한다.
    과제 전달: 학생들이 동료에게 과제를 설명하고 시범을 보인다.
    과제 발달: 학생들이 서로의 수준에 맞게 학습을 진행한다.
    피드백 제공: 동료 간의 피드백을 통해 학습을 촉진한다.

- 장점

    책임감과 자율성 향상: 학생들이 가르치는 역할을 통해 책임감을 느낀다.
    사회적 기술 향상: 의사소통 능력과 협동심이 향상된다.

- 단점

    역량 차이에 따른 학습 효과 차이: 동료 교사의 지식이나 기술이 부족할 경우 학습 효과가 떨어질 수 있다.
    관계상의 어려움: 학생 간의 관계가 원활하지 않으면 효과적인 학습이 어려울 수 있다.

4) 협동 학습(cooperative learning)

협동 학습은 학생들이 소집단을 이루어 공동의 학습 목표를 달성하는 전략이다.

    과제 선정: 교사가 과제를 제시하고, 학생들이 역할을 분담한다.
    과제 전달: 그룹별로 과제를 이해하고 수행 방법을 계획한다.
    과제 발달: 학생들이 협력하여 과제를 수행하고 문제를 해결한다.

피드백 제공: 그룹 내에서 상호 피드백을 주고받으며 학습한다.
- **협동 학습의 주요 요소**
  긍정적인 상호의존성: 학생들이 공동의 목표를 위해 서로 의존한다.
  개별 책무성: 각자의 역할과 책임을 명확히 한다.
  사회적 기술 개발: 의사소통, 갈등 해결 등의 사회적 기술을 배운다.
  집단 과정에 대한 성찰: 그룹 활동 후 과정을 평가하고 개선점을 찾는다.
- **장점**
  사회적 상호작용을 통한 학습 동기 향상: 협력을 통해 학습 의욕이 높아진다.
  다양한 관점 공유: 서로의 의견을 나누며 깊이 있는 학습이 가능하다.
- **단점**
  개인별 학습 수준 파악의 어려움: 그룹 활동에서는 개별 평가가 어렵다.
  일부 학생의 참여도 저하: 적극적으로 참여하지 않는 학생이 있을 수 있다.

5) 자기교수 전략(self-instructional strategies)

자기교수 전략은 학생들이 스스로 학습 자료를 활용하여 학습하는 전략이다.
  과제 선정: 미리 준비된 학습 자료를 통해 학생들이 선택한다.
  과제 전달: 유인물, 영상, 컴퓨터 프로그램 등을 통해 과제가 전달된다.
  과제 발달: 학생들이 자신의 속도에 맞게 학습을 진행한다.
  피드백 제공: 자기 평가 또는 컴퓨터를 통한 피드백을 받는다.

- **자기교수 전략의 과정**
  목표 설정: 학생이 학습 목표를 명확히 이해한다.
  자료 활용: 교사가 제공한 학습 자료를 활용하여 학습한다.
  자기 점검: 학습 진도를 스스로 점검하고 필요한 경우 보충 학습을 한다.
  평가: 자기 평가나 교사의 평가를 통해 학습 성취도를 확인한다.
- **장점**
  자기 주도적 학습 능력 향상: 학생들이 학습에 대한 책임감을 갖게 된다.
  학습의 개별화: 각자의 속도와 수준에 맞게 학습할 수 있다.
- **단점**
  동기부여의 필요성: 자기관리 능력이 부족한 학생은 어려움을 겪을 수 있다.
  교사의 직접적인 피드백 제한: 학생들이 스스로 학습하기 때문에 교사의 즉각적인 피드백이 어렵다.

6) 인지 전략(cognitive strategies)

인지 전략은 학생들의 사고 과정을 활성화하여 문제 해결 능력을 키우는 전략이다.

과제 선정: 개념 이해와 문제 해결에 초점을 맞춘 내용을 선정한다.
과제 전달: 질문, 토론, 탐구 활동 등을 통해 과제를 전달한다.
과제 발달: 학생들이 스스로 생각하고 답을 찾아나가도록 유도한다.
피드백 제공: 교사와 학생 간의 상호작용을 통해 피드백을 제공한다.

- **인지 전략의 주요 유형**

  유도 발견(guided discovery)
  - 과정: 교사가 단계별 질문이나 단서를 제공하여 학생들이 스스로 답을 찾도록 유도한다.
    예시: 착지할 때 무릎을 구부리는 것이 왜 중요한지 학생들이 직접 실험하고 발견하도록 한다.

  수렴 발견 (convergent discovery)
  - 과정: 여러 가능성을 탐색하여 하나의 정답이나 해결책을 찾는다.
    예시: 특정 기술을 수행하는 가장 효율적인 방법을 학생들이 찾아내도록 한다.

  확산 발견 (divergent discovery)
  - 과정: 문제에 대해 다양한 해결책을 찾아내며, 창의적인 사고를 촉진한다.
    예시: 공을 다양한 방식으로 패스하는 방법을 학생들이 개발하도록 한다.

- **질문 제작 과정**
  - 개방형 질문 사용: 학생들의 사고를 촉진하기 위해 정답이 정해지지 않은 질문을 활용한다.
  - 단계별 질문 구성: 난이도를 조절하여 학생들이 점진적으로 깊이 있는 사고를 할 수 있도록 한다.
  - 학생 참여 유도: 질문을 통해 학생들이 수업에 적극적으로 참여하도록 한다.

- **장점**
  - 고차원적 사고 능력 향상: 문제 해결 능력과 비판적 사고가 발달한다.
  - 학습에 대한 깊은 이해 도모: 개념을 스스로 이해하고 적용할 수 있다.

- **단점**
  - 시간 소요: 직접 교수보다 시간이 더 걸릴 수 있다.
  - 학생 참여도 편차: 모든 학생이 적극적으로 참여하지 않을 수 있다.

7) 팀 티칭(team teaching)

팀 티칭은 두 명 이상의 교사가 협력하여 수업을 진행하는 전략이다.
- 과제 선정: 교사들이 함께 협의하여 내용을 선정한다.
- 과제 전달: 교사들이 역할을 분담하여 과제를 전달한다.
- 과제 발달: 각 교사의 전문성을 활용하여 수업을 심화한다.
- 피드백 제공: 교사들이 협력하여 학생들에게 피드백을 제공한다.

- **팀 티칭의 장점**

    유연한 집단 구성
    - 교사들이 협력하여 학생들을 다양한 방식으로 그룹화할 수 있다.
    - 학생들의 능력, 흥미, 필요에 따라 그룹을 탄력적으로 조정한다.

    개별적인 도움 제공
    - 한 교사가 수업을 진행하는 동안 다른 교사는 개별 학생이나 소집단을 도울 수 있다.
    - 학생들의 개인적인 필요나 어려움에 즉각적으로 대응할 수 있다.

    교사의 전문성 활용
    - 각 교사의 전문 분야나 강점을 활용하여 수업의 질을 높인다.
    - 다양한 교수 방법과 시각을 학생들에게 제공한다.

- **단점**
    - 교사 간 협력의 어려움: 교사들 간의 철학이나 수업 방식의 차이로 인해 협력이 어려울 수 있다.
    - 계획의 복잡성: 수업을 공동으로 계획하고 실행하는 데 시간이 많이 필요하다.

8) 발문의 적절한 이용

발문은 교사의 언어적 학습 지도 방법 중 가장 중요한 요소이다. 발문은 문제 해결 및 탐구적 교수 방법의 핵심이며, 교사중심 학습 지도법과 개별화 학습 지도법에 필수적인 요소이다. 발문에는 다음과 같은 종류가 있다(Baird 외, 1972).

- **회상형(memory) 질문**

    암기 수준의 답을 요구하는 질문으로, 대부분 '예/아니오' 또는 단답식으로 대답할 수 있는 질문이다.

- **수렴형(convergent) 질문**

    이전에 학습된 내용에 대한 분석과 통합적 이해를 요구하는 질문이나 논리적 사고가 요구되는 질문으로, 일정한 범위에서 옳고 그른 정답이 있다.

- **확산형(divergent) 질문**

    문제상황에 적합한 해결 방안을 찾을 수 있도록 요구하는 질문으로, 상황에 따라 정답이 여러 개 있을 수 있다.

- **가치형(evaluative) 질문**

    선택이나 태도 등에 관한 표현을 요구하는 질문으로, 옳거나 틀린 정답이 없다.

발문(질문)의 요령	
• 질문은 명확해야 한다.	• 질문은 하나의 대답만을 유도해야한다.
• 질문은 중요한 순서에 따라 제시한다.	• 학생의 이름을 부르기 전에 질문한다.
• 학생의 대답을 반복하지 않는다.	• 학생에게 발문에 답할 시간을 준다.
• 질문을 되풀이 하지 않는다.	• 상호작용이 질문 수준과 일치하는가를 확인한다.
• 좀 더 많은 학생이 참여할 수 있도록 재차 질문한다.	

4. 교수 전략의 선정과 적용

교사는 수업 목표, 내용, 학생들의 특성 등을 고려하여 적절한 교수 전략을 선택해야 한다. 또한, 한 가지 전략만 고수하지 말고 상황에 맞게 다양한 전략을 조합하여 활용하는 것이 중요하다.

- **학생들의 학습 수준과 필요에 맞는 전략 선택**
  학생들의 능력과 흥미를 고려하여 교수 전략을 결정한다.
- **수업 목표에 부합하는 전략 활용**
  학습 목표에 따라 가장 효과적인 전략을 선택한다.
- **교사의 전문성과 선호도 고려**
  교사의 강점과 전문성을 활용하여 수업의 효과를 높인다.
- **수업 중 유연하게 전략 조정**
  상황에 따라 전략을 변경하거나 조합하여 활용한다.

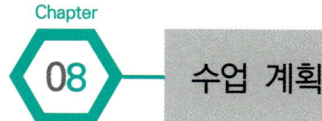

Chapter 08 수업 계획

1. 교수-계획-평가의 관계

교수(instruction), 계획(planning), 평가(evaluation)는 교육 과정에서 상호 연계되어 순환적으로 반복되는 관계를 가진다. 이 순환 과정은 다음과 같다.
- **계획(planning)**: 교육 목표와 학습 내용을 바탕으로 수업과 단원을 설계한다.
- **교수(instruction)**: 계획된 수업을 실행하여 학생들에게 학습 경험을 제공한다.
- **평가(evaluation)**: 수업의 효과성과 학생들의 학습 성과를 평가하여 피드백을 제공한다.
- **계획으로 환류**: 평가 결과를 바탕으로 수업 계획을 수정하고 개선한다.

이러한 순환적인 관계는 지속적인 교육 품질 향상과 학생들의 학습 성취도를 높이기 위해 필수적이다.

2. 목표와 학습결과 설정

1) 학생 중심의 학습결과 작성

학습결과는 학생의 학습 성과를 중심으로 작성되어야 한다. 교사나 학생이 무엇을 하는지가 아니라, 학생이 이 수업을 통해 무엇을 학습해야 하는지에 초점을 두어야 한다. 학습결과는 포괄적으로도, 구체적으로도 기술할 수 있다.

예시: 포괄적인 예: "농구수업에서 학생은 슛 자세에 대해 배울 것이다."
구체적인 예: "학생은 자유투 10개 중 8개를 성공시킬 수 있다."

2) 메이거의 목표진술 방법

메이거(Mager)는 교육 목표를 명확하고 구체적으로 진술하는 방법을 제시하였다. 메이거의 목표진술 방법은 다음의 세 가지 요소로 구성된다.

행동(behavior): 학습자가 수행해야 하는 구체적인 행동을 동사로 명시한다.
조건(condition): 행동이 수행되는 상황이나 조건을 기술한다.
기준(criterion): 행동이 얼마나 잘 수행되어야 하는지에 대한 성취 기준을 제시한다.

예시: "학생은 (행동) 10미터 거리에서 공을 던져 (조건) 표적에 8번 이상 맞출 수 있다(기준)."
"학생은 (행동) 지도를 보고 (조건) 주요 도시의 위치를 정확하게 표시할 수 있다(기준)."

메이거의 목표진술 방법을 사용하면 교육 목표를 명확하고 측정이 가능하게 설정할 수 있어 교수-학습 과정의 효과성을 높일 수 있다.

3) 수업 목표의 단계별 구체화

수업 목표는 국가 수준 목표, 교육과정 수준 목표, 단원 수준 목표, 수업 수준 목표로 단계별로 구체화된다.

- **국가 수준 목표**
  교육부에서 제시하는 일반적인 교육 목표로, 국가 교육과정의 지침을 따른다.
  예시: "학생들은 다양한 신체 활동에 참여하여 체력을 증진하고 건전한 인성을 함양한다."

- **교육과정 수준 목표**
  학교나 지역 교육청에서 국가 수준 목표를 바탕으로 구체화한 목표이다.
  예시: "중학교 2학년 학생들은 농구의 기본 기술과 전략을 습득하고, 팀워크의 중요성을 이해한다."

- **단원 수준 목표**
  특정 단원에서 달성하고자 하는 목표로, 보다 구체적이다.
  심동적 목표: "드리블, 패스, 슛 등 농구의 기본 기술을 습득하고 경기에서 활용할 수 있다."
  인지적 목표: "농구 경기의 역사와 특성을 이해하고, 경기 방법과 전략을 습득한다."
  정의적 목표: "스포츠맨십을 기르고, 팀워크와 공정한 경쟁의 가치를 인식한다."

- **수업 수준 목표**
  개별 수업 시간에 달성하고자 하는 구체적인 목표이다.
  예시: "학생은 레이업 슛 동작을 올바른 자세로 수행하여 5회 중 3회 이상 성공할 수 있다."

4) 목표 분류학에 따른 인지적, 정의적 영역의 수준별 정의

- **인지적 영역(cognitive domain)**
  블룸(Bloom) 등의 목표 분류학에 따라 인지적 영역은 다음의 여섯 가지 수준으로 구분된다.
  - 지식(기억): 정보를 기억하고 회상하는 능력
    행동 동사: 정의한다, 나열한다, 식별한다.
    예시: "학생은 농구의 기본 규칙을 나열할 수 있다."
  - 이해: 의미를 해석하고 설명하는 능력
    행동 동사: 설명한다, 요약한다, 해석한다.
    예시: "학생은 농구 경기에서 사용되는 용어를 설명할 수 있다."
  - 적용: 배운 지식을 새로운 상황에 활용하는 능력
    행동 동사: 적용한다, 실행한다, 사용한다.
    예시: "학생은 배운 전략을 실제 경기에서 적용할 수 있다."
  - 분석: 정보를 구성 요소로 분해하고 그 관계를 이해하는 능력
    행동 동사: 분석한다, 비교한다, 구분한다.
    예시: "학생은 상대 팀의 전략을 분석하여 대응 방법을 계획할 수 있다."

- 종합(창조): 요소들을 결합하여 새로운 것을 만드는 능력
  행동 동사: 창조한다, 설계한다, 구성한다.
    예시: "학생은 새로운 공격 전술을 개발할 수 있다."
- 평가: 기준에 따라 판단하고 결론을 내리는 능력
  행동 동사: 평가한다, 판단한다, 비판한다.
    예시: "학생은 경기 후 자신의 수행을 평가하고 개선점을 찾을 수 있다."

- **정의적 영역(affective domain)**
    크래스월(Krathwohl) 등의 목표 분류학에 따라 정의적 영역은 다음의 다섯 가지 수준으로 구분된다.
  - 수용: 자극에 주의를 기울이고 관심을 보이는 단계
    행동 동사: 듣는다, 따른다, 질문한다.
    예시: "학생은 수업에 적극적으로 참여한다."
  - 반응: 적극적으로 반응하고 참여하는 단계
    행동 동사: 답한다, 참여한다, 만족한다.
    예시: "학생은 팀 활동에서 협력하고 의견을 제시한다."
  - 가치화: 특정 가치나 태도를 중요하게 여기는 단계
    행동 동사: 존중한다, 선호한다, 지지한다.
    예시: "학생은 공정한 경쟁의 가치를 인식하고 실천한다."
  - 조직화: 다양한 가치들을 비교하고 종합하여 가치 체계를 형성하는 단계
    행동 동사: 비교한다, 조직한다, 통합한다.
    예시: "학생은 개인의 성공보다 팀의 성과를 우선시한다."
  - 인격화: 가치 체계가 행동으로 일관되게 나타나는 단계
    행동 동사: 행동한다, 모범을 보인다.
    예시: "학생은 스포츠맨십을 생활 속에서 지속적으로 실천한다."

5) 내용 기준과 연계한 결과 작성

국가수준 교육과정의 성취 기준을 바탕으로 학습 결과를 작성해야 한다. 학년별 성취 목표를 구체적으로 밝혀 학생들이 단계별로 무엇을 할 수 있고 알아야 하는지를 명시한다.
예시: 국가 수준 목표: "다양한 신체 활동을 통해 체력과 건강을 증진한다."
    교육과정 수준 목표: "중학교 2학년 학생들은 농구의 기본 기술과 전술을 습득한다."
    단원 수준 목표: "학생들은 단순한 상황에서 기본적인 공격과 수비 전술을 펼칠 수 있다."
    수업 수준 목표: "학생은 수비수를 상대로 공의 소유권을 유지할 수 있다."

3. 학습 경험 계획하기

1) 학습 경험 계획의 세 단계

학습 경험을 계획하는 과정은 초기 단계, 중간 단계, 마지막 단계의 세 단계로 나눌 수 있다.

- **초기 단계 - 교육과정을 전체적인 차원에서 계획하기**
  교육과정 전체를 설계하는 단계로, 국가 수준의 교육과정과 학교의 특성을 고려하여 큰 틀을 잡는다.
  예시: 체육교육과정에서 중학교 2학년은 구기 운동, 무용, 체력 단련 등의 영역을 포함하도록 계획한다.

- **중간 단계 - 학습 단원 계획하기**
  각 학년에 맞는 단원(unit)을 구성하고, 단원별 목표와 내용을 구체화한다.
  예시: 농구 단원을 구성하여 심동적, 인지적, 정의적 목표를 설정하고, 단원의 진행 순서를 계획한다.

- **마지막 단계 - 수업 계획하기**
  개별 수업 시간에 대한 구체적인 수업 계획을 수립한다.
  예시: 특정 수업 시간에 슛 기술을 가르치기 위한 목표, 활동, 평가 방법 등을 상세히 계획한다.

이러한 단계별 계획은 교육과정의 일관성을 유지하고, 학생들의 학습 경험을 체계적으로 설계하는 데 도움이 된다.

4. 수업 계획

1) 수업 도입

수업 소개(set induction): 이번 시간에 무엇을 배우고 왜 중요한지를 설명한다.
활기차고 재미있는 준비운동을 통해 학생의 참여를 유도한다.
예시: "오늘은 공을 가지고 있지 않을 때 어떻게 움직여야 하는지 배워볼 것이다."

2) 수업 전개

수업 전개에서는 다양한 교수 전략의 활용, 수업 조건의 다양성, 과제의 다양화를 통해 학생들의 동기와 학습 효과를 높인다.

- **다양한 교수 전략의 활용**
  직접 교수법, 탐구학습법, 협동학습법 등 다양한 교수 전략을 사용하여 수업을 진행한다.
  예시: 직접 교수법: 교사가 시범을 보이고 학생들이 따라 연습한다.
  탐구학습법: 학생들이 문제를 해결하도록 질문을 제시한다.
  협동학습법: 팀별로 전략을 세우고 협력하여 과제를 수행한다.

- **수업 조건의 다양성**

  수업 환경, 집단 구성, 도구 사용 등의 조건을 다양하게 변화시켜 수업의 흥미를 높인다.

  예시: 집단 구성의 변화: 개인 활동에서 짝 활동, 그룹 활동으로 전환하기
  공간 활용의 다양성: 실내 수업과 야외 수업을 번갈아 진행하기
  도구의 다양성: 다양한 크기와 무게의 공을 사용하여 수업하기

- **과제의 다양화**

  학습 목표를 달성하기 위해 과제의 내용과 난이도를 다양하게 제공한다.

  예시: 기술 난이도 조절: 농구에서 기본 드리블 연습 후 장애물을 이용한 드리블 코스 추가하기
  기술 종류의 다양화: 슛 연습 시 정지 슛, 레이업 슛, 3점 슛 등 다양한 슛 기술을 연습하기
  역할 변화: 게임 상황에서 공격과 수비 역할을 번갈아 수행하기

3) 수업 정리

수업에서 배운 핵심 내용을 다시 한 번 짚어보는 시간이다.

학생의 이해도를 확인하고 다음 수업을 예고한다.

예시: "오늘 배운 수비 전략에 대해 요약해보자."

4) 수업지도안 양식

수업지도안은 수업을 체계적으로 계획하고 실행하기 위한 도구로, 다음의 구성요소를 포함한다.

- **주요 과제와 목표**

  수업의 단원과 초점을 기술하고, 학생 목표와 교사 목표를 명시한다.

  예시: 단원: 중학교 라인댄스
  수업 초점: 일렉트릭 슬라이드
  - 학생 목표: 심동적 영역: 음악의 리듬에 따라 댄스 스텝을 정확하게 수행한다.
  - 인지적 영역: 댄스의 신호를 이해한다.
  - 정의적 영역: 파트너와 함께 창의적으로 새로운 춤을 만든다.

- **과제 발달**

  수업 내용은 확장 과제, 세련 과제, 적용 과제의 단계로 전개된다.
  - 확장 과제: 새로운 기술이나 동작을 소개하고 연습한다.
  - 세련 과제: 기술의 정확성과 세부적인 요소를 개선한다.
  - 적용 과제: 배운 기술을 실제 상황이나 응용 과제에 적용한다.

- 과제 발달 분석표

  과제 발달 분석표는 과제의 확장, 세련, 적용 단계를 체계적으로 정리한 표이다.

  예시:

주요 과제	확대	세련	응용
Part 1 오른쪽 발로 오른쪽 사이드 스텝	1. 음악없이 교사의 지시에 따라 2. 음악없이 스스로 3. 음악에 따라	Part 1: 스텝한다는 의미는 왼쪽 발에 무게를 싣지 않는다는 의미다.	
Part 2 3발 뒤로 터치	1. 음악없이 교사의 지시에 따라 2. 음악없이 1과 2부분 추가하기 3. 음악에 따라 1과 2부분 하기	Part 2: 무게중심을 오른쪽에 두면 안 된다. 다음 동작에서 오른쪽 발을 사용하기 때문이다.	
Part 3 90도 왼쪽으로 돌고 오른발을 스티듯 끌기	1. 음악없이 교사의 지시에 따라 2. 음악없이 1과 2부분 추가하기 3. 음악에 따라 1, 2, 3 파트 따라하기		스텝으로 발을 모으는 것이 아니라 무릎들기, 킥, 힙 들기 등 왼쪽 발로 하고 싶은 것들을 해보라.

- 교수 계획

  교수 계획은 예상되는 과제 전개와 이에 따른 구성요소를 상세히 계획한다.

  예시:

예상되는 과제 전개	예상 시간	과제의 전달 방식	집단 배치	목표
영상 시청	4분	영상 자료 활용	전체 집합	댄스의 전체적인 흐름 이해
기본 스텝 연습	5분	교사의 시범과 설명	개인 활동	기본 동작 습득
파트별 동작 연습	8분	구두 지시 및 피드백	소그룹 활동	동작의 정확성 향상

5. 교육과정 계획하기

1) 기준 설정을 위한 교육과정 개발

국가, 시도, 지역 수준의 교육과정을 바탕으로 학교 수준의 교육과정을 개발한다.

학년별 성취 결과를 명시하여 학생들이 단계별로 무엇을 할 수 있고 알아야 하는지를 제시한다.

2) 수업 단원계획

단원의 목표를 설정하고 내용의 범위와 계열성을 고려하여 계획한다.
단원계획은 다음과 같은 구성 요소를 포함한다.

3) 단원계획 시 고려사항

학년별 학업성취기준을 정하고 단원에 포함시킨다.
시간의 양을 고려하여 단원을 위한 블록 타임을 계획한다.
단원 시작 시 학생의 동기를 유발하고 학습 내용을 소개한다.
단원 소개: 단원의 목표와 학습 내용을 학생들에게 알리고, 학습의 중요성을 강조한다.
단원의 진행 순서를 계획한다.
기본 기술에서 복잡한 기술로 진행하거나, 필요에 따라 순서를 조정한다.
사전검사: 학생들의 현재 수준을 파악하여 수업 계획에 반영한다.

4) 단원의 개발

- **경기와 연습을 통합하여 가르친다.**
  기술 연습과 경기 상황을 연계하여 학습의 효과를 높인다.
- **기술 연습의 반복을 통해 기능 습득을 도모한다.**
  꾸준한 연습을 통해 기술의 숙달을 돕는다.
- **정의적, 인지적 영역의 목표를 통합하여 지도한다.**
  심동적 목표와 함께 인지적, 정의적 목표를 함께 달성하도록 수업을 설계한다.
- **학습 경험의 종류를 다양화하고 학생의 역할을 제공한다.**
  다양한 활동과 역할 부여를 통해 학생들의 참여와 동기를 유발한다.
- **평가는 단원의 끝에만 시행하는 것이 아니라 지도 과정에서 지속해서 시행한다.**
  형성평가와 총괄평가를 통해 학생들의 학습 진행 상황을 파악한다.

5) 단원 계획의 구성요소

단원 계획은 일반적으로 다음과 같은 구성 요소를 포함하며, 각 항목에는 간단한 설명이 포함된다.

- **단원 목표**
  심동적 목표: 신체 기능과 기술 습득에 관한 목표를 명시한다.
  인지적 목표: 지식과 이해, 전략 습득에 관한 목표를 명시한다.
  정의적 목표: 태도, 가치, 스포츠맨십 등 정서적 발달에 관한 목표를 명시한다.

- 내용의 범위와 계열성

  단원에서 다룰 내용의 전체 범위와 이를 어떤 순서로 가르칠 것인지 계획한다.

- 학습 활동 및 과제

  목표 달성을 위한 구체적인 학습 활동과 과제를 설계한다.

- 평가 계획

  단원 목표에 부합하는 평가 방법과 도구를 선정하고, 평가 시기를 계획한다.

- 시간 배정(블록 타임)

  단원의 각 활동에 필요한 시간을 계획하여 수업 스케줄을 구성한다.

- 자료 및 준비물

  수업에 필요한 교재, 도구, 시설 등을 명시한다.

Chapter 09 교수-학습 과정의 사정

1. 체육교육 프로그램에서 사정의 역할

사정은 '계획-교수-평가' 모형에서 교수과정의 중요한 부분이지만, 그동안 체육 교사들은 사정의 중요성을 간과해왔다. 이는 학생의 수행 정보를 제시할 필요성을 느끼지 못했기 때문이다. 그러나 학생의 학습 성과에 대한 정보를 제공하는 것은 국가, 지역, 관리자에게 중요하며, 교사는 이를 위해 학생의 학습 성과를 사정해야 한다.

1) 사정의 목적

- 학생의 과제 수행에 대한 정보 제공
- 학생의 동기유발
- 교수의 효율성 판단
- 설정한 목표 기준에 따른 학생의 성취도 파악 및 교수법 변경
- 교육과정이나 프로그램 평가
- 학생을 적합한 수준의 집단으로 편성
- 학생의 과제 수행에 관한 객관적인 정보 제공

2. 형성평가와 총괄평가

사정은 언제, 어떤 목적을 위해 시행하는지에 따라 형성평가와 총괄평가로 구분된다.

1) 형성평가

형성평가는 학습 목표를 달성하는 과정에서 실시하며, 학습 과정에 변화를 주기 위해 이용된다.

- 형성평가의 목적
    - 학생에게 자신의 수준과 상태에 대한 정보 제공
    - 학생의 수행 발달과 동기유발
    - 교수의 효율적 교수 판단
    - 교수학습 방법 개선
    - 학생의 적절한 집단 편성
    - 학생의 성취 수준에 관한 객관적인 정보 제공

2) 총괄평가

총괄평가는 수업, 단원, 프로그램의 목표 도달 여부를 측정하기 위해 단원이나 학기 말에 이루어진다. 학생의 학습 성과를 측정하고 다른 학생과 비교하거나, 교사가 정한 기준에 도달했는지 살펴보기 위해 사용된다.

- **총괄평가의 목적**
    - 학생의 학업 성취 측정
    - 성적 부여에 중요한 요소
    - 수업이 학습 목표에 적합하게 진행되었는지 사정

3. 평가를 수업의 실용적이고 핵심적인 부분으로 만들기

체육수업에서 사정을 실용적이고 핵심적인 부분으로 만들기 위해 다음과 같은 방법을 활용할 수 있다.

1) 준거 설정

교사가 학습 결과를 계획할 때, '좋은' 과제 수행의 준거를 구체적으로 제시하면 학생 평가를 효율적으로 할 수 있다. 예를 들어, 배구 서브의 핵심 동작 요소를 명확히 제시하여 학생이 무엇을 수행해야 하는지 알 수 있도록 한다.

2) 수시로 자체평가 시행

수업에서 학생이 자체평가를 수시로 진행하도록 설계할 수 있다. 예를 들어, 학생에게 "네트를 넘겨서 파트너와 몇 번이나 공을 주고받을 수 있는가?"와 같은 자체평가 과제를 제시하여 자신의 수행을 점검하게 한다.

3) 간단한 체크리스트와 평정척도 사용[4]

체육수업은 다양한 목표(심동적, 인지적, 정의적)를 가지고 있어 자체평가 활동만으로는 한계가 있다. 간단한 체크리스트와 평정척도를 활용하여 학생의 수행 여부와 정도를 빠르게 확인할 수 있다.

4) 동료 평가 사용

동료 평가는 학생의 성과에 관한 정보를 단기간에 수집하기에 유용한 방법이다. 학생들은 교사의 지시에 따라 서로를 평가하며, 이를 통해 관찰 능력을 발달시킬 수 있다.

---

[4] 1부 3장의 2절 내용 참고

- 동료 평가 활용 방법
    - 핵심 동작 요소에 대한 점검표를 제공
    - 관찰 방법을 사전에 지도
    - 평정척도를 활용하여 정확한 준거에 따라 평가

5) 30초 질문 사용

수업 전, 중, 후에 간단한 질문을 통해 학생의 인식, 지식, 태도, 감정을 파악할 수 있다. 이는 학생의 학습에 직접적인 영향을 미친다.

- 30초 질문 예시
    - 오늘 수업에 얼마나 열심히 참여했는가?
    - 기술 향상을 위해 무엇에 집중해야 하는가?
    - 수업에서 어떤 부분이 좋았고 싫었는가?
    - 팀이 보완해야 할 부분은 무엇인가?

6) 과학기술 장비 혹은 프로그램의 활용

평가에 기술 장비를 활용하면 교사가 사정에 투자하는 시간을 줄일 수 있다. 동영상 녹화, 신체 활동 수준 측정 기기 등을 활용하여 학생의 수행 정도와 태도를 평가할 수 있다.

- 활용 예시
    - 운동 수행의 녹화 및 분석
    - 심박수 측정기, 가속도계 등을 활용한 신체 활동 수준 측정
    - 태블릿 PC나 스마트폰을 이용한 실시간 기록 및 분석

7) 학생 행동의 표본 선정

교사는 모든 학생을 평가하기 어려울 때 표본을 선정하여 사정할 수 있다. 이는 학생의 성취도와 프로그램의 목표 달성 여부를 판단하는 데 도움이 된다.

예시: 3개 반 중 한 반을 선정하여 기술 습득 및 전략 적용 여부를 평가
반별로 공식적인 방법으로 다양한 기술을 평가

8) 과학기술 장비와 프로그램에 익숙해지기

교사는 평가에 사용되는 과학기술 장비와 프로그램에 익숙해져야 한다. 이를 통해 학생의 수행을 쉽고 효율적으로 분석할 수 있다.

4. 사정 도구의 타당도와 신뢰도

1) 사정 도구의 타당도

사정 도구는 측정하고자 하는 것을 정확하게 측정해야 한다.

- **내용 타당도(content validity)**
  측정하고자 하는 핵심 요소를 규정하고, 이를 근거로 측정하는 것
  예시: 배구 언더핸드 패스의 핵심 동작 요소를 명확히 정의하고, 그 요소에 따라 평가
  예시: 심동적 영역: 배구 언더핸드 패스의 준비 자세, 어깨와 팔의 준비, 볼 받는 순간의 타격 지점, 팔로우 스루 등 핵심 동작 요소를 평가

- **준거관련 타당도(criterion-related validity)**
  이미 타당하다고 증명된 측정 도구를 평가에 활용하여 새로운 도구의 타당도를 검증
  예시: 심폐 능력을 측정할 때, 1마일 달리기, 12분 걷기, 페이서 테스트 등의 결과를 비교하여 새로운 측정 도구의 타당성을 확보

2) 사정 도구의 신뢰도

사정의 신뢰도는 측정의 일관성을 의미한다. 동일한 조건에서 반복 측정했을 때 동일한 결과를 얻을 수 있어야 한다.

- **신뢰도 확보 방법**
  시험/재시험 방식으로 측정 결과의 일관성 확인
  관찰자 간 합의 확인: 두 명의 관찰자가 동일한 수행에 대해 동일한 점수를 부여해야 함
  예시: 관찰자 1과 관찰자 2가 학생의 수행에 대해 일관된 점수를 부여하는지 확인

- **관찰자 간 객관도 예시**

관찰	관찰자 1 점수	관찰자 2 점수
관찰 1	4	4
관찰 2	3	3
관찰 3	9	8
관찰 4	2	6

관찰 4에서 점수 차이가 크므로 준거의 명확성이나 관찰자의 해석 차이를 확인해야 함

5. 학생 평가

1) 학생 평가의 주요 목적

- 과제 수행에 대한 학생의 성과와 수준에 관한 정보 제공(성적 부여)
- 학생의 동기유발

- 교수의 효율성 판단
- 설정한 목표를 기준으로 학생의 성취도에 관한 정보 파악, 교수법 변경
- 교육과정이나 프로그램 평가
- 학생을 적합한 수준의 집단 편성(분류와 선발)
- 학생의 과제 수행에 관한 객관적인 정보 제공

2) 평가의 유형

- **평가 기준에 따른 분류**

  규준지향 평가(norm-referenced evaluation) : 상대 평가
  - 규준지향 평가는 학습자의 평가 결과를 집단의 다른 학생과 비교하여 상대적인 위치를 밝히는데 초점을 둔 평가 방법으로서, 상대 평가라고도 한다.
  - 한 검사 점수는 집단의 검사 결과와 비교할 때 의미를 갖게 되는데, 이때 비교하는 집단의 검사 결과를 규준(norm)이라고 한다.
  - 규준지향 평가는 시험성적이 평균 점수에 가장 많은 학생이 분포하는 정상분포 곡선을 기초로 한다. 따라서 '무엇을 얼마나 성취하였는가?'가 아니라 '다른 학생과 비교하여 얼마나 잘했는지, 아니면 못했는지'에 초점을 둔다.
  - 검사도구 신뢰도를 강조한다.
  - 선발적 교육관에 기초하여 개인차를 변별하는데 초점을 두며, 총괄평가에서 많이 사용된다.

  준거지향 평가(criterion-referenced evaluation) : 절대 평가
  - 준거지향 평가는 학습자의 현재 성취 수준이나 행동 목표의 달성 정도를 알아보는 데 초점을 둔 평가 방법으로서, 절대 평가라고도 한다.
  - 미리 선정된 성취 기준(criterion)에 따라 평가하고 해석한다.
  - 준거 지향 평가는 다른 학습자와 상대적인 비교가 아닌 교육 목표에 비추어 평가하는 방법이다. 따라서 목표지향 평가라고도 한다.
  - 평가도구 타당도를 강조한다.
  - 발달적 교육관에 기초하여 학생이 '얼마나 성취했느냐'보다는 '무엇을 성취했느냐'에 초점을 두며, 진단 평가나 형성평가에 많이 사용된다.

- **평가 시기에 따른 분류**
  - 진단 평가 : 학습을 시작하기 전에 실시하는 평가로서, 학생들의 수준과 상태를 파악하는 데 초점을 둔다.
  - 형성평가 : 학습이 진행되는 도중에 실시하는 평가로서, 학습의 적절성을 파악하고 개선하는데 초점을 둔다.
  - 총괄평가 : 학습이 끝난 후에 실시하는 평가로서, 학습 성취도를 파악하는 데 초점을 둔다.

3) 수행 평가

수행 평가(performance-based evaluation)란 학습자의 과제 수행 과정과 결과를 동시에 평가하는 대안적 방식의 평가로서, 실제 상황과 연계된 평가(authentic assessment)를 중시한다.

| 표 2.4 | 앎(knowing) 보다 행함(doing)을 중시

수행평가의 특성	• 수행평가는 총체적인 평가관에 따른 평가이다. • 실제 상황과 연계된 평가, 즉 실제성(authenticity)을 중시한다. • 학생 스스로 답을 작성하거나 행동으로 나타내도록 하는 평가방식이다. • 학습의 결과뿐만 아니라 과정을 중시하는 평가방식이다. • 체계적인 누가기록과 지속적인 관찰을 근거로 한 평가방식이다. • 심동적, 인지적, 정의적 영역에 대한 전인평가 방식이다. • 개인에 대한 평가뿐만 아니라 집단에 대한 평가를 강조하는 평가방식이다. • 교사의 전문적 판단에 크게 의존하는 평가방식이다.
수행평가의 필요성	• 사고의 다양성과 창의성을 신장시키기 위해 • 교수학습활동을 개선하기 위해 • 인지적으로 아는 것뿐만 아니라 실제로 적용할 수 있는지 여부를 파악하기 위해 • 개인에게 의미있는 학습활동이 이루어지도록 하기 위해
수행평가의 방법	• 관찰법, 면접법, 실기시험법, 구술시험법, 서술형검사법, 논술형검사법, 토론법, 자기 평가법, 동료평가법, 포트폴리오(학생들이 만든 비디오테이프 등과 같은 자료를 모은 것 혹은 학생들의 작품 모음집)
포트폴리오의 특성	• 장시간에 걸친 학생의 성장과 학습을 나타낸다. • 학습에 대한 정리나 반성의 기회를 제공한다. • 학생들에게 선택의 기회를 제공하고, 학생들로 하여금 실제적인 학습을 하게 한다. • 자기반성의 자료를 보여준다.
포트폴리오의 가치	• 효율적인 평가도구 : 결과뿐만 아니라 과정도 평가 • 반성적 도구 • 역동적 교수전략으로서의 가치 : 학생들에게 지식의 적용, 자기평가, 개인의 능력인지, 개인의 자기개발 능력 등을 향상시켜 줌.

6. 정보수집: 공식적, 비공식적 평가

정보는 공식적, 비공식적 방법으로 수집될 수 있다.
- 공식적 평가 예시
  - 운동기술 평가

- 필기시험
- 운동 수행의 기록
- 녹화된 영상의 공식적 분석
- 학생의 승/패 기록
- 학생건강체력평가
- 루브릭
• 비공식적 평가 예시
- 자기 설계
- 학생의 운동 수행에 대한 교사의 메모
- 운동기술 완성 여부를 체크리스트에 표기
- 학생 일지를 통한 과제 향상 정도 점검
- 학생 면담, 자기평가
- 체크리스트를 활용한 동료 평가
- 루브릭

1) 체크리스트[5]

체크리스트는 학생의 과제 수행에서 드러나는 특징이나 특성을 빠르게 확인할 때 사용된다.

2) 평정척도

평정척도는 행위나 특성을 어느 정도 수행했는지를 확인하기 위해 사용된다.

3) 루브릭

루브릭은 학생의 수행을 다양한 측면에서 관찰하기 위해 만들어진 다차원적인 평정척도이다.

• 루브릭 구성 방법

사정할 과제를 결정한다.
해당 과제에 대한 수행의 기준을 마련한다.
수준별로 수행의 질과 양을 명확하게 기술한다.
루브릭은 학생과 공유되어야 한다.

• 루브릭 예시

학생 프로젝트 사정 루브릭

---

[5] 1부 3장의 2절 내용 참고

4점(최상위 수준)
- 프로젝트를 완수한다.
- 원하는 정보를 정확하게 정리한다.
- 소통을 위해 정보를 조직화할 수 있다.
- 정확하게 모든 정보를 제공한다.

3점
- 과제의 한 가지가 부정확하다.
- 원하는 정보 중 한두 가지만 제외하고 잘 정리한다.
- 한두 가지만 제외하고는 소통을 위해 정보를 잘 조직화할 수 있다.
- 제공하는 정보가 대부분 정확하다.

2점
- 과제의 두 가지가 부정확하다.
- 원하는 정보 중 두 가지 이상을 제외하고 잘 정리한다.
- 두 가지 이상을 제외하고는 소통을 위해 정보를 잘 조직화할 수 있다.
- 제공하는 정보의 많은 부분이 부정확하다.

1점(최하위 수준)
- 한 가지 이상의 과제를 하지 않는다.
- 원하는 정보를 잘 정리하지 못한다.
- 정보를 잘 조직화하지 못한다.
- 제공하는 정보의 대부분이 부정확하다.

- 루브릭을 활용한 고등학교 농구 수업 예시

과제: 반코트 농구 경기에 능숙하게 참여할 수 있다.

준거
- 볼 핸들링 기술(패스, 드리블, 패스 받기)을 능숙하게 수행함
- 정확한 자세와 기술로 슛을 성공시킴
- 적절한 공격 및 수비 기술과 전술을 사용함
- 경기에서 실수와 규칙 위반이 적음

- 루브릭

3단계
- 드리블과 패스에서 실수가 없고 일관된 수행을 보임
- 좋은 공격 및 수비 전략을 지속해서 사용함
- 실수가 없고 규칙 위반이 거의 없음

2단계
- 공을 잘 다루고 능숙하게 패스와 드리블을 수행함

- 대부분 좋은 자세와 기술로 슛을 성공시킴
- 대부분 좋은 공격 및 수비 전략을 사용함
- 실수가 없고 몇 번의 반칙을 함

1단계
- 드리블이나 패스 시 공을 제대로 다루지 못하는 경우가 많음
- 자세나 기술이 뛰어나지 않음
- 공격 및 수비 전략의 사용이 드물게 나타남
- 규칙에 대한 지식이 부족하고 반칙을 자주 함

- 루브릭을 활용한 고등학교 테니스 수업 예시

 과제: 두 번의 단식 게임에서 실력을 드러내기
 준거
 - 경기 규칙과 에티켓을 잘 적용함
 - 포핸드, 백핸드, 서브의 능력이 뛰어나고 일관된 수행을 보임
 - 기본적인 공격 및 수비 전략을 지속해서 사용함

- 루브릭

 3단계
 - 경기 규칙과 에티켓을 정확히 적용함
 - 포핸드, 백핸드, 서브를 일관되게 수행함
 - 공격 및 수비 전략을 지속해서 사용함

 2단계
 - 경기 규칙과 에티켓을 대부분 적용함
 - 기술 수행이 대부분 정확함
 - 공격 및 수비 전략을 대부분 사용함

 1단계
 - 경기 규칙과 에티켓 적용이 미흡함
 - 기술 수행이 일관되지 않음
 - 공격 및 수비 전략의 사용이 드묾

7. 학생 사정의 유형

1) 관찰

직접 관찰은 가장 흔하게 이용되는 사정 방식이다. 학생은 자기 평가와 동료 평가를 통해 자신의 수행을 이해하고 향상할 수 있다.

- 현장 사례

    초등학교 동료 교수: 학생들이 플라스틱 라켓으로 스펀지 공을 타격하는 연습에서 동료 평가를 활용하여 핵심 요소를 평가하고 피드백 제공

    중학교 자기 평가: 팀 핸드볼 수업에서 루브릭을 활용하여 자신의 수행에 대한 강점과 약점을 평가하고 개인 목표를 설정

2) 사건과제

한 번의 교수로 처음부터 끝까지 학생이 수행하거나 성취할 수 있는 과제로, 학생의 실제 기술 활용을 평가한다.

- 사건과제의 예시
    - 체조 루틴
    - 경기 참여
    - 댄스 루틴
    - 준비운동 루틴
    - 운동 기술 순서

3) 학생 저널

학생 저널은 수업에서 경험한 감정, 인식, 태도를 반성하고 나누기 위해 작성하는 기록물이다. 학생 저널은 학생 개인을 이해하는 기초자료로 활용된다.

4) 포트폴리오

포트폴리오는 장기간에 걸쳐 학생들이 수행한 대표적인 과제 활동을 모아놓은 것으로, 학습 목표 달성 여부를 종합적으로 보여준다.

- 포트폴리오 예시

    체력 포트폴리오(고등학교 3학년)
    - 자기 평가
    - SMART 목표 설정
    - 개인 체력 프로그램 설계
    - 활동 일지
    - 목표 달성 여부 재평가
    - 성공 계획과 변경에 대한 성찰

5) 필기시험

필기시험은 학생의 지식수준 파악을 위한 방법으로, 수업에서 가르친 내용을 바탕으로 구성되어야 한다.

6) 운동기술 테스트

운동기술 테스트는 학생의 운동기술 수준을 결정하기 위한 타당한 수단으로, 사전에 타당성이 검증된 방법을 활용해야 한다.

7) 개인/집단 프로젝트와 리포트

학생의 학습 경험에 대한 사정을 위한 과제로, 학생들이 조사하고 설계하여 제시하는 다양한 형태의 과제물이다.

- 프로젝트 예시

    지역사회 스포츠 시설 조사
    - 참여 방법과 가치 탐색
    - 시설 정보(비용, 프로그램, 운영시간 등) 수집
    - 발표 자료 준비 및 발표

8) 학생일지

학생일지는 참여 시간, 행위 혹은 특성에 관한 기록으로, 학생의 신체 활동 수준을 파악하는 데 도움이 된다.

- 학생일지 예시
    - 주간 신체 활동 기록
    - 요일별 활동 내용과 시간 기록
    - 학부모 또는 보호자의 서명으로 참여 인증

9) 학생 면담, 설문 조사, 질문지

학생에게 직접 질문하여 수업에 대한 인식, 생각, 감정을 파악하는 방법이다.

- 면담 질문 예시
    - 체육수업을 좋아하는 이유는 무엇인가?
    - 어떤 활동을 할 때 흥미를 느끼는가?
    - 수업을 어떻게 바꾸면 더 흥미롭게 느껴질까?

10) 학부모 보고서

학부모 보고서는 학생의 신체 활동 참여를 인증하는 것으로, 학생의 활동 참여를 촉진하는 데 도움이 된다.

- **학부모 보고서 예시**
    - 학생의 방과 후 신체 활동 참여 내용을 기록하고 학부모의 서명을 받음
    - 활동의 수준(활동적이지 않음, 다소 활동적, 활동적)을 표시

8. 공식적인 사정을 위한 준비

공식적 사정을 정확하게 수행하기 위해 교사는 다음을 준비해야 한다.

- 사정의 절차와 도구에 익숙해진다: 평가의 절차와 방법을 정확히 이해하고 준수한다.
- 학생이 학습 목표와 평가 준거에 익숙해지도록 지도한다: 학생에게 평가 내용과 기준을 미리 알려준다.
- 학급을 효율적으로 관리하여 평가를 시행한다: 필요한 도구와 자료를 미리 준비하고 학생들의 역할을 분담한다.
- 자료를 즉시 정리하고 보관한다: 수집된 자료를 분류하고 안전하게 보관한다.
- 평가 도구 사용을 연습한다: 타당하고 신뢰할 수 있는 평가 도구를 사용하고, 동료 교사와 협의한다.
- 학생의 수행을 채점한다: 관찰한 정보를 기준으로 일관되게 채점한다.
- 자료 제출 절차를 명확히 제시한다: 자료 제출 방법과 일정을 명확히 안내한다.
- 학생에게 평가 결과를 제공하여 학습 경험으로 이해하도록 한다: 평가 결과를 학생에게 알려주고 피드백을 제공한다.

9. 채점하기

채점은 목적에 따라 달라지며, 주요 준거는 다음과 같다.

1) 학생의 성취

학생의 학업 성취도는 객관적 사정을 포함하며, 프로그램의 학습 목표 성취도를 정확하게 이해하도록 한다.

2) 학생의 향상

학생의 향상 정도는 학습 목표의 시작 단계부터 마무리 단계까지의 향상을 기반으로 한다.

3) 학생의 노력
학생의 노력은 능력 향상을 위해 얼마나 노력하는지에 대한 교사의 판단이다.

4) 학생의 품행
학생의 품행은 출석, 복장, 수업 참여 등의 행동적 특성을 포함한다.

- 채점 시 유의 사항
    - 사정 기준을 학생에게 미리 제시한다.
    - 핵심적인 준거 몇 가지를 활용한다.
    - 학생의 성취와 향상을 중심으로 평가한다.
    - 노력 및 품행은 별도로 고려한다.

Part 03

체육 교수 스타일

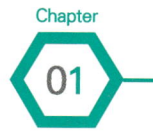

Chapter 01 교수 스타일의 개요⁽¹⁾

1. 교수 스타일의 의의

1) 비 대비 접근

Mosston은 대부분의 교육적 개념이 '개별화 대 사회화', '직접 교수 대 간접 교수' 등과 같이 다른 현상에 "대비하여(in opposition to)" 제시되어 왔으며, 그러한 "대비 접근(versus approach)" 방식은 교수·학습의 전문화에 도움이 되기보다는 분절과 분리의 결과를 초래했다고 인식하였다. 그는 이러한 "대비접근" 방식의 한계를 넘어서기 위해 "비 대비 접근(non-versus approach)" 방식에 근거를 둔 교수(수업) 스펙트럼(스타일)의 개념을 제시하였는데, 교수 스펙트럼(스타일)은 교사가 학습자들에게 광범위한 교육적 기회를 제공할 수 있는 학습 환경을 조성하는 데 필요한 이론적 바탕이 될 수 있다.

2) 교수 스타일의 의의

교수 스타일(스펙트럼)은 하나의 통합된 진술로부터 구성되는 이론으로서, 교수 행동을 결정하는 의사결정의 총체라고 할 수 있다.

교수 스펙트럼의 기본 전제는 "교수는 '의사결정'이라는 하나의 통합화 과정에 의해 이루어진다"이다.

의도적인 모든 교수 행위는 사전 의사결정의 결과로 볼 수 있다.

의사결정은 학생 및 교과내용 조직, 시간/공간/기구 관리, 학생과의 상호작용, 언어행동 선택, 사회적·정서적 분위기 조성, 학습자의 인지적 연관성을 유도하고 형성하는 방법 등을 의미한다.

중요한 의사결정들을 확인하고 의사결정의 가능한 결합 방식들을 이해하게 될 때, 비로소 교사·학습자 간 관계를 폭넓게 바라볼 수 있게 된다.

스펙트럼 내에 존재하는 교사·학습자 간 독특한 관계는 특정한 의사결정 구조를 가지고 있으며, 교사와 학습자의 특정한 역할과 예측되는 학습 목표를 정의해 준다.

스펙트럼 이론은 교수·학습의 의사결정 구조를 설명하며, 모든 교수·학습법을 총괄하는 대전제(axiom)를 제시해 준다.

스펙트럼 이론은 의사결정에 대한 합리적 근거뿐만 아니라 각 의사결정의 학습 초점을 제시한다. 이는 연령, 내용, 성별, 능력 수준과 무관하며, 교수·학습 구조에 대한 통합된 이론이다.

⁽¹⁾ 제3부의 전체 내용은 Mosston, M.과 Ashworth, S.(2002)의 저서 Teaching Physical Education을 조미혜 등이 번역한 『체육 교수 스타일』(2003)의 내용을 요약하여 인용한 것이다.

2. 교수 스타일(스펙트럼)의 6가지 가정

1) 대전제

교수 스타일의 전체 구조는 '교수는 연속되는 의사 결정의 과정이다'라는 전제로부터 시작한다. 모든 의도적인 교수 행동은 이전에 행해진 의사 결정의 결과인 것이다.

2) 교수 스타일의 구조

- 과제 활동 전 결정군 : 교수학습이 진행되기 전에 반드시 행해져야 할 결정 사항들로 구성된다.
- 과제 활동 중 결정군 : 실제 교수학습 상황에서 이루어지는 결정 사항으로 구성된다.
- 과제 활동 후 결정군 : 교수학습의 평가와 관련된 결정 사항들로 구성된다.

3) 의사결정자

교사와 학생 모두 교수 스타일의 구조 내에서 어떤 결정 사항들에 대해서건 의사결정을 할 수 있다.

대부분의 결정이 한쪽(예: 교사)에 의해서만 내려질 때는 그 사람의 의사결정 권한(또는 책임)은 '최대'이고, 다른 사람(학생)의 의사결정 권한(또는 책임)은 '최소'가 된다.

4) 스펙트럼

누가, 무엇에 대해, 어떤 의사결정을, 언제 내리는가를 파악함으로써 11가지 교수 스타일의 특징적인 구조를 규명할 수 있고, 이들 중간에 존재하는 다양한 변형들을 파악해 낼 수 있다. 수업 전, 수업 중, 수업 후 결정군에 대한 의사결정 정도에 따라 교사중심으로부터 학생중심으로 11가지 스타일의 교수(수업) 스타일이 결정된다.

- 스타일 A

    교과 내용을 정확하게 따라하는 것을 주된 목표로 하며, 교사가 모든 사항에 대한 의사결정을 내리고 학습자는 교사의 모든 의사결정을 이행한다.

- 스타일 B

    9가지 의사결정 사항이 교사에게서 학생에게로 이전되고, 그에 따라 추구하는 목표도 달라진다.

- 이후의 다른 스타일

    스타일 B 이후의 특정의 의사결정 사항들은 체계적인 방식으로 교사로부터 학생에게로 옮겨진다. 마지막 스타일(스타일 K)은 모든 의사결정 사항이 학생에게로 옮겨진다.

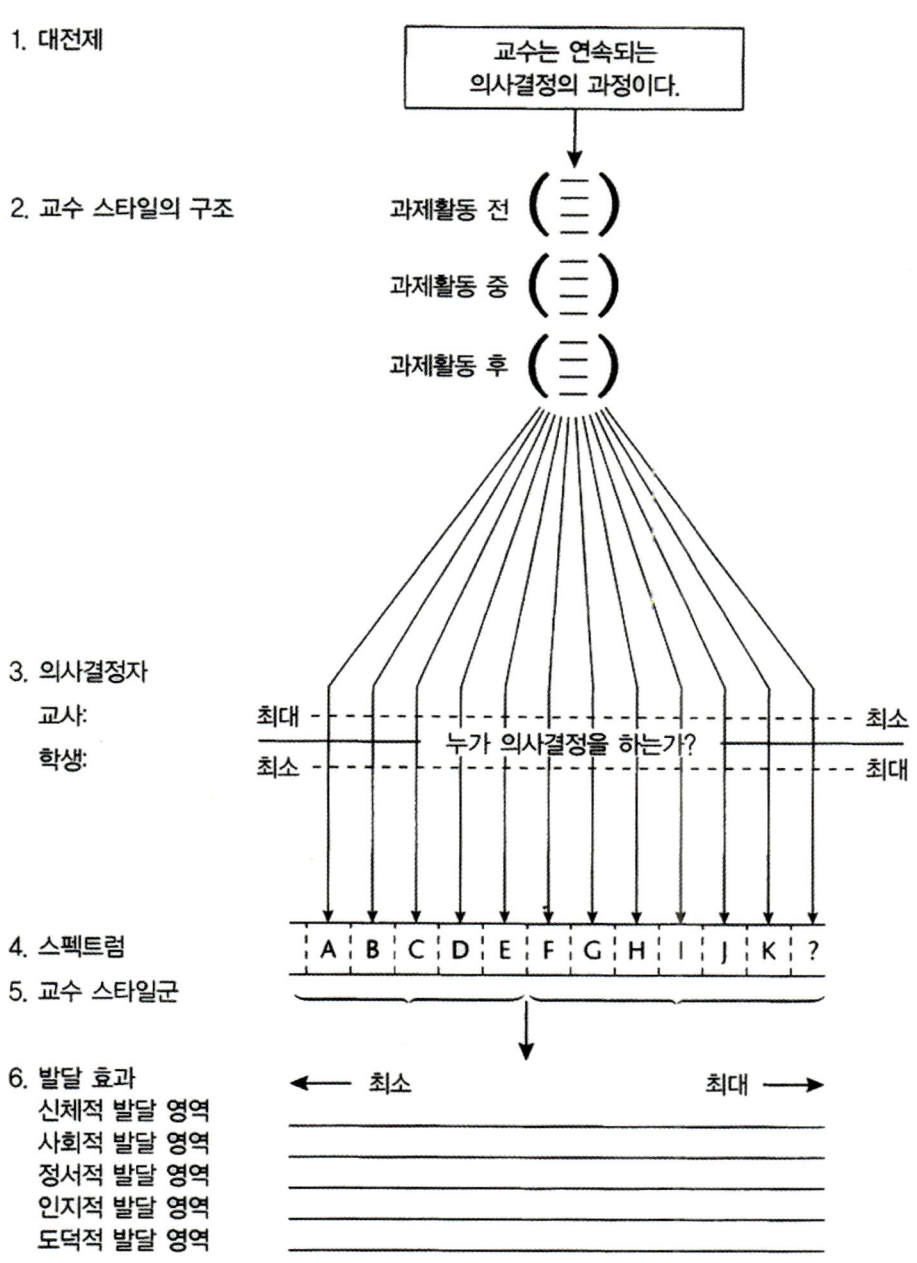

| 그림 3.1 | 교수 스타일(스펙트럼)의 구조

5) 교수 스타일군

교수 스타일(스펙트럼)의 구조는 인간의 2가지 기본적인 능력을 반영하고 있다. 하나는 모사하는 능력이고 다른 하나는 창조하는 능력이다.

- 모사(reproduction)(스타일 A~E)

  기존 지식의 재생산을 강조하는 교수 스타일이다.

  기초 기능의 습득, 절차와 모형의 모방, 전통문화의 유지를 위해 만들어졌다.

  교수 활동은 기존 지식을 다루는 암기, 회상, 파악, 분류 등과 같은 인지 활동을 주로 한다. 이 지식에 포함되는 것은 사실적 자료, 사건, 날짜, 순서, 이벤트, 계산 도구 및 기구의 활용, 절차, 규칙 등과 같은 것이다. 음악, 무용, 스포츠 등을 하는 데 필요한 지식을 포함하고 있다.

- 창조(production)(스타일 F~K)

  새로운 지식을 생산하는 능력을 강조하는 교수 스타일이다.

  스타일 F와 G는 한 가지 정확한 개념의 '발견'을 북돋아주는 수업 방법들이다.

  스타일 H~K는 새로운 개념과 대안의 '발견'과 '창의력'의 개발을 위한 방법들이다.

  스타일 F~K는 학생들로 하여금 문제 해결, 합리적 사고, 창조 등의 활동을 하도록 한다. 이 방식들은 기존의 주어진 자료를 가지고 새로운 것을 만들어내도록 한다.

- 발견 역치

  모사(중심) 스타일 군과 창조(중심) 스타일 군을 나누는 구분선이다.

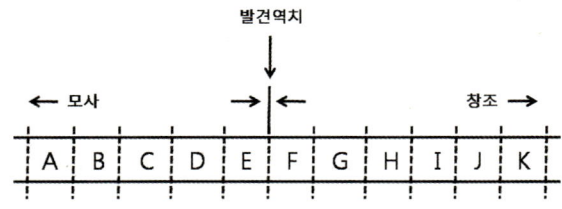

| 그림 3.2 | 교수 스타일군

- 각 스타일은 학생의 발전에 나름대로 독특한 공헌을 하며, 어떤 스타일이 다른 스타일보다 우수하다고 주장하기 힘들다.
- 교수 스타일(스펙트럼)은 특정한 교수 목적을 얻기 위한 올바른 교수 스타일을 선택하는 안내 지도로서, 한 스타일에서 다른 스타일로 옮겨갈 때 도와주는 안내자 역할을 한다.

6) 발달 효과

각 교수 스타일은 학생의 신체적, 사회적, 정서적(정의적), 인지적, 그리고 도덕적 영역에 미치는 영향을 알아볼 수 있는 한 가지 틀을 제공한다.

모든 교수 스타일은 학습자들에게 한 가지 이상의 발달 경로의 참여와 구체적인 학습 발달의 기회를 제공한다.

3. 교수 행동(T)-학생 행동(L)-목표(O)의 관계

1) T - L - O 관계

교수 행동(teaching behavior), 학생 행동(learning), 목표(objective) 사이의 유대 관계는 복잡하게 얽혀 있다.

T-L-O는 항상 단위로서 존재한다.

각 스타일은 교사의 특정 행동(교사가 하는 의사 결정), 학생의 특정 행동(학생이 하는 의사 결정), 도달 목표로 정의되기 때문에 각 스타일은 독특한 T-L-O 관계 구조를 가지고 있다.

교사·학생 간 상호작용에는 교과내용 목표와 행동 목표라는 두 가지 목표가 있다.

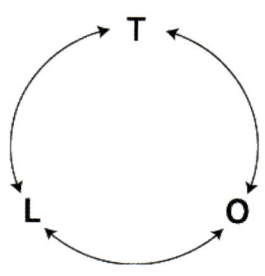

| 그림 3.3 | T-L-O 관계

2) O - T - L - O 관계

- 에피소드 전

    첫 번째 목표 : 교과내용 목표로 특정한 에피소드 내용에 속하는 교과내용 목표를 포함한다(예 : 포크댄스하기, 테니스 서브하기, 장애물 코스 도전, 농구공 드리블, 새로운 수비전략 구상하기 등).

    두 번째 목표 : 학습자의 행동 목표를 포함한다. (예 : 협동, 자기 평가, 정직, 운동 수행의 정확성, 자기 통제 등)

    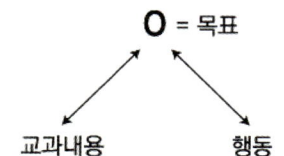

    | 그림 3.4 | 두 가지 목표 군

    교사와 학습자 간의 실제적인 상호작용이 이루어지기 전에 특정 목표(교과 내용과 행동)를 설정하는 것은 교수·학습행동이 목표를 달성할 가능성을 높여준다.

- 에피소드 후

    에피소드가 끝난 후에는 항상 교과내용과 행동의 학습 결과가 존재한다.

    의도된 에피소드 목표는 교사와 학습자의 특정 행동(의사결정)에 대한 선택을 유도한다.

    이 상호작용은 항상 교과내용과 행동에서 학습 결과를 생산해 낸다.

    단일 에피소드의 전체 과정을 총괄하는 최소한의 교육적 단위는 목표의 흐름과 상호작용, 교수 행동, 학습 행동 및 학습 결과(O-T-L-O)로 구성된다.

- 에피소드의 목표(objectives)와 학습 결과(outcomes)

  에피소드의 목표(objectives)는 교수 행동에 영향을 미치고, 순차적으로 그 다음 학습 행동과의 상호작용에 영향을 미친다. 이 상호작용은 교과내용과 행동의 학습 결과, 즉 특정 학습 결과(outcomes)로 축적된다.

  성공적인 교수·학습 에피소드에서 학습 결과는 학습 목표와 일치한다.

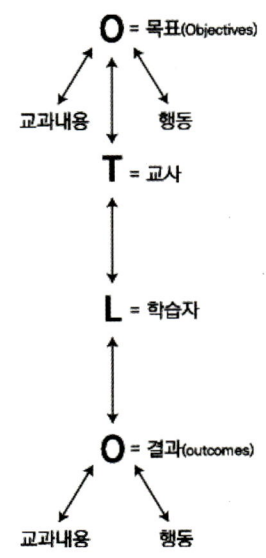

| 그림 3.5 | O-T-L-O의 교육적 단위

4. 스펙트럼이 필요한 이유

1) 개인 교수 스타일의 필요성

교사와 학생은 각자 선호하는 개인적인 독특한 교수 스타일이 있다. "내 방식대로 가르친다.", "내 방식대로 배운다."가 중요하다.

2) 학생 집단의 다양성

학생들은 독특한 개개인들이다. 학생들은 서로 다른 방식으로 공부하고, 서로 다른 요구와 희망을 가지고 있으며, 서로 다른 문화적 배경을 가지고 있다. 많은 학생을 가르치는 교사는 학생 집단의 다양성에 맞추어 교수 스타일을 다양하게 선택할 수 있어야 한다.

3) 복합적인 교육 목표

학교 교육과정은 광범위한 교육 목표(예: 다이빙의 미적 체험, 하이킹의 자연 감상, 펜싱의 개인 기술, 단체스포츠의 협동심과 전략 등)를 가지고 있기 때문에 다양한 교수 스타일을 요구한다.

4) 통합적인 수업 구조의 필요성

교수 스타일은 모사 능력을 강조하는 모사중심 스타일 군과 발견과 창조 능력을 강조하는 창조중심 스타일 군을 가지고 있다.

교수 스타일 간에는 우월성의 차이가 존재하지 않지만 특정 교수 스타일은 특정 교수 에피소드 목표를 달성하는데 보다 적합할 수 있다. 예를 들어, 농구 기술을 지도할 때는 스펙트럼의 모사 군에 해당되는 스타일이 가장 적합할 수 있다.

- 농구 기술의 패스·슛 : 지시형·연습형 스타일
- 농구 기술의 협력 기술 : 상호학습형 스타일
- 농구 기술의 독자적인 연습·평가 : 자기점검형 스타일

- 농구 기술의 과제가 수준별 학습 원리를 지향할 때 : 포괄형 스타일

구기 게임에서 새로운 전략을 고안하거나 체조에서 새로운 움직임을 구성할 때에는 창조 군에 해당하는 스타일이 요구된다.

모사와 창조라는 목표를 달성하고자 하는 교사는 필수적으로 교수 스타일 군을 활용함으로써 스펙트럼의 모든 스타일을 배우고 활용해야 한다.

각 스타일 군은 각각 나름대로의 목적을 가지고 있으며, 교수·학습 목표의 능동적인 부분을 담당한다.

교사는 자신과 학생의 요구에 가장 잘 맞는 교수 스타일을 고르기 위해 각 스타일의 구조를 이해하고 그것을 교수 행동의 레퍼토리에 통합할 수 있는 방법을 습득하기 위해 노력해야 한다.

5. 교수 스타일의 구조

1) 과제활동 전 결정군

에피소드의 목표	각 에피소드의 목표에 대한 결정 사항을 다룬다.
교수 스타일의 선정	에피소드의 목표를 성취하기 위한 구체적인 의사결정 패턴을 규정한다.
예측한 학습 스타일	a. 교수 스타일의 선정이 수업 에피소드 실행의 출발점으로 작용하는 경우에는 예측되는 학습 스타일은 선정된 수업 스타일과 동일하다. b. 주어진 시점에서 학습자의 요구가 수업 에피소드 실행의 출발점으로 작용하는 경우에는 그러한 요구가 교수 스타일의 선정을 결정하게 된다.
지도 대상	수업 에피소드의 참가자에 대한 결정 사항을 다룬다.
교과 내용	교과 내용의 주제/내용/초점, 과제의 양, 과제 수행의 질, 과제 수행의 순서를 결정한다.
지도 시기	과제의 시작 시간, 과제 활동의 속도와 리듬, 과제의 소요 시간, 인터벌(두 과제 사이의 시간), 종료 등의 의사결정을 한다.
의사소통의 방식	수업 에피소드에 사용될 의사소통 방식에 대한 결정을 한다.
질문의 처리	질문을 어떻게 처리할 것인지에 대한 결정을 한다.
수업 운영	교재, 공간, 시간 등 다양한 수업 관리 및 운영에 대한 결정들을 다룬다.
수업 장소	수업 장소에 대한 결정을 다룬다.
자세	과제 수행 동안 신체 부위의 자세 등과 관련된 사항들을 다룬다.
복장과 외모	복장, 두발, 안전 기구 착용 등에 관한 결정 사항들을 다룬다.
제한점	장소, 시간, 자세 및 복장과 외모 등에 관한 제한 사항들을 다룬다.
수업 분위기	수업 중 생겨나는 사회적, 정서적 상황들을 다룬다.
평가 절차와 자료	수업 후에 이루어지는 평가에 대한 결정 사항들을 다룬다.
기타 사항	스펙트럼의 구조는 개방적이다. 만약 다른 결정 사항들이 발견되면 그때 가서 의사결정 항목에 포함시켜 다룰 수 있다.

2) 과제활동 중 결정군

과제활동 전 의사 결정의 실행 및 준수	과제활동 전 결정군의 항목에 관하여 내려진 결정 사항들을 어떻게 실행에 옮길 것인가에 관련된 사항들을 다룬다.
수정에 관한 의사결정	예기치 못한 문제가 발생할 경우 변경과 수정에 관한 의사결정이 내려져야 한다. 1) 문제가 된 의사결정을 수정하고, 수업에피소드를 다시 지속해야 한다. 2) 문제가 심각해져서 의사결정을 통해 즉시 그 상황을 해결할 수 없다면 에피소드를 종료하고 다른 활동으로 옮겨가야 한다.
기타 사항	스펙트럼의 구조는 개방적이다. 만약 다른 결정 사항들이 발견되면 그때 가서 의사결정 항목에 포함시켜 다룰 수 있다.

3) 과제활동 후 결정군

과제활동 중 결정군에서의 수행 정보 수집	과제활동 중 결정군에 대한 자료의 수집은 관찰, 청취, 접촉 등의 방법을 통하여 행해진다.	
평가기준에 비추어 정보 평가하기	과제활동 수행을 평가기준, 준거 또는 모형에 비추어 비교, 대조, 결론을 내리는 의사결정을 한다.	
학습자에게 피드백 제공 (교과내용관련, 학생역할관련)	가치적 피드백	수행과 관련된 느낌이나 가치를 표현하는 단어를 포함한다.
	교정적 피드백	학생의 잘못이 드러나고 운동 수행이 정확하지 않을 때 잘못된 점을 수정한다.
	중립적 피드백	사실적으로 행동을 기술할 뿐, 판단이나 수정 지시를 하지 않는다.
	불분명한 피드백	초점이 불명확하고 불확실하여 학습자가 의미를 해석하거나 추측하게 만든다.
질문 처리	질문들을 어떻게 처리할 것인가에 관한 결정 사항들을 다룬다.	
선택한 교수 스타일의 평가	사용된 교수 스타일의 효과와 학생들에게 미친 영향을 다룬다.	
예측한 학습 스타일에 대한 평가	학생이 수업 에피소드의 목표를 성취하였는가를 확인한다.	
수정 사항	수업 에피소드 평가를 기초로, 다음 에피소드를 위하여 어떤 변경과 수정이 가해져야 하는가를 결정한다.	
기타 사항	스펙트럼의 구조는 개방적이다. 만약 다른 결정 사항들이 발견되면 그때 가서 의사결정 항목에 포함시켜 다룰 수 있다.	

6. 피드백

1) 가치적 피드백

기준	목적	초점	단점
· (긍정적, 부정적) 가치 판단 단어	· 만족도, 평가 등의 가치 판단을 내린다. · 가치 체계, 기준을 가르친다. · "좋다", "나쁘다"의 감정을 표현한다.	· 가치 판단 진술의 제공자(교사)	· 지나치게 사용하면 의존성이 높아진다.

2) 교정적 피드백

기준	목적	초점	단점
· 잘못(실수)과 관련 · 잘못을 지적하고, 수정할 점을 알려줌. · 수정 사항만 명확히 규정함.	· 잘못, 이탈한 점, 문제를 지적한다. · 과제를 재시도하도록 요청한다. · 잘못을 줄이고 운동 수행을 정확히 하는 데 초점을 맞춘다. · 교과 내용의 수행, 행동, 운영 절차에 대한 기대 등에 대한 기준과 세부 사항을 명료화 한다.	· 실수(교과내용, 행등, 운영 절차)	· 지나치게 사용하면, 실수에만 집착하기 쉬워진다.

3) 중립적 피드백

기준	목적	초점	단점
· 판단을 유보한 인정 · 사실적 · 기술적 · 비가치판단적	· 객관성을 표출한다. · 발생한 사실을 확인한다. · 비가치판단적인 상호작용을 한다. · 긴장을 고조시키거나 어색하고 논쟁적인 순간을 피한다. · 난처한 순간에 체면을 세워준다. · 개인적 관심, 인정, 경청 태도를 표출한다.	· 피드백 진술의 수용자(중립적 진술은 수용자에게 진술의 의미를 선택하고 결정하게 한다).	· 지나치게 사용하면, 친밀감 형성이 어렵다.

4) 불분명한 피드백

기준	목적	초점	단점
· 해석 또는 잘못된 해석의 여지를 가지고 있는 진술	· 모든 발달 경로에서 안전한 분위기를 조성한다. · 학습자에게 피드백을 해석하도록 허용한다. · 중립적 자세를 취한다. · 정확한 정보 제공을 피한다. · 효율적인 학습을 저해한다. · 갈등과 오해를 초래하는 기회를 조성한다.	· 진술이 옳거나 잘못 해석될 수 있기 때문에, 초점이 불확실함. · 이 피드백이 의도적으로 사용될 때는 피드백 제공자에게 초점이 맞춰짐	· 지나치게 사용하면, 신뢰감을 저하 시키고 오해를 유발하기 쉽다.

7. 인지

체육 교사는 다른 교과와 마찬가지로 자신이 사고(인지적) 작용(기능)을 지도한다는 사실을 인식해야 한다. 의식적 사고(인지)를 구성하는 3가지 기본 과정은 기억(memory), 발견(discovery), 창조(creativity)이다.

기억 과정은 과거의 지식(사실, 사건, 이론, 절차, 규칙 등)을 회상하고 모사함으로써 학습의 재생(reproduction)이 가능하게 만든다. 발견 과정은 기억과 달리 학습자가 이전에 알지 못했던 정보(개념, 실체·원리·이론 간의 관계 등)를 인식하도록 한다. 창조 과정은 상식적으로 알려져 있거나 예측되는 반응을 넘어서는 새롭고, 독특하고, 독창적인 것으로 인식되는 반응을 창출한다.

1) 의식적인 사고 과정의 일반 모형

사고는 어떠한 것이 기억, 발견, 창조에 관여하도록 뇌를 유인(촉발)시킬 때 이루어진다. 유인은 알고 싶은 욕구를 불러일으키는 불안정한 상태나 흥분을 유도하는 특별한 자극(S)이라 할 수 있다. 자극은 사람을 인지적 불일치 상태로 몰아넣는다. 알고자 하는 욕구는 인지적 불일치를 줄이는 해답, 해결책, 혹은 반응을 탐색하도록 사람에게 동기를 유발한다. 탐색은 기억 과정, 발견 과정, 창조 과정 또는 3가지 과정 모두에서 일어날 수 있다. 사고 과정에서 이 단계는 사색(M)이라고 불린다. 탐색이 끝나면 반응(R)이 대답, 해결책, 새로운 아이디어, 혹은 새로운 움직임 패턴의 형태로 생성된다. 요약하면, 의식적 사고 과정의 단계와 순서는 아래와 같다.

S(Stimulus)　　=　　자극(유인)
D(Dissonance)　=　　인지적 불일치 상태(알고자 하는 욕구)
M(Mediation)　 =　　사색(탐색)
R(Response)　　=　　반응(해답이나 해결)

이 흐름은 의식적인 사고에 내재되어 있다. 이들 단계들은 사고에 강제되거나 외적으로 적용되는 순서가 아니고, 오히려 사고를 할 때 뇌에서 이루어지는 내적 작용이다. 이 내재적 과정을 인식하게 되면 사고에 관련되어 있는 복합성을 이해하는데 크게 도움이 된다. 의식적인 사고 과정에 내재되어 있는 도식적 모형은 다음과 같다.

$$S \rightarrow D \rightarrow M \rightarrow R$$

- 자극(S)

    여러 종류의 자극은 사고과정(수행과제, 사회적 상황, 정서적 문제, 게임, 창의적인 노력 등)을 촉발시킨다.

    자극은 질문을 일으키고, 질문은 인지적 불일치(cognitive dissonance)를 유도하여 해답을 찾고자 하는 욕구를 유발한다.

다른 사람이나 자신에 의해 제기된 모든 질문은 3가지 기본적인 사고 과정 범주(기억, 발견, 창조) 중의 하나에 해당할 수 있다. 어떤 질문은 기억을 유발하고, 어떤 질문은 발견을 유발하며, 또 다른 질문은 창조를 유발한다.

자극은 다음 단계인 인지적 불일치를 유도한다.

- 인지적 불일치(D)

    인지적 불일치는 불안정하거나 흥분 상태, 해답을 찾고자 하는 욕구에 의해 나타나는 상황을 말한다.

    학습자는 자극(질문)이 그의 흥미, 욕구, 지식수준에 적합할 때 인지적 불일치 상태에 돌입 한다.

    불일치는 학습자에게 알고자 하는 욕구를 실행으로 옮기도록 동기화시키며, 학습자를 다음 단계인 사색으로 옮겨가게 한다.

    불일치는 강도가 다르다. 너무 미묘하거나 반응이 자동적이어서 불일치가 탐지되지 않을 수도 있고, 인지적으로나 정서적으로 매우 강해서 사색 단계를 강제적으로 충동시키거나 동기를 유발하기도 한다.

    만약 자극이 적절하지 않으면 학습자는 질문을 무시하고 인지적 불일치 상태에 돌입하지 않는다. 이러한 단절 현상은 알고자 하는 욕구와 탐색 욕구의 결여를 초래한다.

- 사색(M) : 구체적인 인지 작용의 탐색

    인간의 사고 능력은 다양한 인지 작용을 포함한다. 인간은 다양한 수준의 능숙함과 속도로 명명하기, 분석하기, 모델링하기, 구성하기, 비교하기, 대조하기, 범주화하기 등과 같은 특정한 인지 작용에 참여한다.

    사색은 특정한 자극으로 촉발되는 구체적인 인지 작용의 탐색을 활성화한다.

    예를 들어, 사람은 자극이 "비교" 작용을 요구할 때만 '비교하기(comparing)'를 실행한다. 비교의 필요성은 다양한 출처를 통해 제기될 수 있다 자기 마음속에서 일어나는 의문이나 다른 사람이 던진 질문, 혹은 여러 선택지 중에서 하나를 선택해야 할 때 등이다.

    질문이 특별히 비교를 지향하고 있을 때만, 비교 작용이 활성화된다. 그렇지 않으면 질문이라는 인지 작용은 활성화되지 않은 채 대기상태에 머물러 있게 될 것이다. 이는 다른 모든 인지 작용들에서도 똑같다.

    학습자는 해야 할 필요성과 특정한 자극에 의한 요구가 있을 때만 비교하기, 범주화하기, 모델링하기 등의 행동을 한다.

    각 인지 작용은 기억, 발견, 창조의 사고 과정 중 어느 것에 의해서도 활성화될 수 있다.

    사색이 진행되는 동안 기억, 발견, 창조를 통한 어떤 특정한 인지 작용이 활성화되거나 활용되는 것은 자극 및 질문의 성격에 의해 좌우된다.

- 인지 작용의 2가지 역할 : 주도적인 인지 작용과 보조적인 인지 작용

    사색이 이루어지는 동안(S → D → M → R), 개별 인지 작용들은 주도적인 인지 작용과 보조적인 인지 작용 중 하나의 역할을 담당하게 된다.

모든 자극(질문)은 주도적인 인지적 초점을 가지고 있다. 그러나 대부분의 인지 작용이 적절하게 작동하기 위해서는 다른 인지 작용의 보조가 필요하다.

학생들이 복합적인 인지 작용을 다룰 수 있도록 하기 위해서는 그들에게 다양한 인지 작용들을 발전시키는 경험을 제공할 필요가 있다.

어떤 과제나 질문이 학생들에게 한 가지 움직임을 다른 움직임과 '비교하도록' 요구하게 되면, 일련의 인지 작용들은 학생들의 사고 과정을 기대되는 학습 결과(즉, '비교하기')로 유도하기 위해 특별한 순서로 배열된다. 즉, '비교하기' 인지 작용에는 각 움직임을 관찰하고, 움직임의 계열성을 인식하고, 움직임의 패턴을 규명하며, 그 후에 유사성을 대조하는 작용이 뒤따른다. 이처럼, 주도적인 인지 작용은 보조적인 인지 작용들에 의존하게 된다.

- **일시적인 순서(위계) 체계**

    앞의 예에서, 상호작용하는 인지 작용들은 "이들 2가지 움직임은 어떤 점이 유사할까요?"라는 질문(즉, "비교하기"를 요구하는 질문)에 대답하기 위해 일시적인 연결 체계, 즉 위계를 형성했다. 순서 또는 대응으로 작동되는 반응-즉, 인지적 상호작용-을 유도하기 위해 상호작용 관계에 있는 보조적인 인지 작용들(관찰하기, 명명하기, 순서 만들기, 연결하기, 비교하기)은 부가 정보가 필요할 경우는 두 가지 인지 작용 사이를 앞뒤로 움직인다(기억하기 ↔ 짝짓기 ; 짝짓기 ↔ 기억하기). 보조적인 인지 작용들은 동시에 작동하지 않는다. 그러나 정보는 항상 주도적인 인지 작용(이 경우에는 '비교하기')의 방향으로 모여들게 된다.

    사색 단계에서 형성된 일시적인 순서체계는 질문(자극)과 해답(반응) 사이의 교량 역할을 한다. 일시적인 순서체계는 그 시점에 필요한 정보의 제공에 활용되며, 학습자가 인지적 불일치 상태로 남아있는 한 계속 유지된다.

    해결 방안이 모색되면 일시적인 순서체계는 사라지며, 학습자는 인지적 일치 상태로 되돌아가게 되며, 에피소드 참여는 종료된다. 일시적인 순서체계는 일시적으로 형성되는 관계로서, 또 다른 자극이 어떤 주도적인 인지적 작용을 목표로 할 경우에는 새로운 일시적인 순서체계가 형성되게 된다.

    중심적인 인지 작용은 고립적으로 성립되지 않으며, 반응을 창출하는데 도움이 되는 보조적인 인지 작용을 선택적으로 활용한다.
    - 자극(질문)은 주도적인 인지 작용을 촉발한다. 그러나 보조적인 인지 작용들 또한 바람직한 반응을 도출하는 데 꼭 필요하다.
    - 바람직한 반응을 도출하지 못하는 학습자들은 대개 1개 또는 그 이상의 보조적인 인지 작용들을 발달시키지 못했거나 혼돈한 경우이다. 보조적인 인지 작용에 익숙하지 못한 학습자들은 자극에 대해 성공적으로 반응할 수 없다.
    - 이 경우, 학습자들에게 주도적인 인지 작용을 수행하도록 재촉하는 것보다는 질문을 수정하여 부족한 보조적 인지 작용을 규명하고, 잘못된 개념과 의미를 명료화하며, 그들에게 친숙하지 않은 인지 작용을 연습하게 하는 것이 바람직하다.

- 반응(R)

    중심적인 인지 작용과 보조적인 인지 작용들 사이의 상호작용은 곧 반응을 유도한다. 사색 단계는 필요한 시간의 길이와 관계없이 반응이 활성화되면 종료된다.

    반응은 기억, 발견, 창조의 결과로 나타나지만, 항상 주도적인 인지 작용의 영역 안에 존재한다.

    반응의 속도 및 반응의 양과 질은 주어진 인지 작용에 대한 학습자들의 경험, 특정한 교과 내용 영역에 대한 사전 지식, 그들의 개별적 능력이나 재능에 따라 달라진다.

2) 수렴형 사고와 확산형 사고

3가지 기본적인 사고 과정과 개별적인 인지 작용의 흐름은 수렴형 사고와 확산형 사고라는 2가지 경로 중 하나를 따르게 된다.

수렴형 사고는 학습자에게 1가지 질문에 대해 1가지 정확한 해답을 상기하도록 요구한다. 사색이 진행되는 동안 학습자의 탐색은 한 가지 정확한 답으로 수렴된다.

확산형 사고는 학습자에게 1가지 자극(질문)에 대해 몇 가지 정확한 해답을 기억하도록 요구하는 확산형 경로에 참여시킬 수도 있다. 사색이 진행되는 동안 학습자의 탐색은 확산되어 질문에 대한 복합적인 해답들을 찾는다.

자극은 인지적 불일치를 촉발하고, 인지적 불일치는 다시 사색이 진행되는 동안 따르게 될 경로(즉, 수렴형 경로 혹은 확산형 경로)를 결정한다. 사색이 끝나는 지점에서, 결과는 단일 반응(R)이나 복합적인 반응(R_x)의 형태로 나타나게 되는데, 이들 반응은 기억, 발견, 창조에서 발산되어 나온 것이라 할 수 있다.

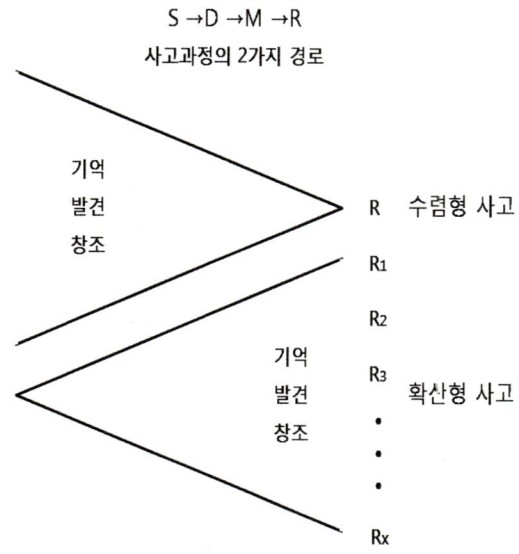

| 그림 3.6 | 사고 과정의 2가지 경로

3) 발견 역치

교수 스펙트럼 내에서 교수·학습 선택은 인지적 초점별로 군집화된다. 스타일 A~E는 모사(기억)에 대한 인간 능력을 나타내고, 스타일 F~K까지는 발견(창조)에 대한 인간 능력을 나타낸다. 기억을 유발하는 행동 군집과 발견을 유도하는 행동 군집 사이에 '발견 역치'라고 불리는 이론적이고 비가시적인 구분선이 존재한다.

- 스타일 A~E : 모사군

    교사의 역할은 습득된 지식이나 기술을 전달하는 것이다.

    학습자의 역할은 지정된 기억 인지 작용에서 지식이나 기술을 재생할 수 있는 수용자가 되는 것이다.

    모사군 내에서 이루어지는 학습자의 비교하기, 순서 만들기, 적용하여 문제 풀기 등은 학습자가 비교하기를 기억하고, 순서를 회상하며, 정확하게 적용하여 문제를 풂으로써 이루어진다. 즉, 학습자는 모델이 되는 내용을 재생산(복사)함으로써 임무를 수행하게 되는 것이다.

- 스타일 F~K : 발견·창조군

    에피소드의 의도가 발견(스타일 F~K)으로 옮겨갈 때 교사와 학습자는 자신들의 행동을 변화시킴으로써 발견 역치를 넘어가게 된다.

    교사가 학습자들에게 발견 역치를 넘어가서 발견의 과정에 참여하도록 유도하는 다른 자극(질문)을 제시하며, 교수·학습 활동의 변화가 일어난다.

    학습자 행동은 움직임을 설계하고, 정보의 순서를 정하고, 의도된 인지 작용을 적극적으로 발견해 감으로써, 적극적인 창조(발견의 생성)로 이동하게 된다.

    창조 역치로 이동하려면, 교사와 학생의 행동은 다시 변화해야 한다.

    이 경우에도, 교사가 학습자들에게 창조의 과정에 참여하도록 유도하는 다른 자극(질문)을 소개하거나 학습자들이 교수 행동에서 창조 과정을 자극하는 질문을 스스로에게 던질 때, 교수·학습 활동의 변화가 일어나게 된다.

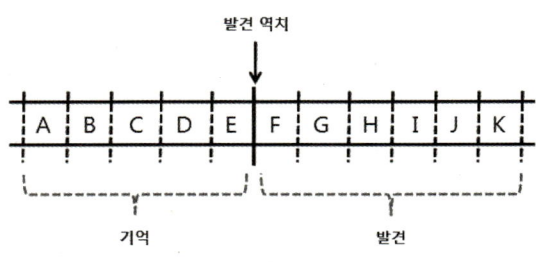

| 그림 3.7 | 발견 역치

4) 인지 작용의 역할

다음 〈그림 3.8〉에 포함되어 있는 단어들은 인지 작용을 활성화한다. 교사는 구체적인 사고 과정을 유도하는 단어들을 숙지함으로써 교과 내용의 목적에 맞는 질문들을 의도적으로 구성할 수 있다. 3가지 사고 과정 중 한 가지를 유발하는 인지적 단어들은 구체적일 수도 있고 불분명할 수도 있다.

- **인지 작용과 관련된 구체적인 질문은 다음과 같은 상황에서 적절하다.**
    - 새로운 인지 작용과 경험을 소개할 때
    - 사전에 결정된 사고 기대가 교사에 의해 예측될 때
    - 학습자들이 예측된 반응을 제공하는 데 반복적으로 실패할 때
    - 학습자 사이에 경쟁이 존재할 때
    - 해답이 점수로 매겨질 때
    - 시간이 제한되거나 해답이 예측되는 반응 또는 바람직한 사고 과정을 요구할 때
    - 임의적인 반응의 유도가 학습 목표나 내용 습득을 도조하지 못할 때
- **인지 작용과 관련된 불분명한 질문은 다음과 같은 상황에서 적절하다.**
    - 해답이 구체적이고 정확한 반응이나 사고 과정과 무관할 때
    - 학습자들의 압도적인 인지적 선호도가 추구될 때
    - 교사가 의견을 수렴하려고 할 때
    - 상호작용이 우연히 또는 단기적으로 일어날 때
    - 질문, 문제, 쟁점의 해답을 찾기 위해 새로운 방향을 탐색할 때
    - 인지 작용이 중단되거나 재분류가 필요할 때
    - 학습 목표가 임의적이거나 관련성이 없는 반응을 추구할 때

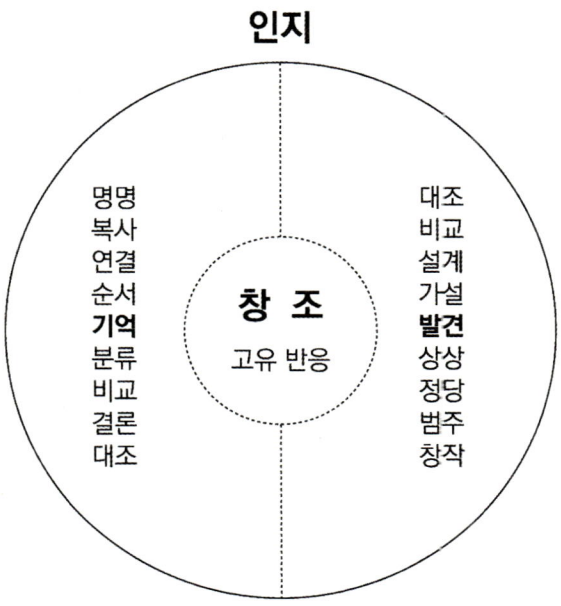

| 그림 3.8 | 다양한 사고 과정을 유발하는 다양한 인지 관련 단어들

5) 인지와 답변 대기 시간

교사의 답변 대기 시간은 교수 행동에 따라 다양하다. 일반적으로 기억 질문은 발견 질문보다는 단기적인 답변 시간이 요구된다. 주도적인 인지 작용의 활성화가 요구되는 보조적인 인지 작용이 많아질수록 교사의 답변 대기 시간은 더 길어지게 된다.

- 기억에 의존하는 반응

    최소한의 답변 대기 시간으로 잘 연습할 수 있다.

    기억 관련 질문은 발견 관련 질문보다 짧은 답변 시간이 필요하다.

    주도적인 인지 작용의 활성화가 필요한 보조적인 인지 작용들이 적을수록 교사의 답변 대기 시간은 더 짧아지게 된다.

    학습자가 사고 과정과 인지 작용에 능숙할수록 학생의 답변 대기 시간은 짧아진다.

- 발견에 의존하는 반응

    교사의 답변 대기 시간이 길어야 한다.

    주도적인 인지 작용의 활성화가 필요한 보조적인 인지 작용이 많을수록 교사의 답변 대기 시간은 더 길어지게 된다.

6) 교과내용의 설계

일련의 교수 행동은 서로 다른 기준을 가진 교과 내용의 구성을 가능하게 해 준다.

- 교수 스타일의 과제 특성

    모사 중심 스타일 군의 과제 특성
    - 과제 설계와 수행에 있어 단일 기준을 가지고 있으며, 확산적이거나 수렴적인 기억을 나타내는 단 한 가지의 정확한 사실적 반응이 존재한다.
    - 기억과 회상 과정 안에 포함된 인지적 작용만을 이끈다.
    - 수업 내용에 대한 구체적인 설명이 제시된다.
    - 수행 방법에 대한 구체적인 설명(수행 기준)이 포함된다. 수행 기준은 과제의 질을 정하며, 따라야 할 과정이나 수행 절차 관련 사례를 포함한다.
    - 선택된 교수 행동의 의사결정 구조와 일치하고 또 그 구조를 촉진한다.
    - 과제의 양(quantity)을 규정한다.

- 발견·창조 중심 스타일 군의 과제 특성
    - 교수 행동이 강조하는 발견의 종류(유도발견, 수렴발견 등)에 따라 과제 설계 또한 달라진다.

- 과제 활동지

    체육수업에서 학습자의 과제 참여를 촉진하는 유용한 보조물 중 하나는 과제 활동지(work sheet)이다. 과제 활동지에 포함된 과제 설명, 인지적 강조, 과제 수행 관련 학습자의 기대 등은 학습자의 행동을 규정한다.

- **과제 활동지의 목적**
    - 학습자들의 교사 의존성을 축소하고, 스스로 과제에 참여할 수 있는 기회를 제공한다.
    - 과제를 제시하고 학습자에게 수행할 과제를 기억하도록 돕는다.
    - 과제참여 시간의 효율성을 높이고, 교사·학생 간 의사소통을 높인다.
    - 교사에 의해 반복되는 설명의 횟수를 줄일 수 있다.
    - 교사의 초기 기대 내용을 학습자에게 전달할 수 있다.
    - 학습자에게 구체적인 기록 형태의 지시 사항을 따르도록 만든다.
    - 필요에 따라 학습자의 학습 진도를 기록할 수 있다.
- **과제 활동지 사용의 효과**
    - 과제 활동지는 정보의 근원이 된다. 따라서 학습자는 과제 활동지에 기록된 활동에 참여하여 과제를 완수하는 책임감을 가진다.
    - 과제 활동지는 과제 참여와 교사·학생 간의 상호작용 측면에서 몇 가지 시사점을 가진다.
        · 교사에 대한 학습자의 속임수 행동을 줄일 수 있다. 어떤 학생은 교사의 처음 설명을 무시한 채 학급 전체가 과제에 참여하고 있는 상황에서 교사에게 다시 개별적인 설명을 해 달라고 요구한다. 이는 학급을 순회하면서 학생들을 관찰하고 피드백을 제공해야 할 교사의 시간을 빼앗는 결과를 초래한다. 과제 활동지를 사용하게 되면 각 학생이 해야 할 일이 명확해지므로 그러한 사태를 예방하거나 줄일 수 있다.
        · 과제 활동지 사용 여부에 따라 교사와 학생의 상호작용이 달라진다. 과제 활동지는 학습자들에게 교사가 결정한 과제를 이해하고, 실행하도록 권유하며, 학습자를 평가할 때 교사의 역할을 적절하게 재설정하도록 도와준다.

교수 스타일의 종류

체육과 교육과정 모형의 성공적인 적용은 모형의 설계와 관련 깊은 교수 스타일을 선택하여 실행하는가 여부에 달려있다. 교육과정 모형은 프로그램의 목표와 가르칠 내용을 확인시켜주고, 교수 스타일은 교육과정 모형에 적합한 교수-학습 과정을 어떻게 수행할 것인가를 결정하는데 중요하다. 체육과 교수 스타일은 Mosston이 제시한 것이 대표적이다. 그러나 같은 종류의 교수 스타일이더라도 학자에 따라 표현을 달리하는 경우가 많다. 명령형 스타일은 지시 학습, 연습형 스타일은 과제식 학습, 상호작용형 스타일은 교류식 학습, 자기점검형 스타일은 자검식 학습, 포괄형 스타일은 포함형 학습, 유도발견형 스타일은 유도발견형 학습, 확산발견형 스타일은 발산 학습 또는 확산생산식 학습, 자기설계형 스타일·자기주도형 스타일·자기학습형 스타일은 초월 학습이라고 불리기도 한다.

Siedentop은 모스톤의 스타일을 직접 지도 모형, 과제 지도 모형, 탐구 모형으로 분류했다. Siedentop은 직접 지도 모형으로 Mosston의 지시형(명령식) 스타일을, 과제 지도 모형으로 연습형 스타일, 상호학습형(교류식) 스타일, 자기점검형(자검식) 스타일, 포괄형(포함형) 스타일을, 탐구 모형으로 유도발견형 스타일, 수렴발견형 스타일, 확산발견형(확산생산식) 스타일, 자기설계형 스타일, 자기주도형 스타일, 자기학습형 스타일을 포함시키고 있다. 또 다른 학자는 Mosston의 교수 스타일을 직접 지도 모형과 간접 지도 모형으로 구분하기도 한다.

1. 지시형(명령식) 스타일(스타일A) : T-T-T

지시형 스타일은 '정확한 수행'을 목표로 하여 교사 주도적으로 수업이 진행되는 방식이다. 교사의 역할은 과제활동 전, 중, 후의 모든 사항을 결정하고 학습자 전체의 운동 수행에 피드백을 제공하는 것이다. 학습자의 역할은 교사가 내린 결정 사항들, 즉 교사의 지시를 따라 정확한 동작을 수행하는 것이다. 교사 주도적 일제식 수업으로 진행되기 때문에 수업의 효율성이 높다.

1) 개념과 특징

지시형 스타일(the command style)의 가장 두드러진 특징은 '정확한 수행'이라고 할 수 있다. 정확한 수행이란 교사가 지시하는 대로 학생이 운동을 수행하거나 반응을 보이는 것을 말한다.

교사는 과제활동 전, 중, 후의 모든 사항을 결정하고, 피드백을 학습자 전체에게 제공한다.

학습자의 역할은 교사가 내린 결정 사항들, 즉 교사의 지시를 따라 정확한 동작을 수행하는 것이다. 교사의 명령에 적절히 반응하는 것이 성공적인 수업으로 평가된다.

암기, 회상, 파악, 구분 등과 같이 창의력을 요구하지 않는 인지적 활동을 강조한다. 일제식 수업으로 진행되기 때문에 수업의 효율성이 높다.

교과내용 목표	• 제시된 본보기를 빠르게 모방한다. • 정확하고 정밀하게 과제를 수행한다. • 결과를 즉각적으로 성취한다. • 동시에 통일적으로 과제를 수행한다. • 사전에 결정된 본보기를 따른다.	• 교과내용상의 기술을 숙달한다. • 문화적 전통들과 의식들을 보존한다. • 시간을 효과적으로 사용한다. • 더 많은 수업 자료를 활용한다.
행동목표	• 개개인을 집단의 규범 내로 사회화한다. • 일체감을 성취한다. • 통일성을 성취한다. • 그룹 정체성과 자부심(소속감)을 기른다. • 단체정신을 강화한다. • 지시 신호에 따른다.	• 구체적인 미적 기준에 도달한다. • 습관과 상규적 활동들을 발전시킨다. • 문화적 전통, 관례, 의식들을 보존한다. • 그룹 또는 개인들을 통제한다. • 안전 절차를 내면화한다. • 특정 종류의 규율을 따른다.

2) 지시형 스타일의 구조

지시형 스타일은 교사가 최대의 의사결정을 하고, 학습자가 최소의 의사결정을 할 때 등장한다. 지시형 스타일의 본질은 '교사의 자극과 학습자의 반응' 간의 직접적이고 즉각적인 관계이다.

교사에 의한 자극은 학습자의 모든 행동에 앞서 미리 제시되고, 학습자는 교사가 제시한 시범(본보기)을 모방한다. 그러므로 어떤 학습의 구조 속에 나타나는 모든 결정들, 즉 교과내용 선정, 지도 장소, 자세, 시작 시간, 속도와 리듬, 정지 시간, 막간, 피드백 등은 교사가 결정하게 된다.

학습자의 역할	• 교사가 내린 결정과 지시에 따른다. • 교사가 지시할 때만 반응하고 교사의 시범과 동일하게 운동수행을 할 경우 성공으로 평가된다.
교사의 역할	• 과제활동 전, 중, 후의 모든 사항을 결정한다. • 과제에 대해 설명하고, 시범을 보이며, 연습을 지시한다.

3) 지시형 스타일의 실제

• 에피소드의 이해

'교사가 모든 결정을 하고 학습자는 그 결정사항에 반응하는 관계'의 본질적인 측면을 내포해야 '지시형 스타일'이라고 할 수 있다.

교사가 각 움직임에 대해 지시 신호를 주면, 학습자는 그 지시에 따라 움직임을 수행한다.

지시형 스타일을 사용하고자 하는 교사는 의사결정 구조, 의사결정의 계열성, 지시 신호와 기대되는 반응 간의 관계, 과제의 적합성, 학습자들의 능력 등을 충분히 숙지할 필요가 있다.

- **지시형 스타일의 실행**

  과제활동 전 결정군
  - 과제활동 전 의사결정군의 목적은 과제활동 계획을 세우기 위해서이다.
  - 계획을 세울 때 모든 의사결정은 선정된 교수학습 행동과 일치하도록 이루어진다.
  - 구체적인 교수학습 행동의 선택은 과제목표와 행동에 대한 의사결정에 따라 결정된다.

- **과제활동 중 결정군**
  - 과제활동 중 의사결정군의 목적은 학습자가 수업에 적극적으로 참여하고 과제활동 전에 결정된 의사결정 사항들을 실행하도록 만들기 위해서이다.
  - 모든 스타일의 에피소드에서 기대들이 연속적으로 설정되는 것은 당연하다. 학습자는 과제수행과 관련된 기대들을 인지해야 하고, 교사와 학습자 간에 기대되는 관계를 이해해야 한다. 따라서 교사는 모든 에피소드에서 행동 기대를 제시할 책임이 있다.
  - 어떤 교수·학습 스타일에서도 교사는 학습자들이 다음 세 가지 기대를 달성할 수 있도록 해야 한다.

교과내용에 대한 기대	수업에서 어떤 내용이 다루어져야 하는지를 결정한다.
행동에 대한 기대	교사와 학습자들이 해당 과제에 참여하는 동안 어떻게 행동하도록 기대되는지에 초점을 둔다.
수업 운영절차에 대한 기대	수업환경과 과제에 대한 여러 세부사항들과 범위 등을 가리킨다. 예를 들면, 수업 용기구의 분배, 학습자 조직, 수업 장소의 범위, 스테이션별 운동 형태, 시간 제한, 복장, 다른 과제나 환경 변인 등이 있다.

- **과제활동 후 결정군**
  - 과제활동 후 의사결정군은 학습자들의 과제 수행과 교사의 의사결정에 따른 학습자의 역할에 대해 피드백을 제공하는 것이다.
  - 지시형 스타일에서의 경험은 행동의 경험이라 할 수 있다. 이 스타일에서 각 과제를 수행할 때 움직임을 되풀이하고 교사의 시범(본보기)을 모방하는 것은 신체적 발달을 촉진한다.
  - 지시형 스타일의 에피소드에서 학습자들은 적극적인 과제 참여에 최대한의 시간을 사용한다. 따라서 교사는 세 가지 요소(교과내용, 행동, 수업 운영 절차)에 대한 기대를 전달하는 데는 최소한의 시간을 사용한다.
  - 이 스타일에서 적극적 과제참여시간은 매우 높다.

4) 지시형 스타일의 함축적 의미

교사는 전 학급이 동시에 수행하여 성공할 수 있는 경험을 설계한다.
교사는 학습자들의 발달을 유발하는 자극-반응 경험을 설계한다.
교사는 운동 수행의 안전, 숙련성, 정확성을 위해 특정 원리들을 따르는 것이 필요하다는 사실을 인식한다.
　교사는 학급 학생들의 결속력을 발달시킨다.
　학습자들은 자극-반응 관계 내에서 신체적 운동 기술들을 배우고 발달시킨다.
　학습자들은 학급 내에서 자신의 역할 및 친구들과의 협력 관계를 인식한다.
　학습자들은 교사의 전문성을 인정하고 교사의 의사결정을 기꺼이 수용한다.

5) 지시형 스타일의 고려사항

　지시형 스타일의 주된 목적은 움직임이나 반응이 자동화되도록 발전시키는 것이다. '반사동작'이나 '본능'처럼 수행되는 과제(내용)는 지시형 스타일의 정확한 연습이 필요하다.
　교사는 지시형 스타일의 본질을 정확하게 인식해야 한다. 교사 한 사람이 학생들을 위하여 모든 결정들을 내리는 관계에서 교사는 학습자의 정서 상태, 반응 능력, 학습 과제의 본질 및 목적을 충분하게 고려하면서 이 스타일을 사용해야 한다.
　지시형 스타일에는 몇 개의 유형이 있다.
- 개인 발달과 관련된 것이다. 스텝을 배우는 것 등은 지시형 스타일의 모든 구성 요소, 즉, 높은 과제 참여 시간, 반복 학습, 높은 일치도, 정확성, 그리고 안전을 예시해준다.
- 하위문화와 문화적 의식들에 참여하는 것이다. 태권도를 배우는 많은 학습자들은 지시형 스타일의 행동뿐만 아니라 개인적 또는 문화적 차원에서 경험해보지 못했던 여러 태도나 의식 등을 배우게 된다.
- 위험성이 높은 스포츠를 들 수 있다. 등산, 스쿠버다이빙과 같은 활동을 할 때 지시형 스타일의 에피소드들은 특별한 신체적 반응 및 적절한 장비의 활용을 중시한다. 또한 통제된 에피소드들은 스트레스와 공포에 대처할 수 있는 능력을 기르도록 설계된다.
- 문화적/미학적 경험을 들 수 있다. 다양한 댄스를 배우는 데에는 정확한 동적 수행과 제시된 본보기(모델)를 그대로 모방하는 것이 중요하다. 댄스는 미학적 가치뿐만 아니라 문화적 기준 유지 등의 의미를 함께 지니고 있다.

　지시형 스타일의 장점을 최대한 활용하기 위해서는 학습이 이루어질 때 다음의 몇 가지 요소들을 통합할 수 있어야 한다.
- 요소들에는 교과내용의 선정, 과제학습 시간, 수업 절차, 적합한 피드백, 학습자와의 적절한 정서적 관계 등이 있다.
- 지시형 스타일은 시간적 효율성을 강조하는 스타일이나 엄격한 스타일로만 이해해서는 안 된다. 오히려 앞서 언급한 모든 차원을 결합한 스타일이라고 할 수 있다.

2. 연습형 스타일(스타일B) : T-L-T

연습형 스타일은 교사가 제시한 과제를 학생들이 독자적으로 연습하는 방식이다. 교사의 역할은 교과 내용과 그에 따른 수업 운영 절차를 결정하고 학습자에게 피드백을 개별적으로 제공하는 것이다. 학습자의 역할은 자기 나름의 방식과 속도로 과제를 개별적으로 연습하는 것이다. 그러나 과제 활동 후 평가는 교사가 한다.

1) 개념과 특징

연습형 스타일(the practice style)에서는 교사가 학습자 개개인에게 과제를 연습할 시간과 개별적 피드백을 제공한다.

연습형 스타일에서 교사의 역할은 모든 교과 내용과 그에 따른 수업 운영 절차를 결정하고 학습자에게 피드백을 개별적으로 제공하는 것이다.

학습자의 역할은 '피드백이 주어진 기억/모방 과제를 개별적으로 연습하는 것'과 '9가지 사항들을 의사결정하는 것'이다.

이 스타일은 지시형 스타일에 비해 새로운 실제성을 확립하고, 새로운 학습 환경을 제공하며, 또 다른 일련의 목표에 도달하도록 한다.

연습형 스타일의 O-T-L-O 관계는 특정한 의사결정 사항 중 몇 가지가 교사로부터 학습자에게 이전됨으로써 이루어진다. '(과제연습)시간 및 장소에 대한 의사결정을 누가 하는가?'와 관련된 의사결정의 이전은 교사와 학습자 사이, 학습자와 과제 사이, 학습자들 사이에 새로운 관계를 형성하도록 만든다.

학습자는 개인적으로 과제를 연습하고 교사로부터 피드백을 받는다. 연습형 스타일의 이러한 교수 학습 행동의 특징으로 인해 발달 경로 상에 있는 속성 중 어떤 것이 강조될 수 있다.

연습형 스타일은 다른 교수 스타일보다 의사결정의 배분이 더 다양하게 나타난다.

  과제활동 전 결정군 : 교사의 의사에 따라 결정된다.

  과제활동 중 결정군 : 학생이 9가지 사항[수업(연습) 장소, 과제의 순서, 과제별 시작 시간, 진행 속도와 리듬, 과제별 중지 시간, 막간(interval), 질문의 제기, 복장과 외모, 자세]을 의사결정한다.

  과제활동 후 결정군 : 평가는 교사에 의해 이루어진다.

교과내용 목표	• 모방 과제를 스스로 연습한다. • 과제 수행에 필요한 기억과 관련된 인지 활동을 활성화한다. • 개별적인 연습을 통하여 내용을 학습하고 이를 내면화한다. • 숙련된 운동 수행은 과제의 반복 연습과 관련 있음을 이해한다. • 숙련된 운동 수행은 결과-피드백 지식(결과의 지식)과 관련 있음을 이해한다.

행동목표	• 9가지 의사결정을 실시해 봄으로써 학습자의 독자성을 초보적 수준에서 경험한다. • 9가지 의사결정을 실시하는 기술을 발전시킨다. • 의사결정이 과제 학습에 도움이 된다는 것을 이해한다. • 각 과제와 시간과의 관계, 학습속도와 리듬의 규제, 시간 사용에 대한 의사결정의 결과에 대하여 책임지는 자세를 배운다. • 9가지 범주 내에서 의사결정하는 타인의 권리를 존중하는 것을 배운다. • 교사와 학습자 사이에 개인적이며 사적인 관계를 시작한다. • 9가지 의사결정 및 의사결정의 이전에 대한 신뢰를 발전시킨다.

2) 연습형 스타일의 구조

과제활동 중에 9가지 특정 의사결정 사항들이 교사로부터 학습자에게로 이전된다.

과제활동 전과 후의 의사결정 사항들은 변화되지 않고 모두 교사가 결정한다.

학습자의 역할은 교사가 설계한 과제를 수행하면서 과제 활동 중에 9가지 사항들에 대해 의사를 결정하는 것이다.

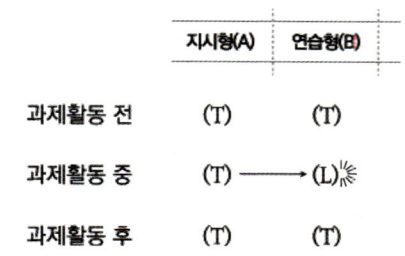

| 그림 3.9 | 연습형 스타일의 의사결정 이전

과제활동 후 교사는 두 가지 종류의 피드백을 학습자에게 제공하게 된다. 하나는 학습자의 수행을 관찰하면서 부여하게 되는 과제 관련 피드백이며, 다른 하나는 9가지 범주 안에서 내리게 되는 학습자의 의사결정 관련 피드백이다.

9가지 의사결정의 이전은 교사와 학습자 양쪽 모두에게 서로 다른 행동을 이끄는 개별화 과정의 시작을 나타낸다.

교사는 학습자를 9가지 범주 내에서 자신이 내린 결정에 책임을 지는 개별 수행자를 잘 보아야 하고, 학습자의 모든 움직임, 과제, 활동에 대해 일일이 지시하는 것을 자제해야 한다.

학습자는 스스로 과제를 연습하고, 과제와 상호작용하며, 교사에 의해 결정된 수업 운영 절차 내에서 9가지 사항에 대해 의사결정하는 방법을 배우는 기회를 갖게 된다. 또한 학습자는 과제 연습 관련 시간 관리에 대한 의사결정을 배운다.

학습자의 역할	• 과제를 수행한다. • 9가지 사항들에 대해 의사결정한다.
교사의 역할	• 학습자의 질문에 알맞은 답을 제공한다. • 학습자의 수행에 관한 정보를 수집하고 개별적으로 피드백을 제공한다.

3) 연습형 스타일의 실제

- **에피소드의 이해**

　교사는 먼저 다른 학습 목표를 달성하기 위한 의사결정 이전의 개념, 연습형 스타일의 9가지 의사결정사항, 그리고 9가지 의사결정의 의미를 학습자들에게 설명한다. 이러한 설명은 뒤따르는 에피소드들에 대한 행동 기대를 확립시켜 준다.

　교사는 계속하여 교과내용의 설명과 시범을 통해 교과내용에 대한 기대를 표명하고, 마지막으로 수업 운영 절차에 대한 기대를 제시한다(교과내용 기대, 행동 기대, 수업 운영 절차에 대한 기대라는 3가지 행동 기대의 순서는 에피소드의 목표에 따라 바뀔 수 있다).

　일단 3가지 행동 기대가 학습자들에게 전달되고 나면, 학습자들은 교사의 관찰 아래 9가지 사항들에 대한 의사결정을 시작한다. 학습자들은 과제 수행에 필요한 용구를 챙기고 과제 수행 장소를 정해서 각자 짧은 시간 내에 과제 수행에 착수하게 된다. 이 때 교사는 학습자들과 개별적으로 접촉하기 시작한다.

　연습형 스타일이 지시형 스타일과 대조되는 것 중 하나는 시간 관련 인식이다.
- 교사가 운동수행에 필요한 신호를 보내거나 단서를 주는 행동은 지시형 스타일의 필수 요소이다. 학습자들은 운동수행을 정확하게 수행하도록 지시나 신호를 받게 되면 즉각 그에 반응한다.
- 연습형 스타일의 핵심은, 과제를 수행하는 동안 의사결정을 하도록 배정된 단원 시간을 학습자들이 어떻게 이용하는가 하는 점이다. 연습형 스타일에서 중요한 학습의 초점은, 시간 관련 의사결정을 하는 것과 자신과 다른 사람들의 과제 습득에 필요한 시간의 중요성을 깨닫는 것이다.

　연습형 스타일 수업의 본질은 교사와 학습자 간의 특별한 순환적 관계이다. 교사는 과제, 행동 및 의사결정, 수업 운영 절차에 대한 기대들을 학습자에게 제시한다. 반면에, 학습자는 정해진 시간 동안 9가지 의사결정을 하면서 과제를 수행한다. 교사는 다시 학습자의 수행을 관찰하고 피드백을 제공한다.

- **연습형 스타일의 실행**

　과제활동 전 결정군
- 교사의 역할은 지시형 스타일에서처럼 과제활동 전 모든 사항을 결정하는 것이다.
- 연습형 스타일은 두 가지 점에서 지시형 스타일과 중요한 차이가 있다. 교사가 과제 활동 중에 발생하게 될 몇 가지 의사결정의 의도적인 이전을 인식한다는 점과 연습형 스타일에 도움이 되는 과제를 선택한다는 점이다.

　과제활동 중 결정군
- 교사와 학습자가 1대1로 상호작용하는 동안 에피소드 내의 각 이벤트들이 전개된다.
- 학습 경험의 필요성과 초점에 따라 교과내용, 행동, 수업 운영절차라는 3가지 행동 기대의 순서가 달라진다. 다만, 행동 기대를 제시하는 정해진 순서는 없다.

　과제활동 후 결정군
- 교사와 학습자간 1대1 개인적 상호작용이 끝난 후 부가적인 과제활동 후 의사결정들이

이루어질 수 있다.
- 수업을 검토하고 평가해 보는 것은 반성적 교수를 위해서 뿐만 아니라 다음 수업에 있을 상호작용을 준비하는데도 필요하다.

4) 연습형 스타일의 함축적 의미

교사는 (학생들의) 의식적인 의사결정 능력의 발전을 중시한다.
교사는 학습자의 9가지 의사결정을 신뢰한다.
교사는 교사-학습자 모두가 하나의 교수 스타일의 가치를 뛰어넘어 확장할 수 있다는 생각을 수용한다.
학습자는 과제를 연습하면서 9가지 의사결정을 할 수 있다.
학습자는 개별화 과정에 참여하면서 자신이 내린 의사결정 결과에 대해 책임질 수 있다.
학습자는 처음으로 독립성을 경험할 수 있다.

5) 연습형 스타일의 교과내용 선정과 설계

- **과제의 종류**

    연습형 스타일에서 각 에피소드에 적합한 과제의 성격:
    - 고정되어 있고 특정한 본보기(모형)에 따라 수행될 수 있는 과제이어야 한다.
    - 움직임이나 반응들은 '정확한가' 또는 '정확하지 않은가'의 두 가지로 확연히 구분되어야 한다.

    체육교육에서 많은 활동들은 고정된 과제들로 구성되어 있다. 많은 경우, 그러한 고정 과제들은 과제의 구조를 규정함으로써 활동의 기초를 형성한다.
    - 단거리 달리기를 하기 위해 교사가 스타팅 블록에서 스타트 자세를 시범을 보일 때, 그 시범은 하나의 모형이 되며 고정된 표준이 된다.
    - 테니스에서 교사가 포핸드 스트로크 시범을 보이면 모든 학습자들은 그 시범에 일치하는 자세로 연습할 것이 기대된다.

    교사는 학습자들에게 그러한 과제들에 대한 설명과 시범을 보여줌으로써 운동수행의 정확성에 대한 피드백을 제공할 수 있다. 교사는 시범을 보인 본보기(모형)와 학습자의 운동수행을 비교한다.

    과제가 고정화되는 데 필요한 최소한의 세 가지 결정요인

운동과학적, 운동역학적 원리들	과학적 분석에 기초하여 자세와 협응 움직임의 정확성을 확립시켜 준다.
교사나 코치의 과거 경험	교사나 코치의 지식은 운동수행의 정확성을 확립하는데 매우 강력한 역할을 한다.
심미적 기준	일반적으로 심미적 기준은 문화적 일체감에서 비롯되며, 이는 전통 의식 및 관습에 의해 보존되고 전승된다.

• **과제 활동지의 설계**

　과제 활동지/과제 카드의 목적 : 과제참여 시간의 효율성을 높이고 교사와 학습자 간 의사소통을 효과적으로 하기 위해 사용된다.

　효율적인 과제 활동지는 학습자들이 무엇을, 어떻게 수행해야 할 것인가에 대해 꼭 필요한 정보를 담아야 한다.

　과제 활동지의 제시 내용 : 신상정보와 관련된 것, 교수학습 스타일, 과제 활동지의 번호, 일반적 교과내용, 특정 주제, 학습자 공지 사항, 과제 설명, 과제의 양, 향상도, 피드백 등

과제 활동지 (과제카드)의 목적	학습자가 과제를 기억하도록 도와줄 수 있다.
	교사가 설명을 반복하는 수고를 줄여줄 수 있다.
	처음 설명을 들을 때, 학습자가 주의를 집중하게 할 수 있다.
	과제 활동지에 제시된 특정 지시를 그대로 따라 하면 정확한 운동 수행을 할 수 있다는 사실을 가르칠 수 있다.
	학습자의 발달 사항을 기록할 수 있다.
과제 활동지의 설계	효율적인 과제 활동지는 학습자들이 무엇을, 어떻게 수행해야 할 것인가에 대해 꼭 필요한 정보를 담아야 하며, 항상 과제 그 자체나 주어진 에피소드 동안 수행되어야 하는 과제에 초점을 맞추어야 한다.
	과제 활동지는 과제의 자세한 부분까지 설명해야 한다.
	과제의 양을 확인할 수 있어야 한다.
	다음 2가지 언어 행동 형태 가운데 1가지를 사용한다. / "네가 수행해야 할 과제는 몸을 감싸 안은 자세로 앞구르기를 3회 연속한 다음, 쪼그려 앉은 자세로 마치는 것이다."(비한정적) "왼손은 야구 배트의 아래쪽에 두고, 오른손은…" (한정적)
	과제 활동지 내에 학습자들의 운동 수행 발전 내용, 피드백에 대한 내용, 적절한 정보 등을 기록할 수 있는 공간을 마련해야 한다.

6) 연습형 스타일의 고려사항

　연습형 스타일의 이론적 구조는 9가지 의사결정 사항이 교사로부터 학습자에게로 이전되는 것이라 할 수 있다.

　만약 많은 학습자가 과제 수행이나 의사결정 과정에서 동일한 오류를 범할 경우에는 교사가 의사결정을 조정하는 것이 바람직하다. 학급 전체의 활동을 중지시키고 학생들을 집합시킨 다음, 시범이나 설명을 반복한 후 학생들을 각자의 자리로 돌려보내 계속 연습하게 한다.

　개별 연습을 위한 연습형 스타일을 계획할 때부터 교사는 학습자 간의 의사소통은 최소한으로 억제해야 한다.

　과제의 선정은 연습형 스타일에서 요구하는 행동에 적합해야 한다.

학습자의 운동 수행 수준이 다양할 경우, 교사는 능력에 따라 작은 그룹이나 개인별로 과제를 부과할 수 있다. 과제를 수준별로 부과하는 것은 학습자가 과제를 적극적으로 수행하는데 도움이 된다.

학습자가 때때로 정해진 시간 이전에 학습을 마치게 될 경우를 대비해 계획을 세워야 한다.

교사와 학습자의 고유한 역할을 명확히 하고, 다양한 교수학습 프로그램의 분석, 절차, 전략, 모형 등과 관련된 의사결정을 함으로써, 교사는 연습형 수업 스펙트럼 내에 도움이 되는 위의 고려사항들을 수용할 수 있다.

3. 상호학습형(교류식) 스타일(스타일C) : T-Ld-Lo

상호학습형 스타일은 자기 짝과 함께 상호 관계 속에서 학습하는 방식이다. 교사의 역할은 교과 내용과 수행 기준을 정하고, 세부 운영 절차와 관련된 결정을 내리며, 관찰자에게 피드백을 제공하는 것이다. 학습자 중 한 명은 주어진 과제를 수행하고, 다른 한 명은 관찰자의 역할을 수행하면서 교사가 준비해 놓은 기준 용지를 사용하여 즉각적이고 지속적인 피드백을 제공한다. 그 후 학습자들은 서로 역할을 바꾸어 수행한다.

1) 개념과 특징

상호학습형 스타일(the reciprocal style)의 목적은, 자기 짝과 함께 상호 관계 속에서 학습하면서 교사가 제공한 수행 기준에 준하여 짝에게 피드백을 제공하는 것이다. 즉, 상호학습형 스타일은 특정 기준에 의해 주어진 사회적 상호작용 및 피드백을 특징으로 한다.

교사의 역할은 모든 교과 내용과 수행 기준을 정하고, 세부 운영 절차와 관련된 결정을 내리며, 관찰자에게 피드백을 제공하는 것이다.

학습자의 역할은 동료와 함께 짝을 이루어 과제(움직임 학습)를 수행하는 것이다. 이 때, 한 명의 학습자는 주어진 과제를 수행하면서(수행자 역할) 앞서 연습형 스타일과 같은 9가지의 의사결정을 내리고, 다른 한 명의 학습자는 관찰자의 역할을 수행하면서 교사가 준비해 놓은 기준 용지를 사용하여 즉각적이고 지속적인 피드백을 제공한다.

처음의 수행자 1과 관찰자 1의 역할은 수행자 1이 관찰자 2가 되고, 관찰자 1은 수행자 2로서 서로 역할을 바꾸게 된다.

상호학습형 스타일의 구조는 새로운 O-T-L-O 관계를 만들어 낸다. 이처럼 특정 행동 내에서 제시되는 새로운 목표들은 동료 간의 사회적 관계와 즉각적 피드백을 위한 환경을 강조한다.

- 과제활동 전 결정군 : 교사에 의해 의사결정이 이루어진다.
- 과제활동 중 결정군 : 과제활동 중 결정군 중 9가지 의사결정을 수행자가 한다.
- 과제활동 후 결정군 : 과제활동 후 결정군 중 피드백에 대한 권한이 관찰자에게 이양된다.

관찰자는 관찰 → 기준 → 비교 → 대조 → 결론 도출의 과정을 경험함으로써 비교 → 대조 → 결론 도출의 능력이 향상된다.

교과내용 목표	• 지정된 관찰자와 함께 반복적으로 연습할 기회를 가짐으로써 특정 교과 내용을 자기 것으로 내면화한다. • 주어진 과제와 관련된 단계, 계열성, 세부 사항들을 시각화한다. • 교과내용의 기준을 활용하여 운동 수행을 비교, 대조, 평가하는 방법을 학습한다. • 실수를 확인하고 즉각적으로 수정하는 방법을 연습한다. • 교사 없이도 과제를 수행한다.
행동목표	• 사회성 및 상호작용 기술을 발전시킨다. • 상호작용 관계를 증진시킬 수 있는 대화 기술을 연습한다. • 동료와 피드백을 주고받는 방법을 학습한다. • 운동을 수행함에 있어서 인내심과 참을성을 발전시키고, 타인의 차이점을 받아들인다. • 감정이입을 발달시킨다. • 사회적인 매너를 학습한다. • 과제를 넘어서는 사회적 유대감을 개발한다. • 타인과의 상호작용 및 사회화를 신뢰한다. • 동료가 과제수행에 성공하는 것을 보면서 보상감을 느낀다.

2) 상호학습형 스타일의 구조

상호학습형 스타일에서는 더 많은 의사결정 사항들이 교사로부터 학습자에게로 이전된다. 이러한 의사결정의 이전은 과제활동 후 상황에서 이루어지며 즉각적 피드백의 원리에 유의해야 한다.

	지시형(A)	연습형(B)	상호학습형(C)
과제활동 전	(T)	(T)	(T)
과제활동 중	(T)	(T) ⟶ (L)	(L_d)
과제활동 후	(T)	(T)	(T) ⟶ (L_o)

| 그림 3.10 | 상호학습형 스타일의 의사결정 이전

과제가 어떻게 수행되었는가를 학습자가 빨리 알수록, 자신의 과제 수행을 올바르게 교정할 기회는 더 많아지게 된다. 따라서 피드백을 즉각적으로 제공하기 위한 교사 대 학생의 최상 비율은 교사 한 명당 학습자 한 명이다. 상호학습형 스타일에서는 이러한 조건이 가능하도록 학급을 조직한다.

학습자 중 한 명은 직접 과제를 수행하는 수행자로 지정되고, 나머지 한 명은 수행자를 관찰하는 관찰자가 된다. 교사가 역할 기대에 따른 활동을 하는 한 쌍에 개입하게 될 때, 교사와 학습자들 사이에는 삼각구도의 관계가 형성된다.

　삼각 구도의 관계에서 각 구성원은 자신의 역할 내에서 특정한 의사결정을 한다. 수행자의 역할은 오직 관찰자와 의사소통한다는 것을 제외하면 다른 것은 연습형 스타일과 동일하다. 관찰자의 역할은 수행자에게 계속 피드백을 제공하고, 필요할 경우 교사와 의견을 교환하는 것이다. 교사의 역할은 수행자와 관찰자 모두를 지켜보면서, 의사소통은 오직 관찰자하고만 하는 것이다.

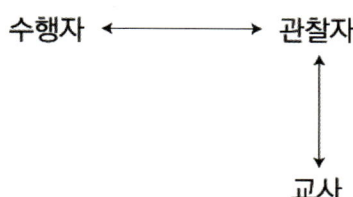

| 그림 3.11 | 상호학습형 스타일 삼각관계에서 의사소통의 방향

관찰자가 수행자에게 피드백을 주는 데 거치는 다섯 단계
기준(과제에 대한 기대들)을 알고 학습자에게 기준에 대한 정보를 제공하기
수행자의 운동 수행을 관찰하기
수행자의 운동 수행을 과제 기준에 비추어서 비교 및 대조해 보기
같은 것과 다른 것에 대한 결론을 내리기
결과를 가지고 수행자와 의사소통하기 : 관찰자는 수행자에게 결과를 알려주고 적합한 피드백을 제공한다.

학습자의 역할	• 수행자나 관찰자의 역할을 선택한다. • 수행자나 관찰자의 역할을 수행한다(수행자는 연습형 스타일처럼 과제를 수행). • 관찰자는 교사가 제시한 수행 기준에 준하여 수행자의 과제 수행을 비교·대조하고 결론을 내린 후 피드백을 제공한다. • 각자 자신이 맡은 과제를 성공적으로 수행한 후 역할을 교대한다.
교사의 역할	• 교과 내용을 선정하고 설계한다. • 관찰자를 위한 기준 용지 또는 기준 카드를 설계하여 제시한다. • 에피소드에 필요한 적합한 수업 운영 절차를 결정한다. • 상호학습형 스타일에서 수행자, 관찰자, 교사의 역할을 설명한다. • 수행자와 관찰자의 역할 수행 상황과 언행을 관찰한다. • 관찰자의 질문에 답하고, 관찰자에게 피드백을 제공한다.

3) 상호학습형 스타일의 실제

- **에피소드의 이해**

    상호학습형 스타일은 교수·학습 과정에서 교사가 피드백에 대한 의사결정권을 학습자에게 이양하는 첫 번째 스타일이다.

    따라서 학습자는 동료와 피드백을 주고받을 때 이를 책임있게 사용하는 방법을 배워야만 한다.

    학생들이 수행자와 관찰자의 새로운 역할과 관계에 대해 명확하게 이해할 때 기꺼이 자신들의 역할에 참여하게 된다.

- **상호학습형 스타일의 실행**

    과제활동 전 결정군 : 연습형 스타일과 마찬가지로 교사가 과제활동 전 모든 사항에 대한 결정을 내린다.
    - 교과내용을 선정하고 설계한다.
    - 관찰자를 위한 기준 용지 또는 기준 카드를 설계한다.
    - 에피소드에 필요한 적합한 수업 운영 절차를 결정한다.

    과제활동 중 결정군
    - 상호학습형 스타일에서 교사의 주요 과제는 학습자들의 새로운 역할 및 관계 상황을 설정하는 것이다. 교사는 상호학습형 스타일을 사용하는 이유와 새로운 수업 목표들, 그리고 이 스타일에서 수행자, 관찰자, 교사의 역할을 설명한다.
    - 교사는 교과내용을 설명하고 시범 보인다.
    - 학습자들은 수행자나 관찰자의 역할을 선택하여 수행한다.
    - 교사는 기준 용지(또는 기준 카드)에 대해 설명한다.
    - 교사는 수업 운영 절차에 대한 교사의 기대 사항을 설명한다.
    - 교사는 이해 점검을 위한 질문을 한다.
    - 수업 중 9가지 사항을 수행자(실시자)가 의사결정한다.
    - 교사는 수행자와 관찰자의 역할 수행 상황과 언행을 관찰한다. 도중에 관찰자가 질문하면 답하고, 관찰자에게 피드백을 제공한다.

    과제활동 후 결정군
    - 수업 후 결정군 중 학습자의 운동 수행에 대한 피드백의 권한이 관찰자에게로 이양된다.
    - 수업 에피소드의 마지막 부분에서 교사는 관찰자의 역할을 부연 설명하고, 학급 전체를 대상으로 수업 정리를 한다.

4) 상호학습형 스타일의 함축적 의미

교사는 관찰자와 수행자 간에 일어나는 사회화 과정을 바람직한 교육 목표의 하나로 인정한다.

교사는 학생들 간에 서로 정확하고 객관적인 피드백을 제공할 수 있도록 지도하는 것이 중요하다는 사실을 인식한다.

교사는 과제활동 후 피드백 제공의 권한을 관찰자에게 이전한다.

교사는 교사 자신만이 학습자에게 정보, 평가, 피드백 등을 부여하는 유일한 존재가 아니라는 사실을 받아들인다.

학습자는 부여받은 상호 역할에 참여하며, 자신에게 부여된 의사결정권을 행사한다.

5) 상호학습형 스타일의 교과내용 및 기준 용지의 선정과 설계

상호학습형 스타일에서 기준 용지(the criteria sheet)는 에피소드의 성공과 실패를 좌우하는 요소라고 할 수 있다.

기준 용지는 관찰자의 행동 지침을 결정하고, 수행자가 자신의 수행에 관하여 정확하게 알 수 있도록 해준다. 또한 교사에게 관찰자와의 상호작용을 위한 구체적인 토대를 제공한다.

상호학습형 스타일에서 일어나는 의사결정은 사회적 의사소통의 발달을 강조하는데, 기준 용지는 그 길잡이 역할을 한다.

기준 용지 : 다음의 5가지 사항이 포함된다.
- 명확한 과제 설명 : 과제를 세분화하여 계열성에 따라 구분해서 설명한다.
- 운동수행 중에 발생할 수 있는 특정문제 : 교사는 이전의 경험을 통해 수행 중 발생할 수 있는 잠재적 문제점들을 포함한다.
- 과제를 보여주는 그림이나 스케치
- 피드백으로 사용되는 언어적 행동의 예들 : 스타일 C의 초기 경험에서 유용하다.
- 관찰자의 역할에 대한 환기 : 초기 경험에서 유용하다. 학습자가 일단 관찰자로서 적합한 행동을 보여주고 나면, 기준 용지에 더 이상 관찰자의 역할을 환기시키는 내용을 포함하지 않아도 된다.

6) 상호학습형 스타일의 고려 사항

- **학습자 짝을 이루는 다양한 방법**

  모든 학습자를 한 줄로 세운 뒤 두 명씩 세면서 짝을 정한다.
  이름이나 성의 〈가나다〉 순서에 따라 짝을 정한다.
  교사가 임의로 짝을 정해 준다.
  학습자들이 각자의 짝을 스스로 선택하게 한다.
  키가 비슷한 사람끼리 짝을 맞춘다.
  체중이 비슷한 사람끼리 짝을 맞춘다.
  바로 옆 사람과 짝을 맞춘다.
  운동 기술에 따라 짝을 맞춘다.

- **상황 이해(with-it-ness)**

  교사는 한 개인에게 개별적으로 피드백을 제공하는 동안에도 학급의 다른 구성원들을 계속 인식하고 있어야 한다. 교사가 자신들의 활동 및 상호작용을 계속해서 관찰하고 있다는 것을 학습자들이 인식하는 것이 필요하다.

만약 학습자가 자기 짝과의 행동에서 어떤 일탈행동을 하고 있으면, 교사는 관찰자에게 피드백을 제공하고 난 뒤 즉시 이 문제를 다루어야 한다.

교사가 학습자들이 구성한 짝과 짝 사이를 순회할 때는 반드시 무작위로 하여야 한다.

과제를 명확하게 이해하기 위해 학습자들이 질문할 때를 대비하여, 교사는 질문을 하는 신호 및 절차 등의 체계를 미리 세워야 한다.

- **상호학습형 스타일 관련 잘못된 인식**

다양한 능력의 학습자들이 가진 '지적 능력'의 차이를 고려하지 않고 설계되었다는 인식 : 하지만 이는 짝을 이룬 학습자들이 자신의 역할 안에서 동등하게 활동하는 환경을 만들어 주는 것으로, 오히려 주요 장점이라고 할 수 있다.

상호학습형 스타일에서 교사는 할 일이 없다는 인식 : 오히려 교사는 직접 지도의 부담이 적기 때문에 학습자들을 가르치는 데 더 많은 역할을 할 수 있다. 즉 학습자들의 사회화, 의사소통 기술, 관찰자로서의 새로운 행동, 짝으로부터 피드백을 받는 사람으로서의 새로운 행동 등에 대한 지도를 할 수 있다.

상호학습 행동은 수행 기준에 따라 운동 수행을 비교하고 대조하는 데 어려움을 느끼는 학습자를 위한 방식이 아니라는 인식 : 오히려 상호학습 행동은 인지적 작용의 학습 기회를 더 많이 필요로 하는 학습자들에게 적합할 수 있다.

관찰자가 수행자를 평가해서는 안 된다는 인식 : 관찰자가 수행자에게 피드백을 주는 행동은 평가 행동이 아니다. 관찰자의 역할은 과제 수행의 증진을 위하여 교사가 마련한 기준에 따라 과제 수행에 대한 피드백을 제공하는 것일 뿐이다.

과제참여시간 및 실제 학습시간의 관점에서 볼 때, 상호학습형 스타일에서 학습자들은 전체시간 가운데 절반 정도만을 연습하는 데 사용한다는 인식 : 학습자가 관찰자의 역할을 번갈아 맡게 됨으로써 또 다른 종류의 학습(사회적 상호작용 학습 등)을 하게 되는데, 이러한 것들은 과제 수행 자체를 그다지 방해하지 않는다.

- **상호학습형 스타일의 발달 경로**

상호학습형 스타일에 가까운 것으로 알려진 대부분의 변형은 사실상 사회적 발달에 초점을 맞춘 연습형 스타일이다. 예를 들면, 동료 교수, 짝 학습, 협동 학습, 짝 확인(동료점검), 직소 학습과 같은 것은 '나는 너를 지도하고, 너는 나를 지도한다'를 기본 모형으로 하고 있다.

반면에, 상호학습형 수업 스타일의 목적은 다음과 같은 것을 가르치기 위해서이다.

- 피드백을 본질적으로 부여하는 과정(인지적 경로)
- 사회적 의사소통을 증가시키는 피드백 기술들(사회적 경로)
- 피드백을 주고받을 때 지켜야 할 인내심과 참을성(정서적 경로)
- 사회화 및 의사소통 경험(사회적 경로)
- 과제 수행의 정확성(심동적 및 인지적 경로)

동료 관계를 채택하는 상호학습형 스타일의 변형들을 보면 대부분 관찰, 피드백 기술, 의사소통 기술, 혹은 상호작용 관계 등을 안내하는 교사에 의한 기준들을 포함하고 있지 않다. 이러한 변형들은 의사결정 분배 및 목표에 있어서 연습형 스타일에 보다 가깝다고 할 수 있다.

교사에 의해 제공된 기준 없이 부여되는 학생 피드백은 개별적인 것으로서, 상호학습형 스타일의 목표에 도달하는데 도움이 되지 않는다. 수업 스펙트럼에서 상호학습 행동의 중요성은 한 학생을 학습자(수행자)로, 다른 학생을 관찰자로 구분하여 지정하는데 있는 것이 아니라, 역할 분담(의사결정 분담)을 통해 학습자들에게 특정한 사회적, 인지적 발달의 기회를 제공하는 데 있다.

4. 자기점검형(자검식) 스타일(스타일D) : T-L-L

자기점검형 스타일은 학습자가 과제를 독자적으로 수행하고 스스로 평가하는 방식이다. 교사의 역할은 과제활동 전에 교과내용, 평가기준, 수업 운영 절차 등을 결정하는 것이다. 학습자의 역할은 과제를 독자적으로 수행하고 교사가 마련한 평가기준에 따라 자신의 과제수행을 스스로 점검하는 것이다. 학습자는 다른 스타일에 비해 많은 자기 책임감을 갖게 되며, 스스로의 과제수행에 대해 내적 피드백을 제공한다.

1) 개념과 특징

자기점검형 스타일(the self-check style)은 학습자가 과제를 독자적으로 수행하고 스스로 평가한다는 특징을 갖고 있으며, 이전보다 학습자의 책임감이 커지게 된다.

교사의 역할은 교과내용, 평가기준, 수업 운영 절차 등을 결정하는 것이다.

학습자의 역할은 과제를 독립적으로 수행하고, 교사가 마련한 평가기준에 따라 자신의 과제수행을 스스로 점검하는 것이다.

자기점검형 스타일의 의사결정(O-T-L-O)에서 학습자는 이전의 스타일에 비해 많은 책임감을 갖게 된다. 이러한 특징은 개인연습과 자기평가라는 두 측면을 강조한다.

많은 신체 활동에서 학습자는 스스로의 과제수행에 대해 내적 피드백을 제공한다.

학습자가 과제수행 기준에 대해 많이 알수록 의미 있고 정확한 피드백(결과 지식)을 제공 받을 수 있다. 과제수행에 대한 자기평가는 다음 연습에서 이전 과제를 그대로 수행할 것인지 아니면 방식을 바꾸어 연습할 것인지를 안내한다.

이 스타일의 의사결정은 인지적 참여를 강조한다. 의사결정권은 운동감각에 대한 지각 능력 향상과 정확한 신체 위치 평가를 위해 학습자에게 이전된다.

- 과제활동 전 결정군 : 교사에 의해 의사결정이 이루어진다.
- 과제활동 중 결정군 : 학생은 수업 중 9가지 의사결정권을 행사한다.
- 과제활동 후 결정군 : 학생은 수업 후 결정군 중 피드백에 대한 권한을 자신에게 행사한다.

상호학습형에서 학습한 비교 대조, 결론 도출의 능력을 자신에게 적용한다.

교과내용 목표	· 과제를 독립적으로 수행한다. · 개별적으로 과제를 연습하고 평가하면서 운동 감각에 대한 지각력을 발전시킨다. · 평가와 피드백 기술에 내재되어 있는 계열성을 연습한다. · 자신의 과제 수행에 대한 오류를 수정한다. · 과제 참여 시간을 증가시킨다. · 자동적인 과제 수행이 되도록 수업 내용을 숙달시킨다.
행동목표	· 교사와 파트너에게 덜 의존하게 되며 자신의 피드백과 내용 숙달에 의존하기 시작한다. · 자신의 과제 수행을 확인할 수 있는 평가 기준을 사용한다. · 자신의 과제 수행에 대한 정직성을 유지한다. · 자신의 한계에 도전한다. · 과제 수행에서 자신의 유능감을 인식할 수 있다. · 개인 동기와 독립심을 발달시킨다. · 내적 동기를 수용할 수 있도록 피드백 기술을 개발한다. · 과제 활동 중 결정군과 과제 활동 후 결정군에서 의사 결정권을 학습자에게로 이전함으로써 개별화 과정을 지속한다.

2) 자기점검형 스타일의 구조

자기점검형 스타일의 특징적 행동은 상호학습형 스타일에서 발전된 것이다. 동료가 평가기준에 기초하여 피드백을 제공하는 의사결정이 각 학습자에게로 이동한다.

자기점검 에피소드의 가장 두드러진 측면은 두 개의 이전 스타일, 즉 연습형 스타일과 상호학습형 스타일에서 발전된 것이다. 궁극적으로 학습자는 그런 기법을 사용하여 스스로 평가할 수 있는 능력을 익힌다.

- 연습형 스타일에서 학습자는 과제를 수행하는 방법을 배운다.
- 상호학습형 스타일에서 학습자는 평가기준을 사용하고 동료에게 피드백을 제공하는 방법을 배운다. 자기검검형 스타일에서 학습자는 동일한 자기평가 기술을 사용한다.
- 자기검검형 스타일의 행동은, 연습형 스타일에서 과제를 개별적으로 연습하는 학습자의 능력(9가지 과제활동 중 의사결정 행동)과 상호학습형 스타일에서 비교·대조·결론 도출이라는 과제활동 후 의사결정 능력에 의해 영향을 받는다.

	지시형(A)	연습형(B)	상호학습형(C)	자기점검형(D)
과제활동 전	(T)	(T)	(T)	(T)
과제활동 중	(T) ⟶ (L)		(L$_d$)	(L)
과제활동 후	(T)	(T) ⟶ (L$_o$) ⟶		(L)

| 그림 3.12 | 자기점검형 스타일의 의사결정 이전

자기검검형 스타일 구조에서 의사결정권의 이전은 학습자가 자신의 과제수행을 평가하는 과제 활동 후 결정군에서 발생한다. 이 스타일에서 교사의 역할은 과제활동 전 결정군에서 교과내용, 평가기준, 수업 운영 절차에서 대한 모든 결정을 하고 과제활동 중에 학습자와 대화하는 것이다. 학습자는 과제활동 중 결정군에서 과제를 연습하고 과제 활동 후 결정군에서 자신의 과제수행을 스스로 평가한다.

학습자의 역할	· 과제를 수행한다. · 연습형 스타일의 9가지 사항들에 대해 의사결정한다. · 평가 기준을 사용하여 자신의 과제 수행을 점검한다.
교사의 역할	· 교과내용과 평가 기준을 준비한다. · 학습자의 질문에 대답한다. · 학습자와 의사소통한다.

3) 자기점검형 스타일의 실제

자기점검형 스타일에서 교사는 학습자가 학습의 핵심 내용을 이해하고 자신의 과제수행 정도를 기준과 비교·대조하면서 스스로 과제를 연습하게 함으로써, 자기 주도적으로 학습해 나갈 수 있는 기회를 제공한다.

- **에피소드의 이해**

  학습자들은 체육관, 운동장, 무용실 등에 흩어져서 과제를 수행하다가 교사가 제시한 평가 기준과 자신의 과제 수행을 비교한 후 다시 과제를 수행한다. 학습자는 자신의 과제 수행을 지속하거나 수정하며 새로운 과제로 이동한다. 이러한 활동은 학습자에게 처음으로 의사결정을 하도록 허락된 행동이다.

  학습자는 그러한 의사결정들에 참여하면서 몇 가지 보조 행동들에도 참여해야 한다.
  - 학습자는 잠시 멈추어 교사가 마련한 평가 기준을 읽고 내면화한다.
  - 과제 수행한 후 학습자는 다시 멈춰 자신의 과제 수행에 대해 마음속으로 평가하게 된다.

- **자기점검형 스타일의 실행**

  과제활동 전 결정군
  - 교사는 모든 과제활동 전 의사결정, 즉 교과내용, 평가기준, 수업 운영 절차 등에 대한 의사 결정을 한다.
  - 과제활동 전 결정군에는 뒤따르는 일대일 상호작용을 하는데 필요한 수업 행동, 학습 내용의 순서, 내용 전달, 수업 자료와 용·기구에 대해 사전에 마음속으로 연습해 보는 것 등이 포함된다.

과제활동 중 결정군 및 과제활동 후 결정군

교과내용 제시	교과내용 : 1. 과제를 제시한다. 2. 평가기준을 제시한다.
행동 제시	3. 교사는 교수스타일의 기대와 목표에 대해 설명한다. 4. 교사는 학습자의 역할을 제시한다. • 과제를 개별적으로 연습하기. • 평가기준에 맞추어 자신의 과제수행 점검하기. 5. 교사는 교사의 역할을 설명한다.
운영절차 제시	수업 운영 절차에 대한 기대 : 6. 교사는 에피소드에 필요한 다음과 같은 세부항목을 결정한다. • 수업장소 • 시간 • 과제용지에 필요한 용기구/수업자료를 찾는 장소 • 평가기준에 필요한 용기구/수업자료를 찾는 장소 • 용기구/수업자료를 반환하는 장소 • 인터벌 • 자세 • 복장과 외모
이해점검을 위한 질문	학생들이 활동을 시작하기 전에 교사는 수업 운영 절차와 관련한 행동 기대의 이해 정도를 점검한다. 교사가 "더 궁금한 것이 있니?"라는 질문을 하고 학생들이 그에 대해 답변을 한 후 활동을 시작한다.
행동, 과제참여, 과제수행	7. 학습자들은 과제를 연습하는 동안 정해진 의사결정을 하기 시작한다. 과제를 수행하는 동안 학습자들은 과제 연습(과제활동 중)과 과제수행 점검(과제활동 후)을 번갈아 한다.
피드백(과제 활동 후)	8. 각 학습자는 과제를 수행할 때 기준 용지를 사용한다. 각 학습자는 자신의 학습 진도를 바탕으로 언제 기준 용지를 사용하여 자기평가를 실시할 것인지를 결정한다. 9. 과제활동 후 결정군에서 교사의 역할 • 학습자의 과제수행을 관찰한다. • 학습자가 기준 용지를 사용하여 자기평가를 실시하는 것을 관찰한다. • 자기점검 과정에서 과제수행의 효율성과 정확성을 알아보기 위해 개별학습자와 의사소통한다. • 학습자가 자기평가를 마치면 피드백을 제공한다.
정리	10. 교사는 학생들이 새롭게 경험한 수행자-관찰자 역할에 대해 이야기하면서 수업을 정리한다. 자기평가 역할에 관해 전체 학급을 대상으로 설명한다.

4) 자기점검형 스타일의 함축적 의미

교사는 학습자의 독립성을 존중한다.
교사는 자기관찰 시스템을 개발할 수 있는 학습자의 능력을 존중한다.
교사는 학습자가 자기점검 과정을 정직하게 수행할 것이라그 믿는다.
학습자는 개별적으로 과제를 수행하고 자기점검 과정에 참여할 수 있다.
학습자는 기술 향상을 위한 피드백을 위해 자기점검 방법을 사용할 수 있다.
학습자는 자신의 한계, 성공 그리고 실패를 분별할 수 있다.

5) 자기점검형 스타일의 교과내용 및 기준 용지의 선정과 설계

교과내용(과제) 선정 기준은 학습자가 과제활동 후 자기평가에 참여하기 전에 이미 과제를 어느 정도 능숙하게 수행할 수 있어야 한다는 점이다.

학습자가 새로운 과제를 배울 때 자기평가를 정확하게 하는 것은 어렵고 때로는 불가능하다. 이런 상황에서는 자기점검형 스타일보다 상호학습형 스타일이 더 적합하다.

또 다른 문제점은 과제수행에 대한 정확한 기록 부족이다. 학습자는 기억에 의존한 평가기준에 따라 자신의 과제수행을 평가해야 한다. 이것은 많은 학습자에게 매우 어려우며, 특히 초보자들에게는 거의 불가능하다.

자기점검형 스타일은 과제의 초점과 최종 결과가 신체 그 자체일 때 적용하기 힘들다. 더구나 과제 수행의 기준이 신체 부위 간의 정확한 관계일 때 본질적인 문제가 발생한다. 체조, 무용, 다이빙과 같은 활동들은 운동 감각에 토대를 두고 있으며, 그러한 운동 감각은 시간, 경험, 성공과 함께 향상된다. 그러나 활동을 새로 배우는 학습자들은 과제수행에 궤한 정확한 정보원으로서 운동 감각을 사용할 수 없다. 운동감각은 과제수행에 대한 일반적인 감각을 제공하지만, 과제수행 능력을 향상하는 데 요구되는 정확한 정보를 제공하지는 않기 때문이다. 그런 종류의 과제에서 자기검형 스타일을 사용하는 것은 적합하지 않다. 그럴 때는 외부로투터 피드백을 제공받는 상호학습형 스타일을 사용하는 것이 더 적합하다.

움직임 자체보다 움직임 결과로 최종 결과를 얻는 과제가 자기점검형 스타일에 적합하다. 농구는 기술에 상관없이 성공 여부로 과제수행 결과를 판단할 수 있다. 창던지기는 창을 던지는 폼과 상관없이 창이 날아간 거리로 승패를 결정한다. 신체 움직임과 최종 결과 사이의 관계는 과제수행자에게 즉각적인 피드백을 제공하며, 특정한 평가 기준을 사용한 자기점검형 스타일의 사용을 가능하게 한다.

운동 기술들을 계열화하고, 정확한 과제 수행을 위한 단서를 제공하며, 자주 범하는 실수를 목록화해 둔 관련 문헌들이 있다면, 자기점검형 스타일에서 사용할 기준 용지를 준비할 때 소중하게 활용될 수 있다.

6) 자기점검형 스타일의 고려 사항

- **언어적 행동**

    교사의 언어적 행동은 자기점검형 스타일의 의도를 반영해야 하며, 교사와 학습자의 역할을 지원해야 한다. 교사와 학습자의 의사소통 목적은 다음과 같다.

    학습자가 평가 기준에 기초하여 자신의 운동 수행을 비교·대조할 수 있다는 것을 확인할 수 있다.

    각 학습자가 자신의 과제 수행에 대해 이야기하는 것을 들을 수 있다.

    질문을 통하여 학습자가 자신의 과제 수행과 평가 기준 사이의 차이를 알도록 도울 수 있다.

    학습자가 자신의 과제 수행과 평가 기준 사이의 차이점을 모를 경우, 차이점을 확인시켜 줄 수 있다.

- **과제설계 방법**
    - 모든 학습자를 위한 단일 과제 : 모든 학생에게 동일한 과제를 부여한다.
    - 차별화된 과제 : 교사는 각 학습자에게 각기 다른 과제를 부여한다.

- **기준 용지(criteria sheets)**

    기준 용지의 양식은 중요하다. 비디오테이프는 좋은 방법이지만 시간이 많이 드는 방법이다. 과제는 세분화되어야 하며, 각 학습자는 자신만의 기준 용지가 필요하다.

7) 자기점검형 스타일의 발달 경로(스타일의 변형)

개별화 교수의 수업 자료에 개별 학습자에게 필요한 평가기준, 실수 분석, 그리고 기대 행동 평가 내용이 포함되어 있다면, 이는 자기점검형 스타일의 좋은 예가 된다.

개별화 교수에 동료 교수를 통합시키더라도 그 스타일은 자기점검형 스타일의 의사결정과 다르다. 과제 연습과 평가에 대한 독립성은 자기점검형 스타일의 대표적인 특징이기 때문이다.

과제 수행능력 향상과 자기평가 기술 개발은 교사가 만든 평가기준에 의해 이루어진다.

학습자가 동료와 함께 또는 집단에서 과제를 수행할 때, 자기평가는 어렵다. 그러므로 자기점검형 스타일의 목표와 의사결정을 강조하기 위한 목적으로 집단을 통합한 설계 변형은 조심스럽게 시도되어야 한다.

그러나 아래에 제시한 설계 방법의 순서를 따른다면, 자기점검형 스타일을 통해 사회적 경로의 발달이 가능하다. 3가지 교수·학습 행동이 축적됨으로써 집단 상호작용과 집단 간 의존성이 증가하여 사회적 소외감이 제거된다. 개인적인 과제참여시간은 감소하지만 피드백은 증가한다. 또한 자기점검 행동에 대한 의사결정과 목표를 강화시켜 준다.

5. 포괄형(포함식) 스타일(스타일E) : T-L-L

포괄형 스타일은 과제 수행 능력의 개인적 차이를 수용하여, 학습자들이 동일한 과제에서 자신이 수행할 수 있는 난이도를 선택하여 참여하는 방식이다. 교사의 역할은 과제활동 전에 과제의 난이도를 선정하고, 교과내용과 수업 운영 절차에 대한 모든 의사결정을 하는 것이다. 학습자의 역할은 자신에게 적절한 수준을 선택하여 과제를 연습하고, 필요할 경우 과제수준을 수정하며, 평가기준에 맞추어 자신의 수행을 점검하는 것이다.

1) 개념과 특징

포괄형 스타일(the inclusion style)의 특징은 기술 수준이 다양한 학습자들이 자신이 수행할 수 있는 난이도를 선택하여 동일한 과제에 참여한다는 것이다.

교사의 역할은 과제의 난이도를 선정하고, 교과내용과 수업 운영 절차에 대한 모든 의사결정을 하는 것이다.

학습자의 역할은 자신이 성취할 수 있는 수준을 조사하고, 시작점을 선택하여 과제를 연습 하고, 필요할 경우 과제수준을 수정하며, 평가기준에 맞추어 자신의 수행을 점검하는 것이다.

- 포괄의 개념(줄넘기의 경우)

  '평평하게 줄잡기'는 배제시킨다.

  '경사지게 줄잡기'는 포괄의 조건(동일한 과제에서 난이도를 선택하는 것)을 만드는 목표를 성취시켜준다. 경사지게 줄잡기는 모든 학습자를 "포괄"할 수 있다.

  - 과제활동 전 결정군 : 교사에 의해 의사결정이 이루어진다.
  - 과제활동 중 결정군 : 학생들은 자신에게 맞는 과제 수준을 스스로 선택한다.
  - 과제활동 후 결정군 : 학생들은 자기 활동에 대해 평가하고, 어떤 수준에서 다시 과제를 시작할지를 결정한다.

  동일한 과제를 다양한 수준으로 제시하는 새로운 과제 설계 방식이 도입된다.

| 그림 3.13 | 평평하게 줄잡기 | 그림 3.14 | 경사지게 줄잡기

교과내용 목표	• 학습자들의 개별적 운동 수행 능력의 차이를 수용한다. • 동일한 과제에서 모든 학습자에게 다른 내용의 출발점을 제공할 수 있도록 과제를 설계한다. • 계속 참여 기회를 제공함으로써 학습자의 내용 습득을 촉진한다. • 내용 수정 의사결정의 기회를 제공한다. • 과제 참여 시간의 질을 높인다. • 계열적 평가 과정을 강화한다.
행동목표	• 학습자가 초기 과제 수행 수준을 선택함으로써 과제의 출발점에 대한 의사결정을 경험한다. • 평가 기준을 사용하여 자기 평가 기술을 연습한다. • 계속적인 내용 참여를 유지할 수 있는 수정 의사결정을 경험한다. • 과제 수행 능력의 개인적 차이를 수용한다. • 자신이 기대하는 기술 수준과 현재 자신의 과제 수행 능력 간의 일치 또는 차이를 다루는 방법을 배운다. • 자기 신뢰에 본질적인 기술을 배운다. • 정직하게 자기 평가를 실시하고 적절한 자기 수준을 선택하는 것을 연습한다.

2) 포괄형 스타일의 구조

포괄형 스타일에서 교사의 중요한 역할은 과제 수행 전 결정군에 대한 의사결정을 하는 것과 과제 수행 중 결정군에서 학습자의 역할 변화를 예상하는 것이다.

학습자는 과제수행 중 결정군에 대한 의사결정들을 한다. 의사결정에는 자신의 과제 수행 수준을 선택하는 교과내용 시작점에 대한 결정이 포함된다.

과제 수행 후 결정군에서 학습자는 자신의 과제 수행에 대한 평가 의사결정을 하고 어떤 수준에서 수행을 계속할 것인지를 결정한다.

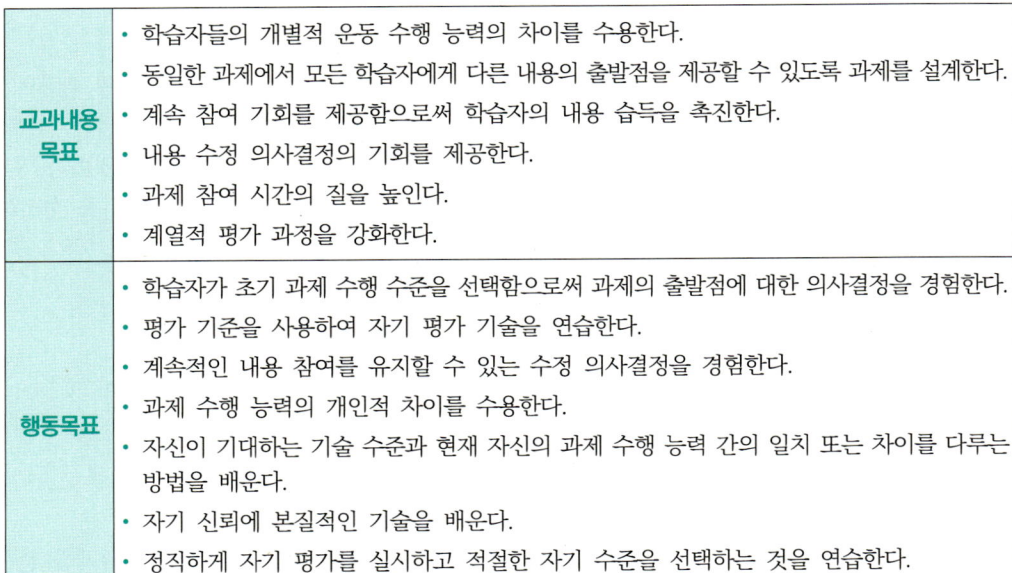

| 그림 3.15 | 포괄형 스타일의 의사결정 이전

학습자의 역할	• 연습형 스타일의 9가지 의사결정을 한다. • 여러 난이도의 과제를 조사한다. • 자신에게 적절한 수준을 선택한다. • 과제를 수행한다. • 교사가 준비한 평가 기준에 기초하여 자신의 과제 수행을 점검한다. • 과제의 이해 정도를 점검하기 위한 교사의 질문에 답한다.
교사의 역할	• 과제를 다양한 과제 난이도로 준비한다. • 과제에 적합한 평가 기준을 준비한다. • 학습자의 질문에 대답한다. • 학습자와 의사소통을 한다.

3) 포괄형 스타일의 실제

- **에피소드의 이해**

    교사는 체육수업에서 '경사지게 줄잡기'의 개념을 시범 보이면서 포괄형 스타일을 소개할 수 있다. 교사는 선택의 개념을 강조하는(즉, 과제 수정을 통하여 포괄이 발생하는) 시범을 보인 후 학생들에게 포괄형으로 설계한 새로운 과제를 연습하도록 요청한다.

    학습자들은 흩어져서 과제 용지를 집어든 후, 자신의 연습 장소를 선택한다. 그 다음 학습자는 교사가 제공한 여러 과제의 난이도를 검토한 후 자신에게 맞는 개별 출발점을 결정한다. 학습자들에게는 시작 시간과 초기 난이도를 선택할 수 있는 기회가 제공된다.

    교사는 학습자 사이를 순회하면서 학습자에게 개별 피드백을 제공한다. 이때 교사가 주는 피드백은 과제수행의 세부사항에 대해서가 아니라 의사결정에 대한 것이다.

    - 학습자가 선택한 수준에 대해 가치적 피드백 제공이 아닌 가치중립적인 피드백을 제공하는 것이 중요하다.
    - 학습자가 선택한 과제 수준이 적절했는지 아닌지를 따지는 것은 교사의 역할이 아니다.
    - 학습자의 역할은 교사에게 도움을 요청하지 않고 자신에게 적합한 수준을 선택하는 것이다.

    포괄형 스타일의 목표는 학습자가 자신이 가장 잘 수행할 수 있는 교과내용 수준을 적절하게 선택하도록 가르치는 것이다. 포괄형 교수 행동은 인지적 발달과 심동적 발달뿐만 아니라 정의적 발달을 강조한다. 이러한 행동은 학습자들의 감정, 자아개념, 참여도를 발달시킨다.

    과제 수행 시 자주 발생하는 잘못들에 주의를 기울여야 한다. 학습자가 선택한 수준과 관계없이, 학습자에게 과제에 대해 질문하고 한 번 이상 과제수행을 점검해야 한다.

- **포괄형 스타일의 실행(포괄형 스타일의 수업 예시안)**
- **과제활동 전 결정군 : 교사가 과제활동 전 의사결정을 한다.**

    포괄형 스타일에서 점진적으로 어려워지는 내용 계열성은 학습자의 교과내용 참여를 촉진한다.
　　포괄형 스타일에서는 내용 선택의 옵션이 많고 다양한 정서적 특성들이 존재하기 때문에 학습자의 능력에 대해 폭넓은 전제가 필요하다. 포괄형 스타일에서 학습자가 보여주는 행동들은 각각 인간 속성의 발달에 기여한다.
　　교사는 포괄의 개념을 소개한다.
　　교사는 수업 목표, 학습자 및 교사의 역할 기대 행동, 교과 내용, 개별적 과제 용지, 수업 운영 절차, 이해점검을 위한 질문을 제공한다.

- 과제활동 중 결정군
　　학습자는 자신에게 맞는 과제 수준을 선택하여 과제를 연습한다.
　　교사는 질의응답 등의 방식으로 학습자와 상호작용한다.
- 과제활동 후 결정군
　　학습자는 기준 용지에 기초하여 자신의 과제 수행을 평가한다.
　　교사는 전체 학급을 대상으로 출발점의 선택, 선택한 과제의 수정, 자기점검에 대한 피드백을 제공한다.

4) 포괄형 스타일의 함축적 의미
- 포괄형 스타일을 사용한다는 것은 교사가 배제보다는 포괄과 참여의 개념을 철학적으로 수용한다는 것을 의미한다.
- 학습자가 자신이 생각하는 이상적인 수준과 현재 자신의 능력 사이의 차이를 발견할 수 있도록 수업 상황을 만들어야 한다.
- 학습자는 이상과 현실 사이의 차이를 수용하면서 그것을 줄이는 방법을 배워야 한다.
- 학습자는 자신의 현재 수준에서 그 과제를 수행할 수 있는가를 알아야 한다.

5) 포괄형 스타일의 교과내용 선정과 설계 : 개별화 프로그램
- 다양한 과제들과 난이도로 이루어진 개별화 프로그램은 연속적인 에피소드로 설계되어야 한다.
- 포괄형 스타일에서 한 개의 동떨어진 에피소드는 포괄 행동의 장점을 습득할 수 있는 기회를 충분하게 제공하지 못한다.
- 독립심을 가르치는 데는 많은 시간이 필요하지만 개별화 프로그램들을 통해 그 목표를 달성할 수 있다.
- 개별화 프로그램들은 과제를 여러 수준으로 나누어 제시하기 때문에 난이도 개념을 먼저 이해하는 것이 필요하다.

- **난이도의 개념**

    '경사지게 줄잡기' 사례에서 난이도를 결정하는 요소는 줄의 높이이다. 줄의 높이를 다양하게 하면 같은 과제를 다양한 난이도로 제시할 수 있다.

    '농구 골대 슛하기'에서 난이도에 영향을 주는 요소
    - 거리 : 농구 골대에 골을 넣는 거리는 난이도에 영향을 미치는 내적 요소이다.
    - 농구 골대의 높이 : 농구 골대 높이는 다양한 수준의 난이도를 제공하며, 능력이 다른 학습자들을 위한 출발점으로 작용한다.
    - 림의 직경 : 다양한 림의 직경은 농구 골대 안으로 공을 성공적으로 슈팅하는데 필요한 다양한 상황들을 만든다.
    - 공의 크기와 무게, 슛의 각도 등 난이도에 영향을 미치는 또 다른 요소들을 추가할 수 있다.

    체육수업에서는 배제와 포괄의 에피소드를 통합하여 교육 원리를 증명할 수 있는 기회가 많다. 학생이 활동에서 배제되면, 실패를 느낄 뿐만 아니라 체육의 전체 경험에 대해 분개하기 시작한다. 체육수업에서 포괄형 스타일의 에피소드를 자주 제공함으로써 학습자들이 자신에게 가능한 수준의 과제에 참여하도록 격려할 수 있다.

- **난이도를 결정하는 요소 확인하기**

    (3개의 설계 방법에 대한) 과제 분석과 점검 목록표라는 두 가지 절차가 고려되어야 한다. 모든 과제는 세 가지 방법 중 하나로 설계한다.
    - 과제분석
    · 전통적 설계 방법(classic design)
        - 전통적인 설계 방법은 일직선으로 연결된 매끈한 모양의 다양한 옵션들을 제공하기 때문에, 내용상의 격차로 인한 일관성 없는 수업 진도를 피할 수 있다.
    · 반전통적 설계 방법(semiclassical design)
        - 실제로 운동하는 상황에서는, 학습자가 훨씬 어려운 난이도 과제를 정확하게 수행할 수 있으면서도 덜 어려운 난이도 과제에서 실수하는 경우가 발생할 수 있다. 높은 난이도 과제의 수행 성공이 낮은 난이도 과제의 성공을 항상 보장하는 것은 아니다.
    · 누적적인 설계 방법(cumulative design)
        - 학습자가 가장 어려운 난이도 과제를 수행하기 위해서는 계열성있게(단계적으로) 제시된 이전 수준의 과제(누적된 과제)를 모두 연속적으로 수행해야만 한다. 이 스타일로 설계된 과제에서는 학습자가 연습을 시작하기 전에 자신이 수행할 수 있다고 생각하는 수준을 먼저 결정하는 것이 필요하다. 학습자는 점검목록표를 사용하여 자신이 수행가능하다고 예측되는 수준을 차트에 표시한다. 자신이 표시한 과제를 연습하고 수행한 후, 자신이 실제로 수행한 수준을 원으로 표시한다. 이와 같이 과제 진척에 대한 예측이 없다면 학습자는 연습형 스타일로 수행하는 셈이 된다. 학습자가 이러한 행동 목표에 도달하기 위해서는 자기 평가를 통해 과제 출발점을 알아야 한다.

전통적인 설계 방법	· 선의 증가는 매우 적고 과제는 연속적인 난이도로 이루어진다. · 옵션의 범위는 활동 고유의 내적 요소로부터 나온다(경사지게 줄잡기의 경우에 줄의 높이이다). · 주어진 수준에서의 성공적인 과제수행은 낮은 수준의 난이도 과제에 대한 성공을 보장한다. 전통적인 설계에서 성공적인 과제수행
반전통적인 설계 방법	· 선의 증가는 점진적이지만 연속적이지 않다. 즉, 단계들 사이에 예외적인 차이가 있다. · 내적 요소는 단계적인 난이도를 제공하지 않는다. 관련 난이도의 확인이 항상 가능하지 않다. · 주어진 수준에서의 성공적인 과제 수행이 낮은 수준의 난이도 과제의 성공을 항상 보장하는 것은 아니다. 반 전통적인 설계에서 성공적인 과제수행
누적적 설계 방법	· 선의 증가는 일정하지 않다. · 외적 요소가 난이도를 제공한다. · 주어진 과제 수준에 참여하기 위해, 학습자는 이전 수준의 모든 과제를 연속적으로 수행해야 한다. 누적 설계의 성공적인 과제수행

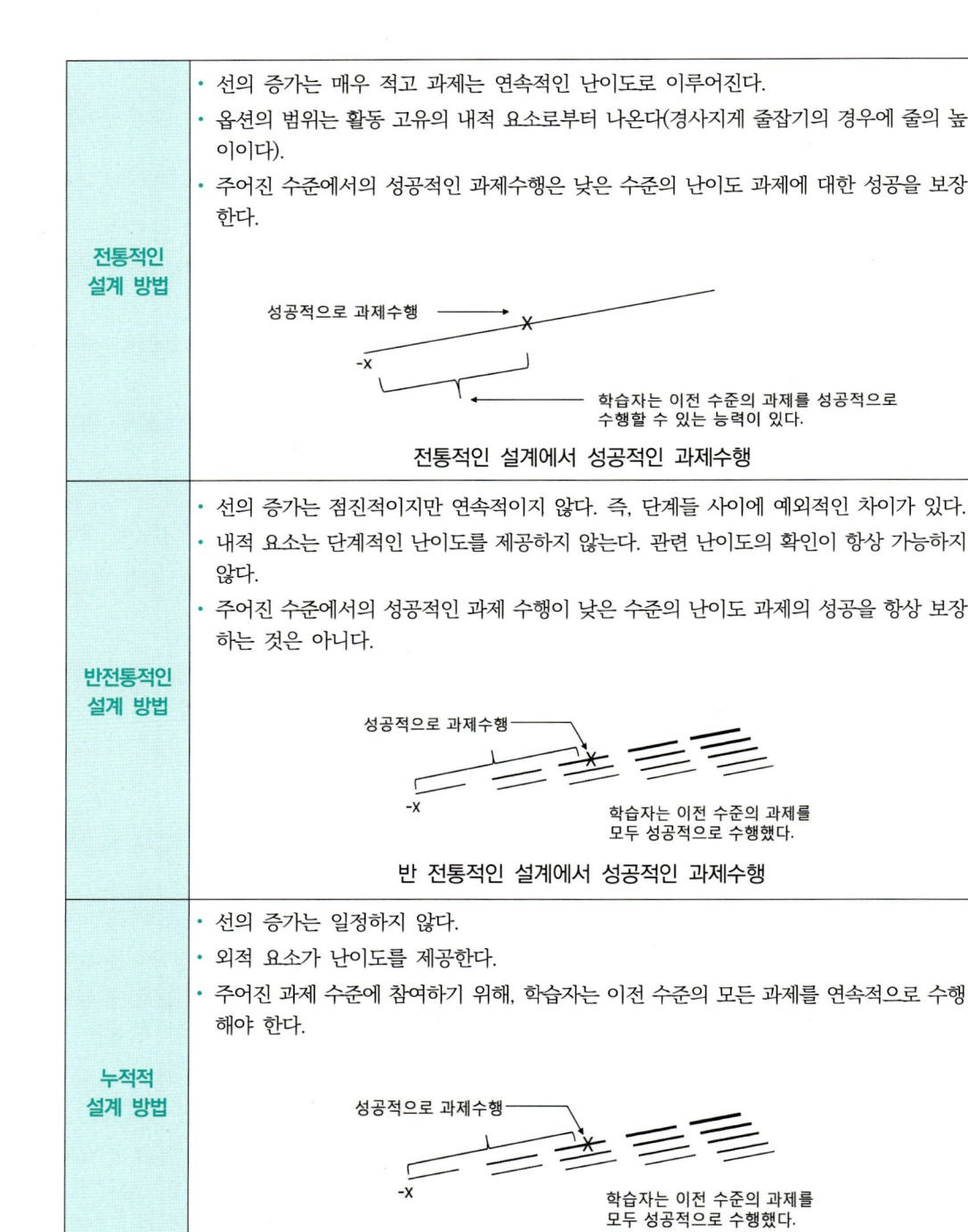

- 요소 점검목록표(factor grid)
- 요소 점검목록표는 전통적인 설계 방법과 누적 설계 방법에서 사용하는 데 적합하다.
- 요소 점검목록표는 선택한 과제의 요소를 확인할 때 교사를 안내하는 역할을 한다.
- 요소 점검목록표는 체육 과제 설계에 영향을 주는 내적 요소와 외적 요소에 대한 사고방식을 제공한다.

| 표 3.1 | 요소 점검목록표

과제명 :	
• 주요 요소와 지원 요소 순위 정하기	
• 범위 확인하기	
외적 요소 　　　반복 수 　　　시간	범위
외적 요소 　　　거리 　　　높이 　　　장비 무게 　　　장비 크기 　　　목표물 크기 　　　속도 　　　자세	

6) 포괄형 스타일의 고려 사항

운동 기능이 높은 학생들은 포괄형 스타일에 참여하기를 꺼려한다. 그들은 교사지시 중심의 수업에서 잘할 수 있기 때문에 포괄형 스타일에서 모든 학습자를 동등하게 인정하는 것을 수용하기가 상당히 어려울 것이다.

독립적으로 학습에 참여하고 행동에 대한 모든 의사결정을 스스로 내려야 하는 것은 교사에 대한 정서적 의존성을 끊는 것만큼 어려운 일이다.

그러나 자주 배제되었던 학생들은 이 스타일을 좋아한다. 왜냐하면 포괄형 수업이야말로 그들이 오랜만에 참여한 첫 번째 경험일 것이기 때문이다.
- 포괄형 스타일은 수업에서 자주 배제되었던 학생들에게 성공과 참여를 보장하는 출발점을 제공한다.
- 포괄형 스타일에서 학습자는 끊임없는 진보와 발전 기회를 발견한다.

포괄형 교수·학습 행동은 많은 학습자들에게 과제에 참여하도록 유도하지만, 특히 장애 학생들에게 더욱 적합하다.

포괄형 스타일에서 출발점을 결정하는 것은 매우 개인적인 일이다. 출발점에 대한 조사와 선택에 대한 학습자의 권리는 존중되어야 한다.

포괄형 스타일은 경쟁의 존재를 없애지 않고 단지 다양한 형태로 제시한다. 단일 평가 기준에 따라 다른 사람과 경쟁하는 대신, 여러 평가 기준을 바탕으로 다양한 과제 수행 기술을 가지고 있는 많은 학습자가 경쟁한다.

이 스타일의 가장 중요한 장점은 체육수업에서 배제에 의해 야기된 잘못을 포괄(다양한 과제 제시와 교수 행동)의 힘으로 감소시킬 수 있다는 점이다.

7) 포괄형 스타일의 발달 경로 : 교수 스타일의 결합

교수 스타일의 변형은 각 스타일의 주요 의사결정 구조 안에서 학습 목표를 확장시키는 반면, 스타일의 결합은 특정한 학습 경험을 만들기 위해 두 개 스타일의 주요 목표를 통합한다.

교수 스타일의 변형과 스타일의 결합은 교수와 학습에서 다양성과 창의성을 증가시킨다.

교수 스타일의 속성과 발달 경로를 변화시키고 다양한 교수 스타일을 결합함으로써 스타일의 설계를 새롭게 변형할 수 있는 경우의 수는 무한대이다. 그러나 교수 스타일을 새로 만들어내고 결합할 수 있는 자유가 있다고 해서 무턱대고 그렇게 해서는 안 된다. 모든 교수 스타일의 설계 변형은 의사결정 분석에 근거해야 하고, 질 높은 교육 경험을 제공하는데 기여해야 하며, '전체적인 교육 목표는 무엇인가?' 또는 '학습자들이 배우기를 기대하는 바는 무엇인가?'와 같은 질문에 답할 수 있는 것이어야만 한다.

교수 스타일의 결합 방법으로는 다음과 같은 경우를 들 수 있다.

- 지시형/포괄형 스타일(A/E 에피소드)
- 상호작용형/포괄형 스타일(C/E 에피소드)
- 연습형/포괄형 스타일(B/E 에피소드)
- 자기점검형/포괄형 스타일(D/E 에피소드)

지시형/포괄형 스타일 (A/E 에피소드)	• 첫 번째 스타일은 주요 학습 목표를 의미하며, 두 번째 스타일은 스타일 설계 변형으로 통합되는 특정 측면을 가리킨다. • 이 에피소드의 주요 목표는 정확한 과제 수행이다. 과제는 '경사지게 줄잡기 원리'에 기초하여 배치되며, 각 학습자는 자신의 출발점을 선택한다.
상호학습형/포괄형 스타일 (C/E 에피소드)	• 파트너들이 교사에 의해 준비된 평가 기준에 맞추어 기술을 평가하는 상호작용형 스타일과 학습자가 출발점과 내용 난이도의 범위를 선택하는 포괄형 스타일의 특징을 결합한 것이다. • 이 에피소드에서 수행자는 자신의 시작 수준을 선택하고 관찰자는 피드백을 제공하기 위해 교사에 의해 준비된 평가기준을 사용한다. 학생들의 역할을 바꿀 때, 새로운 수행자는 자신의 시작 수준을 선택하고 선택한 수준에 맞추어 피드백을 제공받는다.

연습형/포괄형 스타일 (B/E 에피소드)	• 연습형 스타일에서 교사는 학습자가 연습할 수 있도록 과제를 확인하고, 포괄형 스타일에서 교사는 동일한 과제에서 다양한 난이도로 과제를 설계하여 학습자가 자신의 출발 수준을 결정하게 한다. • 이 에피소드에서 교사는 과제를 여러 난이도로 구분하여 제시한다. 교사는 학습자의 능력을 평가하고 특정한 난이도의 과제를 연습하도록 학습자에게 과제를 할당한다.
자기점검형/ 포괄형 스타일 (D/E 에피소드)	• 위에 제시된 연습형/포괄형 스타일을 학습자들이 그룹별로 자신들이 수행하는 과제를 스스로 평가하도록 바꾼다면, 새로 결합된 스타일의 의사결정구조는 대표적인 자기점검형/포괄형 스타일이 된다. • 이 에피소드에서 교사는 집단의 과제수행 능력에 기초하여 각 집단에게 다른 과제를 할당하고 자기 점검을 수행할 수 있도록 평가기준을 만들어 제공한다.

6. 유도발견형 스타일(스타일F) : T-TL-TL

유도 발견형 스타일은 교사에 의해 부과되는 연속적인 질문들을 통해 미리 예정되어 있는 해답을 학습자가 발견하도록 유도하는 방식이다. 교사의 역할은 과제 활동 전에 학습자가 발견해야 할 목표 개념을 포함한 일련의 단계적(계열적)이고 논리적인 질문들을 설계하고 교과와 관련된 모든 의사결정을 하는 것이다. 학습자의 역할은 교사에 의해 주어지는 질문들에 답하면서 미리 정해진 해답이나 개념을 발견하는 것이다.

1) 개념과 특징

유도 발견형 스타일(the guided discovery style)의 특징은 교사에 의해 부과되는 연속적인 질문을 통해 미리 예정되어 있는 해답을 학습자가 발견하도록 유도하는 것이다.

교사의 역할은 학습자가 발견해야 할 목표 개념을 포함한 일련의 단계적(계열적)이고 논리적인 질문을 설계하고, 교과와 관련된 모든 의사결정을 하는 것이다.

학습자의 역할은 교사에 의해 주어진 질문에 대한 해답을 발견하기 위해 일련의 과제를 수행하는 것이다. 학습자는 교사가 제시한 문제에 대한 해답을 발견하는 동안 교사가 정해준 과제 내에서 배우는 내용의 일부분에 대해서만 의사결정을 내릴 수 있다.

교사에 의해 부과되는 각 질문은 학습자로 하여금 정확한 해답을 발견해 내도록 유도한다. 이 연속적인 수렴 과정의 누적적인 효과로 학습자는 필요한 개념, 원리 또는 지식을 발견하게 된다.

학습자가 본 수업에서 알아야 할 개념을 이미 알고 있다면, 그러한 유도 발견 수업은 의미가 없어지고 연습형 스타일의 성격을 띠게 된다.

- 과제 활동 전 결정군 : 교사에 의해 의사결정이 이루어진다. 특히 교과내용, 수업 목표, 질문의 제작 등이 중요한 결정 사항이다.
- 과제 활동 중 결정군 : 학생에게 보다 많은 결정 사항이 이양된다.
- 과제 활동 후 결정군 : 수업 중과 수업 후에 교사와 학생 간에 지속적인 상호작용이 일어난다.

이 스타일의 목적은 논리적인 순서로 설계된 질문에 대한 해답을 찾아가는 과정을 통해 미리 정해진 개념을 발견하는 것이다.

교과내용 목표	• 주어진 과제 내에서 질문 단계 간의 상호 연관성을 발견한다. • 목표(표적)의 개념, 원리, 아이디어를 발견한다. • 광의의 개념으로 논리적으로 유도하는 단계적인 발견 과정을 경험한다. 즉, 계열화된 발견 기술들을 개발한다.
행동목표	• 발견 역치를 뛰어넘는다. • 학습자가 수렴적인 사고를 나타내는 개념과 원리를 발견하도록 유도한다. • 학습자가 교사에 의해 주어진 질문과 본인이 발견한 해답 사이의 정확한 인지적 관계를 의식한다. • 목표에 도달하는 단계가 정확하고 논리적이며 최소한의 단위로 이루어진다. • 교사와 학생 모두에게 인지적 경제성(예: 목표에 도달하는데 최소한의 정확하고 논리적인 질문 단계를 사용하는 것)을 가르친다. • 발견에 도움이 되는 효율적이고 우호적인 학습 분위기를 조성한다. • 학습자에게 발견의 희열을 경험하도록 한다.

2) 유도 발견형 스타일의 구조

교사는 과제 활동 전 결정군의 모든 결정권을 갖는다. 과제 활동 전의 결정에는 수업 목표, 표적이 되는 교과 내용의 개념, 목표하는 것을 발견하도록 학생들을 유도하는 논리적이고 계열적인 질문들의 설계, 그리고 모든 수업 절차적 결정들이 포함된다.

과제 활동 중에 이전의 스타일보다 많은 결정들을 학습자들이 할 수 있도록 허용된다. 해답을 발견해 가는 행동은 교사에 의해 선택된 교과 주제 내에서 교과 내용의 부분적인 요소들에 관해 학습자가 의사결정을 하는 것을 의미한다.

과제 활동 중 결정군은 교사와 학습자가 상호작용하며 만들어 가는 일련의 의사결정의 과정이다.

과제 활동 후 결정군에서 교사는 질문에 대한 학습자의 해답을 검토하고 확인한다. 과제에 따라 학습자 스스로 자신의 해답을 확인할 수도 있다.

과제 활동 중 및 과제 활동 후 결정 단계에서 학습자와 교사가 지속해서 상호작용하면서 의사결정을 내리는 것이 이 스타일의 특징이다.

	지시형(A)	연습형(B)	상호학습형(C)	자기점검형(D)	포괄형(E)	유도발견형(F)
과제활동 전	(T)	(T)	(T)	(T)	(T)	(T)
과제활동 중	(T) ⟶ (L)		(Ld)	(L) ⟶ (L)		(TL)
과제활동 후	(T)	(T) ⟶ (Lo) ⟶ (L)			(L) ⟶ (L)	(TL)

| 그림 3.16 | 유도 발견형 스타일의 의사결정 이전

학습자의 역할	• 질문 또는 단서를 경청한다. • 각 단계별 질문에 대한 해답을 발견한다. • 목표 개념을 구성하는 최종적인 해답을 발견한다.
교사의 역할	• 각 학습자에게 작은 발견을 가져오는 일련의 질문들을 설계한다. • 주기적으로 피드백을 학습자에게 제공한다. • 학습자의 개념 발견을 인정한다.

3) 유도 발견형 스타일의 실제

유도 발견형 스타일의 수업 에피소드는 일반적으로 매우 짧지만, 그것은 한 가지 이상의 질문을 요구한다. 수업 에피소드는 미리 예정된 목표를 학습자가 발견하도록 논리적으로 유도하는 연속적인 질문들로 구성된다. 모든 교수학습 행동들 속에서 질문이 이루어져야 하고, 질문의 종류는 선택된 교수학습 목표에 상응하는 것이어야 한다. 유도 발견형 스타일에서의 질문들은 학습자가 미리 결정된 개념을 발견하도록 유도하는 수렴적인 과정을 사용한다.

• 에피소드의 이해

계획 단계, 즉 과제활동 전 결정군은 주로 교과 내용에 관한 결정을 말한다. 내용이 결정된 다음에 가장 중요한 것은 유도 발견의 단계들을 설계하는 일이다. 즉 학생이 최종 결과를 발견하도록 점진적으로 유도하는 질문들의 순서를 결정하는 것이다.

단계별 내용 사이에는 내적으로 연관성이 있어야 한다. 연관성 있는 단계를 설계하기 위해서 교사는 주어진 단계에 대응하는 학생의 반응을 미리 예측할 필요가 있다.
- 만약 가능한 반응들이 너무 다양하거나 주제를 벗어나는 경우라면, 교사는 새로운 다른 단계를 설계할 필요가 있다. 새로운 단계는 다양한 반응이 나올 경우의 수를 감소시킬 수 있도록 이전 단계보다 더 작거나 그에 근접한 단계이어야 한다.
- 유도 발견형 스타일의 이상적인 형식은 한 가지 단서에 오직 한 가지 반응만이 나오도록 구성되는 것이다.

유도 발견 과정은 단계마다 S → D → M → R의 관계를 구현한다.
- 첫 번째 자극(S_1)은 학습자가 해답을 찾기 위해 인지적 불일치(D)와 탐색(M)의 과정으로 움직이도록 설계된다. 학습자가 준비가 되면 해답(R_1)을 찾아내게 된다.
- 두 번째 자극(S_2)을 계속해서 제시한다. 이것 또한 학습자를 탐색의 과정으로 끌어들이고, 이것들을 통해 두 번째 해답(R_2)을 발견해 낸다.
- 계속해서 마지막 자극(S_n)까지 제시되면서 최종적으로 목표했던 예상된 해답(R)을 유도해내게 된다. 이 마지막 반응은 발견된 개념의 진술이나 움직임으로 표현된다.

과제 활동 중에는 유도 발견 단계 설계의 계열성을 검증하게 된다. 학생이 반응을 제대로 못하게 되는 경우는 개별적인 단계나 전체 단계의 순서가 적절하게 설계되지 못했다는 것을 암시한다. 학습자들이 목표 개념을 발견하는 데 실패할 때, 학습자에 대해 어떤 가정을 하거나 판단하는 것을 피해야 한다.

　유도 발견형 스타일을 성공적으로 실행하기 위해서는 완전한 설계와 더불어 다음과 같은 몇 개의 규칙을 반드시 준수해야 한다.
- 해답을 결코 말하지 말 것
- 항상 학습자의 반응을 기다릴 것
- 피드백을 자주 제공할 것
- 수용적이며 인내하는 분위기를 조성하고 유지할 것

　유도 발견 학습에서 수업 과정은 교사와 학생 간 인지적, 정의적 영역에서의 섬세한 상호 작용의 과정이다. 교사와 학생은 교과 내용을 통해 서로 밀접하게 결속된다. 각각의 단계에서 생겨나는 긴장과 예상은 마지막 발견이 이루어졌을 때 해소된다. 몰랐던 해답을 발견한 학생에게는 학습이 발생했고, 수업목표가 달성된 것이다.

　과제활동 중 결정군에서 교사는 다음 요인들을 반드시 알아야 한다.
- 목표 또는 표적
- 계열적 (질문)단계들의 방향
- 각 (질문)단계의 크기
- (질문)단계간의 상호관계
- 계열적 (질문)단계들의 진행 속도
- 학습자의 정서

　유도 발견형 스타일에서 피드백의 성격은 독특하다.
- 각 단계에서 학습자의 성공을 나타내는 강화 행동은 학습자의 학습과 성취에 대한 긍정적 피드백이다. 과정이 완수되고, 목표가 성취되었으며 교과 내용이 학습되었다는 사실 자체가 바로 전체 평가의 형식이 된다.
- 각 단계에서 학생 반응을 승인하는 것은 즉각적이고 정확하며 개인적인 평가가 된다. 반대로, 즉각적으로 부여되는 긍정적 강화는 학습자로 하여금 해결책을 찾고 더 많은 것을 학습하게 만드는 지속적인 동기로 작용한다.

- **유도 발견형 스타일의 실행**

　과제활동 전 결정군 : 과제활동 전 결정군에서 교사의 역할은 다음과 같은 사항들을 결정하는 것이다.
- 수업 에피소드의 구체적인 목표 또는 표적(학습자에 의해 발견될 개념)
- 학습자에게 발견의 사슬을 불러일으켜 줄 질문 단계들의 계열성(순서)
- 각 (질문)단계의 크기
- 학습자로 하여금 유도 발견의 과정에 참여하도록 만드는 장면들(수업 에피소드들)의 설정

- **과제활동 중 결정군**
- 일단 교사가 교과내용과 관련된 수업 에피소드를 설정하면, 교사와 학습자 간 상호

작용이 시작된다. 이 때 교사는 행동 기대나 수업 절차적 기대를 진술하지 않는다.
- 교사는 상황(장면)을 설정한 후 계열적인 질문들을 시작한다. 교사는 학습자를 예상되는 목표(표적) 내용의 발견 지점으로 유도한다.
- 학습자는 교사의 계열적인 질문들에 반응(대답)하면서, 목표(표적) 개념과 내용을 발견 한다.
- 유도 발견을 통해 질문에 대한 해답을 발견하는 기쁨은 학습자와 교사 모두에게 기쁨을 준다. 학습자가 단계별로 준비된 질문들을 바탕으로 관련성을 맺으면서 새로운 내용을 발견해가는 과정을 지켜보는 것은 교사에게 특별한 보상이 된다.

- **과제활동 후 결정군**
    - 교사는 학습자의 반응들(대답들)을 수시로 확인하고, 표적에서 벗어난 반응이 나올 경우 조정 의사결정을 한다.
    - 학습자는 교사의 피드백을 수용하고, 피드백이 과제의 계열성과 관련되는 경우에는 재차 확인한다.
    - 교사는 수업 정리 시에 목표(표적) 내용을 발견한 학습자의 성취를 치하한다.

4) 유도 발견형 스타일의 함축적 의미

교사는 발견 역치를 넘을 수 있다.
교사는 논리적이며 수렴적인 발견을 가치있는 교육 목표로 중시한다.
교사는 교과 내용의 구조를 연구하여 적절하고 계열성 있는 질문을 설계할 수 있다.
교사는 알려지지 않은 것을 실험하는 위험을 기꺼이 감수해야 한다. 스타일 A~E에서 수행의 책임은 학습자에게 있는 반면, 유도 발견형 스타일에서는 수행의 책임이 전적으로 교사에게 있다. 교사는 학습자가 정확한 반응을 할 수 있도록 명확한 질문들을 설계할 책임이 있다. 학습자의 수행은 교사의 준비와 직접적인 관련이 있다.
교사는 교과 내용의 적절한 측면들을 발견해 나가는 학생의 인지적 능력을 신뢰한다.
교사는 위와 같은 교수·학습 행동을 수용하는데 필요한 변화를 꾀할 수 있다.

5) 교과 내용의 선정과 설계

유도 발견형 스타일에서 교사는 특정 에피소드를 위한 과제를 선정하기 전에 다음의 5가지 사항을 반드시 고려해야 한다.
학습자들은 개념, 원리, 사물 사이의 관계, 순서 혹은 체계, 인과(원인과 결과) 관계, 한계 등의 범주 안에서 아이디어를 발견할 수 있다.
발견되어야 할 주제나 목표는 학습자들이 모르는 것이어야 한다. 이미 알고 있는 사실을 발견할 수는 없다.
발견되어야 할 주제와 목표가 사실, 날짜, 특정의 단어, 이름 또는 전문 용어이어서는 안 된다.

그러한 정보의 범주는 발견될 수 없는 것이기 때문이다.

유도 발견형 스타일이 이미 예정되어 있는 표적을 향해 학습자를 이끌어 가는 과정이기 때문에, 교사는 학습자가 생각하고 있는 신념과 가치와는 반대되는 생각이나 원리를 진술하도록 설득하거나 유도하는 결과를 초래할 수도 있다.

목표 개념은 발견될 수 있는 것이어야 한다.

6) 유도 발견형 스타일의 고려사항

- **인지적 경제성**

  유도 발견은 인지적 경제성을 목적으로 설계된다.
    - 유도 발견의 특별한 구조는 주제로부터의 이탈이나 인지적 방황을 용납하지 않는다.
    - 이 구조는 지배적인 인식 작용을 사용하게 하여 최대한의 효율성으로 학습자를 표적 개념으로 유도해 간다.

  유도 발견은 기억에 상당한 영향을 미친다. 사람이 스스로 어떤 것을 발견하고자 할 때 그것을 기억할 수 있는 가능성이 더 커진다(Bruner, 1961).

  유도 발견은 학습자가 점진적이고 자동적으로 교과내용을 발견하도록 이끌어 주기 때문에 학습자의 두려움, 특히 실패에 대한 두려움을 감소시킬 수 있다. 학습자가 성공 기대감을 가질 때, 유도 발견은 자신감을 심어주고 지속적인 학습 동기를 유발할 수 있다.

- **유도 발견의 집단적 실행과 개별적 실행**

  유도 발견형 스타일은 집단에서도 성공적으로 사용될 수 있지만, 1대1의 상황에서 최고의 결과를 낳는다.
    - 집단 내의 많은 학습자들이 유도 발견 과정으로부터 혜택을 얻을 수 있지만, 학습자의 발견 속도가 항상 일치하지 않는다는 문제가 존재한다. 한 학습자가 해답을 발견하고 그것을 큰 소리로 외칠 때, 그 해답을 듣는 다른 학습자들은 수용자가 되며, 결국 발견의 과정은 실패로 귀결된다.
    - 기껏 다양한 학습자들이 각각 다른 단계에서 해답을 발견하더라도, 발견의 경험은 집단에 귀속되고 만다.
    - 따라서 유도 발견 과정의 이점은, 개별 학습자가 계열성을 거치면서 단계별로 발견 과정에 참여할 때 최대로 실현될 수 있다.

수업 운영 절차는 성공적인 유도 발견을 이끄는 중요한 요인이다. 다음과 같은 경우를 제외하고는 1대 1 과정을 위한 상황을 만들어 내기가 어렵다.
- 교사가 한 명의 학습자와 시간을 보낼 때
- 학습자가 유도 발견 과제 해결을 위한 프로그램이 설정된 컴퓨터를 사용할 때
- 다른 스타일로 지도하는 과정 중 학생들과 사적이고 개별적 피드백 시간을 가질 때

  유도 발견은 새로운 주제를 소개할 때 매우 유용하다. 학습자들이 학습과정에 흥미를 갖고 참여하게 되며 세부적인 것에 대해 궁금증을 갖게 된다.

7) 유도 발견형 스타일의 발달 경로

유도 발견형 스타일과 관련된 모든 설계상의 변용은 다음 변수들을 조작함으로써 가능해진다.

- 학습자가 제시하는 학습 내용의 양에 대해 교사가 제공하는 학습 내용의 양(제공 단서의 수를 포함)의 비율
- 발견 질문에 대한 기억 질문의 비율
- 개별적 학습 결과에 대한 사회적 상호작용의 비율

설계상의 변용이 교사의 설명, 기억 질문, 그리고 사회적 상호작용을 많이 포함하면 할수록, 그 설계는 유도 발견형 스타일보다 연습형 스타일의 성격을 더 띠게 된다.

프로그램의 명칭이 의도하는 목표를 달성하기 위한 의사결정 구조를 정확하게 나타내지 못해 오해를 자아내는 경우가 적지 않다. 따라서 프로그램의 의도는 어떤 교수 행동과 목표가 초점인가를 결정하는 의사결정과 비교되어야 한다. 탐구 수업은 하나의 특별한 교수·학습 행동으로 불려 왔다. 그러나 이러한 교육학적 용어는 문헌과 수업에서 일치되지 않은 채 사용되고 있다. 의사결정과 내용설계에 기반을 둔 몇몇 탐구 수업들은 (유도된) 연습형 스타일을 나타내고, 다른 탐구 수업들은 연습형 스타일이나 확산 발견형 스타일의 성격을 띤 확산적 과정의 예들을 나타낸다. 일반적인 용어인 '탐구'가 어떤 특별한 인지 작용을 적시하지 않고 있기 때문에, 탐구라는 용어는 다양한 교수·학습 행동에 적용될 수 있었던 것이다.

유도 발견형 스타일에서 설계상의 변용은 이 스타일의 이론적 한계를 극복할 수 있다. 그러나 유도 발견형 스타일의 변용은 '미리 결정된 개념을 학습자가 발견하도록 유도한다'는 의사 결정의 전제와 부합해야만 한다.

7. 수렴발견형 스타일(스타일G) : T-L-LT

수렴발견형 스타일은 미리 결정되어 있는 정확한 해답(또는 반응)을 수렴적 과정을 통해 학습자가 스스로 발견하게 하는 방식이다. 교사의 역할은 탐색되어야 할 목표 개념을 포함한 교과내용을 결정하고 학습자에게 던져 줄 단일 질문을 계획하고 구성하는 것이다. 학습자의 역할은 추리력, 호기심, 논리적 사고 등 인지 작용을 사용하여 문제에 대해 스스로 질문을 만들고 논리적 계열성을 구성하여 궁극적으로 기대되는 해답을 발견하는 것이다.

1) 개념과 특징

수렴발견형 스타일(the convergent discovery style)의 특징은 미리 결정되어 있는 정확한 반응을 수렴적 과정을 통해 학습자가 스스로 발견하게 하는 것이다.

교사의 역할은 탐색되어야 할 목표 개념을 포함한 교과내용을 결정하고, 학습자에게 던져 줄 단일 질문을 계획하고 구성하는 것이다.

학습자의 역할은 추리력, 호기심, 논리적 사고 등 인지 작용을 사용하여 문제에 대해 논리적으로 연결된 정해진 해답을 발견하는 것이다.

수렴발견형 스타일에서는 학습자가 스스로 질문을 만들고 논리적 계열성을 구성하여 궁극적으로 기대되는 반응을 발견해야 한다.

학습자들이 문제 해결을 위해 각자 여러 가지 다른 접근 방법들을 사용할 수도 있지만, 논리와 이성적 사고라는 규칙을 사용함으로써 결국 동일한 반응을 발견해내게 된다. 또한 과제의 구조에 따라 다양한 인지 작용들을 활용하게 된다.

- 과제활동 전 결정군 : 교사에 의해 행해지며, 중요한 결정사항은 문제를 준비하는 것이다.
- 과제활동 중 결정군 : 모두 학생에게 이전되며, 학생은 문제를 확인하고 스스로 문제에 대해 질문하고 해결한다.
- 과제활동 후 결정군 : 학생은 합리적 추론의 과정을 재점검하고 해답을 확인한다. 교사는 몇 가지 질문을 통해 과제 후 활동에 참여한다.

교사는 수업 중에 개입하지 않고, 수업 후에 평가를 통해 참여한다.

교과내용 목표	• 한 개의 질문이나 문제에 대해 한 개의 올바른 해답을 탐색한다. • 논리적으로 연결될 경우, 최종 반응으로 수렴되는 내용의 연계성을 발견한다. • 교과내용에 대한 하나의 사고 유형을 발견한다.
행동목표	• 수렴적인 발견(한 가지의 올바른 반응의 생성)에 참여한다. • 논리적, 이성적, 연속적 문제 해결 기술을 활성화한다. • 인지적 작용을 동원하여 내용 간의 위계를 형성하고 구체적인 순서를 구성하여 문제를 해결한다. • 극적인 발견 경험에 수반되는 인지적·정서적 희열을 경험한다.

2) 수렴발견형 스타일의 구조

- **과제활동 전 결정군** : 교사의 역할은 모든 과제활동 전 결정을 내리는 것이며, 기대하는 인지적·신체적 발견을 이끌어 낼 수 있도록 문제를 설계하고 배열하는 데 초점을 두어야 한다.
- **과제활동 중 결정군** : 학습자들에게 문제를 제시한 후, 교사의 역할은 과연 학습자들이 발견 과정을 향해 제대로 가고 있는가를 관찰하는 것이다. 이때 교사는 학습자가 스스로 발견하도록 기다리는 자세가 필요하다. 왜냐하면 발견적 사고는 시간을 요구되기 때문이다. 수렴발견형 스타일에서 의사결정의 이전은 과제활동 중 결정군 안에서 일어난다. 학습자는 다음과 같은 결정들을 하게 된다.
    - 한 가지 질문에 대한 한 가지 정답 혹은 한 가지 문제에 대한 한 가지 해답을 찾기 위해 밟아가야 할 단계들.
    - 일련의 질문들과 질문들의 순서(이는 수렴발견을 유도발견과 구별되게 하는 단계로서, 유도발견에서는 학습자가 아닌 교사가 각 단계들을 결정한다).
    - 발견하고자 하는 반응으로 수렴하기 위한 인지 작용의 선택. 학습자는 해답을 탐색하고 구성하는 데 있어서 자율적으로 여러 가지 다양한 인지능력을 발휘할 수 있어야 한다.

	지시형(A)	연습형(B)	상호학습형(C)	자기점검형(D)	포괄형(E)	유도발견형(F)	수렴발견형(G)
과제활동 전	(T)	(T)	(T)	(T)	(T)	(T)	(T)
과제활동 중	(T)	(T)⟶(L)	(Ld)	(L)	(L)⟶(L)	(T_L)⟶(L)	(L)
과제활동 후	(T)	(T)⟶(L_o)⟶(L)	(L)⟶(L)	(T_L)⟶(L_T)			

| 그림 3.17 | 수렴발견형 스타일의 의사결정 이전

학습자의 역할	• 문제 혹은 이슈를 검토한다. • 인지 작용들을 사용하여 해결 절차를 전개하며, 그를 통해 질문에 대한 해답 또는 목표 반응에 도달하게 된다. • 문제해결 과정과 해답을 적절한 내용기준과 비교하여 확증한다.
교사의 역할	• 문제 혹은 이슈를 제시한다. • 학습자의 인지 과정(해답을 찾아가는 과정)을 따라간다. • 해답을 가르쳐 주지 않은 채, 피드백이나 단서를 제공한다.

- **과제활동 후 결정군**

학습자는 추리과정과 시행착오를 재검토하고 자신이 발견한 해답으로 문제가 해결됐는지를 돌아봄으로써 해답 또는 반응을 확증한다. 교사는 과제에 대한 기준 용지를 준비하여 학습자가 자신의 해결책을 검증하는데 사용할 수 있도록 한다.

교사는, 학습자들이 탐구하고 시행착오를 겪어보고 해답을 충분히 검토해 본 후 그 해답을 확인하기 위한 질문을 함으로써 과제활동 후 활동에 참여하게 된다.

3) 수렴발견형 스타일의 실제

수렴발견형 스타일에서는 유도발견형 스타일의 특징과 달리 행동 기대(behavior expectations)가 진술된다.

수렴발견형 스타일에서는 교과 내용이 학습자에 의해 만들어지기 때문에, 교사의 과제 제시 시간이 비교적 짧다. 학습 상황을 설정하는 것은 교사이지만, 과제에 대한 해답을 만들어가는 것은 학습자이다.

자극(stimulus)이 갖는 매력적인 특성을 감안해서, 학습 내용을 소개하기 전에 행동 기대를 먼저 제시하는 것이 좋다. 자극이 더 적절하고 도전적일수록 학습자는 더 빨리 자극을 받게 되고 알고자 하는 욕구(인지적 불일치의 상태)가 강해진다.

행동 기대를 소개하는 이유는 학습자로 하여금 자신의 인지 능력에 초점을 맞추게 하기 위해서이다. 학습자가 정확한 해답을 발견하게 되면, 하나의 단계에서 성취감을 느끼게 된다. 그러나 학습자가 스스로 복잡한 사고과정을 다룰 수 있다는 사실을 깨닫게 될 때, 자부심과 자신감은 더 커진다.

수렴발견형 스타일에서 교수·학습 행동 목표는 학습자들이 다음과 같은 사항들을 수행할 수 있다는 것을 깨닫도록 하는 데 있다.
- 질문 만들기
- 정보를 탐색하여 계열화하기
- 내용의 결합과 연결
- 자료 수렴하기
- 올바른 반응의 발견

4) 수렴발견형 스타일의 교과내용 선정과 설계

- **과제 선정을 위한 일반적 가이드라인**

    체육은 수렴발견을 가능케 하는 수많은 과학적 개념들(생체역학, 해부학, 생리학, 물리법칙 등)을 갖고 있다. 수렴발견 과제를 선정하도록 하는 일반적 가이드라인으로서 다음과 같은 기준을 사용할 수 있다.
    - 질문 혹은 해결해야 할 상황이 오직 한 가지 정확한 반응만을 요구하는가?
    - 과제가 수렴적 사고를 유도하는가?
    - 발견 과정을 학습자가 확인해 볼 수 있는가?
    - 과제는 움직임의 역학적 분석을 나타내는가?
    - 과제는 움직임의 특정한 계열성을 발견하도록 유도하는가?
    - 과제는 학습자가 과제수행 중에 자신의 한계를 발견하도록 요구하는가?

- **수렴발견형 스타일에서 교과내용(또는 과제)의 예**

    과제 1: 자세와 움직임 속도가 심박수에 미치는 영향.

- 2분간 누워있기, 1분간 앉아있기, 2분간 차려자세로 서있기, 체육관을 1바퀴 천천히 걷기, 체육관을 1바퀴 빠르게 걷기, 체육관을 조깅으로 1바퀴 달리기, 체육관을 중간 속도로 1바퀴 달리기, 체육관을 전력으로 1바퀴 달리기, 1분간 줄넘기하기, 거수도약·앉았다 일어나기·팔굽혀펴기를 20초씩 연속적으로 실시하기 등과 같은 운동을 하고 난 후 심박수를 측정한다.

과제 2: 균형 자세에 관련된 법칙
- 교사는 학급 학생들에게 다음과 같이 요청하면서 수업 에피소드를 시작한다.
  "바닥에 근접시키는 자세를 취해 봅시다."
  "첫째, 바닥에 닿는 신체 부위가 여섯 군데가 되도록."
  "둘째, 바닥에 닿는 신체 부위가 네 군데가 되도록."
  "셋째, 바닥에 닿는 신체 부위가 두 군데가 되도록."
- "각 자세에서 수 초간 균형을 잡고, 균형 능력에 어떤 변화가 생기는지 알아봅시다."
  "신체 두 부위로 바닥을 딛고 가능한 한 높은 수직 자세를 취해 봅시다."
  "다음에는 신체 한 부위로 바닥을 딛고 비수직 자세를 취해 봅시다."
- 교사는 학생들에게 "방금 수행한 각 자세의 균형에 대한 정보를 이용하여, 균형 자세에 영향을 미치는 법칙을 말해 보시오."라고 요구한다.
- 자세 균형과 관련된 법칙은 3가지 상호작용하는 원리로 구성된다. 문제를 해결하기 위해 학습자는 시행착오(위와 같은 자세 균형잡기를 실제로 시도해 보는 것)를 거쳐봐야 한다.
- 이들 경험은 학습자에게 해답을 발견하는데 필요한 정보들을 제공해 준다. 발견 과정은 다음과 같은 몇 가지 인지 작용들을 포함한다: ㉠ 위와 같은 균형 자세들을 취해 봄으로써 얻게 되는 정보들을 비교하기, ㉡ 비교된 정보들을 범주화하기, ㉢ 각 범주에 대해 결론내리기, ㉣ 탐색에 관련된 3가지 원리들 간의 관련성(즉, '법칙') 확인하기.
- 위의 문제는 오직 한 가지의 해답(즉, 균형을 좌우하는 한 가지 법칙)을 가지고 있기 때문에, 학습자가 움직이는 길은 수렴발견의 과정을 예시해 준다.

5) 수렴발견형 스타일의 함축적 의미

교사는 발견역치 너머로 학생과 함께 새로운 발걸음을 딛게 된다.
교사가 교과내용을 전달하는 차원에서 벗어나 학습자 스스로 교과내용을 구성하게 된다.
교사는 학습자가 수렴적 사고를 통해 스스로 해답을 발견할 수 있다는 믿음을 갖는다.
교사는 모든 학습자가 계열성 있는 인지 작용으로 운동수행 능력을 발달시킬 것이라고 믿는다.
각 학습자는 발견 과정에 참여할 수 있고, 수렴적 사고의 기술을 발달시킬 수 있다.
교사는 수렴발견 과정을 통해 학습자들이 문제 해결방식을 배울 수 있다고 믿는다.

6) 수렴발견형 스타일의 고려사항

- **표준화된 시험**

    대부분의 표준화된 시험은 점수 획득 방식이 한가지의 정답만을 요구하기 때문에, 연습형 스타일과 수렴발견형 질문들로 구성된다.

    연습형 스타일의 질문은 학습자가 무엇을 기억하고 있는가를 측정하는 반면, 수렴발견형 스타일의 질문은 학습자가 알고 있는 정보를 얼마나 잘 계열화해서 적용할 수 있는가를 측정한다. 이 두 가지는 매우 다양한 인지 작용들을 다룬다.

- **모사중심 스타일의 의사결정**

    발견형 스타일에서는 모사 스타일군(A~E)에서 강조하는 의사결정들을 언급하지 않는다. 발견형 스타일을 소개할 때 수업장소, 막간(interval) 등의 의사결정을 논하는 것은 적절하지 않기 때문이다.

    각 스타일들의 초점은 이전 스타일의 행동이 아니라 새로운 의사결정과 목표이다. 이런 점에서 스펙트럼은 계열적이면서 누적적이다.

    대부분의 수렴발견형 에피소드는 짧다. 이러한 에피소드에는 최소한의 시간이 할당된다. 짧은 수렴발견형 에피소드가 끝난 후에는 발견된 에피소드 목표를 강화하기 위해 추가적인 과제가 뒤따라야만 한다.

7) 수렴발견형 스타일의 발달 경로

수렴발견형 스타일에서의 모든 설계 변용은 다음의 두 가지 변수에 초점을 맞춘다.
- 단서의 수
- 협동의 기회 : 다른 사람과 함께 혹은 그룹 내에서 문제 해결하는 기회

표준적인 수렴발견형 스타일에서는 단서가 제공되지 않지만 설계 변용에서는 단서가 주어진다. 단서는 적절히 사용된다면 논리적 사고를 강화하고 내용의 이해에 도움이 된다. 그러나 내용간의 연결과 다음 질문을 만드는 과정은 결국 학습자가 해야 할 과제로 남는다.

단서를 지나치게 많이 사용하면 학습자가 발견해야할 내용이 노출되고 마는 역효과를 얻게 되어 연습형 스타일의 성격을 띠게 된다.

협동형으로 설계 변화를 시키는 목적은 학생들이 각자의 사고 과정을 공유하고 피드백을 주고받을 수 있는 기회를 제공하기 위해서이다. 그러나 이것의 단점은 학습자들이 제공하는 피드백을 항상 신뢰하기 힘들다는 점이다.

8) 교수스타일의 결합

수렴형/ 포괄형 스타일 (G/E 에피소드)	• 최우선 목표는 수렴적 발견이다. 과제는 다양한 난이도로 설계되고, 학습자는 과제 수행의 시작점을 결정하며, 자신의 수행을 직접 평가하게 된다. • 수렴형 질문들/상황들은 경사지게 줄잡기의 원리로 설계되며, 이러한 디자인상의 가변성은 학습자로 하여금 수렴발견의 최우선 목표에 도달하도록 이끌어준다.
수렴형/ 지시형 스타일 (G/A 에피소드)	• 최우선 목표는 적시의 수렴적 발견이다. 시간제한이라는 변수는 논리를 동원하고, 추리하며, 인지작용들을 결합할 때 정확한 수행을 요구하기 때문에 수렴적 발견을 완벽하게 만들어 준다. • 많은 경쟁적 상황들은 이러한 수렴형/지시형 스타일의 결합 형태이다.
수렴형/포괄/ 지시형 스타일 (G/E/A 에피소드)	• 최우선 목표는 수렴적 발견이다. 그러나 교과내용은 난이도 변화에 맞추어 다양한 수준으로 배열되고, 학습은 적시의 운동수행이 요구된다. • 이 결합에서 설계를 변화시킬 수 있는 가능성은 무한하다. 설계 변용은 즐겁기도 하고 도전적이기도 하다. 또한, 다차원적인 속성과 발달 경로를 강조할 수도 있다.

8. 확산발견형 스타일(스타일H) : T-L-LT

확산발견형 스타일은 구체적인 인지 작용을 통해 어떤 문제에 대한 확산적인(또는 다양한) 해답(또는 반응)을 발견하는 것이다. 교사의 역할은 학습자에게 전달해야 할 특정 주제와 질문을 결정하는 것이고, 학습자의 역할은 특정 문제에 대한 다양한 설계/해답/반응을 발견하는 것이다. 이 스타일은 알고 있는 것 이상을 창조하는 능력과 다양하게 뻗어나가는 확산적인 사고능력을 개발하는데 목적을 두며, 학습자가 처음으로 교과내용의 범위 내에서 대안을 발견하고 생산할 수 있게 된다는 특징을 가진다.

1) 개념과 특징

확산발견형(생산형) 스타일(the divergent production style)의 특징은 구체적인 인지 작용을 통해 어떤 문제에 대한 확산적인(다양한) 반응을 발견하는 것이다.

교사의 역할은 학습자에게 전달해야 할 교과에 대한 특정 주제와 질문을 결정하는 일이다.
학습자의 역할은 특정 문제에 대한 다양한 설계/해답/반응을 발견하는 것이다.
학습자가 처음으로 교과내용의 범위 내에서 대안을 발견하고 생산할 수 있게 된다. 이전까지의 스타일들에서는 교사가 교과내용의 범위 내에서 구체적인 과제들에 대한 의사결정을 하고, 학생들은 그것을 따르거나 주어진 문제에 대한 해답을 발견하는 것만 허용되었다.

확산발견형 스타일에서는 부분적 한계 내에서 학습자들이 선정된 교과내용과 관련하여 구체적인 생산이나 변용을 위한 의사결정을 할 수 있다. 이 스타일은 알고 있는 것 이상을 창조하는 능력과 다양하게 뻗어나가는 확산적인 사고능력을 개발하는 데 목적을 둔다.

체육, 스포츠, 댄스 분야는 발견하고, 설계하고, 새로운 것을 창조해 낼 수 있는 기회가 매우 풍부하다. 여러 가지 가능한 움직임, 갖가지 움직임들의 다양한 조합, 공을 패스하는 여러 가지 방법, 다양한 전략, 댄스 안무, 부가적인 도구의 사용 등 인간 운동의 변화와 다양성은 무한하다. 즉 확산발견형 스타일로 할 수 있는 수업 장면들이 수없이 많다.

확산발견형 스타일은 발견적 인지 작용의 많은 측면들을 활성화시킬 수 있다. 그러나 체육수업의 많은 확산적 발견 요소들 중에서 지배적인 인지 작용은 "설계하기"이다.

신체 움직임은 본질적으로 상규적 활동, 전략, 기구를 사용하는 움직임 등의 설계를 가능 하게 해준다. 모든 신체 활동에서 움직임 설계는 가능할 뿐만 아니라 바람직하다. 왜냐 하면 움직임 설계는 가능한 것의 경계와 한계를 확장하기 때문이다.

확산발견 없는 학습자들의 경험은 다양한 활동/스포츠 속에서 이미 알고 있는 움직임, 기본 기술, 그리고 기초적인 전략을 모방하는데 그치도록 한다.

발견에 인지적 초점을 두는 자극(S)은 학습자를 인지적 불일치(D, 알고자 하는 욕구)의 상태로 이끈다. 이러한 욕구는 학습자가 문제를 해결할 수 있도록 다양한 해법을 사색(D) 하도록 만든다. 이러한 사색(탐색)은 발견을 이끌어내고 마침내 다양한 반응들(R)을 생성한다.

- **과제활동 전 결정군** : 교사는 공통교과내용(예, 기계체조, 골프 등), 수업 주제(예, 공중돌기, 퍼트 등), 다양한 확산적 해결책을 생산하게 만드는 문제(질문)을 제시한다.
- **과제활동 중 결정군** : 학생은 해답을 찾기 위한 구체적 학습 과정을 결정한다. 즉 학생은 다양한 움직임 설계/해결/아이디어의 발견을 위한 의사결정을 하게 된다.
- **과제활동 후 결정군** : 학생과 교사는 학생이 발견한 해답을 함께 평가한다.

교과내용 목표	• 하나의 질문 혹은 문제에 대해 다양한 반응을 생성하고 발견한다. • 구체적인 인지 작용을 통해 확산적 생산의 경험을 체험한다. • 교과내용 영역에 존재하는 대안적인 가능성을 발견함으로써 내용영역을 확장시킨다. • 고정된 사고의 틀 속에서 벗어나 열린 마음으로 문제와 이슈에 대해 사고하고 관망한다. • 해결책을 찾아내고, 특정 목적을 위해 그것들을 조직하는 능력을 개발한다.
행동목표	• 질문을 만족시키는 다양한 반응들의 생성, 즉 확산적 발견에 참여한다. • 인지적 문제 해결을 통해 확산적 사고를 활성화한다. • 대안적인 사고를 정서적, 인지적, 사회적으로 충분히 수용한다. • 한 가지 문제나 이슈에 대해 다양한 방식으로 접근이 가능하다는 사실을 수용한다. • 다른 사람의 아이디어를 수용한다. • 아이디어를 생산함으로써 인지적, 정서적 충만감을 느낀다. • 필요할 경우, 감환 과정(P-F-D 과정)에 참여한다.

2) 확산발견형 스타일의 구조

교사는 이전 스타일들과 마찬가지로 과제활동 전 결정군에서 모든 의사결정들을 하게 된다. 이때 교사의 질문들은 학습자에 의해 발견되는 반응들과 논리적 고려사항들을 촉발시키기 때문에 매우 중요하다.

과제활동 중 결정군에서 질문들이 진술되고 그 질문이 교과내용에 적절할 때, 감환 과정을 위한 준거가 제시된다. 이어 학습자는 다양한 움직임 설계/해결/아이디어의 발견에 대한 결정을 내리게 된다.

과제활동 후 결정군에서 학습자는 다양한 반응들에 대해 중립적 피드백을 제공받거나 확산적 과정 참여에 대해 가치관련 피드백을 제공받게 된다. 또한, 과제활동 후 결정군에서 학습자는 선택한 과제와 준거에 적절한 평가 의사결정을 하게 된다.

	지시형(A)	연습형(B)	상호학습형(C)	자기점검형(D)	포괄형(E)	유도발견형(F)	수렴발견형(G)	확산발견형(G)
과제활동 전	(T)	(T)	(T)	(T)	(T)	(T)	(T)	(T)
과제활동 중	(T)⟶(L)		(L_d)	(L)⟶(L)		(T_L)⟶(L)	⟶(L)	
과제활동 후	(T)	(T)⟶(L_o)⟶(L)		(L)⟶(L)		(T_L)⟶(L_T)	(L_T)	

| 그림 3.18 | 확산발견형 스타일의 의사결정 이전

학습자의 역할	• 연습형 스타일의 9가지 사항들을 의사결정한다. • 확산적인 반응들을 생성해낸다. • 반응들의 타당성을 확인한다. • 특정 과제에서 생성한 반응들을 평가하고 확증한다.
교사의 역할	• 질문할 문제에 대해 의사결정한다. • 학습자의 반응들과 아이디어를 수용한다. • 특정 과제에서 학생들이 생성한 반응에 대한 검증의 원천으로 기여한다.

3) 확산발견형 스타일의 실제

확산발견형 스타일에서는 확산적 발견의 의미, 어느 한 가지 반응만이 정확한 해답이 되는 않는다는 사실, 그리고 교사와 학습자의 새로운 역할(즉, 교사와 학습자 모두 부과된 질문으로부터 도출된 다양한 반응들을 수용해야만 함)을 이해하는 것이 중요하다.

• 에피소드의 이해

　　교사는 학습자들이 해야 할 새로운 역할을 소개하고 문제에 대한 그들의 생각이나 해결 방법이 상황 내에서 받아들여질 수 있음을 확신시켜 준다.

　　교사의 질문은 학습자들의 인지적 발달 영역을 자극할 수 있는 구체적인 학습 내용에 초점을 맞춰 설계된다. 질문은 구술이나 기록 형식 혹은 다른 조직적인 형식을 사용하여 제시될 수 있다.

　　그런 다음, 수업 운영적 차원에서 필요한 주의사항들이 전달된다. 교사의 수업 운영에 관한 주의사항이 전달되고 나면 학습자들은 체육관 안에 흩어져서 문제에 대한 다양한 해결방법을 모색하기 시작한다. 이 때 학습자들이 움직임에 대해 탐구, 즉 연구하며 자신들의 대안적 설계를 평가해 볼 수 있도록 충분한 시간이 주어져야 한다.

학습자들의 반응이 나오기 시작하면, 교사는 학급을 순회하면서 중립적인 피드백을 제공하게 된다.

- 교사는 비위협적인 분위기를 조성하여 더 많은 반응을 수용하고 환기시켜야 한다. 즉, 학습자들 간의 의사소통을 통해서 보다 많은 확산적 발견이 일어나도록 분위기를 조성해 주어야 한다.
- 교사는 학습자들의 개별적인 반응에 교정적/가치관련적 피드백을 제공하는 것을 피함으로써 생각의 흐름이 끊기지 않고 유지되도록 한다.
- 교정적 피드백이 주어질 수 있는 유일한 시간은 원래의 질문과 관련되지 않을 때이다. 교정적인 언어 피드백은 인지 과정을 강화시켜준다.
- 확산발견형 스타일은 '주먹구구식' 스타일이 아니다. 본질을 벗어날 경우 바로잡아 주어야 한다. 반응은 문제의 범주에 적합한 것이어야 한다. 피드백은 창조 과정 자체를 향한 지향점을 가져야 한다.

어떤 과제는 다양한 반응들의 처리(P-D-F 과정)를 요구하기도 한다. 순서 없이 생산된 반응들은 내용을 명료화하는 기준을 사용하여 다시 체계적으로 조직된다. 반응들에 대한 처리는 확증, 중립적 인정, 혹은 (특정한 기준을 사용하여) 초기 반응들의 수를 감소시켜 나가는 선택 과정을 포함한다.

에피소드의 마지막에 교사는 정리를 위해 집단을 소집한다. 교사는 정리 시간에 학습자들에게 확산발견 과정 참여에 대한 피드백을 제공한다.

- **확산발견형 스타일의 실행**

    과제활동 전 결정군 : 교사는 과제활동 전에 과제 설계에 특별히 주의를 집중해야 한다. 교사는 특정 요소, 계열성, 활동 구조를 선택하기 위해 충분한 안목을 가지고 있어야 하며, 확산적 창조성이 풍부한 과제를 잘 선택해야 한다. 과제의 결정은 다음의 내용을 포함한다.
    - 공통 교과 내용에 관한 결정
    - 수업주제에 관한 결정
    - 다양한 확산적 해결책을 이끌어낼 구체적인 문제/상황/질문들의 설계에 관한 결정

- **과제활동 중 결정군**
    - 확산발견형 스타일의 교과내용적 요구와 함축적 의미 때문에, 이 스타일이 실행되는 방식은 매우 다양하다.
    - 이 스타일을 사용하는 몇 가지의 과제들은 단일 에피소드를 채택할 때 효과를 거둘 수 있는 반면, 다른 과제들은 탐구되어야 할 과제와 주제들에 장시간이 요구되는 일련의 여러 가지 에피소드들이 사용된다.

- **과제활동 후 결정군**
    - 학습자들은 선택된 과제와 기준에 근거하여 생산한 반응들에 대한 평가 의사결정을 한다.

- 교사는 학습자들의 반응들을 수용하고, 중립적 피드백을 사용하며, 확산발견적 과정에 대해 가치적 피드백을 제공한다. 교사는 정리 시에 학생들이 교과내용에 대해 성취한 확산발견적 반응들을 치하한다.

4) 확산발견형 스타일의 함축적 의미

교사는 발견 역치를 넘어 창조의 단계로 학습자들을 이끈다.
교사는 과제 내에서 학습자가 창조해내는 새로운 설계의 가능성을 수용한다.
교사는 학습자의 새로운 반응과 아이디어를 미리 판단하지 말고 수용한다.
교사는 인지 작용이 하나의 기술로서 연습에 의해 발전할 수 있다는 생각을 수용한다.
교사는 발견적 인지 작용들을 활성화함으로써 학습자의 운동 수행이 개선될 수 있다고 믿는다.
교사는 학습자의 발견 과정을 위해 충분한 시간을 제공한다.
학습자는 인지적 창조와 신체적 수행 사이의 관련성을 배울 수 있다.
학습자는 교과내용의 지평을 확장할 수 있는 새로운 아이디어를 창조해 낼 수 있다.
학습자는 확산적 반응들을 생산하는 위험을 기꺼이 감수한다.
학습자는 문제와 이슈는 한 가지 이상의 해답과 관점을 가질 수 있다는 것을 이해한다.
학습자는 스스로 아이디어를 창조하는 동안 교사가 자신을 당혹하게 만들지 않을 것이라고 믿는다.
학습자는 다른 학생들이 제안한 해답과 아이디어를 너그럽게 수용하는 것을 배운다.

5) 확산발견형 스타일의 교과내용 선정과 설계

확산발견형 스타일에서 에피소드를 설계할 때 꼭 고려되어야 할 점은, 과제의 경험이 확산발견과 관련이 있는지, 확산발견에 부합되는 가치를 가지고 있는지, 그리고 확산발견에 적합한지를 살펴보는 것이다.
- 일부 스포츠는 움직임 설계가 고정되어 있다. 설계가 고정되어 있는 움직임이나 기술은 경험과 운동역학적 원리에 의해 결정되기 때문에 확산발견을 위한 운동을 시도하기에 적합하지 않다. 예를 들어, 조정 경기에서 노 젓는 움직임 등에서 대안을 끌어내기 위해 문제를 설계하는 것은 창조적이지도 않고 스포츠의 수행에 유용하지도 않다.
- 반면에, 스포츠 분야에서 변용과 대안을 허용하는 활동들도 많다. 예를 들어, 다양한 움직임의 결합, 유형, 운동, 루틴, 댄스, 전술, 전략 등의 설계는 다양성을 핵심으로 하기 때문에 확산발견형 스타일에 가장 유용하고, 바람직하며, 적합하다.

체육에서는 모든 발견적 인지 작용들이 사용될 수 있지만, 체육에서 확산발견형 스타일을 사용할 때 가장 널리 이용되는 발견적 인지작용은 '설계하기'이다.
- '설계하기'는 움직임이나 스포츠 수행에 있어 많은 도움이 된다. '설계하기'에 있어서 수업 에피소드들은 단순할 수도 있고 복잡할 수도 있다. 이것들은 한가지의 문제/상황으로 사용되거나, 연속적인 문제/상황으로 사용되거나, 몇 개의 에피소드가 엮인 프로그램의 설계로 사용될 수도 있다.

- '설계하기'의 초점은 학습자들로 하여금 다른 대안적인 반응을 산출하도록 하는 것이다. (예를 들어, 구르기를 할 때 방향, 자세, 리듬, 움직임의 연결 등에 초점을 두고 다양하게 변화를 주어 구를 수 있다.)

확산발견형 스타일의 수업 초기에는 대부분의 학습자들이 기억하고 있는 반응을 하게 된다. 하지만 기억하고 있는 것이 모두 소멸되고 나면 일시적으로 반응을 멈추게 되고(인지적 불일치 상태), 그런 다음 발견 역치를 지나 익숙하지 않은 반응들을 산출하게 된다.

어떤 학습자들은 반응 정지 지점에 도달하여 확산발견을 그만두게 된다. 그들은 새로운 생각이나 아이디어를 발견해 내는 일에 어려움을 겪는다. 이러한 학습자들은 충분한 시간과 격려, 그리고 발견적 행동에서의 다양한 경험이 필요하다.

확산발견에서의 첫 번째 반응 체계가 기억을 상기하는 일이기 때문에, 일시적 반응 정지 지점에 빨리 도달하기 위해 다음의 기법을 사용하는 것이 효과적이다.

- 전체 학습자들을 대상으로 기억하고 있는 것들을 모두 상기하도록 한다. 이러한 행동은 확산의 의미와 반응의 수용을 강화하고, 전체 그룹을 일시적 반응 정지 지점으로 인도한다.
- 전체 학습자들이 더 이상 기억한 것들을 상기하지 못하고 주저하게 되면, 교사는 그룹 활동을 중단시키고 새롭고 익숙하지 않은 반응들의 산출을 새로운 목표로 재설정한다.
- 학습자들을 개별적 혹은 작은 그룹으로 나누어 해답을 모색해 보도록 지시한다. 학습자들이 일시적 반응 정지 지점에 더 빨리 도달하면 할수록 확산발견은 더 빨리 시작된다.

확산발견형 스타일에서는 원래의 한 가지 문제/상황에 다른 변수들을 계속 추가하면서 학습자들의 교과 참여를 확장시켜 나간다. 학습자들이 일단 성공하게 되면, 교사는 이전의 것과 관련되면서도 다른 변수들에 초점을 둔 다양한 과제를 계속해서 제시한다. 이러한 과정의 결과로서 학습자들은 특정 과제에 대한 다양한 움직임을 발견하고 수행할 수 있게 된다. 또한 주어진 과제의 다양한 변수 가운데 존재하는 상호 연관성을 파악할 수 있게 된다.

질문 형식과 질문 내용의 초점은 학습자들이 확산발견형 스타일의 목표를 성취하고자 할 때 매우 중요하다. 또한 학습자들이 발견 역치를 뛰어넘기 위해서는 적절한 시간이 필요하다.

- 지시형 스타일부터 포괄형 스타일까지는 이미 알려진 내용에 대한 즉각적인 반응을 요구한다.
- 유도발견형과 수렴발견형 스타일은 미리 결정되어 있는 정확한 반응을 유도해내는데 약간의 생각할 시간을 필요로 한다.
- 확산발견형 스타일에서는 정답이 마련되어 있지 않은 해결책을 발견하는데 학습자 개개인의 능력에 따라 시간이 다르게 소요된다. 학습자들은 서로 다른 속도와 리듬으로 정의적, 인지적, 신체적 영역에서 과제를 수행해 나간다. 학습자들의 확산적 발견의 양과 질은 학습에 참여한 시간과 연습의 정도에 의해 좌우된다.

6) 감환(P-F-D) 과정 : 해답(반응)의 처리

확산발견형 스타일에서 교수·학습 행동의 핵심은 다양한 해답들의 발견을 경험하는 것이다. 그러나 때로는 과제를 완성하고 특별한 의미에 도달하기 위해 특정 반응들을 선택하고 다른 해답들을 과감하게 버리는 과정에서 최선의 해답을 찾아내는 일이 필요하다.

- **감환(reduction) 과정**

　맨 처음 시작되는 질문은 특별한 제한 없는 다양한 반응들을 찾는 것이다. 그러한 반응들은 가능한 수준('브레인스토밍'으로 알려진 절차)을 나타낸다. 그런 다음, 학습자들은 해당 과제 내에서 어떤 설계가 가능한지를 인지적으로 탐구하게 된다. 학습자의 역할은 알고 있는 것이나 보아왔던 것 이상의 발견, 즉 새로운 영역을 발견하는 것이다.

　일단 '가능한'(possible) 아이디어가 생산되면 감환(혹은 여과)의 과정이 시작된다.

　다음 단계에서, 가능한 아이디어들은 특별한 준거를 바탕으로 검토된다. 준거에 의한 감환 과정은 교사가 학생들에게 아이디어를 선택하거나 버리는 기준을 설정하는 중요한 학습 경험을 제공한다.

　선택 과정은 검토 과정, 즉 기준에 의거한 감환 과정의 결과이다. 이 두 번째 수준은 가능한 반응들을 실행가능한 수준으로 감소시킨다. '가능한'으로부터 '실행가능한'(feasible) 단계로의 진전은 '감환' 혹은 '여과'로 명명된다.

　기준에 따른 감환 과정은 '가능한' 설계들로부터 '실행가능한' 설계로의 합리적인 선택을 유도한다.

　마지막 단계는, 또 다른 기준을 적용하여 '실행가능한' 설계로부터 '바람직한'(desirable) 설계를 선택하는 과정이다. 각각의 실행가능한 설계들 가운데 어떤 것이 가장 바람직한 것인지를 특별한 기준에 맞춰 검토하게 된다.

　요약하면, 감환 과정에는 두 가지 요인이 포함된다. 첫째, 다양한 '가능한' 설계들이 제시되고 검토된다. 둘째, '실행가능한'과 '바람직한'이라는 두 가지 기준을 바탕으로 최선의 설계가 선택된다. P-F-D 감환 과정은 최선의 해결책을 선정하는 합리적인 과정이 될 수 있다. 왜냐하면 동의된 기준이 사용되기 때문에 아이디어들을 선택할 때 정서적·경쟁적 반작용의 가능성을 줄일 수 있기 때문이다.

- **수업에서 감환 과정의 사용**

　학습자들이 가능한 해답들을 발견해 내기 전에 감환의 기준이 미리 제공되어서는 안 된다.

　어떤 기준이나 조건 없이 확산발견적 과정으로 이끌어 갈 질문을 구성하고 개발하는 것이 이 스타일에서 가장 중요한 일이다. 학습자들이 '가능한' 아이디어들을 창출해 낸 후에 교사는 '실행가능한' 아이디어를 선정하기 위한 기준을 제공해야 한다.

- **확산발견형 스타일과 모사(재생산) 스타일**

　확산발견형 스타일은 영감(inspiration), 생산, 창조의 경험을 구현한다. 이것은 발견한 아이디어를 세련화하고, 적용하며, 완벽화하는데 필요한 연습 시간을 허용하지 않는다. 발견한 아이디어를 적용하거나 모방하는 행위는 교수학습 에피소드의 초점을 스펙트럼의 모사(재생산) 측면으로 이동시킨다.

　확산발견형 스타일에서 무용, 체조, 아이스 스케이팅에서 새로운 동작 루틴을 개발한 사람들은 재생산 스타일(B, C, D, E)을 이용하여 정확하고 세련된 동작을 위해 오랫동안 연습할 수 있다.

이처럼, 발견형 스타일과 모사(재생산)형 스타일 간에는 적대적인 관계라기보다도 우호적인 관계가 존재한다. 두 스타일 모두 교육·학습의 과정에 필요하다.

7) 확산발견형 스타일의 고려사항

- **운동 기능이 뛰어난 학습자**

    운동 기능이 뛰어난 학습자, 특히 어떤 스포츠에서 높은 수준에 도달한 학습자들은 일반적으로 모사(재생산) 스타일, 특히 지시형과 연습형 스타일에 잘 적응한다.

    이러한 학습자들은 이미 잘 알려진 활동이나 스포츠 분야에서 두각을 나타내기 때문에, 확산발견을 경험할 때 규칙의 경계 밖으로 나가는 것을 꺼려한다. 따라서 기능이 뛰어난 학습자를 위한 확산발견의 초기 경험은 학습자의 운동수행 능력을 신장시킬 수 있어야 한다. 따라서 출발점은 운동수행의 목표와 관련되는 경험을 제공해야 한다.

- **정의적 영역**

    각 스타일은 학습자들에게 다양한 영역에서의 발달을 도모한다. 확산발견형 스타일은 특히 정의적 영역에서 고유한 조건을 생성해 낸다.

    모든 학습자는 발견의 과정에서 경험하는 기쁨과 스트레스를 처리하는 방법을 배워야 한다. 즐거움은 새로운 아이디어, 즉 자신만의 고유한 아이디어를 창조해 내는 과정에서 얻어진다. 학습자의 주도성은 확산발견형 스타일의 성공을 위해 가장 필요한 태도이다. 이전 스타일들보다 훨씬 더 큰 학습자의 주도성 발휘가 요구된다.

    학습자는 새로운 것을 발견하라는 요구와 직면했을 때 스트레스를 겪는다. 교사는 학습자들의 스트레스에 대해 정서적 개인차를 고려하여 적절히 대처해야 한다.

- **인지적 창조 능력과 신체적 수행 능력**

    신체적 제한점
    - 학습자는 때때로 문제에 대한 대안적 해결책을 마련하지만 그것을 실제적으로 수행할 신체적 능력이 따르지 못할 때가 있다.
    - 그러한 문제를 해결하는 방법은 학습자에게 두 가지의 해결책을 구별하여 제시하는 것이다. 한 가지는 학습자의 모든 인지적 상상력을 포함하는 해결책이고, 다른 하나는 학습자가 실제로 수행할 수 있는 해결책을 제시하는 것이다.

    문화적 제한점 : 규칙이란 '할 수 있는 것'과 '하지 못하는 것'을 규정한다. 즉, 특정 활동에서 수행의 제한점을 의미한다. 확산발견형 스타일에서 활동의 목적은 규칙 내에서 다른 사람들과 경쟁하도록 하는 것이 아니라 지식의 한계에 도전하도록 하는 것이다. 발견의 목적은 모르는 것 이상으로 발전하는 것, 즉 기존의 경계선을 넘어 나아가는 것이다. 이러한 탐구와 확장의 느낌은 체육에서 모든 학습자가 경험할 수 있다.

- **집단**

    확산발견형 스타일은 집단 상호작용의 독특한 기회를 제공한다. 집단이 공통문제를 해결하기 위해 단결하면, 놀라울 정도로 힘이 응집되어 해결책을 찾아내게 된다.

    확산발견형 스타일에서 집단적 참여는 사회적, 정서적, 인지적 영역의 균형적인 상호작용을 요구한다.

    상호작용의 과정은 다음과 같은 요소들 간의 균형을 포함한다.
    - 모든 학습자들이 해답(해결책)을 제안해 볼 기회
    - 모든 학습자들이 해결을 시도해 볼 기회
    - 해결책에 대한 협의와 수정
    - 타당한 해결책에 대한 집단적 강화
    - 타당하지 못한 해결책에 대한 집단적 관용
    - 수용적 분위기

8) 확산발견형 스타일의 발달경로

- **설계 변형과 교수스타일의 결합**

    확산발견 행동에서의 설계 변용은 발달 경로에 따라 학습자들에게 다양한 확산적 발견의 기회를 제공한다.

    확산발견형 스타일의 목표가 개인적인 차원에서의 발견에 주목적을 두고 있지만, 이 스타일에서 학습자가 다른 학습자의 아이디어를 수용하고 차이를 관용하며 다른 의견을 검토하려면, 사회적 상호작용이 필수적으로 수반된다.

    체육, 무용, 그리고 드라마에서 가장 자주 사용되는 스타일간의 결합은 확산발견형과 지시형 스타일의 조합(H/A)이다. 이 조합은 생산의 독창성과 실행의 완전성을 강조한다. 확산적 발견을 통해 떠오른 새로운 아이디어가 지시형 스타일을 통해 재생산된다. 확산발견형/지시형 스타일의 조합(H/A)은 대안적 설계를 신속하게 해야 하는 상황, 즉 경쟁적인 상황에서 개인이나 집단이 정해진 시간 내에 바람직한 해결책을 설계해야 할 때 사용된다.

    확산생산식 스타일은 포괄형 스타일과도 조합될 수 있다(H/E). 이 때 과제의 복잡성이 난이도 수준을 결정하게 될 것이다.

- **정리**

    확산발견의 과정은 자기 동기화된 인내력을 기르게 한다.

    확산발견형 스타일은 두 가지 측면에서 열려 있는(끝이 없는) 과정이다.
    - 첫째, 체육교과 내용 자체가 열려있다. 왜냐하면 체육교과에서는 항상 다른 해결책, 움직임, 공을 패스하는 방법, 상대방의 방어를 무너뜨리는 방법들이 존재하기 때문이다. 따라서 교과내용은 역동적이고 늘 변화한다.
    - 둘째, 발견의 과정은 자기영속적이다.

    확산발견의 과정은 인지적 측면과 신체적 측면 모두에서 독립성을 발달시킨다. 하지만, 이 스타일의 교수학습 행동은 인지적, 신체적 영역에서 학습자들 간에 차이를 심화시킨다.

9. 자기설계형 스타일(스타일I) : T-L-L

자기설계형 스타일은 학습자의 자기주도적인 학습 능력을 함양하는데 목적을 두고, 어떤 문제나 쟁점의 해결을 위해 학습자가 독자적으로 학습 구조를 설계하여 학습을 진행해 나가는 방식이다. 교사의 역할은 학습자를 위한 공통교과내용을 결정하는 것이다. 반면, 학습자의 역할은 공통교과내용에 따른 주제를 조사하고, 독자적으로 질문들을 만들고, 해결책을 발견하며, 수행의 기준을 설정하여 해결책을 스스로 평가하는 것이다.

1) 개념과 특징

자기설계형 스타일(the learner-designed individual program style)의 특성은 어떤 문제나 쟁점의 해결을 위한 학습구조의 발견에 대한 독립성 확립이다.

교사의 역할은 학습자를 위한 공통교과내용을 결정하는 것이다.

학습자의 역할은 공통교과내용 주제를 조사하고, 공통교과내용 주제의 범위 내에서 고유한 초점에 이르는 질문들 및 학습 진행 과정과 절차를 확인할 수 있는 질문들을 만들고, 해결책/움직임을 발견하며, 수행의 기준을 설정하여 해결책을 검증하는 것이다.

자기설계형 스타일은 학습자에게 더 많은 책임을 부여하며, 발견 역치를 넘어서는 한 단계 진보된 단계를 나타낸다.

- 유도발견형 스타일(F)에서는 학습 과제의 각 단계마다의 특별한 반응들이 학습자에 의해 발견되지만, 그러한 학습자 반응들은 교사가 주도면밀하게 제시한 자극들(여러 질문이나 단서)에 의존한 것들이었다.
- 수렴발견형 스타일(G)에서는 단 하나의 정답을 발견해내는 학습 과정에서 학습자의 독립성이 허용되었다. 학습자의 교사에 대한 의존도가 감소했는데, 그것은 학습자가 학습의 매 단계마다 교사에게 학습 자극을 요구하지 않아도 되었기 때문이다. 수렴발견형 스타일에서는 학습자와 교사 간에 여전히 구조적으로나 현실적으로 끈끈한 유 대 관계가 유지되었다. 그것은 교사가 질문이나 문제를 직접 설계하기 때문이다.
- 확산발견형 스타일(H)에서도 교사는 특정한 문제들을 설계하는 의사결정을 했고, 학습자들은 해당 문제에 대한 다양한 해결책들, 움직임, 반응들을 생성했다.
- 반면, 자기설계형 스타일(I)에서는 교사가 교과내용 분야에 대해서만 결정권을 갖기 때문에 학습자들의 자율권이 더욱 커진다. 학습자들은 결정된 교과내용 범위 내에서 질문들을 만들고, 문제점들을 발견하며, 그 해결 방안들을 모색하게 된다.

자기설계형 스타일 이상의 스타일들의 목표는 한 에피소드나 한 시간의 수업 상황에서는 성취될 수 없는 것들이다.

자기설계형 스타일에서 학습자들은 각자의 교과내용 목표(기대치)를 달성하는데 도움이 되는 교수·학습 경험들을 직접 설계하기 시작한다. 학습자는 각자의 교과내용 영역 내에서 질문들이나 문제들을 발견하고, 설계하며, 해답을 찾는다. 이 스타일에서 학습자는 자신의 프로그램에 맞추어 학습을 진행하기 때문에 각자가 일련의 학습 에피소드들을 설계하고, 순서를 정하고, 상호 연결하는 책임을 지게 된다.

자기설계형 스타일은 결코 '제멋대로 하는' 교수 스타일이 아니기 때문에, 교육과정에 포함되지 아니한 교과 내용을 선정해서는 안 된다는 것을 이해하는 것이 중요하다.

- 오히려, 자기설계형 스타일은 학습자 개개인의 인지적인 능력과 창조적인 능력을 최대한 발휘할 수 있도록 동기유발시키는데 도움이 되는 매우 엄격한 교수·학습 방법이라 할 수 있다.
- 이것은 어떤 쟁점의 구성 요소들, 구성 요소들 간의 관련성, 그리고 구성 요소들 간에 존재하는 질서나 순서를 발견하기 위해 쟁점을 탐색하고 검증하는 하나의 체계적인 모델이다.
- 자기설계형 스타일은 학습자들이 관련 쟁점의 구조를 쉽게 발견할 수 있도록 도와준다.

자기설계형 스타일을 통해서 학습자들은 이전의 스타일을 모두 연습할 수 있는 기회를 제공 받을 수 있음은 물론이고 수업과 관련된 상황에서 그것들을 활용하는 길을 찾을 수 있다. 그러한 학습 행동은 충분한 시간을 필요로 하는 것들이다.

자기설계형 스타일은 학생의 창의적 능력을 촉발시키고 개발시키는 고도로 체계화된 방법이다.
자기설계형 스타일은 주제 발견을 위한 탐색과 검토를 위한 체계적인 절차를 제공한다.

과제활동 전 결정군 : 이전 스타일들과 마찬가지로 교사는 공통교과내용을 결정한다.
과제활동 중 결정군 : 학습자가 의사결정권을 행사한다.
과제활동 후 결정군 : 학습자가 자기 평가를 실시한다.

교과내용 목표	• 학습자 스스로 고유의 아이디어를 발견하고, 창조하며, 조직한다. • 긴 시간에 걸쳐 복합적인 쟁점을 다루는 교과내용을 개발한다. • 학습 쟁점을 탐색하고 검증하는 체계적인 학습 과정에 스스로 참여한다. • 학습자 스스로 고유의 운동 수행 및 평가의 준거를 세운다.
행동목표	• 생각(사고)과 운동수행에 있어서 개인차를 수용한다. • 학습자가 상대적으로 긴 시간에 걸쳐 독립성 증대를 경험하는 기회를 제공한다. • 과제 수행에 대한 인내심과 과제집착력을 훈련한다. • 학습자들에게 자발성을 기르는 기회를 제공한다.

2) 자기설계형 스타일의 구조

교사는 과제활동 전 상황에서 의사결정을 한다. 교사의 수업계획은 두 개의 범주에 집중하게 된다. 하나는 공통교과내용을 선정하는 것이고, 다른 하나는 새로운 기대(학습자의 새로운 독립성과 교과내용 참여)에 대한 설명을 준비하는 것이다.

과제활동 중 상황에서 교사는 두 가지의 기대되는 학습 목표들을 학습자들에게 전달하고, 학습자들이 요청할 경우 그들과 상호작용한다.

과제활동 후 상황에서 교사는 학습자들을 도와주고, 경청해주고, 질문을 유도하며, 질문에 답해주며, 학습자들의 교과내용 참여 및 의사결정과정에 적절한 피드백을 제공해준다.

과제활동 중 상황에서 학습자의 새로운 역할은 학습자 스스로 선택한 교과내용과 관련된 행동 및 수업 절차에 대한 의사결정을 하는 것이다. 즉, 수업주제의 초점을 정하고 개인적 학습 프로그램을 조사·설계하기 위한 질문들과 수업 절차들을 선택하며, 학습 평가의 기준 및 자신의 학습 과정을 교사에게 알려주는 방법을 결정한다.

과제활동 후 상황에서 학습자의 역할은 자신이 정한 평가 기준에 비춰 얻어진 결과들을 검증하고, 수정하고, 그 결과들을 가지고 교사와 의사소통하며, 최종 학습결과에 대해 평가하는 것이다.

	지시형(A)	연습형(B)	상호학습형(C)	자기점검형(D)	포괄형(E)	유도발견형(F)	수렴발견형(G)	확산발견형(H)	자기설계형(I)
과제활동 전	(T)	(T)	(T)	(T)	(T)	(T)	(T)	(T)	(T)
과제활동 중	(T)	(T)→(L)	(L_d)	(L)	(L)	(T_L)	(L)	(L)	(L)
과제활동 후	(T)	(T)	(T)→(L_o)	(L)	(L)	(T_L)	(L_T)	(L_T)	(L)

| 그림 3.19 | 자기설계형 스타일의 의사결정 이전

학습자의 역할	• 학습의 초점이 되는 주제를 정한다. • 학습 주제에 적합한 질문들과 쟁점들을 규명한다. • 질문들을 조직하고, 학습 과제들을 계열화하며, 개별적 프로그램(행동의 경로)을 설계한다. • 학습 주제에 관련된 자료를 수집하고, 질문들에 대한 해답들을 찾으며, 그 해답들을 타당성 있는 개념틀로 조직한다. • 해당 교과내용과의 기준에 근거하여 학습절차와 해결책등을 검증한다.
교사의 역할	• 학습자들이 학습 주제를 선택할 수 있도록 공통교과내용을 선정한다. • 학습자들의 학습 진행 상황을 관찰한다. • 학습자들의 주기적인 학습 질문들과 해답들을 경청한다.

3) 자기설계형 스타일의 실제

- **과제활동 전 결정군**

    교사는 과제수행 전 상황에서 다음 사항에 초점을 맞추어 의사결정을 해야 한다.
    자기설계형 수업활동에 참여하는 학습자들을 위한 학습 시간을 배정한다.
    학습자들에게 자기설계형 스타일에 대한 기대를 알려주는 방법과 학습자들로 하여금 학습자의 독립성 확보가 보장되는 새로운 스타일의 학습활동에 참여하도록 유도하는 방법에 대해 의사결정한다.
    학습자들로부터 질문과 해답을 끌어낼 수 있는 공통교과내용을 결정한다.

- **과제활동 중 결정군**

    자기설계형 스타일에 도전하여 성공하면, 학습자들은 성취감, 자신감, 자존감을 얻게 된다.

학습자들은 특정 주제를 해결하는 과정을 시작한다.

학습자들은 특정 주제와 탐구를 이끌어 갈 일련의 질문들을 설정하고, 대안들을 탐색하고, 자신의 개별 프로그램을 설계하고, 자신의 아이디어들을 연습해보고, 수정을 가하고, 새로운 탐구·연결·대안을 시도하며, 자기 활동에 대한 평가 기준을 설정한다.

교사는 학습 조력자로서 학습자들의 요청과 질문에 응한다. 교사는 학습자들의 운동 수행/해결책들을 관찰하고, 문제해결 과정을 관찰하고, 질문에 답변하며, 학습자가 계획한 것과 실제 행동 간에 불일치가 있을 경우 주의를 환기시켜 준다.

피드백: 학습자들은 다음과 같은 경우에 자기 평가에 참여한다. 기준에 비추어 자신들의 생각들이나 해결책들을 검증할 때, 아이디어나 해결책들을 자료화 할 때, 수정을 가할 때, 자신들의 문제해결과정과 절차에 대해 교사와 협의할 때. 한편, 교사는 학습자들의 의견을 듣고, 질문을 던지고, 학습자들의 계획, 실행, 평가에 다해 피드백을 제공한다.

- **과제활동 후 결정군**

학습자들은 자신들이 만들어낸 아이디어나 해답을 평가 기준에 의거하여 자기 평가한다.

교사는 개별 프로그램을 설계하고 생산해 낸 학습자들의 성취를 칭찬한다.

4) 자기설계형 스타일의 교과내용 선정

학습에 대한 기초적 정보나 출발점 자료들은 자기설계형 스타일의 실행에 도움이 되지 않는다. 그러한 것들은 지시형 스타일부터 포괄형 스타일(A~E)에서 잘 사용될 수 있다.

자기설계형 스타일에 적합한 교과내용은 복잡한 것으로서, 학습 요소들 간에 새롭게 연결되고, 결합되며, 비교될 수 있도록 충분히 조절되고 검토되어야 한다.

모든 연령층의 학습자들에게 적합한 학습 내용을 설계할 수는 있다. 그러나 해당 내용 영역과 발견 과정에 경험이 없는 학습자들은 자기설계형 스타일에 생산적으로 참여하기가 힘들다.

자기설계형 스타일은 대단원 학습 단위의 수업 시간들이 확보되어야만 합당한 학습 효과를 얻을 수 있다. 학습자들은 아이디어를 발견하고, 창조하며, 조직화하는 데 집중할 수 있는 충분한 시간적 여유가 필요하다.

자기설계형 스타일을 사용하는 교사에게는 '기다림'이 중요하다. 교사가 학습자들에게서 학습 계획과 학습 행동간에 모순점을 발견하거나 학습자와 나누고 싶은 의견이 있을 때, 지시나 설명보다 질문법을 사용하는 것이 학습자와 의사소통을 하는 기본적인 방법이다.

가치적(혹은 교정적) 피드백은 학습자가 자기 평가를 마쳤을 때만 사용가능하다.

자기설계형 스타일에서는 학습진행 과정, 학습 결과, 최종 평가 등에 대한 의사결정권이 교사와 충분한 의사소통 과정을 거쳐 학습자에게로 이전된다. 그러나 학습자는 교사로부터 떨어져 혼자 고립되어 학습하는 것이 아니다. 양자 간 의사소통의 결속력은 단단하고, 학습자의 기대 또한 교사에게 지속적으로 전달된다. 반면, 교사의 기대는 학습자들이 어떤 생각을 하고 어떤 의사결정을 하는지 관찰하는 것이다. (자기설계형 스타일의) 개별화 프로그램 과정에서 교사의 역할은 학습자들을 안내하고 재확신시켜 주는 원천이 된다.

5) 자기설계형 스타일의 함축적 의미

학습자의 자율성은 중요한 교육목표들 중의 하나이다. 자기설계형 스타일에서는 자율적인 학습자가 되어 가는 과정이 교수·학습 과정에서 분명하게 나타나야 한다.

교사와 학습자들 모두가 '자율성'이라는 자기설계형 스타일의 학습 목표를 알고 그 중요성을 인정해야 한다.

교사와 학습자들 모두가 의사결정의 이전 과정에 함께 참여해야 한다.

6) 자기설계형 스타일의 고려사항

- **학습 내용의 복합성과 학습 시간 배분**

    이전의 스타일과 똑같이 자기설계형 스타일의 교과 내용 역시 단순하거나 복합적이다.
    - 새로운 학습에 대해 점진적으로 접근하는 것이 갑작스럽게 빠져드는 것보다 (인지적, 정서적, 윤리적으로) 더 유익하다.
    - 복합적인 내용 기대는 에피소드 초기에서는 피하는 것이 좋다. 모든 자기설계형 개별화 프로그램들이 시간이 많이 걸리는 것은 아니다. 어떤 개별 프로그램의 주제는 최소한의 시간에 짧은 탐구로 해결될 수도 있다.

    학습자들이 자기설계형 스타일의 기대치를 미리 알고 수업에 임하면 이 스타일의 교수·학습 과정에 필요한 탐구 기술, 과제 집착력, 학습 동기를 훨씬 더 잘 발달시킬 수 있다.

    새로운 스타일에 필요한 필수적 기술들을 갖추지 못한 상태에서 학습자가 갑작스럽게 새로운 학습 스타일을 경험하게 되면 시간이 낭비되고, 학습자의 불안이 가중되며, 학습자의 인지적 좌절감이 초래된다.

    * 에피소드 계획
    - 자기설계형 스타일은 학습자로 하여금 여러가지 교수·학습 스타일들을 사용하는 다양한 에피소드들 내에서 생각하고, 계획하며, 설계할 것을 요구한다.
    - 교사가 학습자들에게 다양한 학습 목표들과 행동들을 발달시킬 기회를 의도적이고 지속적으로 제공해 주었을 때만, 교육 목표나 행동 측면에서 학습자들을 정확하게 평가할 수 있다.

- **자기설계형 스타일의 두 가지 제한점**
    - 시간 : 자기설계형 스타일의 가장 큰 단점은 각 학습자의 개별 프로그램을 인정하고 그 프로그램으로 교사와 학습자가 상호 의사소통하는데 필요한 시간을 확보하는 것이다. 또 학습자 개개인의 학습 결과를 위한 적절한 지원 및 피드백의 제공에 필요한 시간을 찾아내는 것도 꼭 해결해야 하는 절차적 이슈이다.
    - 인지적 영역의 개인차 및 평가 : 자기설계형 스타일에서 교사가 학습자들에게 자기평가에 대한 의사결정권을 이전하고 그 능력을 신뢰하는 것을 교사와 학습자 모두에게 새로운 경

험이다. 그러나 자기설계형 스타일의 초기 수업 에피소드들에서는 학습자들의 평가 계획을 이끌어줄 구체적인 의사결정 범주들과 수업 절차상의 기대치를 제시해 주는 것이 필요하다. 학습자에게 자기평가권을 이전하고 신뢰하는 것을 배우는 것은 교사, 학습자 모두에게 새로운 현실이다. 따라서, 수업활동 중의 각 의사결정에 대한 의사소통은 자기설계형 스타일에서 학습 경험의 전반적인 성공에 있어 매우 중요하다.

7) 자기설계형 스타일의 발달 경로(스타일의 변형)

자기설계형 스타일에서는 사회성 발달 경로를 강조하는 것이 가능하다. 짝 또는 모둠과 함께 학습 활동을 할 경우 모형 특유의 학습 목표와 의미가 변할 수 있다 하더라도, 자기설계형 학습은 사회성 측면에서 볼 때 학습 경험에 새로운 특성, 가치, 책무성을 부여한다.

자기설계형 학습에서 이러한 행동으로의 사회화가 때로 가치있는 것이긴 하지만, 무엇보다 중요한 것은 학습자들이 개별화 프로그램을 설계하는 책임감, 만족감, 행동의 복합성을 경험하는 것이다.

자기설계형 학습 행동에 관한 모든 형태의 변형들은 교사에 의해 제시된 변수들의 양에 초점을 맞춘다. 교사가 변수들을 더 많이 제시하면 할수록 더 많은 학습 경험들이 연습형 스타일로 환원되어 버린다.

10. 자기주도형 스타일(스타일J) : L-L-L

자기주도형 스타일은 학습자가 과제의 설계와 실행에 대한 주도성과 책임을 지는 방식이다. 교사의 역할은 학습자들이 스스로 결정한 사항들을 최대로 수용해주고, 학습자들을 지원해주며, 학습자들의 요청이 있을 때 교수·학습 활동에 참여하는 것이다. 반면, 학습자의 역할은 자율적으로 학습 행동을 주도하고 모든 의사결정을 하는 것이다. 즉, 학습자는 독자적으로 과제활동 전 상황에서 모든 의사결정을 하고, 과제활동 중에 어떤 교수·학습 행동이 사용할지를 정하며, 과제활동 후에 사용할 평가기준을 설정하여 스스로 평가한다.

1) 개념과 특징

자기주도형 스타일(the learner-initiated style)의 특징은 학습 경험의 설계에 대한 주도성과 책임이 학습자에게 있다는 것이다.

자기주도형 스타일에서 학습자의 역할은 자율적으로 학습 행동을 주도하고 모든 의사결정을 하는 것이다. 즉, 학습자는 과제활동 전 상황에서 모든 의사결정을 하고, 과제활동 중에 어떤 교수·학습 행동을 사용할지를 정하며, 과제활동 후에 사용할 평가기준을 설정한다.

교사의 역할은 교과 내용에 관한 전문성이 검증된 사람으로서 학습자들이 학습 경험에서 스스로 결정한 사항들을 가능한 한 최대로 수용해주고, 학습자들을 지원해주며, 학습자들의 요청이 있을 때 교수·학습 활동에 참여하는 것이다.

자기주도형 스타일의 기본적인 학습 목표는 학습자의 학습 독립성 욕구를 존중한다는 것이다.

교과내용 목표	• 학습자 개개인의 다음과 같은 권리를 존중한다. - 학습자가 선택한 영역에서 아이디어들을 발견하고, 창조하고, 발달시키기 위해 학습 경험(교과내용)을 주도적으로 해 나갈 권리 - 다방면의 학습 경험을 주도적으로 해 나갈 권리
행동목표	• 학습자 개개인의 다음과 같은 권리를 존중한다. - 자율적인(독립적인) 선택권 - 학습자 자신의 학습 경험을 창조하는 데 필요한 책임을 떠맡을 도전을 선택할 권리 - 다른 학습자들에게 이미 제시된 학습 활동들의 한계를 뛰어 넘는 욕구를 가질 권리

2) 자기주도형 스타일의 구조

자기주도형 스타일은 학습자가 개별적으로 교사에게 자기 스스로의 학습 활동(경험)을 설계하겠다고 요청할 때만 성립한다.

자기주도형 스타일의 핵심은 학습자 스스로 학습 활동(경험)을 주도하고 학습 활동에 대한 책임을 지겠다는 의도에 있다.

자기주도형 스타일은 개별 학습자가 교수·학습 과정에서 의사결정, 즉 교수 행동 자체를 주도하는 첫 번째 스타일이다.

- 개별 학습자는 자기 발달을 위해 프로그램을 조사하고, 발견하고, 설계하고, 실행할 준비가 되어 있음을 인식한다.
- 학습자는 교사에게 자기주도적 의사결정 구도 내에서 일련의 학습 에피소드들을 실행하고 싶다는 의지를 표명한다. 학습자의 준비도와 주도 능력은 학습자와 교사에게 하나의 다른 학습 현실-학습자가 교수·학습 에피소드들을 시작하여 실행하는 책임을 떠맡게 되는 현실-을 창조한다.
- 학습자는 자신의 학습 활동 범위를 명확히 정해 주도록 교사에게 요청할 수 있다.

이 스타일의 과제할동 중 교사의 역할은 이어지는 일련의 수업 에피소드들에서 학습자가 실제로 모든 의사결정을 할 태세를 갖추고 있다는 현실을 그대로 받아들이는 것이다. 교사는 이제 예비 역할-학습자를 돕는 안내자나 조언자-을 떠맡게 된다.

이것은 교사가 할 일 없는 존재가 된다는 뜻이 아니다. 교사는 학습자의 학습 의도와 행동 사이에 불일치하는 상황이 발견되면 그 부분에 대해 즉시 질문해야 하는 의무를 갖는다.

	지시형(A)	연습형(B)	상호학습형(C)	자기점검형(D)	포괄형(E)	유도발견형(F)	수렴발견형(G)	확산발견형(H)	자기설계형(I)	자기주도형(J)
과제활동 전	(T)	(T)	(T)	(T)	(T)	(T)	(T)	(T)	(T) ⟶ (L)	
과제활동 중	(T) ⟶ (L)✳	(Ld)	(L) ⟶ (L)	(TL)	(L)	(L)	(L) ⟶ (L)	없음		
과제활동 후	(T)	(T) ⟶ (Lo) ⟶ (L)	(L) ⟶ (TL) ⟶ (LT)	(LT) ⟶ (L)	(L)					

| 그림 3.20 | 자기주도형 스타일의 의사결정 이전

학습자의 역할	• 자기주도형 교수 스타일을 주도한다. • 학습자 자신에게 맞는 프로그램을 설계한다. • 프로그램을 실행한다. • 프로그램을 평가한다. • 언제, 어떻게 교사의 개입을 요청할지를 결정한다.
교사의 역할	• 학습자가 자신의 학습 경험을 주도하기 위해 의사결정하는 것을 인정한다. • 학습자의 학습 계획에 필요한 공통적인 학습 조건들을 제공한다. • 학습자의 학습 절차와 학습 결과를 인정한다. • 학습자의 학습 의도와 실제 행동 사이에 상이한 점이 나타날 때 주의를 환기시킨다.

3) 자기주도형 스타일의 실제

- **에피소드의 이해**

　자기주도형 스타일에서 교사와 학습자 간 관계의 핵심은, 자율적이고 창조적인 학습 활동에 참여하는 데 필요한 아이디어와 동기를 가지고 있는 학습자들을 존중하는 것이다. 이 스타일에서는 학습자들이 학습 활동을 주도한다. 따라서 교사가 학습자들에게 "어떤 과제를 수행해라"고 요구하는 상황은 적합하지 않다. 마찬가지로, 학습자들에게 "원하는 것을 멋대로 해라"고 하는 행동도 허용되지 않는다.

　자기주도형 스타일은 수업 진행 절차와 의사결정에 능숙한 학습자들에게 적합하다.

　자기주도형 스타일에서 학습자는 개인적인 동기유발과 지적 호기심에 더하여, 학습계획을 완수해 나가고, 장애물을 극복하며, 최종 학습 결과를 기다리는 정서적 인내심을 가져야 한다.

　자기주도형 스타일 에피소드들의 실행은 상당히 긴 시간, 즉 몇 주일 혹은 그 이상의 시간을 필요로 한다.

- **자기주도형 스타일의 실행**

　과제활동 전 결정군
　- 학습자의 역할
　　· 교과내용 측면과 학습 행동 측면에서 공통적인 수업 계획과 개별적인 수업 계획을 주도한다.
　　· 공통교과내용 분야를 결정하고, 선택한 분야 내에서 특정한 주제를 주의 깊게 찾고, 과제 활동 참여를 이끌어갈 질문들을 만들며, 세부 학습 계획을 수립한다.
　　· 학습 의도와 계획을 가장 잘 성취해낼 수 있는 교수 스타일을 선정한다.
　　· 일련의 수업 에피소드들을 계열화한다(순서를 정한다).
　　· 수업 운영 의사결정을 한다.
　　· 나머지 과제활동 전 사항들에 대해 의사결정을 한다.
　　· 학습 활동의 자원(원천)으로서 교사의 도움을 필요로 하는 시기와 방법을 결정한다.
　- 교사의 역할 : 교사는 과제활동 전 의사결정 과정에서 제외된다. 학습 계획에 대한 의사

결정권은 학습자에게로 이전된다.

과제활동 중 결정군
- 학습자의 역할
  - 모든 수업 에피소드에서 과제 활동 중 의사결정을 한다.
  - 과제활동 중 단계를 지속하는 기간을 정하고, 과제활동 중 단계를 특정한 시점에 걸쳐 일련의 자기주도형 수업 에피소드들로 나누는 방법을 결정한다.
- 교사의 역할
  - 학습자가 주도한 의사결정들을 수용하고, 학습자가 마련한 학습 계획을 인정하며, 학습 계획에 적합한 공통 학습 조건들을 제공한다.
  - 학습자의 학습 계획을 실행하는데 필요한 광범위한 변수들을 확인한다. 학습자가 세운 학습계획이 시간, 재정, 행정적·법적 요인들 측면에서 한계를 넘어설 경우, 그 계획은 추진될 수 없다는 결론을 내린다.
  - 학습자가 실행하기를 원하는 것이 교사가 모르는 교과내용 분야일 경우, 학습자에게 교내·외의 다른 학습 자원을 소개해 준다.
  - 학습자의 요청을 수용한다.

과제활동 후 결정군
- 학습자의 역할
  - 학습자 자신이 선택한 교과내용의 수행에 대해 모든 과제활동 후 의사결정을 한다.
  - 학습자 자신의 학습 행동에 대해 과제활동 후 의사결정을 한다.
  - 모든 개별 에피소드의 학습 목표 성취도에 대해 과제활동 후 의사결정을 한다.
- 교사의 역할
  - 학습자의 의사결정들을 인정하고 수용한다.
  - 학습자의 학습 계획과 실제 수업 상황에서 상이한 점이 발견될 경우, 학습자에게 주의를 환기시킨다.

4) 자기주도형 스타일의 교과내용 선정

교사가 교과내용에 관여하는 것은 학습자의 요청이 있을 때만 가능하다.

교사는 학습자가 계획한 교과내용 학습 활동을 도와줄 능력이 있는지 여부를 결정한다. 왜냐하면, 자기주도형 스타일에서는 학습자가 교수학습 경험의 내용적 초점을 주도하기 때문에, 교사가 교과 내용과 관련된 본보기들(예시들)을 제공하기가 힘들기 때문이다.

5) 자기주도형 스타일의 함축적 의미

자기주도형 스타일을 사용하여 일정기간 동안 학습을 수행하는 학습자들은 모든 발달 경로와 더불어 자기 자신에 대한 많은 의사결정을 할 수 있는 능력을 가져야 한다.

6) 자기주도형 스타일의 고려사항

자기주도형 학습 행동을 실행할 때의 성공 여부는 전적으로 학습자의 인내력에 달려 있다.

학습 주제를 벗어나거나, 시간과 내용 범위를 넘어 탐구를 확장하거나, 진도가 막히는 등의 현상은 모두 학습자에게 일어날 가능성이 충분한 문제들이다.

학습 방향이나 판단을 제시하고 싶은 욕구를 억눌러야 하는 것이 자기주도형 스타일을 사용하는 교사가 부딪치게 되는 일차적인 도전이다. 그러나 교사가 개입 욕구를 억누르고 학생이 학습을 주도하는 과정을 존중하고 지켜보는 것은 유쾌하고도 겸손한 행동이 될 수 있다.

7) 자기주도형 스타일의 발달 경로(교수 스타일의 변형)

자기주도형 스타일에서 가장 흔한 변형은 사회성 발달 경로에 강조점을 두는 것이다. 두 명 또는 그 이상의 학습자들이 교사에게 와서 그들이 함께 공동 학습 경험을 하고 싶다는 의견을 피력할 수가 있다. 이러한 상황이 발생할 경우, 교사는 학습자 개개인의 역할을 분명하게 규정해 주는 것이 필요하다.

자기주도형 스타일과 다른 스타일의 결합은 적절하지 않다. 의사결정 방식에 혼선이 초래될 수 있기 때문이다.

11. 자기학습형 스타일(스타일K) 교수 결과의 사정(평가)

자기학습형 스타일은 학교 현장에서 존재하지 않는 교수 스타일로서, 학교 교육과정 내의 목표들이 아닌 개인이 스스로 선택한 개별적인 교수·학습 목표들을 갖는다. 학생 개인이 교사와 학습자 양자의 역할을 동시에 맡으면서 학습에 참여하여 모든 의사결정, 즉 과제활동 전, 중, 후 의사결정을 하는 것이다.

1) 개념과 특징

자기학습형 스타일(the self-teaching style)은 학교 현장에서는 존재할 수 없는 교수 스타일로서, 주된 특징은 학습에 대한 학습자의 개인적 열망 및 개별적인 학습 집착력이다.

자기학습형 스타일의 구조는 학생 개인이 교사와 학습자 양자의 역할을 동시에 맡으면서 참여하여 모든 의사결정, 즉 과제활동 전, 과제활동 중, 과제활동 후 의사결정을 하는 것이다.

자기학습형 스타일의 교수행동이 이루어지면, 교과내용과 교수·학습 행동과 관련하여 개인이 수립한 목표들이 성취된다. 이러한 교수·학습 행동은 규정된 교육과정 내의 목표들이 아닌 개인이 스스로 선택한 개별적인 교수·학습 목표들을 갖는다.

자기학습형 스타일에 내재되어 있는 논리는 한 사람이 모든 의사결정을 다 한다는 것이다. 이러한 교수·학습 행동은 한 사람의 교사에 의한 수업 상황에서는 시도하거나 이루어질 수 없는 것으로, 학교 현장에서는 존재할 수 없다. 학습자가 자기 자신을 가르치게 되는 상황에서만 존재한다.

2) 자기학습형 스타일의 구조

자기학습형 스타일에서는 학습 활동을 위한 세 과정(과제활동 전, 중, 후)의 의사결정권이 모두 교사에게서 학습자에게로 이전된다.

	지시형(A)	연습형(B)	상호학습형(C)	자기점검형(D)	포괄형(E)	유도발견형(F)	수렴발견형(G)	확산발견형(H)	자기설계형(I)	자기주도형(J)	자기학습형(K)
과제활동 전	(T)	(T)	(T)	(T)	(T)	(T)	(T)	(T)	(T) → (L) → (L)
과제활동 중	(T) → (L)	(L_d)	(L) → (L) → (T_L) → (L) → (L) → (L) → (L) → (L)
과제활동 후	(T)	(T) → (L_o) → (L)	(L) → (T_L) → (L_T) → (L_T) → (L)	(L) → (L)

| 그림 3.21 | 자기학습형 스타일의 의사결정 이전

3) 자기학습형 스타일의 함축적 의미

이 스타일의 궁극적 목표는 학습자 개개인의 인성 발달에 학습자가 직접 참여할 수 있는 능력을 개발하는데 있다. 자기학습형 스타일은 자기주도적인 학습 능력 함양, 학습 프라이버시의 보호 등과 같은 고유한 장점들을 갖고 있는 수업 스타일이다.

그러나 어떤 학습자라도 자신의 전 생애에 걸쳐 일어나는 모든 일을 스스로의 학습으로 다 대처할 수는 없기 때문에, 나름대로의 한계점을 갖고 있다는 점을 인식할 필요가 있다.

잠 깐 !

☑ **수업 스타일의 선정시 고려사항**
- 언제나 T-L-O(교사 행동-학생 행동-수업 목표)를 생각하라.
- 한 수업에서 이루어지는 수업 에피소드에 관해 생각하라.
- 에피소드가 성취하고자 하는 목표가 무엇인가 결정하라(구체적 목표 설정).
- 모방을 목적으로 하는 과제를 선택했는지, 창조를 하도록 하는 과제인지 생각하라.
- 학생의 어떤 행동을 개발시키기를 원하는가를 생각하라
- 교과 내용의 목표와 학생 행동을 함께 연결시켜 보라. 이것을 통하여 맞는 수업 스타일이 선정된다.

Part 04

모형중심의 체육수업 개관

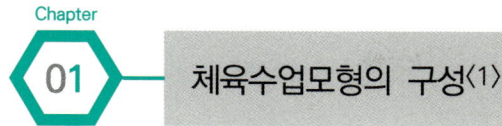

체육수업모형의 구성⁽¹⁾

1. 수업모형의 개념 : 체육수업의 설계도

수업모형은 체육수업을 수행하는 과정에 필요한 설계도와 나침판의 역할을 한다. 수업모형은 학습 영역의 우선순위를 명백하게 해주고, 계획적이고 일관성 있는 교수학습이 가능하게 해준다. 예를 들어, 동일한 농구 단원을 수업할 경우라도 학습 영역의 우선순위를 운동 기능 발달에 둘 경우, 게임 전술과 같은 인지적 영역의 발달에 둘 경우, 그리고 협동심과 같은 정의적 영역의 발달에 둘 경우에 각각 직접 교수 모형, 전술 게임 모형, 협동 학습 모형을 선택하여 수업하는 것이 효과적이다. 따라서 체육수업모형을 선정하여 실행할 때는 수업의 목적과 맥락을 고려하고, 필요할 경우 특정한 학교 상황, 학년, 내용, 학급에 적합하도록 모형을 변형하여 적용할 수 있어야 한다.

2. 수업모형이 필요한 이유

체육 교과는 다른 교과와 달리 심동적, 인지적, 정의적 영역의 교육 목표를 추구하고, 체조, 육상, 수영, 무용, 구기운동 등 다양하고 많은 내용을 가르치며, 수업 장소 또한 운동장, 체육관, 보조 체육관, 강당, 다목적 룸 등 여러 곳에서 다른 교사들과 장소를 공유하며 수업해야 한다. 이처럼 심동적, 인지적, 정의적 영역이라는 3개 학습 영역에서의 목표 달성, 가르쳐야하는 많은 내용, 수업 장소의 역동성 등과 같은 체육 교과의 특성이야말로 다른 주지 교과들보다 체육 교과에서 다양한 수업모형이 꼭 필요한 이유가 된다.

3. 모형 중심 체육수업의 장점

- 모형은 총괄 계획과 일관성 있는 접근 방식으로 교수·학습이 이루어지도록 한다.
- 모형은 학습 우선 영역과 영역 간 상호작용을 명백하게 해준다.
- 모형은 수업의 주제를 제시한다.
- 모형은 교사와 학생으로 하여금 현행 및 차후 활동에 대해 이해할 수 있도록 한다.
- 모형은 통합된 개념 틀을 제공한다.

⁽¹⁾ 제4부, 제5부의 전체 내용은 Metzler, M.(2005)의 저서 Instructional models for physical education을 유정애 등이 번역한 『체육수업모형』(2007)의 내용을 요약하여 인용한 것이다.

- 모형은 연구 기반을 가지고 있다.
- 모형은 교사에게 '기술적 언어'(teachnical language)를 제시한다.
- 모형은 수업과 학습간의 관계를 검증하도록 한다.
- 모형은 타당성 있는 학습 평가를 가능하게 한다.
- 모형은 개념 틀 내에서 교사의 의사결정 능력을 향상시킨다.
- 모형은 직접적으로 특정한 학습 기준 및 결과를 증진시킨다.

4. 이론적 기초

1) 이론적 배경 및 근거

이론적 배경 및 근거는 모형의 명칭에 숨어있는 핵심 개념을 설명해 준다.

교사는 각 모형의 큰 그림을 명확히 이해할 수 있어야 한다.

이론적 배경과 근거는 각 모형이 포함하고 있는 것(관리계획, 의사결정, 수업 운영, 학습활동, 평가 등)과 포함하지 않는 것을 알려준다.

2) 교수·학습에 관한 가정

교사가 특정한 방식으로 수업을 계획하고 실행한다면 어느 정도 예상하는 학습 결과가 나타나게 된다.

이론은 타당성 있게 밝혀진 몇몇 가정의 선행 연구에 기초한다는 점에서 과거의 가정으로부터 한 단계 진보한 것이다.

교사들은 각 모형에 내재된 가정과 이론을 잘 이해하는 것이 중요하다.

3) 모형의 주제

모든 모형은 그 모형을 정의하고 특색 있게 만드는 하나의 주요 전제 또는 주제를 가지고 있다. 모형의 주제는 합리적 근거로부터 직접적으로 파생된 것이다.

4) 학습의 우선순위 및 영역 간 상호작용

각 모형은 심동적, 인지적, 정의적 학습에 대해 각기 다른 강조점을 가지고 있다. 즉 각 모형에서 한 영역의 학습은 다른 영역의 학습보다 우선적으로 이루어진다.

영역 간 상호작용은 하나의 학습 영역이 강조될 때 나타나기도 하고, 한 영역 이상에서 동시에 나타나기도 한다. 체육 교과의 학습과정에서 어느 한 영역만을 배제할 수 없기 때문에, 교사는 어떤 모형에서 영역 간 상호작용이 가장 잘 실현될 수 있는지를 인식해야 한다. 영역 간의 상호작용은 모형들 간의 차이점을 감소시켜 주고, 교사가 모든 수업모형에서 여러 영역의 학습을 추구하도록 해 준다.

5) 학생의 발달 요구 상황

• **학습에 대한 준비도**

학습이 효과적으로 이루어지기 위해서는 수업이 학생의 발달 준비도와 일치해야 한다.

학생의 발달 준비도는 지시 사항을 이해하고 따를 수 있는 능력, 안전하고 책임감있게 행동할 수 있는 능력, 학습 과제를 성공할 수 있는 기회를 포착할 수 있는 능력을 의미한다.

이 준비도 영역에서 학생의 능력과 일치하는 수업을 '발달 단계에 적절한 수업'이라고 하고, 일치하지 않는 수업을 '발달 단계에 부적절한 수업'이라고 한다.

'발달 단계에 적절한 수업'이 되기 위해서는 다음 4개 영역에 해당되는 학생의 준비도가 일치되어야 한다.

- 언어적, 문서적, 모델링 정보에 대한 이해
- 의사결정 및 책임감
- 사회적, 정서적 성숙
- 선행 지식 및 기능

• **학습 선호도**

Reichmann과 Grasha(1974)는 학생이 선호하는 학습 환경을 '학습에 대한 태도'를 기준으로 참여적/회피적 학생, '교사나 동료에 대한 시각'을 기준으로 협력적/경쟁적 학생, '수업 절차에 대한 반응'을 기준으로 독립적/의존적 학생으로 분류하였다. 각 모형에서 학습 활동의 설계 및 운영은 대다수 학생들이 선호하는 학습 환경과 일치할 때 가장 효과적이다.

- 참여적 학생 : 토의, 대안 평가, 개별 학습 활동, 분석과 종합의 기회와 열정적인 과제 제시를 선호한다.
- 회피적 학생 : 필수 과제가 없는 것, 교사와 다른 학생과의 상호작용이 없는 것, 자기평가 및 무시험을 선호한다.
- 협력적 학생 : 소집단 활동, 학생 자신이 설계한 활동, 그룹 프로젝트, 동료 평가 및 교사와의 상호작용을 선호한다.
- 경쟁적 학생 : 직접 교수 전략 수업에서 질문 기회 및 교사의 인정을 선호한다.
- 독립적 학생 : 자기 주도 학습, 독자적 학습 기회, 학생 자신이 설계한 활동 및 간접적 교수 전략을 선호한다.
- 의존적 학생 : 직접 교수 전략, 교사 주도 평가, 수업 활동과 부가 과제의 명확한 시작과 끝을 선호한다.

참여적 학생	회피적 학생
• 수업 내용에 대한 학습 동기가 높다 • 학습의 책무성이 큰 것을 좋아한다. • 다른 학생과 참여하는 것을 좋아한다. • 필수 사항을 수행한다.	• 수업 내용에 대한 학습 동기가 낮다. • 학습의 책무성이 적은 것을 좋아한다. • 다른 학생과 참여하는 것을 꺼려한다. • 자신이 원하는 것을 수행한다.
협력적 학생	경쟁적 학생
• 공유를 한다. • 협조적이다. • 다른 사람과 일하기 좋아한다. • 체육을 다른 사람과 학습하고 상호작용할 수 있는 장으로 인식한다.	• 다른 사람과 자신을 대상으로 경쟁적이다. • 다른 사람보다 잘 하기 위한 학습 동기를 가진다. • 경쟁을 좋아한다. • 체육을 승리해야 하는 경쟁의 장으로 인식한다.
독립적 학생	의존적 학생
• 자신에 대한 사색을 많이 한다. • 혼자서 일한다. • 학생 자신이 필요한 사항을 학습한다. • 다른 사람의 말을 경청한다. • 자기 확신이 크다.	• 정보와 구조의 원천지로서 교사나 타인에게 의존, 타인의 도움을 필요로 한다. • 필수 사항을 학습한다. • 지적인 호기심이 거의 없다. • 자기 확신이 적다.

6) 모형의 타당성

모형이 타당하다는 것은 그 모형이 체육수업에서 효과적으로 활용될 수 있음을 의미한다.

- 연구 타당성 : 연구물은 모형을 계획하고 실행하는 데 필요한 적절한 방법을 설명해 주고, 학생들의 학습 결과를 향상시키기 위해 모형이 얼마나 효과적인지를 설명해 준다.
- 실천적 지식의 타당성 : 수업모형을 활용한 교사들이 경험을 통해 공유하고 생성한 지식이다. 실천적 지식을 통해 교사는 다른 교사들의 경험을 활용할 수 있으며, 모형을 처음 사용할 때 가능한 한 시행착오를 줄여나갈 수 있다.
- 직관적 타당성 : 모형에 관한 교사의 일반 지식과 내용 단원의 학습 목표에 기초하여, 적절한 시기에 그 방법을 지도할 수 있다는 것은 교사의 직관에 의해 이루어진다. 궁극적으로 직관적 지식은 시간이 지남에 따라 교사가 습득하는 경험에 의한 실천적 지식이나 모형에 관한 연구 자료를 탐독하여 얻은 지식으로 대체된다.

5. 교수·학습의 특징

1) 수업의 주도성

체육수업은 교사와 학생이라는 두 참여자에 의해 이루어진다. 참여자간 상호작용 유형은 수업모형마다 달라지는데, 특정 수업모형에서 사용되는 상호작용 유형을 주도성(directiveness)이라고 한다. 스펙트럼의 한쪽 끝에 위치하는 '직접적(direct)'인 측면이 강한 모형들(아래 그림의 예)은 교사에게 모든 의사결정의 권한과 수업 상호작용 개시에 대한 책임감이 주어진다.

반면에, 스펙트럼의 다른 한쪽 끝에 위치하는 '간접적(indirect)'인 측면이 강한 모형들은 학생들에게 많은 의사결정의 권한이 부여되고 창의적 탐색 활동과 질문 제기가 가능해진다.

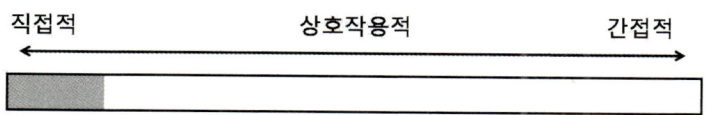

- 직접 교수 : "무대 위의 현자"

    수업 통제의 중심에 교사가 위치한다. 교사는 수업 관리와 수업 내용의 권위자이다.

    수업 조직, 연습의 시작과 종료, 학습 과제의 변화, 수업 규칙의 효과에 대해 대부분에 대한 의사결정을 한다.

    수업 내용의 권위자로서 교사는 자신의 의사결정에 따라 학생들에게 제공하는 모든 지식을 가지고 있는 사람으로 인식되기 때문에, "무대 위의 현자"(sage on the stage)라고 불린다(King, 1992).

- 상호작용 교수

    직접적-간접적 연속선의 중간에 위치하며, 교사 중심, 학생 중심 교수 사이의 균형을 잡는다. 교사와 학생은 의사결정이나 수업 운영에 있어 동등한 책임을 가지게 된다.

- 간접 교수 : "측면의 안내자"

    교사의 의사결정이 최소화되고, 개방형 학습 과제와 학생 주도의 학습 과제를 많이 포함한다. 교사는 스스로를 권위자가 아닌 학생의 학습을 유도하는 촉진자로 본다.

- 각 모형의 직접적·간접적 프로파일을 결정하는 7가지 지침

    - 내용 선정 : 누가 학습할 단원 내용을 결정하는가?
    - 수업 운영 : 수업 관리의 책임은 누구에게 있는가?
    - 과제 제시 : 학생은 어떻게 과제 제시 정보를 얻는가?
    - 참여 형태 : 어떻게 학생의 참여 형태가 결정되는가?
    - 상호작용 : 학습 과제 중 누가 먼저 의사소통을 시작하는가?
    - 학습 진도 : 누가 연습 과정의 시작과 종료를 통제하는가?
    - 과제 전개 : 누가 학습 과제의 변경을 결정하는가?

- 포괄성

    포괄성(inclusiveness)은 요구와 능력이 서로 다른 학급의 모든 학생이 동시에 학습을 할 수 있도록 지도할 때 사용된다. 각 수업모형은 학생이 그 모형 안에서 반드시 학습해야 하는 몇 가지 선행 능력과 경험에 기초하여 설계되었다. 이러한 선행 조건은 모형이 포괄적인 수업 집단에서 모든 학생의 교육적 요구를 수용할 수 있는지를 판단하는데 주요한 역할을 한다.

2) 학습 과제

각 수업모형에서 교사의 가장 핵심적인 역할은 학생들에게 학습 과제를 안내하고, 어떻게 수행해야 되는지를 설명하며, 과제를 언제 전환해야 할지를 결정하는 일이다.

- **과제 제시**

  과제 제시란 학생들에게 기능과 학습 과제를 시범 보여주는 과정을 의미한다.

  과제 제시를 통해 학생들은 차후 학습 활동에서 연습할 기능을 수행하는 방법을 보고 듣게 된다.

  과제 제시는 모든 수업의 주요 부분으로서, 모형마다 그 방법이 다르다. 어떤 모형은 한두 가지의 과제 제시 전략을 사용하고, 다른 모형은 여러 가지 과제 제시 전략을 사용하기도 한다.

  일반적인 과제 제시 방법으로는 구두 강의, 시범, 과제 유인물 등이 있다.

- **과제 구조**

  모든 과제 제시에는 과제 구조에 대한 설명이 포함된다.

  과제 구조란 학습 과제가 어떻게 조직되고, 어떻게 모둠으로 만들어지고, 얼마나 오랫동안 지속되고, 수행 기준은 무엇이며, 그 과제에서 학생들에게 기대되는 행동이 무엇인지를 알려준다.

  과제 제시와 마찬가지로, 각 모형이 사용하는 과제 구조 또한 다양하다.

- **과제 발달**

  모든 수업 단원은 학습 내용의 범위와 계열성을 포함하고 있다.

  교사는 하나의 과제에서 다음 과제로, 하나의 내용에서 다음 내용으로 진행해 나가게 되는데, 이를 과제 발달(content progression)이라고 한다.

  다시 말해, 과제 발달이란 단원이 진행되는 가운데 교사가 의도하는 학습 결과를 얻기 위해 학생들을 단원 활동 속으로 이끌어 가는 것을 의미한다.

3) 학습 참여 형태

참여 형태는 학생이 학습 내용과 상호작용하는 방식, 즉 학생이 학습 과정에 참여하는 방법을 의미한다. 학습 과정의 특징은 학생의 움직임, 질문, 의사결정 등이다.

- 능동적 참여 : 학습 과정은 학생의 참여가 직접적으로 나타날 때 적극적으로 이루어진다.
- 수동적 참여 : 학습 과정은 학생이 교사로부터 단지 학습 내용을 수용하기만 할 때 소극적으로 이루어진다.
- 개인-소집단-전체 참여 : 참여 형태의 일부는 학생이 학습 과제에 참여하는 방식에 따라 결정된다. 어떤 모형에서는 학생들이 개별적으로 참여하고, 다른 어떤 모형에서는 소집단이나 팀으로 참여하며, 또 다른 모형에서는 학급 전체가 동시에 참여하도록 설계된다.

4) 교사와 학생의 역할 및 책임

수업모형은 교사와 학생에게 그 모형 내에서 독특한 역할과 책임을 요구한다. 모든 교사와 학생이 이러한 역할을 알고, 수업에서 그대로 이행하는 책임감을 가지는 것이 중요하다. 이는 일반적으로 각 수업모형에서 의사결정을 포함하는 주도성(directness) 차원과 관련이 있다.

5) 교수 과정의 검증

각 모형은 수업 중 교사와 학생 행동에 대해 다른 모형들과 구별되는 패턴으로 설계되어 있기 때문에, 교사는 수업모형이 설계된 대로 활용되고 있는지를 검증할 필요가 있다. 모형중심의 체육수업에서 교수 과정을 검증할 수 있는 방법은 다음과 같다.

- **수업 중 교수와 학습 행동 기준의 체계적 분석**

    교사는 모형의 기준을 반영하는 행동들을 분석하기 위해 실제 수업 상황에 대한 자료를 수집하여 분석할 수 있다. 사건기록, 지속시간기록, 간격기록, 집단적 시간표집 방법 등은 체육수업에서 교사와 학생 행동들을 검증하는데 사용될 수 있다.

관찰 기법	사용된 측정 방법	교사 행동	학생 행동
지속시간 기록법	수업 중 관찰된 행동이 지속된 시간의 양	• 관리 시간 • 과제 제시 시간 • 수업 순회	• 관리 시간 • 연습 시간 • 실제 학습시간 • 과제 참여/비참여 시간 • 대기 시간
사건 기록법	사건의 관찰된 빈도	• 학생 이름 부르기 • 학생에게 제공된 피드백 • 학생에게 제시된 단서 • 질문 • 이해도 점검	• 연습 시도 • 성공 비율 • 제공받은 피드백 • 질문
집단적 (순간적) 시간 표집법	수업 중 지정된 시간에 관찰된 행동의 발생여부	• 교사의 이동 • 수업에서의 위치	• 특정 시간 동안 학생의 과제 참여 비율 • 특정 시간 동안 연습하는 학생의 비율 • 학생의 성공 비율 • 적절한 과제 구조

- **기준 점검표**

    각 모형에서 나타나는 교사와 학생의 기준 및 패턴 항목을 만든 다음, 수업 시간에 관찰된 기준을 하나씩 체크하여 검증할 수 있다.

- 기준의 서열 척도
    서열 척도는 기준 점검표와 유사한 방법으로 관찰한 기준의 평가를 가능하게 해 주는데, 각 기준은 일련의 평가적 준거("나쁨", "괜찮음", "우수함", "매우 우수함" 등)에 따라 기록된다.
- 학생 평가 기록지
    모형마다 독특한 기준에 근거하여 학생들의 반응을 알아볼 수 있는 질문 항목들을 만들어 사용할 수 있다.

6) 학습 평가

모형중심 수업에서 평가는 다음의 5가지 주요 질문으로 진행된다.
- 평가할 기준이나 학습 결과는 무엇인가?
- 언제 평가할 것인가? - 형성 평가/총괄 평가
- 어떤 평가 기법이 학습 결과를 평가하는데 타당한가? - 타당도(내용, 준거)
- 평가 절차가 실용적인가?
- 학습 결과가 실제성 있는 평가 기법(authentic technique)으로 평가될 수 있는가?

6. 교사 전문성 및 상황적 요구 조건

1) 교사의 전문성

교사는 학생과 마찬가지로 모형을 효율적으로 활용하기 위한 특정 지식, 기능, 능력을 갖추고 있어야 한다. 내용 지식은 모형의 활용 여부와 관련 없이 항상 중요하다. 내용, 교육 환경, 학습자 및 수업에 대한 전문성이 혼재된 "교수내용지식"(Pedagogical Content Knowledge : PCK)은 단원 내용과 학생 집단에 따라 선정되는 모형마다 변화될 수 있다.

2) 핵심적인 교수 기술

체육수업에 활용할 수 있는 효과적인 교수 기술은 많다. 그러나 각 모형은 교사에게 이 모든 교수 기술을 사용하도록 요구하지 않는다. 그러나 각 모형의 독특한 운영 체제, 관리 기능, 과제 제시 전략, 과제 구조는 그 모형을 사용하는 데 필요한 교수 기술을 결정한다.

3) 상황적 요구 조건

수업 시간, 시설, 용·기구, 학습 자료의 4가지 요인으로 구성된 교육 상황적 요구 조건을 고려해야 한다.

4) 맥락적 변형 : 체계적인 변형을 위한 의사결정 지침

- 관리 계획
- 내용 적용 범위
- 과제 발달
- 수업 자료
- 시간 할당
- 평가 기법
- 과제 제시
- 교사와 학생의 역할과 책임
- 학생의 발달 단계

7. 수업모형의 선정 과정

적합한 수업모형을 선정하는 가장 좋은 방법은 다음과 같은 일련의 질문들을 함으로써 가능하다.

나는 학생들이 어떤 내용을 배우기를 원하는가? 예) 핸드볼: 기본 기술, 전략, 규칙
내가 생각하는 학습영역의 우선순위는 무엇인가?
(첫 번째: 심동적 영역, 두 번째: 인지적 영역, 세 번째: 정의적 영역)
어떤 모형들이 내가 생각하는 학습영역의 우선순위를 포함하는가?
(모형 A, 모형 B, 모형 C)
해당 모형들이 요구하는 상황적 요구조건들은 무엇인가? (모형 A, 모형 B, 모형 C)
현재의 상황이 해당 모형들의 요구조건들을 얼마나 충족시킬 수 있는가?
(모형 A에서는? 모형 B에서는? 모형 C에서는?)
해당 모형들에 필요한 교사와 학생의 선행조건들은 무엇인가?
(모형 A에서는? 모형 B에서는? 모형 C에서는?)
나와 학생들은 그러한 선행조건들을 충족시킬 수 있는가?
(모형 A에서는? 모형 B에서는? 모형 C에서는?)
각 모형을 활용하려면 어떠한 변형이 필요한가?
예) 직접 교수 :
- 학생 대기 시간을 줄이기 위해 많은 핸드볼 공이 필요함.
- 넓은 장소와 각 스테이션별로 골대가 필요함.
- 다양한 기술지도 능력이 필요함. 개별화 지도 모형: 이 단원에서 개별화 지도에 필요한 모든 것을 갖추고 있음.
→ 따라서, 변형이 필요하지 않은 개별화 지도 모형을 가장 적합한 수업모형으로 선정한다.

02 모형중심의 체육수업에서 필요한 교사 지식

1. 체육수업을 위한 교사 지식

교사는 교수·학습 방법에 직·간접적으로 영향을 미치는 분야의 전문 지식을 갖추어야 한다. Shulman(1987)은 교사에게 필요한 지식의 유형으로 다음과 같이 분류하였다.

1) Shulman의 교사 지식의 유형

- 내용 지식 : 가르칠 교과목에 대한 지식
- 지도 방법 지식 : 모든 교과에 적용되는 지도법에 대한 지식
- 내용 교수법(수업 방법, 교수 내용) 지식 : 특정 학생에게 어느 교과나 주제를 특정한 상황에서 지도할 수 있는 방법에 대한 지식
- 교육과정 지식 : 각 학년 발달 단계에 적합한 내용과 프로그램에 대한 지식
- 교육 환경 지식 : 수업 환경에 영향을 미치는 지식
- 학습자와 학습자 특성 지식 : 수업에 영향을 미치는 학습자에 관한 지식
- 교육 목적 지식 : 목적, 목표 및 교육 시스템의 구조에 관한 지식

2) 3가지 유형의 지식(Metzler)

교사는 위의 각 범주에서 3가지 다른 수준의 지식, 즉 명제적 지식, 절차적 지식, 상황적 지식을 가져야 한다. 명제적 지식은 절차적 지식에 선행된다. 우수 교사는 명제적 지식과 절차적 지식을 다양한 교육 환경에서 활용할 수 있는 방법을 아는 사람이다.

- 명제적 지식
    - 교사가 구두나 문서로 표현할 수 있는 지식
    - 발달 단계에 적합한 교육과정 및 수업의 개념 지식
    - 스포츠 경기의 규칙 지식
    - 초등 5학년생에게 적합한 3가지 리듬 활동에 대한 지식
    - 특정한 움직임 형태가 운동 수행을 향상시키는 것을 아는 것
- 절차적 지식
    - 가교사가 실제로 수업 전, 중, 후에 적용할 수 있는 지식

- 나수업 관리와 학생 학습을 촉진할 수 있는 방법으로 명제적 지식을 활용하는 것
- 발달 단계에 적합한 교수 전략을 활용한 교수·학습 과정안의 작성 지식
- 과제 제시의 일부분으로 올바른 규칙을 예시할 수 있는 능력
- 학생의 연습을 관찰하면서 정확한 피드백을 제공할 수 있는 지식
- 학생에게 반복적인 움직임 패턴을 연습하게 하는 리드업 게임을 만들어 적용할 수 있는 능력

- **상황적 지식**
    - 교사가 특수한 상황에서 적절한 의사결정을 언제, 왜 해야 하는지에 관한 정보를 제공
    - 학생의 발달 단계에 부적합한 학습 활동을 변형할 수 있는 지식
    - 규칙을 설명할 때 학년에 따라 다른 용어를 사용할 줄 아는 지식
    - 과제 참여를 꺼리는 학생에게 학습동기를 부여할 줄 아는 것
    - 리드업 게임에서 정식 게임으로 과제를 전환해야 하는 시기를 아는 것

2. 체육수업모형의 기초 지식

1) 학습 환경

학습 환경은 체육 프로그램의 학습 내용과 방법에 영향을 주는 모든 요인을 의미한다. 대부분의 환경 요인들은 고정적이고 교사 통제 밖에 있다. 교사는 환경을 변화시킬 수 있는 힘을 갖고 있지 못한데, 최선의 방법은 주어진 학습 환경에 익숙해져서 그 환경 내에서 교수·학습의 효과를 극대화하는 것이다.

- 학교 위치 : 도시, 시골, 교외, 학교 지역, 지역 환경
- 학생 정보 : 학교 규모, 학생의 사회 경제적 지위, 지역 사회의 가치, 학업 능력, 결석 학생 비율, 전학 학생 비율, 외국인 학생
- 학교 행정 : 지역 수준, 학교 수준
- 체육 교사 : 교사와 보조교사의 수, 성, 인종, 민족의 구성, 연령, 교직 경험, 교과내용 전문성
- 수업 교재 : 지도 공간, 용·기구, 시간과 스케줄

2) 학습자

- 인지 발달(Piaget의 인지 발달 4단계)

    아동의 발달 단계에 따라 인지 발달의 수준도 달라진다. 대다수의 체육교육과정은 Piaget의 인지 발달 단계에 근거하여 교수 활동, 교수 방법과 전략, 평가 방법, 용기구 등을 다루고 있다.

인지 단계와 개략적인 연령 범위	학습자의 특성	움직임 개념 학습의 적용
감각 운동기 (생후 2년)	• 움직임과 인지 사이에 초기 관계 형성 • 개별 탐색을 통해 직관적 움직임 패턴 발달(잡기, 돌기, 다루기)	• 이 시기의 학습자는 아직 타인으로부터 움직임을 배울 준비가 되어 있지 않음.
원시적 조작기 (전조작기) (2~7년)	• '구체적'인 것을 계속 배움. • 아직은 추상적 경험이 형성되거나 습득되지 못함.	• 학습자는 간단하고 명료한 지도아래 '촉각적 경험/실제로 피부로 느낄 수 있는 경험'(예: 끌어안기, 느끼기, 공간에서 신체 이동)을 필요로 함.
구체적 조작기 (7~11년)	• 추상적 경험으로 배우는 능력이 생기기 시작하지만 여전히 겉으로 드러나는 구체적인 것에 의존 • 대상을 재구성하고 사물의 부분과 전체 관계를 이해하기 시작	• 문제를 해결하기 시작 • 사고와 움직임 사이의 관계 탐구 가능 • 논리적인 학습이 가능 • 상세한 지시 사항 수가 덜 필요하게 됨
형식적 조작기 (11~14년)	• 개념 학습의 숙달 • 사전 지식과 경험을 새로운 구조로 변형 • 가설의 이해	• 복합적 문제의 해결(추상적이고 논리적인 사고 가능) 가능 • 스스로 새로운 지식을 개발 가능 • 함축된 지시 아래 학습 가능

• 운동 발달(Gallahue의 운동 발달 단계)
  반사운동 시기 → 원시운동 시기 → 기초운동 시기 → 구체화된 운동 시기

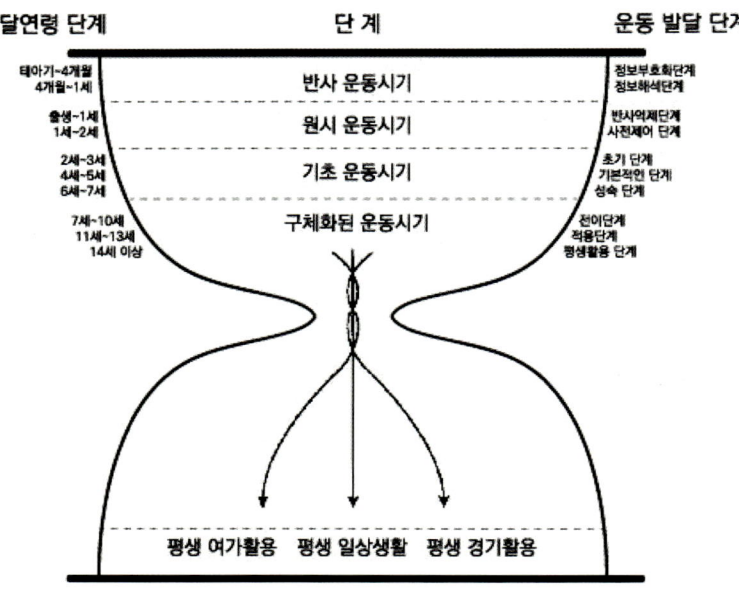

- **정의적 발달**

    교사들은 정의적 영역에 많은 관심을 기울이지만, 실제로는 학생들이 어떻게 이 영역을 학습하고 발달해 가는지에 대해 잘 알지 못한다.

    이 영역의 학습은 매우 개별적으로 이루어진다. 그 때문에 교사들은 학생의 욕구와 정의적 학습에 대해 알 수 있는 지표를 거의 가지고 있지 않다.

    정의적 영역의 학습과 나머지 두 영역(심동적, 인지적 영역)의 학습 간에 복합적이고 잘 알려지지 않은 상호작용이 존재한다.

- **학생의 학습 동기**

    Keller(1983)의 4가지 보편적 학습 동기 개념
    - 흥미 : 학습자의 호기심 발현과 유지 정도
    - 관련성 : 내용과 지도가 학습자 개인의 목표와 요구에 부합되는 정도
    - 기대 : 학습자가 인식한 과제에 대한 성공 기대
    - 만족 : 학습자의 내적 동기, 외적 보상

    Brophy(1987)의 동기 전략을 분류한 개념 틀
    - 첫 번째 수준(4가지 선행 조건) : 지원적인 환경, 적절한 도전(난이도) 수준, 의미 있는 학습 목표, 적절한 교수 전략
    - 두 번째 수준(3가지 원리) : 학생의 성공 기대감을 유지함으로써 동기화 할 것, 외적 보상을 제공함으로써 동기화 할 것, 학생이 소유하고 있는 내적 동기를 이용해서 동기화할 것.
    - 세 번째 수준 : 학습 동기를 유발하기 위한 구체적인 전략

첫 번째 수준	필수 선행조건	• 지원적인 환경 • 적절한 도전(난이도) 수준 • 의미있는 학습 목표 • 적절한 교수 전략

두 번째 수준	학생의 성공 기대감을 유지함으로써 동기유발	• 성공 프로그램
		• 목표 설정, 성과의 평가, 자기 강화 지도
		• 학습 의욕이 저조한 학생을 위한 '치료 차원의 사회화'를 제공
		  - 위험보다는 투자로서의 노력 설명
		  - 특정 영역의 기술 개발
		  - 기술 숙달에 집중
		  - 재교육 제공
		  - 시험 불안 최소화

	외적 보상을 제공함으로써 동기유발	• 향상된 성과에 대한 인센티브 차원의 보상 제공 • 적절한 경쟁 상황을 만들어줌 • 학습 활동의 유효한 가치를 강조

두 번째 수준	학생이 소유하고 있는 내적 동기를 이용함으로써 동기유발	• 학습 과제를 학생의 흥미에 적용 　- 학생이 흥미를 가지는 내용이나 재미를 느끼는 활동을 적용 　- 여러 가지 학습 과제를 선택할 수 있게 하거나, 학생의 요구에 부응하는 여러 가지 방법 중에서 선택할 수 있는 자치권을 행사할 수 있는 기회를 제공 　- 학생의 의견 제시와 질문을 유도 　- 학생이 자신의 견해를 표현하거나 내용에 대해 다른 대답을 할 수 있도록 다양한 질문과 기회를 제공 • 새롭고 다양한 계획 • 활발하게 대답할 수 있는 기회 제공 • 학생의 응답에 대한 즉각적인 피드백 제공 • 학생들이 과제를 끝마칠 수 있도록 함 • 학습 활동에 재미있는 것들을 통합 　- 공상이나 상상의 요소 　- 모의실험 　- 게임 같은 것 　- 동료 학생과의 상호작용의 기회
세 번째 수준	학생의 학습 동기를 유발하기 위한 전략	• 학습 흥미와 동기유발을 모형화 • 학생의 학습 동기에 대한 바람직한 기대감과 속성을 전달 • 학습 활동 수행 중의 학생의 불안을 최소화 • 집중력 발산 • 열정 발산 • 과제의 흥미나 평가를 유발 • 호기심이나 긴장감을 유발 • 불협화음이나 인지적 갈등 유발 • 추상적인 학습 내용을 개인적이고 구체적이며 친숙하게 만들기 • 학생이 스스로 학습 동기를 유발하도록 촉진 • 학습 목표를 진술하고 뛰어난 기획자를 제공 • 과제와 관련된 사고와 문제 해결 과정을 모형화

• **학습 유형과 선호도**

학습 유형 이론에 따르면, 학습자는 학습 능력, 과거의 학습 경험, 수업 환경의 복잡한 상호작용에 의해 결정되는 자신만의 가장 효과적인 학습 방법을 가지고 있다. Reichman과 Grasha(1974)이 개발한 도식은 학생의 학습 선호와 수업모형을 일치시키는 데 유용하다. 이것은 학생의 학습 태도(참여적/회피적 유형), 교사와 동료에 대한 관점(협력적/경쟁적 유형), 수업 절차에 대한 반응(독립적/의존적 유형)과 같은 3가지 차원에 기초하고 있다.

3) 학습 이론

수업모형에 대한 가장 기본적인 설계 요인은 각 모형이 근간을 이루고 있는 학습 모형 이론이다. 학습 이론은 어떻게 학습이 발생하는지를 설명하거나 기술하는 방식이다.

학습이론	학습 방법에 대한 기본 가정
조작적 조건화	• 학습은 인간 행동의 결과로써 일어난다. 강화된 행동은 반복해서 일어날 것이고, 벌을 받은 행동은 발생이 억제될 것이다[효과의 법칙]. • "$S^D \to R \to S^R$"이라는 세 조건의 수반성은 학습의 기본적인 구조이다. 변별 자극(S^D)은 반응(R)을 일으키고, 이어서 강화 자극(S^R)이 뒤 따른다. 강화 자극은 변별 자극이 존재할 때 같은 행동을 다시 발생시킬 가능성을 증가시킨다.[사람은 자신의 행동에 대한 결과에 대해 제공되는 강화가 자신에게 얼마나 유용한지를 바탕으로 같은 행동을 계속할지 그만둘지를 결정한다. 따라서 조작적 조건화는 유기체가 능동적으로 반응하는 과정이다.]
사회 인지 학습 (자기효능감을 포함)	• 학습은 사람들이 환경 내에서 다른 사람을 관찰하고 행동을 모방할 때 일어난다. • 학습된 행동은 조작적 조건화와 동일한 방식으로 강화된다. • 행동은 학습자, 환경, 행동 사이의 상호작용에 의해 결정된다. • 자신이 실제로 해보거나 다른 사람을 관찰해 봄으로써 이루어진다.
정보처리	• 학습이라는 "행위"는 내적(정신적) 과정을 통해 이루어진다. • 환경 내에서 어떤 특징을 선택하여 주의를 기울이고, 정보를 변형하고 익히며, 새로운 정보를 사전 지식과 연결하고, 이어서 그 지식을 의미있게 조직한다. 기억 기능을 이용하는 것은 학습에 매우 중요하다.
인지 학습 (구성주의 학습을 포함)	• 학습은 전에 배웠던 사실, 상징, 개념과 원리에 의미를 부여하는 개인의 능력 확장을 바탕으로, 인지적 성장과 발달 과정으로 이루어진다. • 접근 방식에서, 학생들은 기존에 습득한 지식에 스스로의 의미를 구축함으로써 학습을 한다. 사람은 이 과정에서 핵심 역할을 하는 학습에 대해 자신만의 내재적 믿음을 갖는다.
문제 해결	• "문제 해결"이라는 인지 이론은 자동적으로 해결될 수 없는 목표를 성취하려는 사람들의 노력과 관련이 있다. • 그것은 시행착오, 통찰력, 추단(혹은 어림짐작)이라는 3가지 주요 작용에 의존한다.
학습 동기	• 학습 과정은 학습자가 가지고 있는 선천적 욕구에 의해서 발생한다. • 학습자의 선천적 욕구는 충동(혹은 동기)을 추동하여 행동을 표출하게 함으로써, 욕구를 줄이거나 없앤다. 욕구는 생리적이거나 심리적인 것, 혹은 양자가 결합한 것이다.
인본주의 이론	• 인본주의 이론은 5가지 단계의 욕구(생리적 욕구, 안전의 욕구, 소속감과 애정의 욕구, 자아존중의 욕구, 자아실현의 욕구)를 만족시키고자 하는 동기 이론(Maslow, 1970)과 관련되어 있다. • 학습은 하위 욕구를 충족한 결과, 다음 상위 단계의 학습을 시작하는 것에 구애받음이 없을 때 이루어진다.[사람은 생리적 욕구와 안전의 욕구와 같은 기본적인 욕구가 충족되어야 자아존중, 자아실현과 같은 상위 욕구(즉 학습 욕구)의 충족을 위해 노력하게 된다는 의미이다.]

4) 발달 단계에 적합한 체육수업(미국체육협회, NASPE)

발달적 변화는 질적으로 이루어진다.
발달적 변화는 연속적으로 이루어진다.
발달적 변화는 누적적으로 이루어진다.
발달적 변화는 방향성을 가지고 있다.
발달적 변화는 복합적 요인에 영향을 받는다.
발달적 변화는 개별적으로 이루어진다.

위의 진술은 발달 단계에 초점을 둔 수업에 대한 중요한 개념들, 즉 '발달은 연령과 관련되어 있다. 그러나 연령이 결정적인 것은 아니다.'라는 점을 강조하고 있다. 교사는 8세, 12세, 16세의 학생들이 서로 연령별 발달 특성이 다르기 때문에 모두를 같은 방식으로 가르쳐서는 안 된다. 뿐만 아니라, 동일한 연령대의 학생들이 비슷한 발달 특성을 가지고 있다하더라도, 그들 사이에 개인차가 존재하기 때문에 모두를 똑같은 방식으로 가르쳐서도 안 된다.

5) 학습 영역과 목표

학습 이론가들은 학습 결과를 범주화하기 위해 3가지 학습 유형을 제시한다. 이들 각각은 영역(domain) 또는 범주(territory)라 일컬어지며, 학습자가 각 영역에서 습득하게 되는 특정 종류의 학습을 포함한다. 전통적인 3가지의 학습 영역은 인지적, 심동적, 정의적 영역이다.

- 인지적 영역(Bloom, 1956)

기억	사전에 학습된 정보를 회상할 수 있는 능력 (예) • 학생은 테니스 라켓의 각 부분을 말할 수 있다. • 학생은 골프 스윙의 5가지 부분을 회상할 수 있다.
이해	정보의 의미를 이해하는 능력 (예) • 학생은 웨이트 트레이닝에서 지레의 힘이 사용되는 방법을 설명할 수 있다.
적용	정보를 새롭고 구체적으로 적용할 수 있는 능력 (예) • 학생은 보다 공정한 시합을 위해 게임 규칙을 변용할 수 있다. • 학생은 동일한 음악을 활용하여 2가지 춤을 창작할 수 있다.
분석	자료를 구성 요소로 분류하고 그 요소들 간의 상호 관계를 이해하는 능력 (예) • 학생은 동료의 수행을 관찰하고 실수를 찾아낼 수 있다. • 학생은 경기 상황에 적합한 전략을 분별할 수 있다.
종합	부분을 전체로 통합할 수 있는 능력 (예) • 학생은 테니스 스윙과 라켓볼 스윙간의 유사점과 차이점을 인식할 수 있다. • 학생은 플래그 풋볼에서 공격적인 경기를 계획할 수 있다.
평가	상반되는 의견이 있는 상황에서 가치를 판단하는 능력 (예) • 학생은 체조 시합을 판정할 수 있다. • 학생은 2가지 춤 동작을 비교할 수 있다.

Part 04 모형중심의 체육수업 개관

- 심동적 영역(Harlow, 1972)

반사 동작	자극에 반응하여 일어나는 무의식적 동작이나 행동 (예) • 학생은 잠재적 위험 상황을 알고 피할 수 있다. 　　• 학생은 스스로 올바른 자세를 취할 수 있다.
기초 능력	반사 동작들(움직임들)의 결합에 의해 형성되는 선천적인 움직임 패턴 (예) • 학생은 달리고, 걷고, 뛰고, 한 발로 깡충 뛰고, 도약할 수 있다.
지각 능력	감각을 통해 자극을 적절한 움직임으로 변화시키는 행동 (예) • 학생은 공중으로 던져진 공을 향해 쫓아갈 수 있다. 　　• 학생은 두 개의 다른 도구로 공을 칠 수 있다.
신체 능력	기본 움직임과 지각 능력을 결합시켜 단순한 기술적 움직임을 생성하는 능력 (예) • 학생은 체조를 할 수 있다. 　　• 학생은 음악에 맞추어 스퀘어 댄스를 따라 할 수 있다.
복합 기술	효율성, 체력, 동시에 한 가지 이상의 신체 능력의 결합을 요구하는 상위 기술 (예) • 학생은 스포츠를 하는데 필요한 기술을 배울 수 있다. 　　• 학생은 장애물 체력 단련 코스를 통과할 수 있다.
운동해석 (동작적 의사소통)능력	신체 움직임을 통해 의사소통할 수 있는 능력, 즉 행동을 통해 감정, 사고, 의미를 표현하는 능력 (예) • 학생은 '화창한 날 활짝 핀 꽃'처럼 움직일 수 있다. 　　• 학생은 관중들에게 행복을 나타내는 춤을 창작할 수 있다.

- 정의적 영역(Krathwohl, 1964)

수용화	• 정보를 얻기 위해 관심을 기울이고, 보고, 듣는 능력 (예) • 학생은 미국의 여성 스포츠 역사를 읽을 수 있다. 　　• 학생은 자신이 가장 좋아하는 춤에 대해 다른 학생이 설명하는 것을 잘 들을 수 있다.
반응화	• 학습자가 듣고 본 것에 대해 논쟁, 토론 또는 동의(또는 비동의)하는 능력 (예) • 학생은 자신이 체육을 왜 좋아하는지 5가지 이유를 나열할 수 있다. 　　• 학생은 스포츠에서의 경쟁에 대해 찬성과 반대를 토론할 수 있다.
가치화	• 행위 또는 일의 가치나 중요도를 결정할 수 있는 능력 (예) • 학생은 사람들이 정기적으로 운동해야 하는 이유를 이해할 수 있다. 　　• 학생은 공정한 경기를 위해 규칙을 준수해야 하는 필요성을 설명할 수 있다.
조직화	• 다른 가치들과 비교하여 가치를 결정하고, 판단과 선택을 위해 조직화하는 능력 (예) • 학생은 건강 체력활동들 중에서 선호하는 활동을 결정할 수 있다. 　　• 학생은 기술과 운동 수행의 향상을 위해 목표를 설정하고 노력할 수 있다.
인격화	• 가치들을 내면화하여 학생이 일상생활에서 실천하는 능력 (예) • 학생은 수업 시간이외 활동에서 게임 규칙과 예절을 지킬 수 있다. 　　• 학생은 건강식이 아닌 음식이 있을 때 건강을 위해 적절한 선택을 수 있다.

- 학습 영역의 우선순위와 상호작용

　학습 활동의 직접적 의도가 한 가지 영역에 집중되고, 동시에 다른 영역에서 학습이 일어날 때 영역간 상호작용이 발생한다. 체육 교사는 계획된 학습 활동에서 영역의 우선순위가 어떻게 결정되는지를 알아야 하고, 영역간 상호작용이 어떻게 일어나는지를 이해해야 한다.

학습 활동	교사의 우선 영역	학습 영역의 상호작용 ('⇒'는 '~하는 동안' 혹은 거의 동시에 이루어지는 것으로 해석될 수 있음)
기본 스텝 배우기	1. 인지적 2. 심동적 3. 정의적	① 순서와 타이밍에 대해 생각하기 ⇒ ② 연습하기 ⇒ ③ 무용 연습을 즐기고 무용을 좋아하기
술래잡기	1. 심동적 2. 인지적 3. 정의적	① 달리기와 피하기 ⇒ ② 술래를 피할 수 있는 전략과 전술 습득하기 ⇒ ③ 술래가 된 느낌을 배우기
협동 게임	1. 정의적 2. 심동적 3. 정의적	① 그룹의 일원되기 ⇒ ② 전략의 시행착오를 배우기 ⇒ ③ 전략 수행에 필요한 신체적 움직임을 행하기
움직임 개념	1. 인지적 2. 심동적 3. 정의적	① 움직임의 개념과 예시/비예시를 알기 ⇒ ② 개념을 표현하며 움직이기 ⇒ ③ 새로운 움직임 방법을 발견하고 창조하기
스포츠 기술 연습	1. 심동적 2. 정의적 3. 인지적	① 필요한 운동 수행 패턴 배우기 ⇒ ② 긍정적 스포츠 행동과 태도 학습하기 ⇒ ③ 게임 상황에 따른 응용기술 이해

- 학습 목표

　학습 목표는 학습 조건(상황), 도착점 행동(지식·태도), 학습 성취 기준이라는 3요소를 포함해야 한다(Mager, 1984). 수업 목표의 구체적인 형식과 내용은 학습영역과 의도된 학습 결과의 수준에 따라 달라진다. 다음은 각 영역의 다양한 분류 수준에 따라 기술된 학습 목표의 예이다.

　- 인지적 영역(적용 단계) : 농구의 2~3 지역 방어 설명을 듣고 주요 지점에 공을 위치시킨 상태에서(조건), 학생은 5명 모든 선수들의 정확한 포지션을(기준) 도식화할 수 있다(행동-지식).

　- 인지적 영역(평가 단계) : 두 선수의 3m 다이빙 동작을 보여주면(조건), 학생은 각 선수의 점수를 채점하고(행동-지식), 두 선수의 동작 중 더 좋은 동작을 정확하게 판별할 수 있다(기준).

　- 심동적 영역(지각 능력 단계) : 학생은 제자리 줄넘기를 혼자서(조건), 멈추지 않고(기준) 10번을 반복할 수 있다(행동).

　- 심동적 영역(복합 기술 단계) : 깃발 미식축구 경기에서 쿼터백을 담당하면서(조건), 학생

은 40퍼센트의 성공률을 가지고(기준) 공격 측이 달려가는 방향으로 전진 패스를 할 수 있다(행동).
- 정의적 영역(가치화) : 멀티미디어 콜라주에서(조건) 학생은 올해 체육수업에서 가장 좋아했던 활동 5가지를(기준) 표현할 수 있다(행동-태도).
- 정의적 영역(인격화 단계) : 식당에서 식사를 한 후(조건) 학생은 자신이 먹은 음식의 리스트를 만들고(행동-태도), 그 음식들이 건강에 얼마나 좋은지를 판단할 수 있다(기준).

6) 체육수업 내용

- **내용 교수법 지식**[2](Pedagogical Content Knowledge : PCK)

  풍부한 내용 지식은 교사로 하여금 수업을 조직화하고, 학습 목표를 분명하게 제시할 수 있게 수 있게 한다. 그리고 안전한 학습 환경을 제공하고, 학습 진도를 적절히 조절하고, 수업에서 학습자의 움직임 유형과 기술을 관찰하고 분석할 때 안목을 키워준다. 이러한 내용지식은 교육 환경과 학습자에 대한 지식과 결합될 때 내용 교수법 지식(Pedagogical Content Knowledge : PCK)이 된다. 내용 교수법 지식은 교사가 '자신이 하는 일을 안다는 것'과 '학생들을 가르치는 방법을 안다는 것'을 의미한다(Shulman, 1987).

- **수업 방법 지식의 발달** : 교사의 지식과 능력의 4가지 유형을 조합함으로써 수업 방법
- **지식을 발달시킬 수 있다.**

  광의적, 협의적 목표를 모두 고려해야 한다.
  학생이 이미 무엇을 알고 있고, 무엇을 할 수 있는지 이해해야 한다.
  교육과정 내용에 대한 충분한 지식을 가져야 한다.
  다양한 지도 전략을 사용해야 한다.

- **움직임 기능의 분류**

비이동 운동 기능	• 물체나 도구를 사용하거나 공간 이동을 하지 않는 신체 운동 기능이다. • 정지 자세에서 이루어지는 운동으로, 정적 균형잡기, 구부리기, 비틀기 등.
이동 운동 기능	• 물체나 도구를 사용하지 않으면서 공간을 이동하는 신체 운동 기능이다. • 걷기, 달리기, 두발뛰기, 피하기 등.
물체 조작 기능	• 손이나 몸에 고정시키지 않은 상태에서 도구를 조작하는 운동 기능이다. • 던지기, 토스하기, 차기, 잡기, 튀기기 등
도구 조작 기능	• 물체를 조절하기 위한 목적으로 용·기구를 한 손 드는 두 손으로 다루는 운동 기능이다. • 도구 조작 기능은 도구와 물체를 동시에 통제할 수 있는 능력이 요구되기 때문에 손과 눈의 협응력 및 시각 추적 능력이 요구된다.

---

[2] 내용 교수법 지식(PCK)은 교수 내용 지식, 수업 방법 지식 등으로 번역해 사용됨

전략적 움직임과 기능	• 역동적인 상황에 적용되는 움직임 형태이다. • 핸드볼 수비, 야구의 도루 등과 같이 어떤 결과를 산출하기 위해 운동 기능과 상황적 의사결정을 결합하는 형태이다.
움직임 기술 주제	• 복합적인 운동 패턴을 점진적으로 발달시키기 위해 기본 운동 기능과 움직임 개념을 결합하는 운동 기능이다. • 기본 운동 기능은 비이동, 이동, 조작 운동을 말하고, 움직임 개념은 신체, 움직임의 질(effort), 공간, 관계를 의미한다.
표현 및 해석적 움직임	• 능숙한 기술을 습득하거나 어떤 결과를 산출하기보다 주로 느낌, 개념, 생각, 주제를 표현하기 위한 움직임이다. • 움직임 표현을 가르치기 위해서는 움직임 수행자와 관객에게 움직임의 의미를 전달해 주는 '신체 언어' 지식과 같은 교사의 전문성이 필요하다.

- 움직임 패턴과 기술 분석
- 움직임 지식, 교사 자신의 운동 경험, 학생의 발달 수준에 대한 지식, 운동 수행에서 주요 요소를 인식할 수 있는 관찰 기술에 근거한다. Coker(1998)는 체육 교사의 기술 분석 효율성을 향상시킬 수 있는 5가지 전략을 제시하고 있다.
  관찰 대상을 결정하라(무엇을 관찰할 것인가?)
  최적의 관찰 관점을 결정하라
  운동 패턴을 확인하기 위해 다양한 기능 수행을 관찰하라
  산만해지는 것을 피하라
  비디오카메라를 사용하라

7) 과제 분석과 과제 발달

- 과제 분석은 학생이 학습해야 하는 기술 요소들을 제시하고 각 요소의 학습 순서를 결정하는데 필요하다. 과제 분석 능력은 내용 지식과 조직 능력에 따라 좌우된다.
- 과제 발달은 학습자로 하여금 과제 분석에 열거된 내용을 배울 수 있도록 계획한 학습 활동의 진도라고 할 수 있다.
  과제 분석
    - 1단계 과제 수준 : 최종 목표
    - 2단계 과제 수준 : 1단계를 수행하는 데 필요한 모든 기술과 지식에 관한 항목
    - 3단계 과제 수준 : 2단계를 수행할 때 필요한 기술과 지식 요소를 제시
  내용전개[Rink의 5가지 학습 과제 유형(제시, 세련, 확장, 적용, 반복)]
    - 시작(제시, 정보, 전달) : 새로운 기술 발달과 관련된 시작 과제
      예) 학생은 교사의 시범을 본 후 5분 동안 공을 드리블한다.

- 세련 : 운동 수행의 질을 향상시키는 과제
    - 예) 교사가 학생에게 공을 자유롭게 다룰 수 있는 3가지 요소를 알려주고 학생은 그 요소들을 10분 동안 연습한다.
- 확대(확장) : 이전 과제보다 조금 더 복잡하고 어려운 과제
    - 예) 학생은 5분 동안 지그재그 드리블 훈련을 한다. 그 훈련은 바닥에 놓여진 8개의 원불 사이를 드리블하는 것을 말한다.
- 적용 : 진술된 운동 수행 기준에 따라 수행하거나, 상대방에 맞서서 또는 표준과 다르게 수행하는 과제
    - 예) 학생이 동일한 지그재그 코스를 통과하면서 드리블할 때 타이밍이 잘 맞춰진다. 학생은 연속적인 시도에서 최선을 다한다.
- 반복 : 이전의 과제들을 복습하거나 숙달
    - 예) 적응 과제의 속도가 증가함에 따라 학생의 통제는 감소하게 된다. 교사는 학생에게 확장 과제로 돌아가 5분 이상 그 과제를 연습하도록 지시한다.

잠깐 !

☑ **완전학습중심 전개와 시간중심 전개의 장·단점**

1. 완전학습중심 전개 : 대부분의 학생이 다음 과제로 이동하기 전에 현행 과제를 완전히 학습할 수 있는 장점이 있다. 반면에, 모든 학생이 합리적으로 적당한 시간 안에 과제를 완수하는 일이 항상 가능한 것은 아니라는 위험성이 존재한다.
2. 시간중심 전개 : 수업의 흐름을 예측할 수 있다는 장점과 일부 학생은 새로운 과제를 시작할 때 준비가 안 될 수도 있는 위험성이 존재한다.

---

8) 평가

- **평가 목적**

    주어진 시간 동안 어느 정도 학습이 일어났는가를 기술한다.
    성적을 부여하기 위해 학습의 질을 판단하거나 평가한다.
    수집된 정보에 기초하여 학습 개선 방법을 결정한다.

- **교사가 알아야 할 평가와 관련 지식**
    - 평가와 학습 기준 또는 학습 목표의 연결
    - 평가 시기 이해
    - 다양한 평가 기법 알기
    - 상황에 맞는 최상의 평가 방법의 선택
    - 평가 방법 실행
    - 평가 정보의 조직, 분석, 해석
    - 학생의 학습 결과 진술을 위한 평가 정보 활용
    - 프로그램 개선을 위한 평가 정보 활용

9) 사회-정서적 분위기 : 긍정적 분위기를 만드는 방법

교사가 기대하는 학생의 행동을 확고하고 일관성있게 설정하고 그러한 기대에 관하여 학생과 자주 대화한다.
바람직하지 않은 행동에만 관심을 두지 말고, 바람직한 행동을 하면 그것을 인정하고 보상을 준다.
수업 운영에 대한 결정에 학생을 참여시킨다.
학생의 학습 결과뿐만 아니라 학생의 노력을 인정해야 한다.
지나친 감정적 상태를 피한다.
권위를 떨어뜨리는 말이나 선입관을 지닌 말을 피한다.
비판을 하지 않는다.
모든 영역의 발달 단계에 적합한 학습 과제를 계획한다.
모든 학생이 참여할 수 있는 학습 과제를 계획한다.
벌을 주기 위해 신체 활동을 사용해서는 안 된다.
교사가 학생의 노력에 관심을 두고 있음을 학생이 알 수 있도록 자주 상호작용해야 한다.

10) 체육수업에서의 평등

교육에서 평등은 학생의 성, 인종, 민족, 능력 사회·경제적 지위, 가족 배경과 상관없이 사회적, 발달적, 교육적으로 학교 교육 기회를 공평하고 동등하게 제공하는 것을 의미한다.

미국의 경우 1972년 교육법 개정안인 Title IX은 스포츠와 체육수업에서 남녀 학생의 분리를 금지했다. 1975년에 통과된 장애인통합교육 법안(Public Law 94-142)은 장애 학생들이 일반 학생과 함께 통합 체육수업을 받을 수 있도록 규정했다. 이러한 통합 수업을 "mainstream 수업"이라고 한다. 1997년에는 장애인 교육 법안(Individuals with Disabilities Education Act : IDEA)이 통과되었다. 이러한 법안들은 평등한 교육환경을 조성하는데 중요한 역할을 하였다. 그러나 체육수업에서 불평등을 완전히 제거하는 데는 여전히 한계가 있다. Napper-Owen(1994)은 체육수업에서 발생할 수 있는 6가지 불평등 요소를 다음과 같이 지적하였다.

- 상위 수준의 기능을 가진 학생 중심의 수업 조직
- 성에 따른 학생 집단 조직
- 학생의 다양한 학습 유형을 반영하지 않는 교수법 사용
- 특정 집단의 학생들을 선호하는 교사와 그들과의 상호작용
- 선입견이나 편견이 있는 언어 사용
- 교사에 의한 부적절한 역할 모델링(본보이기)

11) 체육교육과정 모형

- 초등학교 수준에 활용될 수 있는 교육과정 모형
    - 체력 교육 모형
    - 게임 지도 모형
    - 움직임 교육 모형
    - 주제 중심 움직임 교육 모형 : 기초 운동 기능 위주로 조직되고, 체력, 운동, 인지적 및 정의적 요소와 함께 개발된 움직임 교육의 변형을 주제 중심 움직임 교육 모형이라 부른다.

- 중등학교 수준에 활용될 수 있는 교육과정 모형
    - 다활동 모형 : 체육 프로그램에서 검증된 요소들로 조직화된 다양한 활동 내용 단원들을 통해 광범위한 목표를 증진시킨다. 이 프로그램은 3가지 학습 영역의 균형성을 추구하며, 체력, 개인/대인 스포츠, 팀 스포츠, 협동 게임, 무용 및 모험 활동과 같은 다양한 활동 요소들로 구성된 내용 단원을 제공한다.
    - 스포츠 교육 모형 : 프로그램이 단원이 아닌 시즌 중심으로 구성된다. 학생들은 스포츠와 관련된 다양한 역할과 책임감을 배우게 된다.
    - 야외 및 모험 활동 교육 모형 : 학생들의 협동심, 성취감, 자신감, 용기를 증진할 수 있는 목표를 달성하기 위해 도전과 모험으로 특징지어지는 활동들을 활용한다. 학습 활동의 대부분은 학교로부터 벗어나 주로 자연 환경에서 이루어진다.
    - 사회성 개발 모형 : 도시의 비행 청소년을 위해 개발된 모형으로 신체 활동을 통해 긍정적인 인성과 사회성을 발달하기 위해 많은 학교에서 도입하고 있다. 이 모형의 프로그램은 5가지 수준의 목표 달성 및 발달 단계로 구성된다. 각 수준은 학생의 진도 상태와 학습을 나타내는 행동 양식으로 특징지어진다.
    - 학문 중심 모형 : 이 모형에서 다루는 개념들은 체육학의 몇 가지 응용 하부 영역, 즉 운동 기능학, 운동 역학, 운동 과학, 스포츠 심리학, 스포츠 사회학, 스포츠 인문학에 근거한다. 이 모형의 학습 활동은 교실과 실험실에서 이루어지며, 반드시 학생들의 신체 활동을 수반하지 않을 수도 있다.
    - 개인 체력 모형 : 플로리다 주의 지침에 기초하여 많은 주와 학교 지역구는 개인 체력에 관한 광범위한 요소들을 포함시키고 있다. 체력의 기초 지식과 개념 원리를 포함하고 있으나, 각 학생의 개인 체력 향상을 위한 프로그램 구성 및 실행 측면을 확대해 나가고 있다.

3. 전문적 체육 교사로 성장하기

- **체육 교사가 알아야 할 지식**

    교사는 Shulman(1987)이 제시한 모든 지식의 유형뿐만 아니라, 자신의 학교, 프로그램 및 수업에 이 지식을 적용할 수 있는 방법("상황적 지식")을 알아야 한다.

- **전문적 체육 교사의 특징**

    Manross와 Templeton(1997)은 전문적 체육 교사의 특징으로 다음과 같은 요소들을 지적했다.

    철저하고 완벽한 수업 계획을 수립한다.
    개별 학생에 초점을 둔다.
    자동화된 행동 특성을 가지고 있다.
    독창적인 피드백을 제공한다.
    교과 내용을 통달하고 있다.
    반성적 사고와 행동을 가지고 있다.

Chapter 03. 모형중심의 체육수업 전략

1. 수업 관리 전략

1) 예방적 관리 계획

- **도입 단계의 관리 전략**
  수업 계획의 게시
  특별 수업의 공고 또는 게시
  예비 활동
- **일관성 있는 수업 관리 방법**
  좋은(바람직한) 행동 게임
  - 학생을 팀으로 편성하고, 학생의 부적절한 행동이 나타날 때마다 교사가 1점씩 감점한다. 각 팀은 좋은 행동 게임에서 승리하기 위해 다른 팀과 경쟁하게 된다. 이긴 팀에게는 수업 후 소정의 보상이 주어진다.

  행동 계약
  - 일정 수업 시간 동안 수행해야 하는 행동에 대해서 교사와 학생 간에 계약을 맺고, 계약대로 수행했을 때 학생이 받게 될 보상에 관해서 교사와 개인별 학생이 합의하는 것이다.

  대용 보상(토큰) 체계
  - 토큰은 학생이 적절한 행동을 할 때마다 교사가 주는 보상으로, 수업 시간의 낭비 없이 학생의 바람직한 행동을 유지하고 지속시키는 데 효과적인 방법이다.

  타임아웃
  - 가장 빈번하게 사용되는 행동 관리 기법의 하나인 타임아웃은 부적절한 행동을 한 학생을 이정한 시간 동안 수업 활동에서 제외하는 방법을 달한다.
- **엄격한 규율**
- **교칙에 관한 계획**
- **학생이 선택한 계획**
  학생은 성장함에 따라 선택 능력과 자신이 선택한 사항에 대한 책임감을 갖게 된다. 학생 스스로 작성한 수업 규칙과 규칙 위반 시의 처벌에 대한 목록을 만들어서 활용할 필요가 있다.
- **동료와 집단 갈등 해결 계획**
  학생들이 교사의 간섭이나 중재 없이 문제를 예방하고 갈등을 해결하는 방법을 배우게 할 필요가 있다.

2) 상호작용적 관리 전략

용·기구의 배분과 회수를 학생이 돕게 하라.
현재 활동이 진행되는 동안 다음 활동을 예비하라.
수업 중 발생하는 응급 상황을 사전에 대비하라.
비상 계획을 수립하라.
학생의 부상 발생 상황 계획을 세우라.
주의를 끌고자 하는 학생의 행동을 단절하라.
학급의 전반적인 사태를 통찰하는 방법을 배우라.

3) 집단 편성 전략

- 무작위 조 편성 : 끊어 자르기, 태어난 달로 편성, 옷 색깔로 조 편성
- 능력 수준을 고려하여 연습 집단 편성
- 게임을 위한 조 편성

2. 수업 지도 전략

1) 과제 제시 전략(Rink, 1998)

- 학습자의 주의 집중
- 수업 내용과 활동 과제의 조직
- 명확한 의사소통의 향상
- 의사소통 방법의 선택
- 학습 단서의 선정과 조직

2) 과제 구조 및 참여 전략

- Jones(1992)의 과제 체계의 3가지 구성 요소
    - 학습 과제를 실행하는 데 사용되는 절차와 운영
    - 과제를 완수하는 데 활용될 수업 자료와 조건들
    - 과제의 중요도와 의미를 반영하는 책무성의 수단
- 과제 난이도의 조정
    난이도는 과제가 가진 다음과 같은 요소 중에서 한 가지 이상의 요소를 점진적으로 변화시켜 나가면서 그 수준을 조절할 수 있다.
    - 목표물까지의 거리

- 과제 완수에 필요한 시간
- 도구의 크기와 무게
- 물체의 크기, 무게, 재질
- 반복 횟수
- 목표물의 크기와 높이

- **초대에 의한 교수(teaching by invitation)**

  이 전략은 학생을 존중하여 스스로 과제의 난이도를 정하고 그 난이도 수준에 도전할 수 있도록 한다.

- **발달 단계의 적합성**

  과제는 학생이 과제의 목적과 형태를 이해할 수 있도록 설계되어야 하며, 학생에게 최소한 적절한 수준의 성공을 제공할 수 있어야 한다.

- **연습 과제의 분절화 및 계열화**

  어떤 기능은 계획된 절차에 따라 한 번에 한 동작씩 수행하도록 세분화할 때 학습이 극대화되는 경우가 있다.

  그러나 다른 경우에는 모든 분습 과제를 전습법 연습 형태로 계열화할 필요가 있다.

- **폐쇄 기능(closed skill)과 개방 기능(open skill)**[3]

  폐쇄 기능은 기능이 수행되는 동안 변인과 환경에 거의 변화가 없는 기능이다.

  준 폐쇄 기능(relatively closed skill)은 폐쇄 기능과 같이 안정적인 환경 특성뿐만 아니라 변화하는 변인을 가지고 있다.

  개방 기능은 수행에 영향을 미치는 변인들이 기능이 수행되는 동안 변인이나 환경이 수시로 변화되는 기능을 말한다.

  개방 기능의 과제 전개는 몇 가지 발달 단계로 나타난다.
  - 첫 번째 단계는 폐쇄 기능으로 학습자가 분절된 기능을 분습법과 느린 속도로 연습하는 단계이다.
  - 두 번째 단계는 개방 과제의 몇 가지 변인을 포함하는데 전형적으로 상대자, 장애물, 또는 구체적인 수행 기준을 포함한 연습으로 이루어진다.
  - 세 번째 단계는 모든 변인과 복잡성이 개입된 리드-업 게임으로 특징지어진다.
  - 네 번째 단계는 실제 게임과 경쟁 상황과 같은 예측할 수 없는 상황에서 이 기능들을 연습하고 학습하도록 한다.

---

[3] 2부 5장의 3절 내용 참고

폐쇄 기능	준폐쇄 기능	개방 기능
볼링 야구 다트 농구 자유투 체조	골프 배드민턴 서브 티볼 치기 저글링 라인 댄스	태그게임 필드하키 프리스비 공잡기 축구 패스 수비

- **과제 연습을 위한 집단 편성**

    개별 학습, 파트너 학습, 소집단 연습, 대집단 연습, 학급 전체 연습 집단으로 편성
    집단 편성 전략은 다음의 조건에 의해 결정된다.
    - 안정성
    - 최대 참여 기회
    - 과제 목표
    - 학생의 책임감 정도
    - 활용할 수업모형
    - 동료 학생과의 상호 협력 필요성
    - 충분한 학습 공간과 도구

3) 체육 학습 활동 유형

- **심동적 영역이 우선순위인 경우의 학습 활동**

    학습 센터(learning centers)
    - 학습 스테이션이라고 부르며, 조직 방법은 학생을 소집단으로 나눠서 체육관 또는 연습 장소 주변에 지정된 몇 개의 센터를 순회하도록 한다.
    - 각 센터는 다양한 기술별, 동일 기술의 난이도 수준별로 다르게 설계된다.

    기능 연습(drills)
    - 한두 가지 기능 요소를 단순하고 통제된 상황에서 여러 번 반복하여 연습하는 것이 효과적일 때가 있다.
    - 학생이 순환하며 배우는 학습 센터에 몇 가지 기능 연습을 포함시킬 수 있다.

    리드-업 게임(lead-up games)
    - 몇 가지 기능 연습의 특징과 정식 게임의 특징을 포함한다.
    - 정식 게임을 단순화한 형태라고 볼 수 있으며 게임에서 많이 반복되는 한두 가지의 기능 측면에 초점을 둔다.
    - 일반적인 리드-업 게임은 배구 경기와 비슷한 뉴콤, 테니스나 라켓볼과 비슷한 피클 볼, 필드하키와 비슷한 플로어 하키가 있다.

    변형 게임(modified games)

- 학생에게 보다 많은 활동을 제공하고 많은 전략과 전술의 활용 기회를 늘려주며, 보다 더 나은 경쟁이 되도록 하기 위해 여러 가지 방법으로 게임을 변형할 수 있다.
- 게임의 변형은 필드나 코트의 크기, 골대와 목표물의 크기, 한 팀의 인원수, 게임 규칙, 득실점 규칙 등을 통해서 가능하다.

스크리미지(scrimmage)
- 전술 연습 게임은 게임이 진행되는 도중 "티칭 모멘트"가 발생할 경우 언제든지 게임을 멈출 수 있는 특징을 가진 완전 게임의 형태를 말한다.
- 게임 중에 특정 장면을 반복 수행케 함으로써 학생이 몇 가지 게임 상황에 대한 또 다른 시각을 가질 수 있도록 한다.

게임(games)
- 완전 게임은 체육 교과의 스포츠 내용 단원에 적합한 과제 조직 방법이다.
- 학생에게 긍정적인 학습 경험으로 게임을 제공하기 위해서는 교사는 가능한 공정한 시합이 되도록 하며, 진 팀이나 선수들이 부정적인 측면을 배우지 않도록 해야 한다.

역할 수행(role-playing)
- 대다수의 스포츠 활동은 선수 이외에도 경기 위원, 심판, 판정관, 점수 기록자, 코치, 트레이너 등 여러 형태의 참여자를 포함하고 있다.
- 스포츠 교육 모형은 학생이 선수 또는 코치, 심판, 통계 처리와 같은 역할을 함으로써 지식과 기술, 책임감을 배우는 조직화된 스포츠 시즌의 학생 역할 수행에 근거하고 있다.

비디오 자기 분석
- 학생은 수업 중 학습 과제를 수행하는 자신들을 비디오로 촬영한 후 주요 동작 기능을 분석하기 위해 체크리스트를 사용할 수 있다.
- 학생에게 시각적인 피드백을 제공하며, 움직임 관찰과 분석 지식의 발달을 도모할 수 있다.

협동 과제
- 체육 교과에서의 과제 조직의 주된 경향은 학생의 소집단 편성을 통한 협동 학습 활동을 하는 것이다.
- 교사는 각 집단에게 해결해야 할 문제나 완수해야 할 과제를 부과하고, 교사가 어떤 특별한 지시나 도움 없이 집단이 함께 목표를 달성하도록 지도한다.

"활동-지도-활동"
- 학생들이 과제 활동을 해나가는 동안에, 교사는 공통적인 문제점을 파악하고 주의 신호와 함께 수업을 잠시 멈춘다. 교사는 공통된 문제점에 대해서 언급하고 학생에게 개선의 도움이 될 만한 간단한 과제 제시를 하게 된다. 그런 다음 교사의 관찰과 함께 두 번째 활동이 시작되고, 다시 교사의 두 번째 지도가 이어진다.
- 두 가지 과제 구조의 장점
    ㉠ 학생은 곧바로 과제에 적극적으로 참여할 수 있다.
    ㉡ 과제 정보는 교사가 사전에 관찰한 문제점에 근거하여 제시되기 때문에 학습 과제와

매우 밀접한 정보로 제공된다.

- **정의적 영역이 우선순위인 경우의 학습 활동**

  반성적 과제
  - 교사는 학생들이 개인적 의미를 탐색할 수 있도록 수업활동에 대한 반성적 태도를 가지도록 요구할 수 있다. 반성적 태도는 학생으로 하여금 최근 수업에 대해서 반성하도록 하는 과제를 통해 함양될 수 있다.
  - 반성은 체육수업에서 '일지 쓰기'와 '발표하기' 활동을 통해서 이루어질 수 있다.

  가치관 형성 과제
  - 학생이 체육 활동, 동료 및 자기 자신과 관련시켜 개인적인 의미를 추구하도록 돕는다는 관점에서 이 과제는 반성 과제와 유사하다고 볼 수 있다.
  - 교사는 학생이 공개적인 방법으로 가치관을 따져보고 조사할 수 있도록 명료한 질문과 후속 질문을 사용할 수 있다.

- **인지적 영역이 우선순위인 경우의 학습 활동**

  비판적 사고 과제
  - 체육에서의 비판적 사고에 관해 McBride(1992)는 "움직임 과제 또는 도전 과제에 대한 합리적인 의사결정을 하는 데 사용되는 반성적 사고"라고 정의하였다.
  - Tishman과 Perkins(1995)는 비판적 사고 과정의 네 가지 영역을 제시하였다.
    - 폭넓고 도전적인 사고
    - 인과적 및 평가적 추론
    - 계획적이고 전략적인 사고
    - 메타 인지

  이해 점검
  - 학생들에게 중요한 질문을 던짐으로써 이해 점검을 할 수 있다.
  - 학생은 과제가 제시되는 동안 집중을 잘하게 되고, 교사가 질문할 것으로 예상되는 정보를 기억하려고 노력하게 된다.

  수업 중 쓰기 과제 : 이 과제들은 수업과 관련된 움직임 요소를 부각시키는 역할을 해야 하나 체육수업의 주요 학습 활동이 되어서는 안 된다.

  숙제 : 체육 숙제라고 하면 수업 외 신체 활동을 생각하나 인지적 영역의 학습을 도울 수 있는 과제들도 있다.

  비디오 자기 분석
  - 학생은 수업에서 학습 과제를 수행하는 자신들의 모습을 짧게 녹화하고 자신의 동작 분석을 하기 위해 체크리스트를 활용할 수 있다.
  - 학생의 동작 수행에 대한 시각적 피드백을 제공하고, 움직임 관찰과 분석하는 지식을 발달시킬 수 있다.

  동료 관찰 분석 : 학생은 동료 학생의 동작을 관찰함으로써 움직임 관찰과 분석하는 지식을

발달시킬 수 있다.

개인 및 집단 프로젝트
- 학생은 개별적으로 또는 소속 집단에서 부가적인 프로젝트를 수행함으로써 체육 내용을 배울 수 있다.
- 프로젝트는 관련 자료들을 찾고, 사고를 조직화하며, 활용할 자료들을 선정하고, 발표하는 기술을 향상시키는 데 도움이 된다.

학생이 설계한 활동과 게임
- 학생의 창의성과 협동성은 스스로 학습 과제, 게임, 규칙 등을 스스로 설계하게 함으로써 개발될 수 있다.
- 학생이 많이 접해 본 활동들과 게임을 다양하게 변형할 수 있는 기회를 제공하고, 새로운 형식의 움직임 또는 게임이 창안될 때까지 학생의 생각대로 탐색할 수 있는 시간을 허용함으로써 가능하다.

교육과정 통합
- 두 영역의 지식을 활용함으로써 두 영역이 동일한 비중으로 개발되고 학습이 일어날 때 이를 교육과정 통합이라고 한다.
- 통합된 학습 활동을 설계하고 시행할 때, 교사는 단지 두 영역의 병행 학습이 아닌 실질적인 통합이 이루어지도록 주의를 기울여야 한다.

4) 과제 전개 전략

- 완전 학습 중심 과제 전개 : 학생이 현행 학습 과제를 진술된 기준에 따라 완수한 후 다음 과제로 이동하는 방식의 과제 전개
- 시간 중심 과제 전개 : 학습 과제별로 교사가 계획한 시간할당에 의해 행해지는 방법

5) 학생 안전을 극대화하기 위한 전략

- 체육관에서의 안전 규칙 개발 및 공지
- 규칙 점검
- 일관성 있는 관리
- 동료 경고 체계
- 학생활동의 감독

6) 학습을 위한 질문 활용 전략

- 설명하지 말고 질문하라.
- 가능한 한 발산형 질문을 하라.

- 답변 시간을 제공하라.
- 근거와 이유를 물어라.
- 전체 답변을 요구하라.
- 움직임 반응을 유도하는 질문을 하라.

7) 수업 정리 및 종료 전략
- 신속하게 수업 정리로 이동
- 주의를 집중시킴
- 상호작용적으로 의사소통하기
- 수업 조직과 구조 점검
- 학습 단서 점검
- 학생 행동, 규칙, 안전절차 점검
- 차시 예고
- 해산

04 모형중심 수업에 필요한 효과적인 교수 기술

1. 수업 계획

수업의 효과는 수업 전에 교사가 수업을 얼마나 철저하게 계획했느냐에 달려있다. 수업 계획에는 다음과 같은 내용이 반드시 포함되어야 한다.

- 단원 및 수업의 학습 목표
- 전체적인 수업 운영 계획
- 과제 제시와 학습 단서
- 필요한 기구와 시설
- 학습 활동과 내용 발달 계획 목표
- 운동장/공간 계획
- 시간 분배 및 이동 시간
- 안전 계획
- 학습 평가 절차
- 수업 정리 및 종료 계획

2. 시간 및 수업 운영

1) 시간 운영

수업 시간은 수업 전에 계획한 시간보다 길어질 수 없으므로, 각 수업에 할당된 시간을 극대화 할 수 있도록 시간을 효율적으로 운영하는 것이 중요하다.

- 수업 전 기구 배치
- 다양한 출석 점검 방법의 사용
- 주의 집중 신호와 시작 신호
- 수업 관리 규칙의 연습과 점검
- 공공장소에 수업 규칙 게시
- 예비 활동의 공고와 활용

2) 수업 운영

수업 운영은 시간 운영보다 광범위하며, 학생의 학습 촉진과 교사·학생간의 긍정적인 수업 환경을 조성하는 수업 구조를 위한 많은 의사결정과 교수 기술을 포함한다.

- **학습 환경의 조성**
  학생의 안전, 행동 수칙, 책임감과 관련한 수업 규칙을 수립하고 시행한다.
  각 수업 단계의 도입 부분을 사용한다.
  학생이 연습할 수 있는 물리적 공간의 범위를 정한다.
  주의 집중, 시작/멈춤 신호를 활용하고 지킨다.
  교사의 지시를 따를 수 있도록 학생은 듣기 연습을 한다.
  기구 관리와 사용 규칙을 정한다.
  학생 규율 계획을 수립하고 활용한다.
  모든 학생이 조용히 청취할 준비가 되어있을 때까지 말하지 않도록 한다.

- **시설 및 기구의 관리**
  시설
  - 학생이 안전하게 참여할 수 있는 학습 공간을 확보한다.
  - 수업 장소의 안전 상태를 점검한다.
  - 학생에게 금지 구역을 상기시킨다.
  - 학생에게 일시적인 위험 지역을 주의시킨다.
  - 학습 센터의 수와 위치를 확인하고, 센터별로 활용할 수 있는 학생수를 확인한다.

  기구
  - 기구 상태, 수선, 안전 여부를 점검한다.
  - 기구가 학생의 안전과 발달 정도에 적합한지를 확인한다.
  - 학습 과제의 계획에 필요한 기구의 수를 확인한다.
  - 가능하면 안전 사항을 표시하는 색깔을 기구에 칠한다.
  - 학생에게 안전 규칙을 가르치고 상기시킨다.
  - 필요할 때 기구를 변형하여 사용한다.
  - 학생의 대기 시간을 줄일 수 있도록 수업 기구를 충분하게 준비한다.

- **학습 활동 중 관찰하기**
  순회하면서 관찰한다.
  등은 벽으로 향하도록 한다.
  근접 거리를 조절한다.
  상황 이해

3. 과제 제시 및 과제 구조

1) 과제 제시

학생들의 주의 집중을 유지하기 위한 방안
- 빈번하게 질문을 한다.
- 각 과제를 제시하는 중간과 이후에 과제에 대한 이해를 점검한다.
- 학생과 눈을 자주 마주친다.
- 과제 제시를 흥미롭고 생생하게 하고, 너무 자주 반복해서 제공하지 않는다.
- 주목하지 않는 학생에게 가까이 다가감으로써 근접 거리를 조절한다.
- 학생들에게 정보를 분명하게 제시한다.
- 완벽하고 정확한 시범을 제공한다.
- 언어 및 시각 정보를 함께 제공한다.
- 적극적으로 과제를 제시한다.
- 학생들이 이해할 수 있는 어휘를 사용한다.
- 과제 제시를 위한 최적의 모델을 선정한다.
- 적절하고 정확한 모델을 제공한다.

2) 과제 구조

- 과제 참여 지속시간에 대한 설명
- 운동 수행 기준에 대한 설명
- 과제를 위한 공간 배치의 지정
- 학생 행동과 책임감에 대한 기대
- 과제 내 변화에 대한 설명
- 과제 혹은 과제의 난이도를 변경할 때 학생의 선택권에 대한 설명
- 주의 집중, 시작 및 종료 신호의 사용
- 과제 구조에 대한 학생의 이해 여부 확인
- 과제 구조의 초기 및 정기적인 관찰

4. 의사소통

학생을 주의 집중시킨다.
명확한 언어를 사용한다.
적절한 수준의 어휘를 구사한다.
억양을 적절히 조절하여 정보를 전달한다.
학생의 이해 여부를 점검한다.

5. 교수 정보

1) 단서

- 언어 단서 : 운동 수행의 향상 방법에 대한 구두 정보
- 비언어 단서 : 정확한 동작이나 부정확한 동작에 대한 제스처와 시범
- 언어 단서와 비언어 단서의 조합 : 구두 정보와 시범 정보를 동시에 제공
- 조작 단서 : 교사가 의사결정을 위해 학생의 신체 일부를 이동시키는 방법으로 체험적인 단서를 제공(예: 테니스 그립을 정확히 하기 위해 학생의 손을 잡아서 올바른 위치로 이동시키는 것)
- 시청각 단서 : 다양한 영상 자료 등의 시청각 매체를 통해 제공하는 단서

2) 안내

학생은 운동 기능을 연습하는 동안 간이 게임 또는 정식 게임과 같은 역동적인 과제에 참여하는 동안 운동 수행에 대한 정보가 필요하다. 교사에 의해서 주어지는 이러한 형태의 교수 정보를 안내라고 한다.

3) 피드백

- **운동 수행 피드백의 차원**

    피드백의 제공자 : 피드백 정보의 제공원을 의미한다.

형태	· 내재적 과제 : 학생 스스로 운동 기능을 시도한 결과를 관찰하여 얻는 피드백 정보. 일반적으로 성공 아니면 실패에 대한 운동수행 피드백을 학생에게 제공한다. · 외재적 과제 : 과제 자체와 관계없이 다른 사람이나 대리자에 의해 제공되는 운동 수행 정보. 정보 제공자는 대체로 교사이지만, 학생이 될 수도 있다. 외재적 과제의 피드백은 완성된 기술 시도에 대한 수행의 결과, 폼, 기술, 노력, 질을 포함한다.
예	· 학생은 볼이 의도했던 목표물에 맞는지를 본다. 학생은 스윙할 때 볼이 배트에 닿는 소리를 듣고 느낀다. · 교사가 "그 때 팔로스루가 아주 좋았어."라고 말한다. 동료 학생이 다른 학생에게 "바로 그거야!"라고 외친다.

피드백의 일치도 : 피드백이 연습과제의 핵심 요소와 얼마나 잘 일치하는가의 정도를 의미한다.

형태	· 일치 : 과제를 제시할 때 강조했던 특정 학습 단서와 관련 있는 피드백을 제공한다. · 불일치 : 과제를 제시할 때 강조했던 특정 학습 단서와 관련 없는 피드백을 제공한다.
예	· 교사가 과제를 제시할 때 학생들에게 "테니스 백핸드 스윙에서 팔로스루를 길게 하도록 집중해"라고 말했다면, 그 후 팔로스루와 관련된 모든 피드백은 (과제와) 일치한 것으로 본다. · 위와 동일한 과제를 제시한 후, 교사가 학생의 서브 동작, 포핸드스트로크, 또는 백핸드스트로크에 대한 피드백을 제공했다면 그 피드백은 (과제와) 일치하지 않은 것으로 본다.

피드백의 내용 : 피드백 정보의 핵심과의 관련성을 의미한다.

형태	• 일반적 피드백 : 교사가 제공한 피드백 정보가 수행된 운동 기능 시도 자체와 관련성이 없다. 운동 수행 결과에 대한 만족이나 불만족과 같은 일반적인 사항만 언급한다. • 구체적 피드백 : 교사가 제공한 피드백 정보가 수행된 운동 기능 시도 자체와 관련이 있다. 구체적인 피드백은 학습자에게 매우 유용한 정보를 제공하며, 대부분의 상황에서 일반적인 피드백보다 나은 것으로 여겨진다.
예	• "아주 좋았어." "바로 그거야." "그게 아니야." • "그때 아주 팔로 스루가 좋았어." "팔목의 위치가 올바르지 않다."

피드백의 정확성 : 학생에게 전달된 정보가 학생의 운동 수행을 얼마나 정확하게 진술하고 있는가를 의미한다.

형태	• 정확한 피드백 : 운동 수행 정보가 운동 기능 시도를 정확하게 설명하고 있다. • 부정확한 피드백 : 운동 수행 정보가 운동 기능 시도를 부정확하게 설명하고 있다.
예	• 영수야, 도움닫기를 힘차게 잘 해서 뜀틀을 넘을 수 있게 되었구나!! • 철수야, 뜀틀을 넘고 못 넘는 건 도움닫기 속도와는 관계가 없어. 네 의지의 문제일 뿐이지!!

피드백의 시기 : 운동 기능 수행이 끝나고 학습자에게 피드백 정보가 전달되는 시점까지 걸린 시기를 의미한다.

형태	• 즉각적인 피드백 : 피드백이 운동 기능 시도가 끝난 직후 바로 학습자에게 제공되거나 최소한 다음 운동 기능을 실시하기 전에 제공되는 것을 의미한다. • 지연된 피드백 : 피드백이 운동 기능 시도가 끝난 직후에 제공되지 않거나 심지어 몇 번의 운동 기능 시도가 끝날 때까지도 제공되지 않고 있다가 한참 나중에야 제공되는 것을 의미한다.
예	• 학생이 높이뛰기를 마치자 교사는 즉시 학생에게 "자세가 아주 좋아"라고 말하는 경우 • 수업이 끝나고 20분 후, 위의 동일한 학생에게, "오늘 네가 보여준 높이뛰기 점프에서 다리를 충분히 펴주지 못한 것 같아."라고 말하는 경우

피드백의 양식 : 피드백을 제공할 때 사용하는 방식을 의미한다.

형태	• 언어 피드백 : 피드백을 학생에게 구두(말)로 제공한다. 교사가 운동 기능 수행이 끝난 후 학생에게 운동 수행 정보를 말로 전달한다. • 비언어 피드백 : 피드백을 학생에게 말이 아닌 손짓이나 몸짓으로 제공한다. • 언어와 비언어를 결합한 피드백 : 언어와 비언어 정보를 동시에 제공한다.
예	• "아주 훌륭하게 했어" "정말 노력을 많이 했구나!" • 엄지를 들어 올리면서 "좋았어"라는 신호를 보낸다. 손뼉을 친다. 등을 두드려준다. • "자, 네 차례야."라고 말하면서 교사가 등을 두드려 준다.

피드백의 평가 : 학생의 운동 수행 결과에 대한 만족이나 불만족을 표시한다.

형태	· 긍정적 피드백 : 운동 수행 결과에 대해서 만족을 표시한다. · 부정적 피드백 : 운동 수행 결과에 대해서 불만족을 표시한다. · 중립적 피드백 : 교사가 제공한 피드백이 긍정적인지 부정적인지 불분명하다.
예	· "바로 그거야." "그 경기의 전략이 좋았어!." · "골키퍼가 잘못한 거야." "2조는 열심히 하지 않고 있어." · "그저 그렇다." "그 때 그런대로 했어."

피드백의 교정적 특성 : 실수 교정 방법에 관한 정보와의 관련성을 의미한다.

형태	· 비교정적 피드백 : 운동 수행에 대한 교정 정보는 제공하지 않고, 교사가 보기에 부정확하고 잘못된 부분에 대한 정보만을 제공하는 피드백. · 교정적 피드백 : 다음 운동 수행을 개선하는 방법에 관한 정보를 포함한 피드백.
예	· "발의 위치가 틀렸다." · "좋았어, 그러나 다음에는 머리를 좀 더 들어야 해."

피드백의 방향성 : 피드백 정보가 누구에게 제공되는가를 의미한다.

형태	· 개별적 피드백 : 피드백이 학생 한 명에게 제공된다. · 집단 피드백 : 피드백이 수업에서 구분한 집단에게 제공된다. · 학급 피드백 : 피드백이 수업에 참여하고 있는 모든 학생에게 제공된다.
예	· "정현아, 오늘 수업에서 정말 열심히 했다." · "2분단, 오늘 너희 분단은 특히 과제 집중도가 좋았어." · "오늘 전체 학급 모두 훌륭했어."

- **피드백 제공 수칙**

    피드백 제공은 적은 것보다 많은 것이 좋다(More feedback is usually better than less feedback).[4]

    일반적 피드백보다 구체적 피드백이 효과적이다.

    즉각적인 피드백이 지연된 피드백보다 효과적이다.

    교정적 피드백이 부정적 피드백보다 효과적이다.

    언어적 피드백이나 비언어적 피드백 중 하나만 제시하는 것보다 두 가지 형태를 결합한 피드백 제공이 도움이 된다.

    숙련된 학습자는 피드백 횟수가 적어도 정보를 얻을 수 있지만, 그 대신 피드백 정보가 구체적이어야 한다.

    초보 학습자에게는 학습 동기를 유발하고, 그들의 노력을 인정할 수 있는 모든 피드백이 필요하다.

---

[4] 이주욱, 한동수, 홍덕기. (2022). 스포츠교육학에서 피드백의 개념 탐색. 한국스포츠교육학회지, 29(1), 55-76.

6. 질문의 활용

1) 질문의 초점 : 질문의 초점은 질문과 관련된 수업 양상에 의해 결정된다.

- 수업 운영 질문(managerial question)

  수업 조직, 학습 환경의 준비, 수업 절차, 일상적 행동과 같은 수업의 비교수적 부분에 해당된다.

- 행동 질문(behavior question)

  수업 규칙이나 안전과 같은 학생의 수업 행동에 초점을 둔다.

- 내용 질문(content question)

  학생의 교과내용 학습을 증진시키는 데 사용된다.

2) 내용 질문의 형태

- Bloom의 분류 : 지식, 이해, 적용은 하위 수준의 질문, 분석, 종합, 평가는 높은 수준의 질문

  지식(기억) : 이전에 학습했던 사실이나 단순한 생각 또는 개념을 학생에게 상기시킨다.

인지 반응	지난 시간에 논의했던 타격 자세의 3가지 주요 요소를 말해 볼 수 있겠니?
움직임 반응	우리가 어제 학습했던 정확한 타격 자세를 보여 줄 수 있겠니?

  이해 : 학생에게 사실이나 생각을 번역 또는 해석하거나 비교하게 한다.

인지 반응	홉이 무엇이지? 점프는 무엇이지? 홉과 점프는 어떤 차이가 있지?
움직임 반응	누가 홉과 점프를 보여 줄 수 있겠니? 그 다음 다른 형태의 홉을 보여 줄 수 있겠니?

  적용 : 학생에게 앞서 학습했던 사실이나 생각에 기초하여 문제를 해결하도록 한다.

인지 반응	배구의 플로터 서브를 리시브하는데 가장 효과적인 대형은 무엇일까?
움직임 반응	1조, 내가 플로터 서브를 넣을 테니 정확한 자세로 받아 보겠니?

  분석 : 복잡한 개념 요소를 분석하고, 그 관계를 규명하며, 조직적 형태와 원리를 발견하도록 한다.

인지 반응	언제 속공을 하고 언제 공격 코트로 넘어가야 하지?
움직임 반응	언제 공을 토스해야 하고 언제 공을 던져야 하는지를 누가 말해 보겠니?

  종합 : 학생에게 두 개 이상의 사실이나 생각 또는 개념을 연결시켜서 새로운 지식을 생성하도록 한다.

인지 반응	운동 시 최적의 심박수 범위에 도달했는지를 어떻게 알 수 있을까?
움직임 반응	5분 이내에 목표 심박수까지 도달할 수 있는 운동을 할 수 있을까?

평가 : 학생의 개인적 지식과 감정, 또는 다른 사람이 생성해 낸 지식에 기초하여 판단한다.

인지 반응	체조 마루 운동에서 6.7점과 7.0점의 차이가 어떻게 해서 생기지?
움직임 반응	난이도가 다른 두 가지 마루 운동 기능을 수행할 수 있겠니?

- **수렴적(폐쇄형) 질문**
  학생의 반응이 인지적 영역이든 심동적 영역이든 관계없이 한 가지 정확한 답변을 유도한다.
- **확산적(발산적, 개방형) 질문**
  한 가지 질문에 여러 개의 답이 가능하다.

3) 질문에 필요한 효과적인 교수 기술

답변 시간을 기다린다.
가능한 한 발산적 질문을 한다.
답변에 필요한 규칙을 정한다.
부정확한 답변에도 반응한다.
답에 대한 설명과 이유를 들어본다.
집단이 함께 해결할 수 있는 답을 요구한다.
움직임 반응을 유도할 수 있는 언어적 질문을 한다.

7. 수업 정리 및 종료

- 수업 정리로 신속하게 이동한다.
- 주의를 집중시킨다.
- 수업의 조직과 구조, 학습 단서를 복습한다.
- 학생의 행동, 규칙, 안전 절차에 대해 점검한다.
- 비공식적인 학습 평가를 한다.
- 차시 수업을 예고한다.
- 해산시킨다.

Chapter 05 효과적인 체육수업의 계획

1. 단원 계획 및 수업 계획의 지침

- 정교하고 유연성 있는 계획을 수립한다.
- 교사 자신이 사용할 목적으로 교수·학습 과정안을 작성한다.
- 계획 실행에 확신이 없을 때 추가 계획을 수립한다.
- (예상치 못한 상황 발생에 대비한) 대안적인 계획을 수립한다.
- 작성된 교수·학습 과정안을 보관한다.
- 단원과 교수·학습 과정안 계획을 평가한다.

2. 단원 계획

1) 맥락 분석

맥락은 가르치는 내용, 방법 학생이 배우는 것에 영향을 미치는 시간적, 인적, 물적 자원의 총체를 의미한다.

수업 맥락의 중요한 4가지 결정 요인은 교사, 학생, 내용, 이용 가능한 자원이다.

2) 내용 분석과 목록화

내용 분석은 단원에 포함되는 내용과 학생이 단원에서 배워야 할 순서를 결정한다.

내용 분석의 첫 단계는 활동, 스포츠, 무용 또는 주제 활동에 필수적인 심동적 기술, 인지적 지식, 정의적 성향을 학생의 발달 단계에 적절하게 목록화하는 것이다.

끝나는 시점은 단원에서 수업 시수를 고려하면서 대부분의 학생이 각 내용을 배우는데 소요되는 시간을 판단하여 결정한다.

가르칠 내용은 내용 분석과 목록화 과정에서 작성한 발달 단계의 논리적인 순서에 따라 정한다.

3) 학습 목표

목표는 맥락 분석과 단원의 내용 선정 결과를 고려하여 설정한다.

목표는 일반적인 수준(각 영역에서 의도하는 포괄적인 학습영역)과 행동적 수준(각 일반 목표에서 성취해야 하는 특정한 운동 수행 기준)에서 진술되어야 한다.

행동 목표(mager)
- 운동 수행에 필요한 조건과 상황
- 성취해야 하는 행동, 지식, 태도
- 설정된 운동 수행 기준

영역	일반 목표	행동 목표
인지적 영역	학생은 축구의 규칙과 전략을 배울 수 있다.	학생은 축구 게임 규칙과 전략 시험에서 최소한 80%의 점수를 받을 수 있다.
정의적 영역	학생은 올바른 테니스 에티켓을 배울 수 있다.	3세트 시합 동안, 학생은 테니스 에티켓에 어긋나는 행동을 2번 이상 하지 않을 수 있다.
심동적 영역	학생은 골프의 기초 기능을 배울 수 있다.	학생은 6피트 거리의 그린에서 5회의 퍼트 중 3번을 성공할 수 있다.

4) 단원에 맞는 수업모형의 선정

맥락을 분석하고 내용 목록을 선정하며 단원의 학습 목표를 진술했다면 교사는 학생들의 학습에 가장 효과적으로 도움이 되는 수업모형을 결정해야 한다.

모형 선택 시 고려 사항
- 모형 선택은 연역적인 과정으로 맥락, 내용, 목표를 고려하여 수업모형을 결정한다.
- 전체 단원을 지도할 때 어느 한 모형만을 사용하게 되면 학생들의 학습이 극대화될 수 있다.

5) 관리 계획

관리 계획은 안전하고 효율적인 학습 환경을 조성하는 중요한 규칙, 상규적 행동 및 절차를 확인해 주는 역할을 한다.

전형적인 관리 계획에는 다음 내용이 포함되어야 한다.
- 규칙의 결정과 발표
- 체육관에 들어가고 나오는 절차
- 용·기구 분배, 관리, 수거 및 정리 절차
- 안전 규칙
- 출석 절차
- 주의 집중과 시작/정지에 필요한 신호 결정

6) 학생의 학습 활동

모든 학습 단원은 학생이 내용과 상호작용하고 진술된 학습 목표를 배우도록 하는 일련의 계획된 학습 활동들을 포함한다.

단원을 시작하기 전에 교사는 학습 활동 목록을 선정하고 학생들에게 제시할 순서를 정해야 한다. 그 후 교사는 각 활동의 과제 제시, 과제 구조, 평가에 대한 계획을 해야 한다.

7) 평가 또는 성적 산출

단원을 시작하기 전에 교사는 학생의 학습을 평가하는 방법을 계획해야 한다. 평가 계획에는 성적 산출 방법, 절차, 기준 등이 포함되며, 다음 사항을 고려해야 한다.

- 평가 목표와 결과
- 평가 방법 (전통적 평가, 대안 평가, 실제 평가)
- 평가 시기 (진단 평가, 형성 평가, 총괄 평가)
- 평가 계획 및 수행 방법

8) 교사와 학생의 역할과 임무

교사는 각 수업모형이 요구하는 역할 기대와 임무를 인식하고, 수행할 수 있는 계획을 수립해야 한다. 학생도 자신에게 주어지는 역할과 임무를 수행해야 한다.

3. 수업 계획(교수·학습 과정안)

1) 수업 맥락에 대한 간단한 기술

수업 계획에는 수업에서 고려되어야 할 주요 요인, 즉 학생, 시간 또는 시수, 장소, 차시 등의 총체적인 수업 맥락에 대한 설명이 포함되어야 한다.

2) 학습 목표

교사는 수업 전에 구체적인 학습 목표를 세워야 한다. 학습 목표는 단원 계획에서 비롯되며, 하나의 수업에서 한 개 내지 세 개의 학습 목표를 제시하는 것이 적당하다.

3) 시간과 공간의 배정

교사는 사전에 수업 시간, 수업 환경 설정, 관리 방법에 관해 생각할 필요가 있다.

4) 학습 활동 목록

교사는 각 목표를 성취하기 위해서 계획된 학습 과제를 파악할 수 있는 단원 계획을 참고 해야 한다.

학습 활동의 목록은 학생이 수행해야 하는 과제 순서로 만들어져야 한다.

5) 과제 제시 및 과제 구조

교수·학습 과정안은 다음 사항을 고려하여 작성해야 한다.
- 학생의 흥미를 유발시킬 수 있는 수업 도입
- 과제 제시에 적합한 모형과 단서의 사용
- 학생에게 방향을 제시할 과제 구조에 대한 설명
- 이해 정도 점검
- 한 수업에서 복합 과제의 계열성과 진도

6) 평가

교수·학습 과정안에는 수업 목표를 평가할 수 있는 방법이 서술되어야 한다. 대부분의 평가는 이해도 점검, 질문/대답, 교사 관찰 등과 같이 비공식으로 이루어진다.

공식적인 평가가 이루어지려면 평가가 이루어질 수업 차시, 평가 절차, 충분한 평가시간, 평가 도구와 자료 등이 포함되어야 한다.

7) 수업 정리 및 종료

잘 계획된 수업은 학생들에게 수업 내용의 참여를 다시 한 번 제공하는 정리 및 종료 시간으로 끝난다.

좋은 수업 정리는 수업 시작 때와 같이 학생들에게 운동 수행의 단서를 되새겨 보게 하고 수업 중 무엇을 배웠는지, 왜 그것이 중요한지를 질문한다.

4. 질문 과정을 통한 수업 계획

교사는 체육수업 계획시에 '오늘 배워야 할 단원 계획의 목표는?', '이번 시간의 학습 활동은?', '각 활동에 필요한 장비는?', '각 과제에 제공될 주요 단서는?' 등과 같은 질문을 통해 효과적인 교수·학습 과정안을 만들 수 있다. 이러한 방식으로 수업 계획을 작성하는 것을 상호작용 계획(interactive planning)이라고 한다.

상호작용 계획은 실제 수업 시간에 발생하는 것과 같이 교사가 수업에서 예상하지 못한 사건에 대응하기 위해 의사결정하고 실행하는 것을 의미한다.

| 표 4.1 | 체육수업 계획에 필요한 주요 질문들

수업 맥락	주요 질문
학생	1. 가르칠 학생들의 숫자는? 2. 특별한 학습 요구를 가진 학생은 누구인가? 3. 이 수업에 필요한 학생들의 발달 단계는 무엇인가?
단원내에서의 진도	1. 지금까지 배운 내용은? 2. 이 단원의 스케줄은?
학습목표	1. 오늘 학생들이 배울 단원 계획의 목표는?
학습활동	1. 이번 시간에는 어떤 학습 활동들이 계획되어 있나? 2. 이번 수업에서 지도할 활동들의 숫자는?
과제제시와 과제구조	1. 어디에서 과제를 얼마 동안 제시하고, 언제 과제를 타낼 것인가? 2. 각 과제에 제공될 주요 단서는 무엇인가? 3. 학생들에게 과제 시범을 어떻게 보일 것인가? 4. 각 과제를 어떻게 구조화할 것인가? 5. 각 과제의 운동수행 기준은?
공간과 용기구	1. 각 활동은 어디에서 진행되는가? 2. 각 활동에 필요한 장비는 무엇인가? 3. 수업 전에 용기구를 설치할 수 있는가? 그렇지 않다면 학생들은 용기구를 어떻게 사용하고 회수할 것인가?
수업 운영	1. 수업을 어떻게 시작할 것인가? 2. 학생들을 어떻게 이동시킬 것인가? 3. 이 수업에 특별한 규칙들이 필요한가? 4. 사고 위험 요소는 무엇인가?
가르치기	1. 학생들에게 경각심을 심어주는데 필요한 특별 조건들은 무엇인가? 2. 학생들이 연습하는 동안 나는 무엇을 해야 하는가? 3. 특별한 관심이 필요한 학생들은 누구인가?
정리와 종료	1. 수업정리와 종료에 얼마나 많은 시간이 필요한가? 2. 수업정리와 종료를 어디에서 할 것인가? 3. 정리에 필요한 내용은 무엇인가? 4. 수업을 어떻게 말끔하게 끝낼 것인가?

5. 교수·학습 과정안에 기록 안 된 부분의 완벽한 준비

체육 교사는 수업 중 수없이 많은 의사결정을 순간적으로 해야 하므로 모든 사항을 교수·학습 과정 안에 담기는 힘들다. 교사는 수업 전, 중, 후에 해야 할 임무들이나 예상되는 일들에 대해 지속적으로 자문하거나 상기함으로써 수업 준비에 만전을 기해야 한다.

모형중심 수업에서의 학생 평가

1. 평가의 개념과 용어

1) 평가의 목적

주어진 시간 동안 어느 정도 학습이 일어났는가 하는 성취도를 기술한다.
성적을 부여하기 위해 학습의 결과를 판단하거나 평가한다.
수집된 정보에 기초하여 학습 개선 방법을 결정한다.

2) 평가 시기에 따른 평가의 종류

- 진단 평가(diagnostic assessment)

    진단평가는 학습을 시작하기 전에 실시하는 평가로서, 학생들의 수준과 상태를 파악하는 데 초점을 둔다.

- 수시 평가(continuous assessment)

    수시 평가는 단원별학습 과제가 수행되는 동안에 수시로 이루어진다. 이 평가는 학생들의 학습에 대한 즉각적인 "최신" 정보를 제공함으로써 교사들이 학습 진도에 대한 의사결정을 하는데 도움이 된다.

- 형성 평가(formative assessment)

    형성 평가는 한 단원이 지도되는 동안 정기적으로 2차시 또는 3차시마다 이루어진다. 이것은 교사에게 단원이 진행되는 동안 수정이 요구되는 학생의 학습에 관한 중간 단계의 피드백을 제공한다.

- 총괄 평가(summative assessment)

    총괄 평가는 단원이 끝난 다음에 이루어지며, 교사에게 전체 수업 시수 동안 달성된 학습량을 판단하도록 한다. 총괄 평가는 수시 평가나 형성 평가보다 더 많은 정보를 제공하지만, 교사가 다시 그 단원을 가르칠 때까지 그 평가 정보를 사용하기 힘들다는 한계가 있다.

형성 평가	총괄 평가
• 간단한 주말 퀴즈 • 일일 자기 체크 수행 과제 • 과제 제시 이후 이해도 체크 • 주말 체력 활동 기록지	• 지필 형태의 기말 시험 • 단원 마지막에 실기 시험 • 기말 지필 시험 또는 실기 시험 • 연간 체력 검사

3) 수행 기준에 따른 평가의 종류

- 규준 지향 평가(norm-based assessment, 상대 평가)

　　규준지향 평가는 체력검사나 기능 검사와 같이 많은 양의 표준화된 점수들을 수집한 다음 피검사자들의 일반적 요인인 연령과 성에 따라 분류한다. 각 집단의 점수들은 정상분포를 이루며, 한 학생의 점수는 동일한 연령과 성을 가진 다른 학생의 점수와 비교된다. 규준 검사 점수에서는 원점수가 결정되고 기록될 수 있으나 보통 개별 학생의 위 또는 아래 점수를 받은 학생의 백분율로 기록된다. 따라서 같은 검사를 받은 다른 학생들과 검사 점수를 비교하여 상대적 위치를 알 수 있다.

- 준거 지향 평가(criterion-based assessment, 절대 평가)

　　준거지향 평가에서는 학생의 수행을 특정 영역에서의 완전학습 기준(준거)과 비교한다. 이 평가에서의 수행 기준은 평가 기법을 사용하는 사람에 의해 결정되고, 이 기준은 각 점수의 질에 관한 전문적 판단을 나타낸다.

4) 공식성 여부에 따른 평가의 종류

- 비공식적 평가(informal assessment)

　　비공식적 평가는 사전 계획이나 평가 시간을 거의 필요로 하지 않는 것으로, 수업의 일상적 흐름 속에서 자연스럽게 이루어질 수 있다. 효과적인 비공식적 평가 기법의 하나로 '이해 점검'(checking for understanding)을 들 수 있는데, 이는 학생들이 수업 시간에 부여받은 정보를 얼마나 기억하는지를 간단히 점검하는 방법이다.

- 공식적 평가(formal assessment)

　　공식적 평가는 교사나 학생 모두가 평가를 계획하고 실행하는데 많은 시간을 필요로 하며, 체력 검사, 기능 검사, 집단 프로젝트 등을 들 수 있다.

2. 체육의 전통적 평가

1) 체육수업에서 전통적 평가의 원리(Wood, 1996)

- 적합한 수업 목표를 진술한다.
- 타당하고 신뢰할 수 있는 검사 도구를 사용한다.
- 수업 목표 달성을 반영하는 평가 항목을 개발한다.

2) 체육수업에서 가장 일반적으로 사용되는 전통적 평가 방법

- **교사의 비공식적 관찰** : 수업 중 학생 행동에 대한 교사의 관찰을 의미한다.
- **표준화된 기능 검사** : 체육교육과정에서 활용되는 다양한 스포츠는 표준화된 기능 검사를 포함하고 있는데, 대부분 실제 경기 상황이 아닌 각 스포츠 활동에 필요한 제한된 범위의 기능만을 측정하는 정적 테스트이다.
- **체력 검사** : 체육 분야에서는 학생들의 체력 요인을 검사하는 오랜 역사가 있는데, 체력 검사 결과는 자신의 체력 수준을 같은 성과 연령대의 다른 학생들과 비교할 수 있게 해 준다.
- **지필 검사** : 학생의 인지적 지식을 평가하기 위해 선다형, 단답형, 괄호 넣기형, 연결형, 도식화형, 개방형 등 지필 검사를 사용할 수 있다.

3) 전통적 평가의 장점

기능 검사, 체력 검사, 지필 검사는 나름대로 유용한 평가 정보를 제공해 준다.

이 검사들은 매우 객관적인 방법으로 학생의 학습을 측정하고, 타당한 측정 기법과 도구를 사용하며, 일관성을 가지고 있다.

표준화된 실기 검사 및 체력 검사는 엄격한 기준으로 개발되며 연령, 성, 능력이 유사한 많은 피험자를 대상으로 현장검증이 이루어진다.

대부분의 기능 검사, 체력 검사, 심리검사는 규준 지향 검사 유형으로, 서로 다른 나이, 성, 능력에 따른 집단 측정에 활용된다.

전통적 평가는 훈련된 전문가에 의해 내용, 절차, 채점법이 개발되었기 때문에 교사가 채점 방법 설계와 타당성 검증에 시간이 적게 걸리는 장점이 있다.

이 유형의 평가는 채점을 용이하게 하는 소프트웨어와 함께 단순한 평균 산출부터 복잡한 다변량 통계에 이르기까지 광범위한 분석 자료를 제공해 준다.

4) 전통적 평가의 단점

전통적 평가는 학교 체육 프로그램에서 제 한적으로 사용된다는 단점을 가지고 있다.

이 평가 기법들은 내용 타당도보다는 발생 타당도에 초점을 맞추고 있다.

교사는 제한된 수업 시간과 대규모 교실에서 전통 평가를 사용할 때 실용성 문제에 봉착하게 된다. 평가 시에 학생들을 통제하는 데 시간을 소모한다.

전통적 평가는 교사와 학생들이 이해하는 데 어려운 방식으로 원자료를 변형하도록 요구할 뿐만 아니라 통계 결과를 해석하고 의사소통하는데 어려움이 따른다.

전통적 평가는 교사와 학생에게 지식, 운동 수행 및 체력 수준을 어떻게 향상할 것인지에 대한 방법을 제시하지 않은 채, 실제 학습과 기대 학습 사이의 차이를 제시하는 데만 관심을 두고 있다.

3. 체육의 대안적 평가

1) 체육수업에서 대안적 평가의 원리

지식의 다양성에 따라 학생의 학습을 평가할 수 있는 타당한 방법이 필요하다.
학습 과정의 평가는 학습 결과를 평가하는 만큼 중요하다.
여러 가지 유형의 학습 목적은 다양한 평가 방법이 요구된다.
인지적 영역에서 상위 수준의 학습은 전통적인 기법으로 평가할 수 없는 독창적인 평가 방법이 요구된다.

2) 체육수업에서 가장 일반적으로 사용되는 대안적 평가 방법

- 그룹 프로젝트

  학생들은 3~5명으로 팀을 구성하여 주어진 과제를 완성하기 위해 학습한다. 학생들은 보고서를 작성하거나 어떤 주제를 나타내는 콜라주를 만들거나 장기간에 걸쳐 운동 기능 과제를 완수해야 한다.

- 멀티미디어를 활용한 발표

  학생 개인이니 팀은 수업에서 2개 이상의 미디어 유형을 혼합하여 발표하거나, 필드하키의 골키퍼 포지션을 수행하는 영상을 제작하여 다른 학생들에게 보여준다.

- 활동 일지(activity logs)

  어떤 활동(예: 체력 증진 활동)을 모니터하기 위해 일정한 기간 동안 모든 활동들을 일지에 기록한다. 활동 일지에는 참여한 모든 활동들과 각 홑동에 소요된 시간 및 요구된 노력 정도를 포함한다. 자기 평가를 하거나 기록한 정보의 정확성을 확인할 때 유용하게 사용할 수 있다.

- 개인 일지(personal journals)

  체육수업이나 스포츠 활동에 참여하면서 학생이 느낀 것과 생각한 것을 기록한다.

- 역할 수행

  장기간 비선수 역할(코치, 감독, 행정 업무 등)을 맡아 활동하면서 해당 역할 수행에 필요한 의사결정, 책임감, 지식을 배운다.

- 구두시험

  높은 수준의 지식을 요구하는 질문을 듣고 대답한다.

- 발표

  학생들이 수업 밖에서 연습하고 연구한 것을 수업 시간에 발표한다.

- 인터뷰

  자신의 학교 체육수업이 어떠했는지에 대해 다른 학생들이나 가족을 면담한다.

- **교사용, 동료용, 자기관찰용 수행 체크리스트**
  교사나 학생들은 어떤 학생의 운동 수행 장면을 관찰하며 체크리스트에 기록한다.
- **포트폴리오**
  어떤 주제나 개념(예: 올림픽 경기, Title IX)에 대한 학생의 지식을 나타낼 수 있는 여러 가지 작품(사진, 비디오테이프, 그림, 신문 사설 등)을 수집하고 정리한다. 포트폴리오에 필요한 주제를 구체화하고 작품을 수집하는 과정은 포트폴리오 자체의 최종 내용 못지않게 중요하다.
- **루브릭**
  체육에서 대안 평가의 핵심은 학생의 학습 성취의 질을 결정하는데 사용되는 루브릭이다. 루브릭은 학생에게 평가 기준을 미리 알려주고, 교사에게는 완성된 작품을 검토하는 기초 자료로 사용된다. 루브릭은 학습 성취의 질을 진술어(예: 초급/중급/상급, 미완성/부분완성/완성)나 수치등급(예: 1-매우 미흡, 2-미흡, 3-보통, 4-우수, 5-매우 우수)으로 표시한다.

훌륭한 루브릭을 만드는 7단계 과정(Goodrich, 1996)

1. 모형 보여주기 : 학생들에게 이전에 평가했던 좋은 작품과 그렇지 않은 작품을 보여준다.
2. 기준의 목록화 및 논의 : 학생들이 질 높은 작품의 기준에 대한 목록화를 하도록 모형을 활용한다.
3. 단계별 질적 차이의 명료화 : 어떤 단계의 질을 다른 단계의 질과 구별되게 하는 것이 무엇인지를 제시하고 논의한다.
4. 모형에 대한 연습 : 학생들이 모형들을 대상으로 루브릭으로 평가하는 연습을 하도록 한다.
5. 자기평가와 동료평가의 활용 : 학생들에게 과제가 끝날 때마다 주기적인 평가를 하고 피드백을 제공한다.
6. 수정하기 : 5단계에서 주어진 피드백에 기초하여 학생들이 수정할 수 있는 시간을 제공한다.
7. 교사 평가에 사용하기 : 교사도 학생이 배웠던 동일한 방식으로 루브릭을 활용한다.

잠 깐 !

☑ **루브릭**

루브릭(rubric)은 학습자의 과제 수행 능력을 다차원적으로 평가하는 기준으로, 일종의 평정척도이다. 보통 항목별, 수준별 표로 구성되며, 표의 각 칸에 어떤 경우나 수준이 해당되는지를 상세히 기술한다. 따라서 루브릭은 학습자의 학습 결과물이나 성취도를 평가하기 위하여 사용되는, 명세화되고 사전에 공유된 기준이나 가이드라인이라고 할 수 있다.

이 가이드라인에는 학습자의 수행 역량이 수행 수준별(매우 우수, 우수, 보통, 미흡, 매우 미흡) 혹은 평가 영역별로 세분되어 제시된다. 루브릭은 학습자의 학습 활동이나 프로젝트에 대하여 실제적인 점수 산정이 가능하도록 하는 평가 가이드라인과 평정척도(rating scale)를 제공한다.

| 표 4.2 | 고등학교 농구수업 루브릭

수행과제 : 반코트 농구 경기에 능숙하게 참여할 수 있다.

☑ 준거

- 능숙하게 볼-핸들링 기술(패스, 드리블, 패스를 받기)을 함
- 정확한 기술 수행과 일관성 있는 슛과 자세
- 대부분 상황에 적합한 공격기술과 전술을 적용(달리기 패턴, 수비, 패스, 캐치, 패스-던지기 판단)
- 대부분 상황에 적합한 방어기술과 전술을 적용
- 경기에서 실수와 규칙위반이 적음

☑ 구체적 과제수행 절차 - 학생에게 내리는 지시

20분 동안 반코트에서 3대3 농구를 한다. 평가는 1) 드리블, 패스, 슛 성공률과 자세의 정확성, 2) 공격과 수비 능력, 3) 규칙과 에티켓의 준수, 4) 안전하게 경기하는 능력에 기초함.

반코트 경기 규칙은 모두 적용된다. 득점할 때마다 경기를 멈추고, 실점한 팀이 원 밖으로 나가면, 다시 경기가 시작된다. 자신의 라인아웃, 규칙위반, 점수 카운트를 스스로 외치도록 한다. 시합 전 각 팀은 원하는 공을 이용하여 5분 동안 준비운동을 할 수 있다.

☑ 용구 및 시설

3대3 경기를 위해서 농구 코트의 절반과 두 개의 농구공이 필요하다.

☑ 카메라 위치와 작동

카메라는 줌 기능 없이 코트 중앙에 자리 잡게 하여, 농구 코트의 전체가 촬영될 수 있도록 위치시킨다. 카메라로 경기의 시작과 끝까지 촬영하고, 위치를 이동시키지 않는다. 음성 녹음도 동시에 진행한다.

☑ 시험 상황

시험을 위해 임의로 한 팀에 3명씩 학생을 배정한다. 경기 방식을 설명한 후 임의로 배정된 팀으로 대진표를 작성한다. 팀별로 준비운동 시간으로 5분을 준다. 카메라와 경기를 같은 시간에 시작하고 멈춘다.

루브릭

☑ 3단계

- 드리블과 패스에서 실수가 관찰되지 않음
- 좋은 공격기술과 전술을 지속해서 이용함(달리기 패턴, 수비, 패스, 캐치에 대한 상황 판단)
- 압박 수비를 지속해서 활용함
- 좋은 수비 기술과 전술을 사용함(수비 위치 선점, 압박 수비)
- 실수가 없고, 규칙 위반이 거의 없음(워킹, 파울)

☑ 2단계

- 공을 잘 다루고, 능숙하게 패스와 드리블 기술을 시행함
- 대부분 좋은 자세나 기술로 슛을 성공시킴

- 대부분 좋은 공격 전략을 이용함(달리기 패턴, 수비, 패스, 캐치, 패스-던지기 판단)
- 대부분 압박 수비를 잘 활용함
- 대부분 수비 기술과 전술과 전략을 활용함(자리 잡기, 압박 수비)
- 실수가 없고, 몇 번의 반칙을 함

☑ 1단계
- 드리블이나 패스를 할 때 공을 제대로 다루지 못하는 경우가 많음
- 패스와 슛 자세나 기술이 뛰어나지 않음
- 공격 전략의 사용을 드물게 보여줌
- 수비 압박이나 리바운드를 드물게 보여줌
- 수비전략의 사용을 드물게 보여줌(또는 낮은 기술, 자신의 포지션에서 벗어남, 리바운드를 못함)
- 규칙에 대한 지식이 부족하고 반칙을 자주 함

☑ 0단계
- 농구 기술, 전략, 규칙에 대한 지식을 거의 보여주지 못함

〈고등학교 농구수업 : 득점표〉

학교 :　　　　　　　　　　　　　　기록자:
수집날짜 :　　　　　　　　　　　　기록날짜:

학생(성별)	공의 통제	볼 컨트롤	슛	공격전략	수비전략	반칙	총점

3) 대안적 평가의 장점

교사가 계획한 특정한 학습 결과를 평가할 수 있게 해 준다.

학생으로 하여금 단지 암기능력이나 표준화된 실기 검사가 아닌 여러 가지 방법으로 학습 결과를 시범보일 수 있게 한다.

루브릭의 사용은 학생에게 사전에 평가 과제의 수행 기준을 알 수 있도록 한다.

루브릭은 "학습 방법을 배우는" 능력을 신장시켜 준다.

루브릭은 교사의 검토과정에 객관성을 유지할 수 있게 하고, 학급 간 일관성 있는 평가를 가능케 한다.

루브릭은 학생에게 학습 과정과 결과에 대한 피드백을 제공하며 학습을 향상시킬 수 있는 방법을 제공한다.

4) 대안적 평가의 단점

대안적 평가는 학생 맞춤용으로 이루어지기 때문에 수업별로 각각 적합한 평가 방법을 고안하는데 많은 시간이 소모된다.

학생이 대안적 평가물을 완성하고 그것을 교사가 검토하는 데 많은 시간이 요구된다. 대안 평가 과제는 학생들이 과제를 계획하고 해답을 개념화하고 자료를 조직하며 최종 산출물을 완성하는데 많은 시간을 필요로 한다.

교사가 대안 평가 결과를 검토하는데 지필 검사나 기능 검사보다 시간이 많이 걸린다.

4. 체육에서의 실제 평가

- 수행 평가(performance assessment)는 학습자의 과제 수행 과정과 결과를 평가하는 대안적 방식으로 실제 평가(authentic assessment)를 중시한다. 학교에서 배운 학생의 지식이 구현될 수 있는 실제 상황이나 모의 상황에서 실시되는 평가를 의미한다.
- 학습 목표가 학생이 소프트볼 경기 방법을 배우는 것이라면 실제 평가는 실제 경기 상황에서 실시되어야 한다. 이런 경우 실제 평가는 학생의 게임 통계치 또는 경기가 진행될 때 완성된 체크리스트에 기초하여 이루어진다. Griffin 등이 개발한 게임수행평가도구(GPAI)는 경기 중 이루어지는 참여, 기능, 전략, 의사결정과 같은 여러 가지 범주로 운동수행을 분석하도록 한다.
- 수행 평가의 실제성은 학생의 지식이 실제 생활에 적용하는 방식으로 평가되는 정도에 따라 결정된다.

5. 모형중심 수업에서의 평가

수업모형을 사용하는 우수 교사들은 단원에서 활용한 모형 평가 전략들을 선택하고 실행하기 위하여 절차적, 상황적 지식은 물론이고 명제적 지식의 유형도 알 필요가 있다. 다음의 도표는 각 수업모형에 대한 평가 전략들과 그것들을 실행에 적합한 시기를 함께 제시하고 있다.

| 표 4.3 | 수업모형에 따른 평가 전략과 시기

수업모형	주요 학습 결과	전통 평가	대안 평가	평가 시기
직접 교수 모형	1. 운동 수행 2. 규칙에 관한 지식 3. 체력	기능 검사 지필 검사 체력 검사	수행능력 체크리스트	형성 총괄
개별화 지도 모형	1. 운동 수행 2. 규칙에 관한 지식 3. 체력	기능관련 퀴즈 지필 검사 체력 검사	수행능력 체크리스트 저널	지속
협동 학습 모형	1. 개념 지식 2. 팀 참여 3. 사회성 발달	기능관련 퀴즈 지필 검사	집단 프로젝트 멀티미디어 프로젝트 포트폴리오 저널	지속 형성 총괄
스포츠 교육 모형	1. 경기 수행과 전략 2. 팀 참여 3. "역할 임무" 수행	지필 검사	역할수행 체크리스트 팀 프로젝트 경기수행 종합 GPAI 저널	형성 총괄
동료 교수 모형	1. 운동 수행 2. 인지적 교수 지식 3. 사회성 발달	기능 검사 지필 검사	수행능력 체크리스트 저널	지속 형성
탐구 수업 모형	1. 움직임 기능과 관련된 지식 2. 움직임 기능	지필 검사	구두시험 면담 저널	지속 형성 총괄
전술 게임 모형	1. 운동 수행과 관련된 전략적 지식 2. 운동 수행	지필 검사	GPAI 수행능력 체크리스트 구두시험	지속 형성 총괄
책임감 지도 모형	1. 사회성 발달 2. 운동 수행	기능 검사	수행능력 체크리스트 저널	지속 형성 총괄

1) 평가를 활용하여 학습 결과 기록하기

총괄 평가는 단원의 마지막에 학생들이 알고 있는 것과 할 수 있는 것에 대한 정보를 주지만, 단원이 시작되었을 때 이미 학생이 알고 있었거나 할 수 있었던 것에 대해서는 어떠한 정보도 제공하지 못한다.

교사는 한 단원에서 일어나는 학생 학습의 양을 기록하는데 두 가지 방법을 사용할 수 있다. 하나는 단원에서 사전 평가를 실시한 후 그 사전 평가 결과와 총괄 평가결과를 비교한다. 이 때 학습은 보통 두 점수의 차이로 정의된다. 두 번째로는, 학습의 양과 비율을 보여주는 도표에 수많은 평가에서 얻은 수행 점수를 표시하는 방식으로, 단원 전체에 걸쳐 학생의 발전을 지속적으로 모니터할 수 있다.

교사들은 얼마나 많은 학습이 일어났는지 기록하기 위하여 개인별, 집단별 정보를 활용할 수 있다. 각 학생은 시간이 지남에 따라 자기 점수들을 획득하게 되므로 교사는 학습 진전이 이루어지고 있는지 여부를 판단하기 위하여 그 점수들을 검토할 수 있으며, 어떤 집단에서 학습량이 차이가 나는지 알아보기 위하여 하위 집단별(예 : 성별, 기능 수준별 등) 평균 점수를 계산하기 위하여 평가 자료를 범주화할 수 있다. 만약 한 집단의 학습이 충분하지 않다는 것이 발견되면, 교사가 그 집단이 진도를 잘 따라갈 수 있도록 수업 전략을 바꿀 수 있다.

2) 실용적 평가 전략

평가는 교사들에게 학생이 체육수업 중 학습한 것에 대한 가치있는 정보를 제공해 준다. 교사들은 진정으로 학생들이 수업 중에 무엇을 배웠고 얼마나 습득했으며 제시된 성취 기준을 얼마나 잘 성취하였는지 알 필요가 있다. 그러나 앞에서도 언급하였듯이, 좋은 평가는 교사가 평가를 준비하고 학생이 평가를 마치며 교사가 평가를 다시 검토하는 데 시간이 소요된다. 교사가 평가 정보를 수집하는 데 걸리는 시간은 학생의 학습 참여 시간을 앗아갈 수 있으며, 실제로 학습 가능 시간을 감소시킨다. 체육 교사들은 평가 정보를 실용적으로 수집하기 위해 다음과 같은 전략들을 활용할 수 있다.

한 단원에서 모든 잠재적 학습 결과까지 평가하려고 하지 말아야 한다. 3-4개의 주요 결과만 평가해야 한다.

다른 교사들이 성공적으로 사용한 평가 방법을 활용한다.

학생들이 자기 평가와 동료 평가를 하도록 가르쳐라. 이 때 교사가 해야 할 주된 일은 학생들이 과제를 수행하면서 자신의 성공적 수행 횟수를 세도록 감독하는 것이다. 중학년 이상의 학생들은 성공적 과제 수행의 주요 요소들을 찾아서 세는 방법을 배울 수 있다. 그리고 그 방법으로 동료 학생들을 관찰하고 채점할 수 있다.

평가 작업 과정을 줄이기 위해 학습지(worksheet) 또는 점수 기록지(scoring sheets)를 이용한다. 한 페이지 당 하나의 점수가 아니라 한 페이지에 모든 점수들이 들어갈 수 있도록 한다. 이는 교사가 나중에 결과를 점수화하고 조직화하는데 속도를 높여 줄 수 있다.

가능한 한 소규모의 지속적인 평가를 이용한다. 수업 중 학생들에게 해당 학습 과제를 달성했는지 여부를 손을 들어 표시하게 함으로써 신속하고 유익한 정보를 얻을 수 있다.

평가를 과제 학습과 연결한다. 학생에게 단순히 5분간 연습하도록 요구하는 것보다, 5분간 "성공적으로 시도한 횟수"를 세도록 지시한다. 마찬가지로, 점수 기록지를 학습 과제 장소(station)에 배치하여 학생들이 다음 학습 과제 장소로 옮기기 전에 자신들의 점수를 채워 넣도록 한다.

평가 정보를 모으고 저장하며 분석하는 데, 테크놀로지를 이용한다. 현재 많은 체육 교사들은 평가하고 자료를 저장하는 데 데스크 탑, 랩톱, PDA를 활용한다. 이러한 테크놀로지는 정보 입력과 저장을 편리하게 하며, 학생과 학부모 및 학교 행정가들에게 평가 보고서를 제작하여 배부하는 것을 용이하게 해 준다.

Part 05

체육수업모형

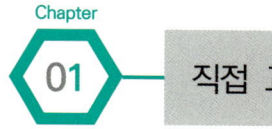

01 직접 교수 모형

교사가 수업 리더 역할을 한다(Teacher as Instructional Leader)

직접 교수 모형의 핵심적 특징은 교사 중심의 의사결정과 교사 주도적 참여 형태이다. 이 모형에서 교사는 내용 선정, 수업 운영, 과제 제시, 참여 형태, 상호작용, 학습 진도, 과제 전개 등 수업에 대한 모든 의사결정을 주도한다. 직접 교수 모형에서의 교사는 학생들이 가능한 한 많은 기능 연습을 하도록 지도하고, 학생이 연습하는 것을 관찰하며, 학생에게 높은 비율의 긍정적·교정적 피드백을 직접적·즉각적으로 제공한다. 다시 말해, 직접 교수 모형에서 교사는 명확한 리더십을 갖고 있으며, 그 리더십의 목적은 학생들에게 높은 비율의 학습 참여 기회를 제공하고 학생들이 수업 시간과 자원을 가장 효율적으로 활용하게 함으로써 정확하고 즉각적인 운동 수행 능력을 함양시키는 데 있다.

1. 개요와 특징

1) 직접 교수 모형의 개요

직접 교수(direct instruction) 모형은 그 동안 직접 교수 모형이라는 명칭으로 사용되지는 않았지만, 1980년대 이래 지금까지 체육에서 가장 일반적으로 사용되어 온 체육지도 방법이다.

직접 교수 모형은 오늘날 체육에서 광범위하게 활용되고 있는 직접 교수 전략(direct teaching strategies)과 꼭 같지는 않다. 직접 교수 모형은 수많은 직접 교수 전략을 통합하는 동시에 나아가 일련의 단계들, 교사의 의사결정과 학생의 참여 형태에 기초하고 있다. 이 모형의 기본토대를 제시한 사람은 Rosenshine(1983)이다.

2) 직접 교수 모형의 특징

- 핵심적 특징

    교사 중심의 의사결정과 교사 주도적 참여 형태이다.
- 목적

    학생이 연습 과제와 기능 연습에 높은 비율로 참여하게 하도록 수업 시간과 자원을 가장 효율적으로 이용하는 데 있다.
- 직접 교수 모형에서의 교사

    학생이 교사의 관리하에 가능한 한 연습을 많이 하게 지도하고, 학생이 연습하는 것을 관찰하며, 학생에게 높은 비율의 긍정적·교정적 피드백을 직접적·즉각적으로 제공한다.

- 직접 교수를 사용하는 교사의 역할(Rosenshine, 1983)

  교사는 학습을 구조화한다.
  교사는 각 수업 단계를 작은 단계로 나누어 빠른 속도로(활기차게) 진행한다.
  교사는 상세하고 반복적인 수업 설명을 한다.
  교사는 많은 질문을 하고, 명확하고 활동적인 연습 기회를 제공한다(지도 감독된 과제연습).
  교사는 특히 학습 초기 단계에서 피드백과 함께 잘못된 부분을 교정해 준다.
  교사는 학생들이 초기 학습 과제에서 80% 이상의 성공률을 달성할 수 있도록 보장해야 한다.
  교사는 큰 학습 과제를 소량의 과제로 세분한다.
  교사는 학생이 학습 과제를 자신감 있고 정확한 동작으로 90~100%의 성공률에 도달할 수 있도록 많은 연습시간을 제공한다(개별적 과제 연습).

- 직접 교수 모형 수업의 6단계(Rosenshine)

  전시 과제 복습
  - 일종의 수업 도입(set instruction)이자 수업 선행단계(anticipatory set)로, 학생이 이전 수업에서 얼마나 학습 했는지를 이해하는 데 도움이 된다.
  - 학생이 이전에 배운 내용을 좀 더 최근의 기억으로 회상시키도록 도와준다.
  - 이전 시간에 배운 내용을 복습하게 함으로써 학습 환경을 즉각적으로 조성한다.
  - 이전 수업과 현재 수업의 학습 과제를 연결할 수 있도록 한다.

  새로운 과제 제시
  - 수업 도입 단계 후에 교사는 학생이 배우게 될 새로운 내용(개념, 지식, 기능)을 제시한다.
  - 교사는 새로운 내용을 학생에게 설명하거나 시범을 통해 과제를 제시한다.
  - 과제 제시를 통해 학생은 새로운 내용이 무엇이고, 그것을 어떻게 수행해야 하는지에 대해 언어적/시각적인 정보를 통해 얻게 된다.
  - 이는 학생에게 능숙한 운동 수행 모습이 어떤 것인지에 대한 전체적인 그림과 느낌을 제공하게 된다. 물론 이는 학생의 연령과 발달 단계에 맞아야 한다.

  초기 과제 연습
  - 과제 제시는 곧바로 구조화된 연습으로 이어지고, 학생은 주어진 과제를 능숙하게 수행하기 위해서 연습을 시작한다.
  - 학생의 학습 활동 비율을 높이려면 교사의 학습 관찰과 교정적 피드백의 비율을 높여야 한다. 연습 과제는 학생이 80%의 성공률에 도달할 때까지 계속된다.

  피드백 및 교정
  - 교사의 보강 피드백과 교정적 피드백은 초기 학습 과제와 함께 제시되거나 순차적으로 과제 연습이 이루어지는 도중에 제시될 수 있다.
  - 교사는 학생이 다음 과제로 이동할 준비 태세를 갖추도록 하기 위해 몇 가지 주요 운동 수행 단서를 다시 가르치거나 이전 학습 과제를 되풀이할 수 있다.

독자적인 연습
- 교사는 학생이 기본적인 연습 과제에 능숙해졌다는 확신이 들면, 학생이 좀 더 독립적으로 연습하도록 계획을 세운다.
- 교사는 여전히 학습 활동을 설계하고 학생을 위해 과제를 제시한다. 그러나 학습 진도에 대해서는 학생 스스로 결정할 수 있도록 한다.
- 학생이 이러한 상황에서 연습할 때 교사의 단서나 관찰 감독을 기다리지 않아도 되기 때문에 결국 과제 활동 비율을 높일 수 있다.
- 이 단계의 목표는 교사가 새로운 과제나 내용을 제시하기 전에 학생이 각자의 독립적인 과제에서 90%의 성공률을 성취하는 데 있다.

정기적인 복습(본시 복습)
- 직접 교수 모형을 활용하는 교사들은 종종 이전 학습 과제를 반복하는 계획을 세운다.
- 이를 통해 교사는 학생들이 이전의 수업 내용을 얼마나 기억하는지 확인하고, 학생들에게 새로운 내용이 이전 단원 내용을 토대로 한다는 것은 알려준다.

2. 직접 교수 모형의 기초

1) 이론적 배경 및 근거

직접 교수로 발전하게 된 교수학습 전략은 저명한 행동주의 심리학자인 B. F. Skinner의 조작적 조건화 이론에서 파생된 것이다. 강화(강화물 혹은 강화인, reinforcers)라고 불리는 결과를 유발하는 반응은 환경적 자극이 다시 주어질 때 같은 행동이 일어날 가능성을 증가시킨다. 반면에, 처벌(처벌물 혹은 처벌인, punishers)이라고 불리는 다른 결과를 유발하는 반응은 환경적 자극이 다시 주어질 때 같은 행동이 일어날 가능성을 줄이거나 전혀 발생하지 않게 한다.

- 행동 훈련(behavior training)의 주요 개념

    조작적 조건화의 과정은 동물들에게 장기적이고 복합적인 학습 행동을 습득시키기 위해 사용했던 몇 가지 조작 기법의 기초로써 스키너와 그의 동료들에 의해 활용되었다. 행동 심리학의 용어에서 이 과정을 행동 훈련(behavior training)이라고 하며, 5가지 주요 개념(형성, 본보기, 연습, 피드백, 강화)을 포함한다.
    - 조형(shaping, 형성) : 조형 과정은 훈련 절차의 최종 결과를 규정함으로써 시작되는 것으로, 학습자로 하여금 일련의 작은 학습 단계나 연속적인 유사 행동 단계를 거쳐 궁극적인 목표를 달성하도록 이끌어 준다. 조형의 초기 단계에서 학습되는 기능의 형태는 최종적인 기능 형태와 유사성이 적다. 그러나 조형 과정이 지속됨에 따라 학습자는 마지막에 기대하는 학습 결과와 점점 더 유사한 숙련된 움직임 패턴을 학습하게 될 것이다.

- 본보기(modeling) : 학습자는 본보기를 통해 바람직한 기능이나 동작을 능숙하게 수행하는 예를 보거나 들을 수 있다. 본보기로 제시된 운동 수행의 요소를 보고, 듣고, 읽음으로써 학습자는 성취해야 할 기능이나 동작에 대한 준거 틀을 가지게 된다. 물론, 본보기로 제시되는 운동 수행은 학생의 현재 발달 단계와 과제의 준비도에 부합되어야 한다.
- 연습(practice) : 직접 교수의 연습 단락들은 고도로 구조화된 것으로 항상 연습 단락별로 숙달 기준을 가지고 있다. 구조화되었다는 것이 지루하거나 엄격하다는 것을 의미하는 것은 아니다. 그것은 교사가 과제 구조, 사용될 교재, 시간 배당, 학생의 참여 형태를 포함하는 모든 측면의 학습 과제에 대해 분명한 계획을 수립하는 것을 의미한다. 직접 교수의 연습 단락들은 학생의 학습 참여 기회(Opportunity To Respond: OTR)를 높일 수 있도록 설계되어야 한다. 그렇게 함으로써 학생들은 정확한 운동 수행을 여러 번 되풀이 할 수 있다.
- 피드백(feedback) : 높은 비율의 OTR은 교사가 제공하는 보강 피드백의 비율과 직접적으로 관련이 있다. 직접 교수에서는 두 종류의 피드백이 선호되는데, 그것은 긍정적 피드백과 교정적 피드백이다. 긍정적 피드백은 올바른 학습 시도를 강화하고 학습자에게 과제 참여를 지속할 수 있는 동기를 부여하는 목적에 부응한다. 교사가 학생의 실수를 발견하게 되면, 실수에 대해 지적해야 할뿐만 아니라(부정적 피드백의 제공), 다음 시도 때 다시 실수하지 않는 방법을 학생에게 제시해야 한다(교정적 피드백의 제공). 다음 시도에 대한 단서를 주게 되면 부정적 피드백은 학습자가 활용할 수 있는 긍정적 피드백으로 전환될 수 있다.
- 강화(reinforcement) : 강화는 직접 교수에서 높은 비율로 제공된다. 강화는 집중, 노력, 과제 수행, 지시 따르기, 수업 규칙과 일상 규칙 지키기와 같은 여러 종류의 학생 행동을 보상할 때 활용된다.

- 직접 교수의 기본적인 근거(Morine-Dershimer, 1985)

　　교사는 학생에게 바람직한 운동 수행 결과에 대한 명확한 모델링(본보기)을 제공하기 위해 일련의 수업 활동에 대해 분명한 계획을 세운다.

　　그 후 교사가 지도하는 후속 학습 활동들이 제시되는데, 그 활동들은 높은 비율의 긍정적 피드백과 교정적 피드백과 함께 높은 수준의 학생 참여를 유도한다.

　　각 학습 과제는 학생들이 단원 내에서 더 큰 학습 목표로 한 발짝 더 접근할 수 있도록 정해진 숙련 수준에 맞게 수행되어야 한다.

2) 교수·학습에 관한 가정

- **교수에 관한 가정**

    교사는 수업 내용과 의사결정의 주관자이고, 수업의 계획과 실행에 주도적인 역할을 해야 한다.

    교사는 단원 내용을 결정하고 그 내용은 학생이 발전함에 따라 참여하게 될 일련의 학습 과제로 선정되어야 한다.

    교사는 가장 효율적이고 효과적인 수단을 통해 학생에게 전달할 수 있는 내용 지식을 소유한 사람이다. 그러므로 교사들은 수업 운영 기술뿐만 아니라 체육교육 내용에 대해 높은 수준의 전문지식을 갖추고 있어야 한다.

    교사는 수업시간과 자료를 최대한 활용하고 수업과 단원 내용에 학생이 최대한 참여하는 방법으로 환경을 효과적으로 조성하기 위해 자신의 전문지식을 사용할 수 있다.

    교사는 수업 리더의 역할을 담당하고 학생의 학습을 계획하고 이행하는데 최상의 결정을 내릴 수 있다.

- **학습에 관한 가정**

    학습은 작은 과제들을 점진적으로 수행하면서 이루어지고, 이것은 방대하고 복잡한 기능/지식의 학습으로 이어진다.

    학습자들은 학습 활동에 참여하기에 앞서 학습 과제와 운동 수행 기준을 이해해야 한다.

    학습은 표출된 행동을 즉각적으로 따르는 결과들의 작용으로 볼 수 있다. 강화가 뒤따르는 행동들은 높은 비율로 유지되거나 표출되는 경향이 있을 것이다. 아무런 강화나 벌과 같은 자극이 없는 행동은 시간이 지나면 감소하는 경향이 있다.

    학습자들이 자신들의 학습을 바람직한 운동 수행 형태나 결과로 이끌기 위해서는 OTR의 비율을 높일 필요가 있다. 이 가정은 직접 교수가 학생에게는 수동적인 모형이라는 비판에 대한 반대되는 개념이다. 실제로, 학생의 동작 유형이 능숙하고 지속되기 위해서는 높은 참여율이 필요하다.

    높은 비율의 OTR은 학습자에게 학습 시도의 적절성에 대한 정보를 제공하는 강화 피드백의 횟수를 늘리며 이루어져야 한다.

3) 직접 교수 모형의 주제 : "교사가 수업 리더 역할을 한다."

교사는 내용, 관리, 학생의 참여에 대한 모든 의사결정의 주체이다. 교사에게는 명확한 리더십 기능이 있다.

그러나 그 리더십의 목적은 학생들이 높은 비율의 OTR과 피드백을 얻고, 의도된 내용의 학습을 향해 안정적이고 긍정적인 발걸음을 옮기게 하기 위한 것이다.

교사는 권위자가 아니라 리더이다. 교사는 과제 발달과 학습 상황을 구조화한다. 이러한 학습 구조화를 통해 혜택을 받는 사람은 바로 학생들이다. 학습 과정에서 많은 '시행착오'가 제거되기 때문이다.

4) 학습 영역의 우선순위와 영역 간 상호작용

- **학습 영역의 우선순위**

    직접 교수는 성취 지향적인 수업모형으로 체육에서는 주로 심동적 영역의 학습 결과를 얻기 위해 주로 사용된다.
    - 1순위 : 심동적 학습
    - 2순위 : 인지적 학습
    - 3순위 : 정의적 학습

    규칙과 개념 학습 등에서는 인지적 영역이 최우선시된다. 그러나 이 경우에도 인지적 영역의 학습은 주로 심동적 영역의 학습을 촉진하는 데 활용되는 경우가 많다. 학생 사고는 운동 기능 학습을 좀 더 신속하고 능숙하게 촉진하기 위해 개발된다.

- **학습 영역 간 상호작용**

    심동적 영역의 학습 과제를 능숙하게 수행하기 위해서는 학생이 인지적 영역에 참여해야 한다. 그들은 바람직한 동작 패턴에 필수적인 개념과 전략을 인지하고 처리하며 학습해야 한다.

    교사는 학생들이 시행착오를 겪기 전에 먼저 그들이 인지적 측면에 관심을 두도록 해야 한다. 직접 교수 모형에서는 정의적 영역을 직접적으로 언급하지 않는다. 다만, 학생이 열심히 노력하는 과정에서 긍정적인 정의적 학습 결과들을 성취할 것이며, 나아가 정기적인 성취감을 경험하고 학습 목표를 향해 꾸준히 전진해 나갈 것이라고 가정한다.

5) 학생의 발달 요구 사항

- **학습 준비도**

    이 모형에서 학생의 학습 준비도는 운동 기능 및 인지 기능의 발달 수준과 관계가 있다.

    운동 기능에 필요한 선행 조건은 물체나 도구를 다루는 힘, 다가오는 물체를 탐지하고 속도를 감지할 수 있는 감각 운동 능력, 반복적인 연습을 할 수 있는 체력 등이다.

    인지 기능의 선행 조건에는 교사가 학생들에게 과제를 제시할 때 사용하는 언어, 글의 내용, 시범 정보를 이해하는 능력과 연습에서 피드백을 활용하는 능력이 포함된다.

- **학습 선호도**

    Reichmann과 Grasha(1974)이 제시한 학생의 학습 선호 유형을 기준으로 놓고 본다면, 직접 교수 모형은 회피적, 경쟁적, 의존적인 경향이 있는 학생에게 큰 효과를 발휘한다.

    그러나 이러한 범주화를 부정적으로 해석해서는 안 된다. 그것은 학생이 선호하는 수업 환경을 설명하는 것이기 때문이다.

    직접 교수 모형에서 내용 및 학습 과제의 선정은 교사 중심이기 때문에 체육 학습 내용과 방법에 대한 학생의 선택권은 거의 주어지지 않는다.

6) 모형의 타당성

앞에서 언급했듯이 직접 교수 모형과 직접 교수 전략을 동일한 것으로 잘못 이해하는 경향이 있다. 직접 교수 모형을 사용하는 교사는 앞에 제시된 Rosenshine(1983)의 6가지 단계를 동일한 순서에 따라 진행해 나간다. 반면에, 직접 교수 전략을 사용하는 교사는 Rosenshine이 제시한 모형의 모든 요소를 활용하지 않고 일시적으로 학생들의 학습 활동을 통제하는데 도움이 되는 과제 구조만을 사용하게 된다.

- **연구 타당성**

    직접 교수 모형은 교실중심 수업(classroom-based teaching), 특히 읽기와 수학에서 많은 연구의 대상이 되어 왔다. 연구들은 직접 교수 모형의 다양한 형태들이 교수 학습 과정에서 학생의 성취도를 일관성이 있게 향상하게 시킨다는 사실을 보고하고 있다.

    주목할 점은, 직접 교수에 의한 그러한 성취도의 향상이 기본 학습 기능에서 두드러지게 나타나지만, 고차원적인 학습 기능이나 우수 학생을 대상으로 직접 교수를 적용하면 그 효과가 다소 떨어진다는 점이다.

    체육교과의 직접 교수에 관한 초기 기술적 연구들은 학생들이 운동 기능을 연습하는 것보다 정보를 얻고 기다리는 데 더 많은 시간을 보내는 경향이 있음을 지적한다. 또한 체육 교사들은 학생들에게 운동 수행 관련 피드백을 조금밖에 제공하지 않는다.

    Cheffers의 상호작용 분석체계(CAFIAS) 도구를 이용한 상호작용 분석연구는 많은 체육 교사들이 수업 정보 흐름을 통제함으로써 수업 리더의 역할을 완수할 수 있었다는 것을 증명하고 있다.

    기술적 연구들은 학생의 학습 성취도와 관련이 있는 교수·학습 과정 변인들에 대한 주의를 환기했다. 그중에서 가장 주목받은 것이 실제 학습시간(ALT)인데, 그것은 학습자가 적절한 학습 과제에 대해 높은 성공률을 보이면서 참여한 시간의 양으로 정의할 수 있다.

    직접 교수 모형을 약간 변형하여 운영한 체육수업에서, 많은 체육 교사들은 ALT의 양을 최대화할 수 있는 수업을 계획하기 위해 노력하는 것으로 나타났다.

    Rink(1996)는 직접 교수를 활용한 체육수업에서 교사와 학생의 학습과정 및 성취 간의 관계를 다음과 같이 제시하였다. 다음과 같은 연구 결과들은 직접 교수 전략에 대한 설득력 있는 연구 타당성을 제공하기 때문에 중요하다고 볼 수 있다.

    실험 연구는 체육의 직접 교수와 관련된 많은 유망한 결과들을 산출했다. 중재 기법을 이용한 연구들은 체육에서 학습자의 학습 가능성을 증가시키는 많은 과정 변인을 성공적으로 변화시킬 수 있음을 증명했다. 예를 들면, 직접 교수 모형을 사용하면 교사의 피드백 비율의 증가, 수업 및 시간 운영의 향상, 학생의 OTR 증가, 실제 학습시간(ALT)의 증가 등이 비교적 쉽게 이루어질 수 있다(Metzler, 1989).

> **직접 교수를 활용한 체육수업에서 학습과정 및 성취 간의 관계(Rink, 1996)**
> 1. 연습의 시간을 많이 할애하는 학생이 더 많이 배운다.
> 2. 연습은 학습 목표와 개별 학생에게 적절해야 한다.
> 3. 높은 성공률로 연습하는 학생이 더 많이 배운다.
> 4. 높은 수준의 인지적 과정을 거치며 연습한 학생이 더 많이 배운다.
> 5. 우수 교사들은 학습 환경을 창의적으로 조성한다.
> 6. 우수 교사들은 훌륭하게 의사소통한다.
> 7. 체계적인 내용 발달 단계는 학습을 증가시킨다.

- **실천적 지식의 타당성**

   체육 교사들은 백년이 넘는 기간 동안 여러 형태의 직접 교수 방법을 사용하면서 학생들이 기능과 지식을 효율적이고 효과적으로 습득할 수 있음을 입증해 왔다.
   그 이유는 체육 교사들이 직접 교수 모형을 학생의 연령과 기능 수준을 불문하고, 운동 기능과 개념을 가르치는데 "검증된 진짜" 방법들 중의 하나로 인식해 왔기 때문이다.
   직접 교수가 체육수업을 지도하는 유일한 방법은 아니지만 많은 교사가 직접 지도 전략들을 계속 사용하고 있다는 사실은 이 접근이 교수학습에 매우 타당한 것임을 시사한다.

- **직관적 타당성**

   직접 교수 모형의 기본적 기능들은 이 모형이 수업에서 왜 사용되는지에 대한 합당한 이유를 확고하게 제시해 준다.
   내용은 학습자가 최종적으로 더 높은 학습 목표를 완전하게 숙달할 수 있도록 일련의 작은 단계들로 세분된다.
   교사는 학생들에게 능숙한 동작이 어떤 모습인지를 이해할 수 있도록 본보기(모델)를 제공한다. 이때 동작의 숙련도를 높이는 데 필요한 단서들이 함께 제공된다.
   학생들은 높은 비율의 교사 피드백과 더불어 매우 높은 비율의 OTR과 ALT를 얻는다.
   학생들은 내용 목록에 속해있는 다음 과제를 수행하기 전에 현재 학습 과제에 숙달했다는 것을 증명해야 한다.
   수업 목표가 기본 기능과 개념의 학습일 때 직접 교수 방식의 접근법은 체육교과에서 직접 교수의 활용에 대한 직관적 타당성을 제공한다.

3. 교수·학습의 특징

1) 수업 주도성

다음 〈그림 5.1〉은 체육수업에 사용되는 직접 교수의 수업 주도성을 설명하고 있다.

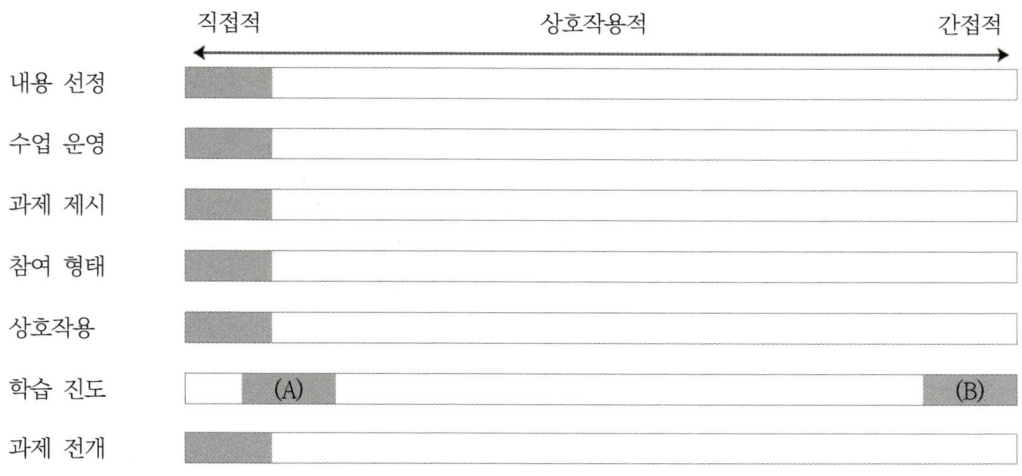

| 그림 5.1 | 직접 교수 모형의 수업 주도성 프로파일

- **내용 선정**

  직접 교수 모형에서 교사는 내용 선정에 대한 완전한 통제권을 가지고 있다.

  교사는 단원에 포함될 내용, 학습 과제의 순서, 학생의 내용 숙달에 대한 수행 기준을 결정한다. 학생은 교사로부터 이러한 정보를 받고 단원 내내 따르게 된다.

- **수업 운영**

  교사는 지도할 단원에 대한 관리계획, 수업방침/규정, 세부적인 일상 행동을 결정한다. 수업 운영의 효율성을 극대화하기 위해 통제가 지속해서 이루어진다.

- **과제 제시**

  교사는 직접 교수에서 모든 과제 제시를 계획하고 통제한다.

  교사가 항상 모델이 된다는 것을 의미하지 않는다. 다른 학생이나 시청각 자료를 통해 학생이 수행해야 할 기능이나 학습 과제에 대한 시각적, 언어적 설명을 제공할 수 있다.

- **참여 형태**

  개별 연습, 파트너 연습, 소집단 연습, 스테이션 연습 및 전체 집단 연습 등과 같은 다양한 학생 참여 유형이 직접 교수에서 사용될 수 있다.

  그러나 각 학습 과제에 어떤 참여 형태가 사용되는지에 대한 결정은 교사가 하게 된다.

- **상호작용**

    직접 교수에서 거의 모든 상호작용은 교사에 의해 시작되고 통제된다.

    교사는 보강 피드백을 제공하는 주요 제공자이고 수업의 모든 질의응답을 주관한다. 이는 학생의 질문이 금지되었음을 의미하는 것이 아니고 단지 교사가 학생의 질문이 나올 시간을 미리 정한다는 것을 의미한다.

- **학습 진도**

    교사는 학생이 연습할 때, 특히 초기 학습 과제에서 학습 진도를 엄격하게 통제한다.

    교사는 학생이 연습할 때마다 시작과 끝나는 시간을 알려줌으로써 초기 학습에서 각 연습에 대해 사려 깊은 단서를 줄 수도 있다(A). 단서는 교사가 학생의 기능 연습을 보다 잘 분석하여 피드백을 제공할 수 있도록 학생의 모든 연습을 관찰하는 것을 도와준다. 교사는 이렇게 말할 수 있다. "오버핸드 서브를 10회 연습해라", 또는 "오버핸드 서브만 5분 동안 연습해라."

    그 후, 학생은 각각의 시도를 언제 시작할지를 결정한다(B).

    여기서 주목해야 할 것은, 교사가 학생이 몇 번 혹은 얼마 동안 연습할 것인지를 결정한다는 사실이다.

- **과제 전개**

    교사는 하나의 학습 과제에서 다음의 학습 과제로 이동하는 시기에 대한 모든 결정을 내린다. 이 결정들은 교사가 정한 과제 숙달 기준을 바탕으로 이루어진다(예: 80% 정확한 동작으로 숙달).

    대부분 혹은 모든 학생이 이 기준에 도달하게 되면, 교사는 다음 학습 과제로 수업을 이동한다.

- **직접 교수 모형의 포괄성**

    직접 교수 모형의 설계대로 사용될 경우, 직접 교수는 본래 포괄적이다.

    모든 학생은 동일한 학습 과제 제시를 보고, 동일한 학습 과제를 연습하며, 높은 비율의 학습자 참여 기회(OTR: Opportunity To Respond), 실제 학습시간(ALT), 보강 피드백을 받은 후, 모두가 함께 다음 학습 활동으로 이동한다.

    그러나 과제 발달이 학급 전체를 대상으로 하여 이루어지기 때문에 덜 숙련되거나 부진한 학습자들은 다른 학습자들과 함께 다음 과제로 진행하기 전에 현재의 학습 과제를 숙달하지 못할 가능성이 있다. 즉, 덜 숙련되었거나 부진한 학습자들은 모든 학생을 단원의 다음 과제로 진행하게 하려는 교사의 결정 때문에 현재의 과제를 더 연습할 기회를 잃게 된다.

    직접 교수 모형을 사용하는 교사가 수업 중 학습 속도를 기준으로 학생들을 여러 소집단으로 나눌 수 있지만, 실제로 체육수업에서 잘 실현되기가 힘들다.

2) 학습 과제

직접 교수의 효과는 교사의 과제 제시 및 과제 구조에 대한 계획과 이행에 달려 있다. 과제 제시는 학생에게 기능/과제를 능숙하게 수행하는 방법에 대한 정보를 제공해 주기 때문에, 과제 제시를 통해 그 과제를 성공적으로 수행하는 방법에 대한 명확한 상(picture)을 제시하는 것이 필수적이다. 과제 구조는 학생이 학습 활동의 조직 요소를 명확히 이해하고 학생의 OTR과 ALT의 비율을 높이면서 수업 시간의 효율적인 사용을 증가시킬 수 있으므로 중요하다.

- **과제 제시**

    이 모형을 사용하는 교사는 학생에게 수업 정보의 흐름을 지속해서 통제하기 위해 종종 모델로서 해야 할 역할을 담당하기도 한다. 모델을 통해 보여준 행동은 바로 교사가 다른 학생에게 보여주기를 원하는 행동이기 때문에 시범이 정확히 이루어져야 한다.

    직접 교수 모형은 높은 비율의 학습 참여기회(OTR)를 가지므로, 학생은 잘못된 운동수행 단서에 따라 연습해서는 안 되며, 이후에 잘못된 운동 수행은 올바른 운동 수행으로 교정되어야 한다. 이것 때문에 직접 교수 모형을 사용하는 교사는 대부분 과제 제시 모델로서 해야 할 역할을 담당하게 된다.

    과제 제시는 수업에 참여하는 모든 학생에게 한 번에 이루어진다. 교사가 제시한 모델과 운동 수행 단서를 학생이 이해하고 있는지 알아보기 위해 학생의 이해 여부를 자주 확인해야 한다.

- **과제 구조**

    직접 교수는 학생을 위해 계획된 여러 과제 구조와 함께 다양한 학습 활동들을 사용할 수 있다.

    선택된 과제 구조에 상관없이 학생은 학습 활동의 조직 방법과 책무성 체계를 이해하는 것이 중요하다. 학생이 과제 구조를 이해하지 못한다면, 교사는 수업에서 OTR과 수업의 흐름에 영향을 미치더라도 학습 방향을 다시 반복해야만 한다.

    직접 교수에서 학습 과제는 학생의 과제 연습을 돕고 가능한 한 OTR를 증가시키기 위해 많은 시각 자료를 사용할 수 있다. 적당한 간격을 표시하기 위해 바닥에 그려진 선, 경로 표시로 사용되는 콘, 정확도를 표시하기 위해 벽 위에 그려놓은 표적, 공을 자동으로 쏴주는 기계 장치 등은 체육수업에서 학생이 바람직한 운동 수행 수준을 유지하게 시키고 OTR를 높이는 데 도움이 된다.

초기 학습 과제를 위한 과제 구조	상위 수준의 학습 과제와 독자적 연습을 위한 구조
• 개인 공간에서의 개별 연습 • 반복 훈련에 의한 개별 연습 • 교사 주도에 의한 연습(예를 들면, 댄스 스텝, 느린 동작 기능을 따라 하기) • 간이 게임	• 파트너 연습(예를 들면, 앞으로 던지기, 서로 공차기) • 스테이션 과제 • 순환 코스와 장애물 코스 • 복합 기능 훈련 • 간이 게임 • 미니게임

- 과제 발달

　　직접 교수 모형에서 단원 내용의 전개는 교사가 단원이 시작되기 전에 결정한 내용 목록과 계열성에 토대를 둔다.
　　교사는 각 단원에서 배울 기능과 지식을 확인하고 학생들이 학습할 내용의 순서를 정한다.
　　학생들은 위의 표에 제시된 초기 학습 과제와 상위 수준의 학습 과제 구조의 목록처럼, 쉬운 수준에서 점차 어려운 수준으로 연습하면서 내용을 전개해 나간다.
　　교사가 직접 교수 모형의 설계를 충실하게 따른다면, 학생들은 현재의 학습 과제를 80% 숙달하고 나서 다음 과제로 이동하게 된다.
　　이 때 학생들의 학습 진도가 다르므로 교사는 학습 지도가 비슷한 학생들끼리 모둠을 만들어 연습하도록 한다.
　　체육수업에서 교사는 종종 시간 배당을 토대로 과제 발달을 한다. 학생들이 계획된 학습 과제를 숙달하는 데 얼마의 시간이 걸릴지를 추정한 다음 정해진 시간이 지나면 다음 과제로 진행하는 것이다. 그러나 이러한 방법은 기능이 떨어지는 학생들을 더욱 뒤처지게 할 수도 있으므로 직접 교수 모형의 설계에 역행하는 것이 될 수 있다.

3) 학습 참여 형태

　　직접 교수 모형에서 교사는 각 학습 활동을 위해 선택한 과제 구조에 의해서 결정된 여러 가지 학생 참여 형태를 사용한다.
　　학생은 혼자서, 파트너와 함께, 소집단이나 대집단에서, 또는 전체 학급 안에서 연습한다. 스테이션이 종종 사용되기도 한다.
　　이 유형들의 공통점은 교사가 참여 형태를 결정하고, 이 형태를 조직하고 유지하는 방법을 학생에게 지시한다는 점이다.

4) 교사와 학생의 역할 및 책임

역할 및 책임	직접 교수 모형에서의 책임 주체
수업 시작	교사는 도입 단계에서 모든 학생에게 인사를 하면서 수업을 시작한다.
수업 기구 준비	교사는 수업에 필요한 기구 목록을 만들고 수업 시간에 가져온다. 학생은 기구를 설치하는 데 도와줄 수 있다.
수업 기구의 배치 및 회수	교사는 학생에게 기구를 어떻게 배치할 것인가 지시한다. 학생은 수업이 끝난 후에 지정된 장소에 기구를 정리하는 것을 도와줄 수 있다.
출석 점검(필요 시)	교사는 출석을 부르거나, 시간을 절약하기 위해 대안을 사용한다.
과제 제시	교사는 학생이 관찰할 운동수행 모델을 제공하고 이행한다.
과제 구조	교사에 의해서 계획되고 제시된다. 학생은 교사로부터 지도를 받고 그것을 이행한다.

Part 05 체육수업모형

역할 및 책임	직접 교수 모형에서의 책임 주체
평가	교사는 각 학습 과제를 위한 수행 기준을 결정하고 학생 성취수준을 검토한다. 평가는 다양한 방법으로 이루어질 수 있으나 일반적으로 교사의 비공식적인 관찰로 학생의 운동수행을 평가한다.
과제 발달	학생의 운동수행을 감독하면서 교사는 학습 활동이 끝나는 시기와 학생이 다음 활동으로 이동하는 시기를 결정한다.

5) 교수 과정의 검증

- 교사

기 준	검증 방법
단원 내용은 큰 학습 목표의 달성을 위해 소규모의 학습 과제로 구분된다.	교사는 과제 분석, 내용 목록, 과제 발달 등을 단원이 시작하기 전에 살펴본다.
전시 수업 내용을 검토한다.	교사는 전시 수업의 복습과 도입 단계를 포함하고 있는 수업 계획을 검토한다.
명확하고 효율적인 과제 제시를 한다.	1. QMTPS(Qualtative Measures of Teaching Performance Scale)로 모니터한다. 2. 연습이 시작될 때 학생을 관찰한다. - 과제를 정확하게 수행하고 있는가? - 교사는 학생의 이해를 위해 점검하였는가?
명확한 과제 구조를 제시한다.	연습할 때 학생을 관찰한다. 학생들이 교사가 제시한 방법으로 참여하고 있는가? 교사는 학생의 이해도를 점검하였는가?
과제 발달 시 신속하게 진행한다.	1. 교사는 일련의 소규모 학습 과제를 계획한다. 2. 교사는 계획된 수업 분절 사이를 신속하게 이동한다.
교사는 긍정적이고 교정적인 피드백을 높은 비율로 제공한다.	교사에 의해서 학생에게 제공된 피드백의 유형과 빈도를 기록한다.
학습 과제는 환전 학습을 추구하는 기준을 가지고 있다.	1. 수업계획을 점검한다. 2. 학생의 80~100%가 이전의 과제를 완수했는지 확인한다.
규칙적인 내용 복습이 존재한다.	1. 단원 계획을 점검하라 2. 각 복습이 이루어지는 시기와 초점을 기록한다.

- 학생

기 준	검증 방법
학생은 과제 제시를 이해한다.	교사가 제시한 방식에 따라 기능, 움직임, 개념을 연습하고 있는 학생의 수를 센다.
학생은 과제 구조를 이해한다.	다음 항목에 해당하는 학생수를 센다. 1. 교사 지시에 따라 참여하는 학생 2. 과제를 변형하는 학생 3. 과제에서 이탈하는 학생
학생의 OTR 비율이 높다.	1. 과제 연습 시도의 횟수를 센다. 2. 학생이 실제 연습한 시간을 잰다.
학생의 ATL 비율이 높다.	타당한 ALT-PE 관찰 기록 도구를 가지고 표본 학생을 모니터한다.
학생은 높은 비율의 긍정적이고 교정적 피드백을 받는다.	교사가 피드백을 체크할 때 학생이 피드백을 받고 있는지 주시한다. 피드백은 수업 중 모든 학생에게 고루 분배되어져야 한다.
초기 학생 연습은 교사에 의해 지도된다.	과제 구조와 과제 발달을 점검한다.
차후 학생 연습은 몇 가지 독자적인 연습을 수반하고 있다.	과제 구조와 과제 발달을 점검한다.
학생은 내용을 숙달한다.	학생은 내용을 완수하고 교사가 진술한 학습 목표에 부합하는 정기적인 평가를 통과한다.

6) 학습 평가

- 비공식적 평가

직접 교수 모형에서 비공식적인 평가는 실용성이 크다.

학생들에게 과제를 블록(block) 단위로 연습하게 한 다음 모든 학생이 한 블록의 연습을 마쳤을 때 수업을 멈춘다. 만약 한 블록이 5번 시도하도록 구성되어 있고 5번 중에서 4번 성공했을 때 성공률은 80%이라면, 교사는 "4~5번 정확하게 수행한 사람은 몇 명이지?"라고 질문할 수 있다. 기존 성공률에 도달한 학생이 충분하지 못하면 과제는 계속된다. 만약 거의 모든 학생이 5번 중 4번을 정확히 실시했다면 교사는 다음 과제 이동할 수 있다.

교사는 학생이 과제를 연습할 때 표본 학생들을 모니터할 수 있다. 표본 학생들이 성공한 횟수와 실패한 횟수를 헤아려 본다. 표본 학생들 거의 모두가 기준 성공률에 도달했을 때 교사는 그때 다음 과제로 이동할 수 있다. 중요한 것은 표본 집단이 학급 전체 학생을 대표할 수 있어야 한다는 점이다. 이를 위해서 표본 학생은 다양한 기술 능력을 갖춘 학생을 포함하고 남학생과 여학생의 수를 같게 해야 한다.

- **공식적 평가**

    비공식적 평가 전략들은 매우 실용적이지만, 학습 과제에 관한 학생의 성공률에 대해 잘못된 정보를 교사에게 제공할 수 있는 위험이 있다. 반면에, 공식적 평가 전략들은 좀 더 체계적이고 객관적이며 정밀한 경향이 있지만, 체육수업에서 실행 가능성이 작다.

    실제적인 공식적 평가 방법의 예
    - 교사는 학생에게 각 학습 과제에 대해 성공한 횟수와 실패한 횟수를 기록할 수 있는 카드를 제공한다. 학생은 기준 성공률에 도달했을 때 카드를 교사에게 제출한다. 대부분 학생이 카드를 제출하면 교사는 다음 과제로 이동한다.
    - 교사는 주기적으로 간단한 퀴즈를 통해 학생들을 평가한다. 이 퀴즈들은 지필 시험, 구두 시험 또는 실기시험으로 이루어질 수 있다. 거의 모든 학생이 기준 점수에 도달했을 때 다음 과제로 넘어간다.
    - 교사는 체크리스트를 사용하여 운동 수행의 중요 사항에 대해서 학생의 기능을 관찰할 수 있다. 거의 모든 학생이 능숙한 기술을 수행했을 때 교사는 다음 과제로 이동한다.
    - 동료 평가를 활용할 수도 있다.

    직접 교수 모형은 완전 학습 방식을 사용하기 때문에 다음 학습 과제로 이동하기 전에 학생이 기준 성공률이나 운동 수행 점수에 도달했는지를 공식적으로 평가하는 것은 교사의 필수적인 의무이다.

4. 교사 전문성 및 상황적 요구 조건

1) 교사 전문성

- **과제 분석 및 내용 목록**

    직접 교수 모형에서 학습 내용은 작은 단위로 나뉘어져 일련의 점진적인 학습과제로 배열되는 특징이 있다.

    교사는 학생이 발전함에 따라 학습 과제 순서를 구성하는 데 사용되는 세부적인 과제 분석을 완수할 필요가 있다.

    과제 분석이 완전히 이루어지면, 교사는 내용 목록을 결정하면서 어느 정도 내용을 한 단원에서 가르쳐야 하는지를 알 수 있게 된다. 이것은 내용 지식과 학생의 학습 능력에 대한 지식이 필요함을 말해준다.

- **학습 목표**

    직접 교수는 운동수행의 목표 형태로 진술된 학습 목표를 학생이 달성하는 데 도움을 줄 수 있다.

    교사는 학생들에게 도전적이면서 달성할 수 있는 운동 수행 기준을 포함한 목표를 작성할 수 있어야 한다.

- **체육교육 내용**

    직접 교수 모형을 사용하는 교사는 효과적으로 과제를 제시하고 학생에게 유용한 피드백을 부여하기 위해 학생을 지도할 내용에 대해 필수적으로 알고 있어야 한다.

    두 가지 형태의 지식
    - 과제를 제시할 때 능숙한 기능 수행을 보여줄 수 있는 능력
    - 구체적이고 정확한 피드백을 더 많이 제시하기 위해 학생의 운동 기능을 관찰할 수 있는 능력

    직접 교수 모형을 사용하는 교사는 거의 모든 단원 내용에 관한 자원 역할을 담당하기 때문에 지도할 단원 내용 전문성을 갖추어야 한다.

- **발달 단계에 적합한 수업**

    학생이 수행 기준에 따라 학습 과제에 참여하도록 하기 위해서는 직접 교수 모형을 사용하는 교사는 반드시 학생의 발달 능력을 숙지하고 있어야 한다.

    교사는 학생의 인지 능력 수준에서 과제 제시를 해야 하고 과제 구조에 대한 명확한 지시를 내려야 한다.

    교사는 운동수행에 대한 기대가 학생의 능력에 부합되기 위하여 학생이 그 단계에서 보일 수 있는 발달적으로 적합한 반응의 범위를 숙지해야만 한다.

2) 핵심적인 교수 기술

효율적인 교수의 가장 중요한 변인 중의 하나는 실제 학습시간(ALT)으로, 학생이 적절한 학습 과제에 높은 성공률로 참여하면서 보내는 시간을 의미한다(Metzler, 1979). ALT를 많이 갖는 학생은 학습 목표를 달성할 가능성이 커지게 된다. 따라서 ALT를 관찰하고 측정하게 되면 학생의 학습이 수업에서 어느 정도 이루어질 수 있는지를 예측할 수 있다. 직접 교수 모형을 사용하는 체육수업이 다른 모형을 사용하는 수업보다 높은 비율의 ALT를 얻는 것으로 나타난 연구 결과 등을 종합해 보면, 직접 교수 모형이 다른 모형들에 비해 학생의 학습 성취에 더 큰 공헌을 한다고 볼 수 있다.

- **수업계획**

    교사는 직접 교수 모형에서 거의 모든 수업 운영을 통제하기 때문에 단원 계획과 수업 계획을 주도할 수 있다.

    단원 수준에서 교사는 내용 목록을 결정하고 학생이 학습할 학습 과제에 대한 계획을 세울 필요가 있다.

    수업계획에는 과제 제시, 과제 구조, 시간 배치, 공간과 장비의 필요, 과제 발달, 평가를 포함한다.

- **시간 및 수업 운영**

    직접 교수 모형을 사용하는 우수한 교사는 학생에게 높은 OTR과 ALT를 제고하기 위해 수업에 할당된 시간을 극대화하고자 한다.

    교사는 항상 복합적이고 때로는 예측 불허한 다양한 학습 환경의 측면을 총지휘할 수 있

어야 한다.

수업 활동은 한 가지에서 다음 활동으로 유연하게 흘러가야 하고, 학생은 교사의 지도로 신속하고 정확하게 학습활동에 임해야 한다.

- **과제 제시 및 과제 구조**

    과제 제시는 모든 직접 교수 모형을 활용하는 수업에서 중요한 부분이다. 학생은 학습 활동을 정확하게 수행하기 위해 숙달해야 할 기술, 움직임 또는 개념에 대한 명확한 과제 제시(시범)를 제공받아야 한다. 과제 구조도 마찬가지이다. 학생은 학습 과제의 구조에 대해 기본적으로 이해를 해야 하는데, 그것은 OTR의 비율을 높이면서 학습 과제에 신속하고 정확하게 참여하는데 도움이 되기 때문이다.

    체육수업에서 효과적인 과제 제시 및 과제 구조의 8가지 측면(Graham, 1998)
    - 명확한 지도 지침 만들기
    - 제시될 내용의 활용도를 강조하기
    - 새로운 내용을 구조화하기
    - 학생의 주의집중을 위해 신호 만들기
    - 정보를 요약하고 반복하기
    - 이해도 점검하기
    - 학습을 위한 건설적인 분위기를 조성하기
    - 책무성 정도를 제시하기

    교수 행동의 질적 측정 도구 : 교사는 교수 행동의 질적 측정도구(QMTPS: Qualtative Measures of Teaching Performance Scale)를 사용하여 자신의 과제 제시 기술을 모니터할 수 있다(Rink & Werner, 1989). QMTPS는 과제 제시의 7가지 측면인 명확성, 시범, 단서의 수, 단서의 정확성, 단서의 질, 초점의 적절성, 구체적이고 일관성 있는 피드백으로 교사를 평가한다.

- **의사소통**

    명확성은 직접 교수 모형을 활용하는 교사에게 중요한 의사소통 기술이다. 명확성은 학생의 이해도를 자주 점검하고 처음에 학생이 이해하지 못했던 정보를 되풀이하여 제시함으로써 증가될 수 있다.

    과제 제시, 과제 구조, 피드백은 학생이 정보를 이해하고 활용할 수 있는 방식으로 학생에게 제시되어야 한다.

- **교수 정보**

    직접 교수 모형에서 교수 정보는 일방통행으로 흐르게 된다.

    교사는 의사소통을 주도하고 학생은 듣거나 주시하게 된다. 교사의 질문은 대개 사전 정보를 확고히 하기 위해 이루어진다. 가장 필수적인 교수 정보의 유형은 과제를 제시할 때 주어지는 언어적 단서와 시범(model) 단서이고, 학습 활동 동안 주어지는 강화 피드백의 두 가지 유형은 긍정적 피드백과 교정적 피드백이다.

- 수업 정리 및 종료

　　직접 교수 모형을 이용한 좋은 수업은 수업의 시작과 끝이 "책꽂이(bookended)"처럼 한 묶음으로 된 형태일 것이다.

　　수업은 이전 수업의 복습과 도입으로 시작되고 잘 계획된 수업 정리와 종료로 끝을 맺는다.

　　초기 복습과 도입 단계는 학생에게 수업 내용에 관해 관심을 두고 집중하도록 하고, 수업 정리 부문에서 이루어지는 복습은 수업 시간에 배웠던 것을 정리해 주고 체계적으로 수업을 마무리할 수 있도록 한다.

　　복습하는 동안 교사는 학습 단서를 강화하고, 학생의 운동 수행 측면을 강조하며, 질문을 하고, 다음 수업의 내용을 예습할 수 있도록 한다. 수업 종료는 학생에게 "오늘 체육수업은 끝났다"라는 것을 상기시키고 수업을 마치도록 한다.

3) 상황적 요구 조건

　　직접 교수 모형은 모든 체육교육 상황에서 사용 가능하다.

　　실제로 직접 교수 모형은 모든 연령과 발달 단계를 불문하고 학생에게 모든 운동 내용을 지도하는 데 활용될 수 있다.

　　주된 상황적 요건은 학생에게 높은 비율의 OTR를 제공하는 데 있다. 이는 수업 시간에 대기시간을 줄이기 위해 충분한 기구와 활동 공간이 필요함을 말해준다.

4) 모형의 선정과 변형

- 직접 교수 모형에 적합한 활동들
    - 개인 스포츠(초급과 중급 수준)
    - 팀 스포츠(초급과 중급 수준)
    - 레크리에이션 활동(볼링, 다트, 편자 던지기)
    - 라인 댄스, 스퀘어 댄스, 포크 댄스 등
    - 에어로빅(학생들에게 교사의 단서 제공이 필요한 종류)
    - 반복 운동(스트레칭, 웨이트 트레이닝, 유연성 체조)
    - 비경쟁적 격투기
- 학교 급별 적용 가능성

　　직접 교수 모형의 효율성 여부는 학생들의 학교급이나 학년보다 내용 단원에 관해 진술된 학습 목표에 의해 더 좌우된다.

　　만약 직접 교수 모형을 활용하는 교사가 그 모형을 통해 최대로 달성할 수 있는 단원 목표를 올바르게 선택할 경우, 남은 일은 학생들의 발달 단계에 적합하게 수업을 해나가기만 하면 된다. 모든 연령의 학생들에게 적용 가능하다.

- **다양한 학습자 수용 전략**

    체육에서 직접 교수 모형이 포괄적인 수업모형이 되려면 과제 제시, 과제 구조, 수업 운영 면에서 청각, 시각, 지체 장애 학생들이나 운동 기능이 낮은 학생들을 포함한 모든 학생이 이해할 수 있도록 과제를 적절하게 변형하고, 다양한 학습 도구를 사용하고, 학생들의 능력에 따라 학습 목표를 재조정하는 등 적절한 수업 전략을 사용하는 것이 필요하다.

5. 지도 계획시 주안점

1) 직접 교수 모형 계획 시 주안점

시간에 구애받지 않고 전체 단원 내용을 계획하고 내용 범위와 결과에 대한 초안을 만든다. 그러고 나서 각 기술과 지식 영역을 학생들이 배울 때 얼마나 많은 시간이 소요될 것인지 판단한다. 단원을 시작하기 전에 계획대로만 실현하려고 하지 말고 내용을 더 첨부하거나 약간 줄일 수 있도록 융통성을 가진다.

단원 계획을 미리 세우면 그 단원에서 앞으로 배워야 할 내용과 남아있는 시간에 따라 수업을 조정할 수 있다.

학생들에게 다양한 방법으로 과제를 제시한다. 그리고 가능하면 교수 매체(예 : CD-ROM, 과제 카드)를 사용한다.

수시로 학생 중심 평가를 시행한다. 학생 스스로 가능한 학습 과제를 정하게 한다.

학생들이 기다리는 시간이 없도록 충분한 학습 스테이션(station)을 마련한다.

단순히 계획된 학습 내용만 가르치려고 하지 마라. 단원에 있는 각 기능 또는 지식 영역의 숙달 기준을 학생들이 시연해 볼 수 있도록 몇 가지 방법을 제공한다.

Chapter 02 개별화 지도 모형

학생이 학습 속도를 조절한다. 가능한 한 빨리, 필요한 만큼 천천히.
(Students Progress as Fast as They Can or as Slowly as They Need)

개별화 지도 모형은 학생이 학습 속도를 스스로 조절해 나가면서 자기 주도적인 학습 능력을 기르는 것을 목적으로 한다. 이 모형에서는 각 학생에게 수업 운영, 과제 제시, 과제 구조, 수행 기준과 오류분석, 평가 등에 대한 정보를 '개인 학습지'라는 하나의 묶음으로 구성하여 제공한다. 중요한 것은 교사가 수업 정보를 학생들에게 직접 개별적으로 제공하는 것이 아니라, 학생들이 교사가 준비한 '개인 학습지' 자료를 읽거나 비디오테이프와 같은 수업 매체를 봄으로써 정보를 얻게 된다는 점이다. 개별화 지도 모형을 사용할 경우, 교사는 수업 운영에 사용하는 시간을 절약하여 높은 수준의 교수 상호작용과 개별화 지도의 기회를 가질 수 있다.

1. 개요 및 특징

1) 개별화 지도 모형의 개요

개별화 지도(personalized system for instruction) 모형은 F. Keller에 의해 개발된 것으로, 학생이 미리 계획된 학습 과제의 계열성에 따라 자신에게 맞는 속도로 배우도록 설계된다.

학습 과제는 가르칠 기능 및 지식 영역에 대한 과제분석을 통해 제시되며, 전체 단원의 내용 목록을 결정하게 된다.

모든 학습 과제 모듈은 문서나 다른 형식으로 학생에게 주어지는데, 과제 제시, 과제 구조, 오류 분석, 수행 기준에 대한 정보를 포함한다. 중요한 것은 교사가 학생에게 이 내용을 직접 제공하지 않는다는 점이다.

학생들은 교사가 준비한 자료를 읽거나 비디오테이프를 봄으로써 정보를 얻게 된다. 이 모형은 교사로 하여금 수업 중 학생들에게 수업 정보를 전달하는 데 걸리는 시간을 줄이고, 그 시간을 학생들과의 교수 상호작용에 투자하도록 한다.

명시된 수행 기준에 따라 학생이 학습 과제를 완수하게 되면, 교사의 허락이나 지시 없이 바로 학습 과제 목록에 있는 다음 과제로 이동한다.

교사주도의 직접적인 과제 제시가 거의 없기 때문에 개별화 지도 모형을 사용하는 교사는 학습 동기유발과 수업 정보를 제공하기 위해 학생과의 상호작용을 해야 한다(예: 피드백과 1:1 개인지도).

개별화 지도 모형은 한 단원에 대한 통합계획(unified plan)을 바탕으로 한다. 따라서 차시별 교수·학습과정안이 따로 없다. 학생은 개별적으로 학습 과제의 계열성에 따라 학습을 진행하고 수업이 끝나면 그 지점에서 새로운 수업을 시작한다. 교사는 단지 수업에 필요한 과제들을 제시하고 학생들이 그 과제에 참여하는 데 필요한 수업 자료 및 기구를 제공한다.

수업 운영, 학습 과제, 평가에 대한 정보는 개인 학습지(course workbook)나 수업 매체 (동영상, web 페이지)를 통해 전달된다. 학생은 가능한 한 개인 학습지를 읽고 그대로 이행한다. 교사들은 개인 학습지에서 다루지 않은 구체적인 사항과 세부 사항만을 제시한다.

2) 개별화 지도 모형의 특징

- **핵심적 특징**

    학생은 교사가 미리 계획한 개인 학습지(course workbook)나 수업 매체를 바탕으로 학습 속도를 스스로 조절하면서 자기주도적으로 과제를 학습한다. 이 모형은 심동적 영역과 인지적 영역의 학습에 매우 효과적인 모형이다.

- **목적**

    학생이 자기주도적인 학습자가 되도록 한다.
    동시에, 교사에게는 상호작용이 필요한 학생들에게 많은 상호작용과 개별화 지도 기회를 제공할 수 있게 한다.

- **개별화 지도 모형에서의 교사**

    교사는 개인 학습지나 수업 매체를 통해 수업 계획을 제시한 후 수업 운영에는 거의 관여하지 않기 때문에, 학생에게 높은 수준의 교수 상호작용과 개별화 지도의 기회를 제공할 수 있다.

2. 개별화 지도 모형의 기초

1) 이론적 배경 및 근거

개별화 지도 모형의 초기 아이디어는 응용 행동 분석학에서 유래하였다. 인간의 학습은 개인과 외부 환경의 상호작용의 결과로 일어난다고 본다.

인간 행동의 특정 결과를 강화인(강화물, reinforcers)이라고 부르는 것은, 그 행동이 다시 발생하는 가능성을 높여주기 때문이고, 처벌인(처벌물, punishers)이라고 불리는 다른 결과는 그 행동이 다시 발생하는 가능성을 낮추기 때문이다. 인간행동과학은 인간과 환경 간의 이러한 관계에 토대를 두고 있다.

B. F. Skinner는 학교의 수업 설계에 행동주의 이론을 적용한 최초의 심리학자로서, '교수기계(teaching machines)'라는 장치를 개발했다.

Skinner의 동료였던 Keller와 Sherman(1974)은 개별화 지도 모형이 다른 모형과 달리 학생에게 충분한 강화를 제공하는 다음과 같은 4가지 특징을 가지고 있다고 주장했다.

- 창의적이며 흥미로운 학습 자료를 바라볼 수 있는 능력

- 학습 목표를 향한 정규적이고 실제적인(관찰 가능한) 진보
- 학습에 대한 즉각적인 평가
- 개별 학생에 대한 교사의 관심

2) 교수·학습에 관한 가정

- **교수에 관한 가정**

  많은 교수 기능들, 특히 과제 제시 및 과제 구조는 (교사가 아닌) 문서 매체나 시청각 매체로 전달될 수 있다.

  교사의 기본적 역할은 수업을 운영하는 것보다는 학습과 동기유발을 위해 학생과 상호작용하는 것이다. 수업 운영은 교사의 지시 없이 문서나 비디오테이프로 의사소통되고 실행될 수 있다.

  학생의 참여와 학습은 교사의 간섭 없이 자기주도적일 때 가장 효과적이다.

  수업 계획의 의사결정은 학생의 학습에 대한 자료 수집에 근거하여 이루어진다.

  진정으로 개별화된 교수(수업)를 설계하는 것은 바람직할 뿐만 아니라 가능하다.

- **학습에 관한 가정**

  학생의 학습은 교사의 도움 없이 자율적으로 이루어진다.

  학생은 서로 다른 속도로 학습한다.

  학생은 학습 내용에 대해 서로 다른 능력을 갖추고 있다.

  충분한 시간과 기회를 주면, 모든 학생은 주어진 수업목적을 달성할 수 있다.

  학생이 독립적인 학습자일 때 동기유발도 잘 되고 책무성도 커진다.

3) 개별화 지도 모형의 주제 : "학생이 학습 속도를 조절한다. 가능한 한 빨리, 필요한 만큼 천천히."

개별화 지도 모형의 기본적인 설계는 각 학생에게 수업 운영 정보, 과제 제시, 과제 구조, 수행 기준과 오류분석이 포함된 학습활동 및 평가를 하나의 묶음으로 구성하여 수업 자료들을 제공하는 것이다.

그런 다음, 학생은 학습 활동의 계열성에 따라 각 단계에서 정해진 수행 기준을 충족하면 다음 단계로 넘어가게 된다. 학생은 내용 단원을 학습할 수 있는 능력에 따라 스스로 속도를 조절하면서 학습하도록 권장받는다.

기능 수준이 높고 경험이 많으며 능력이 우수한 학생은 할 수 있는 한 빨리 학습 속도를 진행할 수 있다. 반면에 기능 수준이 낮고 경험이 적으며 능력이 우수하지 못한 학생은 각 활동을 완수하는 데 많은 시간이 있어야 할 수 있다.

모둠 단위나 학급 단위의 진도가 없으므로, 모형의 대주제는 '학생이 학습 속도를 조절한다. 가능한 한 빨리, 필요한 만큼 천천히.'라고 볼 수 있다(Metzler, 2000).

4) 학습 영역의 우선순위와 영역 간 상호작용

개별화 지도 모형은 완전 숙달 지향적(mastery-based)이고 성취 지향적(achievement-based)인 수업모형이다. 완전 숙달 지향적인 수업이란, 학생이 다음 단계로 넘어가기 전에 현 단계의 수행 기준을 충분히 충족해야 한다는 것이다.

성취 지향적인 수업은 인지적 영역이든 심동적 영역이든 학생의 명확한 과제 수행을 통해 증명되는 학습 결과에 초점을 맞춘다.

- **학습 영역 우선순위**

    체육에서 학생의 학습은 대부분 심동적인 영역 중심으로 이루어진다. 따라서 개별화 지도 모형에서 학습 영역의 최우선 순위는 심동적 영역에 있다.
    - 1순위 : 심동적 학습
    - 2순위 : 인지적 학습
    - 3순위 : 정의적 학습

- **학습 영역 간 상호작용**

    학생은 인지 능력을 동원하여 문서 자료와 시각 자료를 통해 과제 제시 및 과제 구조를 이해한다. 물론, 학습 과제를 완수하는 데 필요한 몇 가지 학습 전략의 이해에도 인지적 능력이 사용된다. 그러나, 그러한 학습은 대부분 수행 기준이 진술된 심동적 영역의 수행을 촉진하기 위해 이루어진다.

    몇 가지 학습 과제는 이해력 퀴즈, 전략 시험, 규칙 시험과 같은 인지적 영역의 평가를 위해 설계되지만, 개별화 지도 모형에서 대부분의 수행 기준은 심동적 영역 중심으로 작성된다.

    개별화 지도 모형의 영역 간 상호작용은 정의적 영역의 학습을 무시하지 않는다. 그러나 이 모형에서는 정의적 영역을 직접적으로 언급하지 않는다.

    자신의 페이스에 맞추어 진도를 나가는 학생은 한 단계 한 단계 옮겨가면서 활동을 즐기고 강한 성취감을 느끼게 되는데, 이는 자율성과 자기 효율성의 수준을 높이게 된다. 이 두 가지가 개별화 지도 모형의 정의적 영역에서 학습할 수 있는 바람직한 결과이다.

5) 학생의 발달 요구 사항

- **학습 준비도**
    - 이해력 : 학생은 개인 학습지에 적혀있는 정보와 과제 정보를 읽고 이해할 능력이 있어야 한다.
    - 학생의 책무성 : 개별화 지도 모형에서 교사로부터의 독립성은 교사의 관찰이나 감독 없이 학생의 적극적 참여를 요구하는 학생의 책무성을 의미한다.
    - 기자재 활용 : 개별화 지도 과제와 구조 정보를 제시하는 데 인쇄 매체 이외의 수많은 기자재가 사용되기 때문에 그 활용 능력이 필요하다.
    - 도움 요청 : 과제나 특정 방식의 활용에 어려움을 직면할 때, 미리 정해진 신호로 교사에게

도움을 요청할 수 있어야 한다.

- **학습 선호도**

    Reichmann과 Grasha(1974)의 학생의 학습 선호도를 기준으로 본다면, 개별화 지도 모형은 회피적, 경쟁적, 의존적 학생에게 가장 효과적임을 알 수 있다.

    앞에서도 언급했듯이, 이 분류를 부정적으로 해석해서는 안 된다. 그것은 설계된 수업 환경을 학생이 얼마나 선호하느냐를 기술한 것이기 때문이다.

    개별화 지도 모형은 학생에게 학습 과제 진행에 있어 많은 자율성을 제공한다. 그러나 학습 과제 목록은 교사에 의해 결정된다. 따라서 체육수업의 학습 내용과 방법에 대한 학생의 자율성이 낮다.

6) 모형의 타당성

- **연구 타당성**

    개별화 지도 모형은 효율적인 수업모형으로서 어느 다른 모형보다도 광범위하고 일관성 있는 연구 결과를 산출해 왔다. 주요 연구 결과는 개별화 지도 모형 혹은 이 모형과 비슷한 교수 방법이 다른 교수 방법과 비교했을 때 최소한 같거나 그 이상으로 효과적이라는 것이다. 개별화 지도 모형의 수업 효과와 관련된 연구 결과를 요약하면 다음과 같다.
    - 수업 관리 시간이 적다.
    - 과제 제시에 사용되는 시간이 거의 없다.
    - 높은 비율의 피드백이 제공된다.
    - 개인차와 환경 요인에 따라 학습 효과가 다르게 나타나기도 한다.

    개별화 지도 모형이 자기주도적인 학습자와 독립적인 학습자에게 더욱 효과적이라는 연구 보고서도 존재한다.

- **실천적 지식의 타당성**

    거의 모든 영역에서 사용될 수 있고 효과에 대한 문헌 자료가 많다. 여러 학년과 많은 체육 프로그램 내용에서 적용될 수 있다.

- **직관적 타당성**

    개별화 지도는 체육 교사의 오랜 바람이었다. 특히 심동적 영역에서 성취 지향적 학습을 강조하는 개별화 지도 모형은 많은 체육수업 단원에서 영역별 우선순위를 고민하는 교사에게 대안을 제시해 주었다.

3. 교수·학습의 특징

1) 수업 주도성

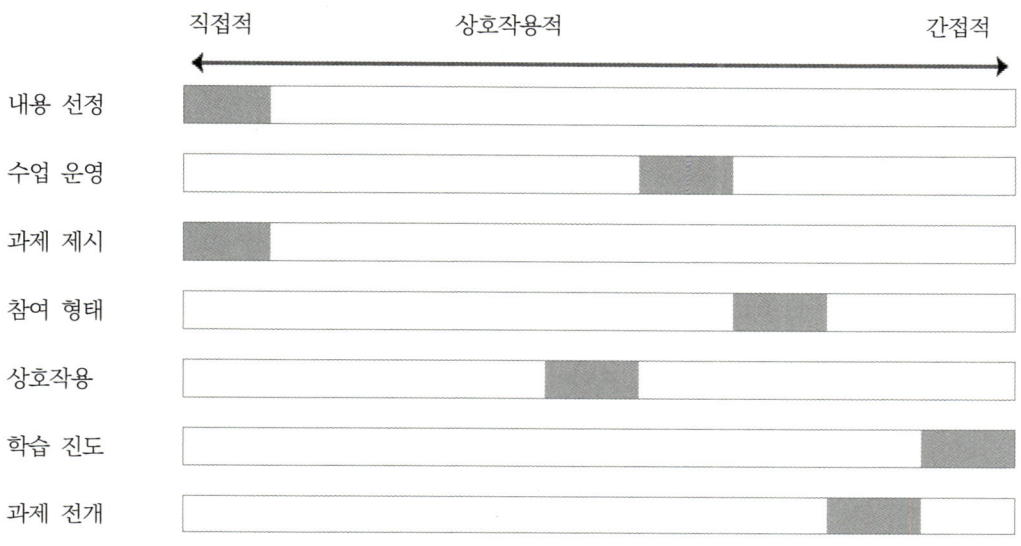

| 그림 5.2 | 개별화 지도 모형의 수업 주도성 프로파일

- 내용 선정

    교사에게 내용 선정과 계열성 결정의 전권이 주어진다.

    교사는 그 단원에 포함되어야 할 내용과 학습 과제의 계열순서, 각 과제 숙달을 위한 수행 기준을 결정한다. 학생은 교사에게서 내용 목록과 과제 목록을 받아서 주어진 순서대로 따르게 된다.

- 수업 운영

    교사는 개별화 지도 모형에서 수업 운영 계획, 수업 규칙, 구체적 절차를 결정한다.

    그러나 이러한 내용들이 일단 결정되고 나면, 학생들이 각 차시에서 수업 운영과 관련한 책임 대부분을 떠안게 된다.

- 과제 제시

    진정한 개별화 지도 모형의 경우, 과제 제시는 문서와 시각 자료의 형태로 학생들에게 전달된다.

    교사는 각 과제를 수행하는 방법, 오류를 교정하는 방법, 참여를 위해 과제를 구성하는 방법을 알려주는 수업 매체(비디오테이프 등)를 만들거나 채택한다.

    이는 학생으로 하여금 교사로부터 독립하여 개별적으로 과제를 진척시켜 나가는 데 도움을 준다.

어떤 개별화 지도 모형의 설계에서는 단원을 시작할 때 교사가 전체 학급을 대상으로 과제를 제시한다. 그 후 교사는 학생들이 단원 내에서 새로운 기능이나 지식을 학습하기 시작하면 다시 소그룹별로 과제를 제시한다. 이 같은 경우 과제 제시 과정에서 교사의 역할은 보통의 개별화 지도 모형에서 교사의 역할보다 훨씬 직접적이다.

- 참여 형태

  이 모형에서 학생은 교사와 다른 학생들로부터 거의 독립적으로 연습한다.

  대부분의 학습 과제는 개별적 연습을 위해 설계된다. 그러나 일부의 경우에는 파트너와 함께 또는 소그룹과 함께 연습하는 방식으로 설계되기도 한다. 개별화 지도 모형에서는 설계와 관계없이 학생은 전형적으로 교사의 지시와 독립적으로 과제 학습에 참여한다.

- 상호작용

  개별화 지도 모형에서 교사는 수업 운영에 별로 관여하지 않기 때문에, 학생에게 높은 수준의 교수 상호작용(특히, 내용이 관련된 상호작용)을 제공할 수 있다. Metzler 등(1989)은 이 모형을 사용하는 교사가 분당 3회 이상의 피드백, 즉 통상적인 체육수업보다 3배 많은 피드백을 제공한다고 보고했다.

  이 모형을 사용하는 교사는 수업 운영에서 자유롭기 때문에 수업 중 많은 관심이 필요한 학생들에게 '개인교수(지도) 시간'(tutoring time)을 제공할 수 있다.

- 학습 진도

  각 학생은 학습 과제에 참여할 때 자신만의 학습 진도를 결정한다. 학생은 연습의 시작과 종료 시기, 연습 시도 횟수 및 시간을 스스로 결정한다.

  학생은 각 과제의 수행 기준에 도달할 책임을 지지만, 기준에 도달하는 과정만은 자유롭게 선택할 수 있다.

- 과제 전개

  학생들은 각자 다른 방식으로 단원 내에서 각자의 진도를 결정한다. 학생의 능력과 노력에 따라 부과된 과제를 얼마나 빨리 진행하는지가 결정된다.

  학생들은 '가능한 한 빠르게 또는 필요한 만큼 천천히' 과제를 전개해 나간다.

  일부 학생들은 자신이 원하는 만큼 빨리 진도를 나갈 수 없다. 그러나 대부분 과제 진도를 결정하는 것은 교사가 아니라 학생 자신이다.

- 개별화 지도 모형의 포괄성

  개별화 지도 모형은 개별 학생의 과제 완수에 초점을 두기 때문에 포괄성이 매우 큰 교수 모형이다.

  모든 학생은 자기 능력과 학습 활동의 계열성에 따라 참여하고 심화해 나갈 수 있다.

  따라서 수업에서 진도 때문에 발생할 수 있는 "뒤에 쳐져 있는" 학생은 아무도 없다. 운동 기능이 낮은 학습자가 각 과제를 완수하는데 더 많은 시간을 사용할 수 있다.

  마찬가지로 운동 기능이 뛰어난 학생은 자신의 속도에 맞추어 진도를 빠르게 나갈 수 있다.

교사는 1:1의 형태로 더욱 집중적으로 가르쳐야 할 학생이 누구인지 파악하여 실제로 지도할 수 있다.

대부분 학생이 항상 자신이 해야 할 과제에 대해 잘 알고 있으므로, 교사는 집중적인 관심이 필요한 소수의 학생과 상호작용할 수 있다.

2) 학습 과제

개별화 지도 모형의 가장 중요한 특성은 학생들이 수업 운영과 학습 활동의 전개 측면에서 교사로부터 상당히 자율적이라는 점이다. 따라서 교사는 학생의 적극적 참여를 저해하거나 실제적인 지도 학습 시간을 감소시키는 많은 상규적인 활동을 수행할 필요가 없다. 직접 교수 모형 등의 경우, 과제 제시의 가장 두드러진 역할은 (i) 학생에게 과제나 기능을 수행할 수 있는 올바른 방식에 대한 '대략적인 그림'을 알려주고, (ii) 기능의 주요 요소에 대한 학습 단서를 제공하며, (iii) 기능연습에서 흔히 일어나는 일반적인 실수에 대한 정보를 제공하는 것이다. 대부분의 경우, 이러한 정보는 교사를 모델(본보기)로 하여 전체 학급에 전달된다. 그러나 개별화 지도 모형은 다음과 같은 방법으로 학생들에게 과제 제시 및 과제 구조를 제공한다.

- 과제 제시

  과제는 문서, 이미지, 영상 매체 등으로 전달된다.
  과제 제시를 위한 본보이기(시범) 작업은 대부분 수업 매체(문서, 사진, 삽화, 비디오 테이프, CD) 형태로 학생에게 전달된다. 새로운 학습 과제를 시작할 때 각 학생은 다른 학생과 독립적으로 제시된 과제를 읽거나 검토한다.

- 과제 구조

  개별화 지도 모형은 단원 내용 목록에 있는 각 지식과 기능 영역의 학습 활동들을 활용한다.
  각 학습 과제는 필요한 과제 제시 정보, 오류 분석, 수행 기준, 과제 구조에 대한 세부 정보 등을 포함해야 한다.

  과제 구조 정보
  - 필요한 기구
  - 연습 장소 및 구체적 장소 지정
  - 학습 과제의 조정(과녁 놓을 장소, 공을 칠 장소, 파트너의 역할)
  - 정확성, 일관성, 시간 등과 관련된 수행 기준
  - 안전을 포함한 과제의 방향 제시
  - 과제 완수의 확인 절차(자기 평가, 동료 평가, 교사 평가)
  - 흔한 실수와 오류를 학생 스스로 교정하도록 일기 쉽게 제시한 정보

| 표 5.1 | 개별화 지도 모형을 위한 6가지 과제

준비 연습과제	• 학생은 과제를 제시받고 물체, 도구 및 움직임 패턴을 익히기 위해 짧은 시간을 소비한다. • 학생은 공간, 물체, 기구에 친숙해 지기 위해 단순히 치고, 던지고, 받고, 달리고, 뛰고, 쏘는 활동을 한다.
이해 과제	• 학생은 교사에게 간단한 시범을 보임으로써 과제 제시의 주요 요소를 제대로 이해하고 있음을 보여준다(예 : 골프의 올바른 그립, 축구 트래핑, 배드민턴 서브의 바른 자세). • 교사는 주요 요소가 포함되어 있는 간단한 점검표를 활용하여 각 학생의 시범을 관찰한다. • 학생이 주요 요소들을 정확히 시범 보이게 되면 독자적인 연습에 들어갈 수 있다.
기준 (연습)과제	• 개별화 지도 모형에서 대부분의 연습 과제는 기준 과제로, 학생은 교사가 수립한 기준에 따라 기능을 반드시 숙달해야 한다. • 학생은 과제가 숙달될 때까지 연습한다. 기준은 정확성, 일관성, 시간, 거리, 속도, 획득 점수로 설정될 수 있다.
도전 과제	• 기준 과제의 숙달은 분절적이고 정적인 연습 형태에서 나타나기 때문에, 학생들은 단계로 확장하여 보다 복잡한 다음 단계의 과제에 숙달할 필요가 있다. • 도전 과제는 학생이 2가지 이상의 기준 과제에서 습득한 기능을 조합하여 연습할 수 있는 리드-업 게임이나 변형게임에 해당한다.
퀴즈	• 일부 내용 영역은 게임의 역사, 규칙, 득점 방법, 전략에 대한 학생의 지식을 발달시키는 것이다. • 개별화 지도 모형에서 학생은 대개 비디오테이프나 CD를 읽거나 봄으로써 그 내용을 학습한다. 학생이 그 자료들을 학습하고 나면, 이미 진술된 수행 기준에 따라 준비된 퀴즈를 통과해야 한다.
게임 또는 시합	• 학생이 단원에서 학습해야 할 모든 과제를 완수하면, 게임이나 시합을 하게 된다. 단원의 내용 모듈을 빨리 끝낸 학생은 게임을 할 수 있는 수업 시간을 더욱 많이 갖게 된다.

| 표 5.2 | 개별화 배드민턴 수업을 위한 과제 제시 및 과제 구조

높고 깊은 서브(high, deep serve)

1. 높고 깊은 서브 비디오 동영상을 본다. 이 기술에 필요한 여러 요소와 적용되는 규칙들을 적는다.
2. 기구 : 라켓, 셔틀콕 10개, 작은 콘 2개, 기록용 연필
3. 반대편 서브 리턴 영역의 뒤쪽 경계부터 8비트 떨어진 곳에 선을 그어 표시하고 그 양쪽 끝에 콘을 하나씩 놓는다. 이렇게 해서 만들어지는 사각형이 이번 과제를 위한 목표 영역이다. 서브 코트의 적당한 위치에서 서브를 준비한다. 10번씩 묶음으로 하이 딥 서브를 연습한다. 목표 영역에 높은 포물선을 그리면서 몇 개나 제대로 떨어지는지 기록한다. 준비가 되면, 파트너에게 보게 하고 테스트 결과를 기록하게 한다. 기준치에 도달하게 되면, 정해진 자리에서 날짜와 파트너의 서명을 받는다.

- 위치 : 적당한 영역 내의 서브 위치
- 목표 영역 : 반대편 서브 리턴 영역 내에 표시한 직사각형
- 포물선 : 높게
- 셔틀콕 : 자신이 토스하여 규정대로 맞추기
- 기준 : 양쪽 서브 면에서 2세트씩 실시하되, 목표 영역에 10번 중 7개 성공

오른쪽 서브 면에서(보라색 목표 지점)

10개의 서브로 구성된 블록의 형태로 이 과제를 연습한다. 아래의 개인 기록표에 각 블록의 높고 깊은 서브의 성공 횟수를 기록한다. 두 블록의 점수가 10개 중 7개에 도달하거나 넘으면, 파트너에게 서명과 날짜를 빈칸에 기록하게 한다.

블록1	블록2	블록3	블록4	블록5	블록6	블록7	블록8	블록9	블록10
/10	/10	/10	/10	/10	/10	/10	/10	/10	/10

파트너의 서명과 날짜

왼쪽 서브 면에서(노란색 목표 지점)

10개의 서브로 구성된 블록의 형태로 이 과제를 연습한다. 아래의 개인 기록표에 각 블록의 높고 깊은 서브의 성공 횟수를 기록한다. 두 블록의 점수가 10개 중 7개에 도달하거나 넘으면, 파트너에게 서명과 날짜를 빈칸에 기록하게 한다.

블록1	블록2	블록3	블록4	블록5	블록6	블록7	블록8	블록9	블록10
/10	/10	/10	/10	/10	/10	/10	/10	/10	/10

파트너의 서명과 날짜

높고 깊은 서브에서 흔한 실수와 교정법

1. 서브가 똑바로 날아가지 않는다.
   준비 자세에서 풋 워크를 확실하게 한다(전방에 있는 발을 목표로 향하게 한다).
   스윙의 궤적을 수직이 되게 한다(곧게 세워 친다).
2. 서브가 너무 멀리 나간다.
   힘을 조금 약하게 그리고 손목을 적게 쓴다.
   더 높은 포물선을 그릴 수 있도록 셔틀콕을 조금 띄운다.
3. 서브가 정해진 패턴 없이 불규칙하다.
   셔틀콕을 치는 걸 멈추고 주요 요소들을 재점검한다.
   서브의 일관성을 획득할 때까지 목표지역을 정하지 않고 연습한다.

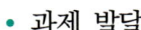

- 과제 발달

    개별화 수업에서 각 학생은 자신의 학습 속도에 맞게 과제 발달을 해나간다. 과제 발달의 순서는 교사가 결정하고, 개인 학습지를 통해 계열화된 학습 과제 형태로 제시된다.

    개인 학습지는 과제 발달의 순서를 매우 명료하게 제시하기 때문에, 교사가 전체 학급을 멈추게 하고 다음 과제로 이동시키는 일은 절대로 발생하지 않는다.

3) 학습 참여 형태

개별화 지도 모형에서 학습의 참여 유형은 대부분 개별 연습 참여이다.

각 학생은 스스로 과제 제시 정보를 얻고, 연습 구역을 정하며, 과제의 진도를 결정하고, 성취도를 관찰한다. 테니스나 배드민턴 랠리와 같이 어떤 상황에서는 동료 학생과 함께 하는 연습이 필요할 때도 있다.

도전 과제에는 이전에 학습한 기능에 초점을 맞추면서 학생들로 하여금 새로 습득한 기술을 간이 경기(예, 4:4 축구)를 통해 연습할 수 있게 해주는 변형 게임과, 전략적 인지 및 적용 능력을 발달시켜 주는 단순 게임이 있다.

4) 교사와 학생의 역할 및 책임

역할 또는 책임	개별화 지도 모형에서의 책임 주체
수업 시작	각 학생은 도착하는 대로 연습을 시작한다. 교사가 이끄는 수업 절차는 없다.
수업 기구 준비	교사는 연습 과제를 점검하고 필요한 기구를 가져온다.
수업 기구의 배치 및 회수	학생은 다음 학습 과제에 필요한 기구를 받아, 과제가 끝나면 반환한다.
출석 점검(필요시)	학생은 자기 개인 학습지에 출석을 기재하고, 교사가 매 수업 후 확인한다.
과제 제시	학생은 새로운 과제를 시작할 때 과제 제시 정보를 읽거나 본다.
과제 구조	학생은 개인 학습지에서 제시하는 지시 사항에 따라 새로운 과제를 구상한다.
평가	학생은 자기 개인 학습지에서 각 과제의 숙달 정도를 확인한다. 일부 과제는 혼자서, 어떤 경우는 둘이 함께, 때로는 교사가 평가에 참여한다.
학습 진도의 파악	학생은 적절한 시기에 단원을 최대한 빨리 완수할 수 있는지 결정한다. 교사는 개인 학습지를 정기적으로 확인함으로써 진도를 점검한다.

5) 교수 과정의 검증

• 교사

기준	검증 방법
학생에게 수업 자료가 명확히 제시되고 있다.	학생이 개인 학습지의 정보를 읽거나 본 후 질문하는 형태나 수를 점검한다.
교사가 사용한 수업 운영 시간이 아주 적다(2% 미만).	초시계를 사용하여 교사가 사용한 수업 운영 시간을 측정한다.
교사가 수행한 개별학생과의 상호작용 비율이 아주 높다.	수업을 녹음하고, 개별 학생에게 제공된 단서, 피드백, 질문의 수를 센다.
과제의 수행 기준이 적절한 난이도를 갖고 있다.	학생에게 블록(10번씩)의 형태로 연습을 시킨 후, 성공한 블록의 횟수를 기록한다. 만약 대다수 학생이 1~2개 이상의 블록에 성공한다면, 이 과제는 너무 쉬운 것이다. 만약 많은 학생이 과제에 어려움을 느낀다면, 과제가 너무 어려운 것이다. 과제나 수행 수준을 적절하게 조정해야 한다.
교사는 테스트하는 데 많은 시간을 보내서는 안 된다.	수업에서 교사가 점검하는 횟수를 세어본다. 만약 그것이 수업 시간을 뺏는다면, (1) 1인 혹은 2인이 평가할 수 있는 과제를 설계하고, (2) 믿을 만한 학생을 선정하여 테스트를 시행할 수 있도록 지시한다.
교사는 과제 제시를 거의 하지 않는다.	수업에서 이루어지는 과제 제시의 횟수를 센다. 만약, 개별 학생을 지도하는 데 시간을 빼앗긴다면, 과제 제시용 미디어를 설계하고 만들어야 한다.

• 학생

기준	검증 방법
학생이 문서나 시각 매체로 된 과제 제시를 이해한다.	1. 학생의 이해도를 점검한다. 2. 학생에게 과제 제시의 주요 요소를 알리는 간단한 이해도 과제를 설계한다. 3. 학생의 질문 패턴과 횟수를 기록한다.
학생이 과제를 연습한다.	수업에서 과제에 참여하고 있는 학생수를 주기적으로 확인하고 센다.
학생은 문서 형태의 과제 구조 정보에 있는 학습 활동을 적절히 설치한다.	스테이션 학습을 설치하는 몇몇 학생을 관찰한다. 1개 스테이션을 설치하는 데 걸리는 시간과 정확하게 설치했는지 기록한다.
학생은 '부적절하게' 진도를 나가지 않는다(평가에서 속임수 등은 쓰지 않는다).	매달 학생의 발달 진행표를 점검하고, 예상보다 빠르게 진도를 나가고 있는지 조사한다.
학생은 자신의 진도에 맞추어 학습한다.	학생이 교사에게 묻는 수업 운영 질문의 수를 관찰한다. 교사에 대한 지나친 의존은 학생의 진도를 방해한다.
학생의 진도가 서로 다르다.	1. 너무 쉽거나 어려운 과제를 관찰하기 위해 학생에게 '연습 블록'을 완수하게 한다. 2. 학생이 현재 과제에 지속해서 실패하면 이전 단계로 '돌아'갈 수 있다.

6) 학습 평가

개별화 지도 모형에서의 학습 평가는 거의 자동으로 이루어진다. 즉, 학생이 정해진 수행 기준에 따라 학습 과제를 완수하면 그것이 곧 평가인 것이다.

만약 과제 구조가 학생으로 하여금 '연습 블록'에서 성공한 횟수를 기록하는 것이라면, 교사는 횟수 기록을 보고 각 학생이 과제를 몇 번 시도해서 몇 번 성공했는지를 알 수 있다. 이러한 평가는 교사에게 다음과 같이 유용한 정보를 제공해 준다.

- 교사는 과제가 쉬운지 어려운지를 알게 된다. 이를 근거로 교사는 과제를 수정, 삭제, 추가, 그리고 상호 조합할 수 있다.
- 각 과제를 수행하는 데 걸리는 평균 시도의 횟수를 계산할 수 있다.
- 숙달을 위한 시도의 범위를 결정할 수 있다(범위가 가장 좁은 것부터 넓은 것까지).
- 교사는 학습이 느려 보충 지도가 필요한 학생들을 파악할 수 있다.

개별화 지도 모형은 지속적인 평가를 특징으로 하며, 다음과 같은 점에서 학생들에게 도움이 된다.

- 학생은 학습 결과를 정기적으로 알 수 있고, 교사의 도움이 필요할 때 요청할 수 있다.
- 과제 완수 계획을 세울 수 있다.
- 학습 성공에 대한 빈번하고도 예측할 수 있는 강화를 자주 경험할 수 있다.

4. 교사 전문성 및 상황적 요구 조건

1) 교사 전문성

- **발달 단계에 적합한 수업의 실행**

    개별화 지도 모형의 주요 측면은 학생 스스로 추구하는 개별 학습 과제이다. 학생은 교사의 안내 없이 주어진 과제의 지시를 이해해야만 한다.

    교사는 심동적, 인지적 영역의 학생 능력을 잘 파악하여야 하는데, 과제의 수행 기준은 단순하지 않으면서 도전적인 수준으로 설정되어야 한다.

- **학습 목표**

    개별화 지도 모형은 숙달 지향적 학습 과제의 계열성에 의존하기 때문에, 교사는 정확하고 간결한 학습 목표를 진술해야 한다.

    개별화 지도 모형에서 학습 목표 제시는 종종 Mager(1984) 목표 진술 방식을 사용한다. Mager가 제시한 목표 진술의 요소는 다음과 같다.

    - 학습 활동 수행에 필요한 상황과 조건
    - 명확한 학습 행동
    - 능숙한 과제 숙달 수준을 보여주는 운동 수행 기준

- **과제 분석과 과제 발달**

    개별화 지도 모형의 각 내용은 단순한 과제에서부터 복잡한 과제의 순서로 구성된다.

교사는 반드시 기술들을 분석하여 분절적 요소들로 구분하고 그 요소들을 일관성 있는 학습 위계로 배치하는 방법을 알아야 한다.

- **평가**

    각 모형의 학습 과제는 평가 요소를 포함하고 있는데, 대부분은 수행 기준으로 표현되어 있다. 개별화 지도 교사는 각 과제에 대한 기준을 설정하고, 수행 능력을 형성적 평가 방법으로 평가하는 방법을 알아야 한다.

2) 핵심적인 교수 기술

- **수업 계획**

    단원 수준에서 실질적인 계획을 세워야 한다.

    수업 운영 계획, 내용 목록, 과제 분석, 학습 활동, 과제 제시 자료, 수행 기준은 반드시 미리 설계되어, 단원이 시작되기 전에 학생 개인 학습지로 만들어져야 한다.

- **시간 및 수업 운영**

    개별화 지도 모형에서 시간 운영은 쉽고 효율적이다.

    학생은 각 수업에서 해야 할 일을 정확하게 알고 있고 모든 과제 정보가 학생의 개인 학습지(student workbook)에 포함되어 있기 때문에, 교사는 수업 운영을 모니터하거나 감독할 필요가 없다.

- **과제 제시 및 과제 구조**

    과제 제시 및 과제 구조에 대한 대부분의 정보는 수업 매체를 통해 학생에게 전달되거나 학생의 개별 학습지에 기록된다.

    교사는 이러한 자료들을 선정하고 제작하는 방법을 알아야 한다.

- **의사소통**

    개별화 지도 모형에서 글쓰기는 주요한 의사소통 수단이다.

    교사는 학생이 그 단원에서 어떤 정보를 필요로 하는가를 결정하고, 필요한 정보를 학생 개인 학습지에 기록한다.

- **교수 정보**

    교사는 개별화 지도 모형을 활용할 때 거의 모든 수업 운영에서 자유롭기 때문에 기능 발달, 전략, 게임/경기 수행과 관련 하여 학생과 상호작용할 수 있는 시간을 많이 가질 수 있다.

    학생과의 상호작용 시간이 많기 때문에 교사는 다양한 피드백 기술을 습득해야 한다.

- **수업 정리 및 종료**

    하나의 수업에서 학생이 서로 다양한 학습 과제를 연습해야 하기 때문에 학급 전체를 대상으로 하는 수업 정리는 불가능하다.

    정리와 종료에 대한 계획은 없다. 수업이 끝나면 학생은 기구를 정리하고 교사에게 개인 학습지를 제출한 뒤 수업장소를 떠난다.

3) 상황적 요구 조건

개별화 지도 모형은 모든 체육 환경에서 사용할 수 있다. 이 모형은 시설이나 환경적 요인에 의해 제한 받지 않는다.

가장 필요한 환경은 모든 학생이 기다리지 않고 개별적으로 연습할 수 있는 충분한 공간과 모든 학생이 학습 과제를 연습할 수 있는 충분한 기구를 갖추는 것이다.

4) 모형의 선정과 변형

- **개별화 지도 모형에 적합한 활동들**

    개별화 지도 모형은 다양한 범위의 내용을 다루는 체육수업 환경에서 활용될 수 있다. 특히 분절적 기능들로 나눌 수 있는 활동이나 명확한 계열성을 통해 학습해야 하는 지식영역에 매우 효과적이다.
    - 개인 스포츠
    - 팀 스포츠
    - 여가 활동(볼링, 편자 던지기, 프리스비)
    - 스텝이 정해진 댄스(라인 댄스, 스퀘어 댄스, 포크 댄스 등)
    - 체력 개념
    - 체력 프로그램

- **학교 급별 적용 가능성**

    개별화 지도 모형은 독해력과 책임감을 갖고 있는 중학생 이상의 학생들에게 적용 가능하다(유치원생과 초등학생은 적용 불가능).

- **다양한 학습자 수용 전략**

    개별화 지도 모형은 모든 학생이 학습 속도에 따라 진도를 나갈 수 있도록 내용을 조직하고 과제를 제시해 주면 청각, 시각, 지체, 언어 장애 학생들과 운동 기능이 낮은 학생들에게도 적용할 수 있다.

5. 지도 계획시 주안점

1) 개별화 지도 모형 계획시 주안점

사전에 전체 단원 내용을 계획하고 범위와 계열성의 윤곽선을 그려라. 그 후 학생들이 각 기능과 지식 영역을 배우는데 소요될 시간을 예측하라. 학생들은 교사만큼 빠른 속도로 학습할 수 없다는 점을 명심하고, 교사가 아닌 학생의 입장에서 소요 시간을 예측해야 한다.

개인 학습지에 설명되어 있는 질문에 대해서는 답하지 말라. 그 시간에 다른 학생들과 상호작용하라.

과제 제시에는 다양한 방법을 사용하고 가능하면 교수 매체들(예 : 다양한 영상 자료, 과제 카드)을 활용하라.

충분한 학습 스테이션(station)을 확보하여 학생들의 대기 시간을 최소화하라.

매 수업시간에 학생들의 개인 학습지를 수거하라. 그렇게 하면 다음 시간에 집에 두고 오거나 잃어버리는 것을 예방할 수 있다.

매 시간 각 학생의 학습 진도를 검사하여 다음 시간에 어떤 과제를 연습해야 하는지를 파악하고 그에 맞는 학습 계획을 세워라.

개별화 지도 모형의 단원이 끝나면 학생들이 기준 과제를 끝마치는데 평균적으로 얼마의 시간이 걸렸는지를 검토하라. 그리고 같은 내용을 개별화 지도 모형의 단원으로 다시 가르칠 때 참고하라.

03 동료 교수 모형

나는 너를, 너는 나를 가르친다(I Teach You, You Teach Me)

동료 교수 모형은 교사가 과제를 제시한 후 학생들끼리 짝을 이루어 교사와 학습자의 역할을 번갈아 수행하며 수업을 진행해 나가는 방식이다. 이 모형은 직접 교수 모형의 변형으로서, 학습활동 중에 일어나는 수업 상호작용을 제외하고는 직접 교수와 똑같이 교사가 모든 수업 요소들을 통제한다. 그러나 수업 중 중요한 책임은 이른바 개인 교사(tutor)라고 불리는 학생에게 위임되는데, 개인 교사는 교사가 제공한 과제와 과제 구조에 기초하여 학습자의 연습을 집중적으로 관찰하고, 필요한 학습 단서와 피드백을 제공한다. 학습자는 개인교사의 조언과 충고를 기꺼이 받아들이고, 개인 교사의 직접적인 관찰 아래 성실하게 연습해야 한다. 학생들은 수업 중 이와 같은 2가지 역할을 교대하면서 운동 기능과 사회성을 동시에 학습해 나간다.

1. 개요와 특징

1) 동료 교수 모형의 개요

동료 교수(peer teaching) 모형은 직접 교수 모형의 변형으로 볼 수 있다. 동료 교수 모형에서는 학생이 학습활동을 하는 동안과 그 후에 발생하는 수업 상호작용을 제외하고는 직접 교수와 동일하게 교사가 모든 수업 요소들에 대한 통제권을 가진다. 중요한 책임이 이른바 개인 교사라고 불리는 학생에게 위임되는데, 이 학생은 다른 학생의 연습 시도를 관찰하고 분석하기 위해 훈련을 받는다.

- 용어의 정의

개인 교사	임시로 교사의 역할을 담당하는 사람
학습자	개인 교사의 관찰 및 감독 하에서 연습하는 사람
조(짝)	개인 교사-학습자의 짝
학생	개인 교사나 학습자의 역할을 수행하지 않는 학생들을 묘사하는 일반적인 용어

- 이 모형은 학생들의 연습 시도에 대한 교사의 관찰과 피드백이 너무 적다는 문제점을 상쇄하기 위해 고안된 것이다(학생의 학습 참여 기회가 반으로 줄어들지만, 많은 이점이 있다).

  학생은 학습자의 역할을 수행하는 동안 자신의 연습 시도를 관찰하고 분석해 주는 개인 교사를 가지게 되며, 결국 학습시간의 효율성이 높아진다.

  개인 교사(tutor)의 역할을 수행할 때, 학생은 과제의 이해도를 높여주는 인지적 참여를 경험함으로써 자신이 학습자 역할을 할 때 연습의 향상을 도모할 수 있다.

동료 교수 모형의 수업에서는 학생들의 학습 참여 기회(OTR)가 훨씬 적어지긴 하지만, 연습 시간의 효율성이 증가하기 때문에 교사는 훨씬 많은 단원의 내용을 지도할 수 있게 된다.

- 체육에서 가장 대표적인 동료 교수 형태는 Mosston과 Ashworth(1994)의 상호학습형 스타일이다.
- 동료 교수 모형은 학생들의 사회성 학습을 강조한다. 개인 교사-학습자 양자는 다른 교수 모형과 달리 서로에게 절대적으로 의존한다.

  개인 교사는 체육 교사가 제공한 과제와 과제 구조에 기초하여 학습자의 연습을 집중적으로 관찰하고, 원활한 언어적 의사소통 기술로 학습자들에게 단서와 피드백을 제공하며, 자신의 일시적인 임무와 관련된 사항에 주의를 기울여야 한다.

  학습자는 개인 교사의 조언과 충고를 기꺼이 받아들이고, 개인 교사의 피드백이 명확하지 않을 때는 질문을 해야 하며, 각각의 과제 시도에 대해 개인 교사의 직접적인 관찰 아래 성실하게 연습해야 한다.

  학생들은 수업 중 이와 같은 2가지 역할을 교대하면서 다른 수업모형에서 제공되지 않는 책임감의 공유에 바탕을 둔 상호 협력 관계를 발전시켜 나간다.
- 동료 교수 모형은 학생의 인지 발달을 꾀할 수 있는 엄청난 잠재력을 가지고 있다.

  학생이 좋은 개인 교사가 되기 위해서는 핵심적인 수행단서를 알고, 이 단서들과 각 연습 시도의 결과 사이의 관계를 이해해야 한다.

  개인 교사는 본질적으로 체육수업에서 움직임 기능의 이해와 수행의 수준을 향상시킬 수 있는 문제해결 기술을 발전시켜 나간다.

2) 동료 교수 모형의 특징

- **핵심적 특징**

  직접 교수 모형의 변형으로, 교사가 과제를 제시한 후 학생들은 서로 짝을 이루어 교사와 학습자의 역할을 번갈아 수행하게 된다.

- **목적**

  학생들끼리 교사와 학습자의 역할을 번갈아 수행함으로써 심동적 영역의 발달뿐만 아니라 정의적(사회적), 인지적 발달을 도모하는 것을 목적으로 한다.

- **동료 교수 모형에서 교사**

  직접 교수 모형에서와 마찬가지로 교사가 내용선정, 수업 운영, 과제 제시, 과제 전개 등 수업의 대부분을 주도한다.

  개인 교사(tutor)의 역할 : 동료 교수 모형이 단지 파트너 학습이 아니고 하나의 수업모형으로 인식될 수 있는 근거는, 개인 교사들이 임시 교사로서 자신의 역할에 대해 준비와 훈련을 받기 때문이다. 체육 교사는 개인 교사들로 하여금 책임을 떠맡는 역할을 이해하여 수행할 수 있도록 도와야 한다.

개인 교사 역할 수행을 위한 훈련 계획시 포함시켜야 할 요소
- 학습 목표의 정확성
- 개인 교사에 대한 역할 기대
- 과제 제시 및 과제 구조의 이해도 점검
- 학습자에게 잘못된 점을 알려주는 방법
- 적절하게 칭찬하는 방법
- 안전하게 연습하는 법
- 숙달 정도나 과제 완성도를 평가하는 법
- 교사에게 질문을 해야 할 시기를 아는 것

| 표 5.3 | 교사 중재와 학생 중재 수업의 비교

지도 요인	교사 중재	학생 중재
학생/교사 비율	높다	낮다
참여 시간	변하기 쉽다	높다
참여 기회	낮다	높다
실수 교정의 기회	낮다	높다
실수 교정의 시기	지연	즉시
도움과 격려 기회	적다	많다
경쟁과 협동 학습 경험 기회	적다	많다
동기	교사	동료와 학생
동료 훈련 요구	적다	많다
질 관리 요구	적다	많다
내용 적용 범위	많다	변하기 쉽다
동료 선택	필요 없다	필요하다
교육과정 재구성	적다	많다
비용	높다	낮다
도덕적 관심	적다	증가된다

2. 동료 교수 모형의 기초

1) 이론적 배경 및 근거

　동료 교수 모형은 직접 교수 모형의 이론적 배경 및 근거를 공유하고 있다. 즉 높은 비율의 학습 참여 기회, 강화, 피드백, 전 단원 내용에 걸쳐 활발한 교사 주도의 학습 진도를 지향하는 완전 숙달 지향적 모형으로 볼 수 있다.

　교수·학습 과정의 구조는 Skinner 등의 이론과 원리에 기초하지만, 학생이 서로 가르치는 측면은 사회 학습, 인지 발달, 구성주의와 같은 이론에서 연유된 것이다.

사회학습 이론	• 주어진 환경 안에서 인간은 다른 사람들과의 상호작용에 의해 학습한다. 이 이론은 학습과정에서 다른 사람들의 역할을 부가적으로 강조하는 조작적 심리학에 기초한다. • 동료 교수 모형에서 학생-학생 상호작용은 한 학생이 다른 학생의 학습과정에 중요한 역할을 한다는 사실을 인정하는 것이다.
인지 발달	• 피아제는 인간이 지적 능력 발달의 연속적인 단계를 거쳐 발전한다는 사실을 이론화 하였는데, 이러한 그의 이론은 협동 학습 모형에 이론적 근거를 제공하였다. • 공유된 학습활동에 참여하는 학생은 그들이 교사중심 수업 때보다 개인 교사와 학습자에 대한 역할 이해를 통해서 지적인 발달을 촉진할 수 있는 문제해결기술을 더욱 발전시켜 나갈 수 있다. • 학생에게 교사/개인 교사의 역할을 부여하는 것은 그 역할을 잘 수행하기 위해 충족되어야 하는 새로운 지적, 사회적 도전 형태를 전체적으로 지시하는 것이다.
구성주의	• 사회적 구성주의자들은 민주적인 학습 환경을 조성하고 학생이 이미 알고 있는 것을 동료 학생과 상호작용하면서 활용할 수 있는 학습 과정을 강조한다. 이 점은 동료 교수 모형이 직접 교수 모형과 구별되는 중요한 특징이 될 수 있다.

2) 교수·학습에 관한 가정

- **교수에 관한 가정**

　　교사는 시간과 다른 자원의 활용을 극대화하기 위해 단원 내용, 수업 운영, 과제 제시, 과제 발달과 관련된 많은 의사결정에 대한 통제력을 유지해야 한다.
　　교사는 교수 정보를 학습자에게 제공하는 기능을 수행할 개인 교사를 훈련시킬 수 있다.
　　동료 교수 모형에서 개인 교사-학습자의 조는 3가지 영역의 발달을 촉진한다.

- **학습에 관한 가정**

　　개인 교사가 제공하는 심동적 영역의 학습은 관찰과 피드백에 의해 촉진된다.
　　개인 교사의 경우, 연습에 임하는 학습자들을 관찰·분석·지도함으로써 인지적 영역의 학습이 촉진된다.
　　두 명의 학생으로 구성되는 조는 교수·학습과정에서 서로 다른 역할을 수행하면서 정의적 및 사회적 학습을 촉진시킨다.

개인 교사와 학습자는 할당된 학습 과제를 완수하기 위해 서로 협력함으로써 문제 해결 기술을 발달시켜 나간다.

3) 개인 교수 모형의 주제 : "나는 너를, 너는 나를 가르친다."

짧은 시간 동안 한 학생은 개인 교사의 역할을 수행하고 다른 학생은 학습자의 역할을 수행 하게 된다.

그 후 교사의 지시에 따라 역할을 교대한다.

4) 학습 영역의 우선순위와 영역 간 상호작용

- 학습자(실행자)

  학습 영역의 우선순위
  - 1순위 : 심동적 학습
  - 2순위 : 인지적 학습
  - 3순위 : 정의적/사회적 학습

  학습자로서 학생은 운동 기능을 연습할 때 우선적으로 심동적 영역의 학습에 참여하게 된다. 동료 교수 모형의 학습자의 경우, 학습 영역의 2순위는 인지적 학습, 3순위는 정의적/사회적 학습이다. 그러나 2, 3순위의 학습 우선순위는 학습자가 경청, 신뢰, 그리고 다른 정의적/사회적 기술들을 배우기 위해 개인 교사와 상호작용을 할 때 뒤바뀔 수도 있다.

- 개인 교사(관찰자)

  학습 영역의 우선순위
  - 1순위 : 인지적 학습
  - 2순위 : 정의적/사회적 학습
  - 3순위 : 심동적 학습

  개인 교사는 역할을 수행하면서 과제의 인지적 요소에 우선적인 초점을 둔다. 그들은 교사에 의해 주어진 주요 운동 수행 단서의 이해, 과제 구조의 요구 이해, 실수를 찾기 위한 학습자의 기술 시도 관찰, 각각의 기술 시도 결과를 피드백과 학습 단서의 형태로 학습자에게 전달하는 역할 등을 수행한다.

  개인 교사의 역할을 담당한 학생은 일시적으로 교수 책임을 배우고 수행하는 과정에서 정의적 영역, 즉 자신과 학습자의 요구에 대해 배우게 된다.

5) 학생의 발달 요구 사항

- **학습 준비도**

  동료 교수 모형은 모든 발달 단계에 걸쳐 있는 학생들과 모든 종류의 활동에 사용할 수 있다.

  개인 교사는 짧은 시간 동안 교사의 역할을 수행해야 하기 때문에 역할에 대한 책임감을 가져야 하고, 과제 제시 및 과제 구조를 이해하고, 학습자에게 내용을 전달하는데 필요한 의사소통 기술을 가져야 한다. 또한, 학습 과제의 주요 단서와 실수를 인식하는 방법을 알아야 하고, 학습자에게 명료하고 정확한 정보를 전달하기 위해 풍부한 언어적 기술과 시범 기술을 가져야 한다.

  학습자로서 학생은 자신의 수행을 보고 실수를 수정하는 책임을 맡은 개인 교사의 칭찬과 비판을 모두 받아들일 준비 태세가 되어 있어야 한다.

- **학습 선호도**

  학습자 : 참여적, 협력적, 의존적인 학생이 효과적이다
  개인 교사 : 참여적, 협력적, 독립적인 학생이 효과적이다

6) 모형의 타당성

- **연구 타당성**

  동료 교수가 수학, 과학, 국어과 같은 여러 개 교과에서 학업 성취를 향상시키는데 효과적이라는 사실이 밝혀져 왔다. 체육에서 동료 교수는 모스톤의 상호 학습형 스타일이 가장 대표적 이다.

- **실천적 지식의 타당성**

  교사들은 고대 그리스 시대부터 오랫동안 동료 교수 형태를 사용해왔다. 이러한 수업 전략이 오랫동안 사용되어왔다는 사실은 동료 교수 모형의 실효성과 효과성을 입증하는 확실한 증거가 된다. 동료 교수는 단순히 학생에게 짝을 이루어 학습하도록 하는 것이 아니라 일정한 시간 동안 다른 학생을 지도하게 하는 공식적으로 의도된 계획과 의사결정 전략이다.

- **직관적 타당성**

  체육수업 중에 교사가 모든 학생에게 충분한 양의 직접 관찰과 교수 정보를 제공할 수 없기 때문에, 비록 제한적이지만 보조 교사에 의해 교수 기능을 수행하게 함으로써 훨씬 의미있는 학습이 가능해진다.

3. 교수·학습의 특징

1) 수업 주도성

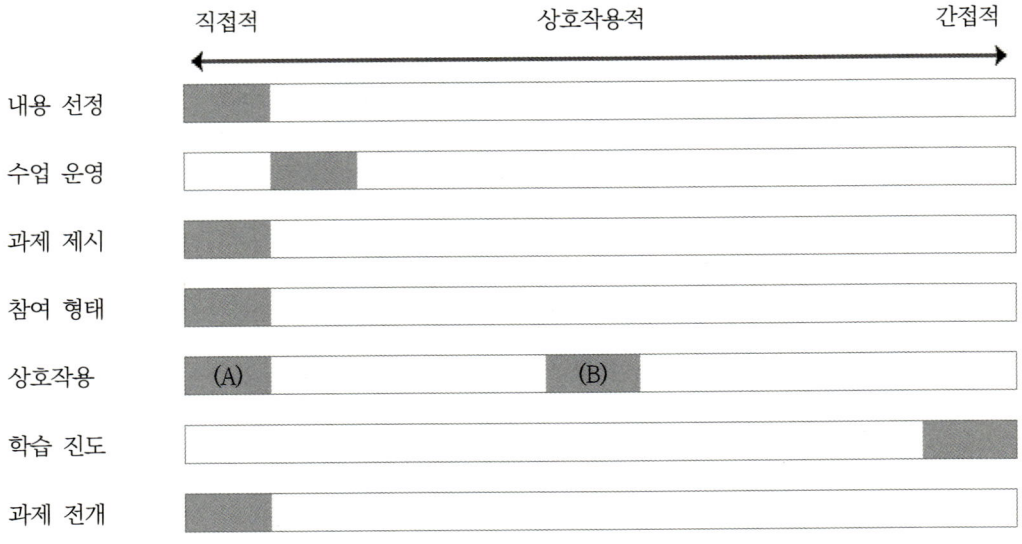

| 그림 5.3 | 동료 교수 모형의 수업 주도성 프로파일

- 내용 선정

    동료 교수 모형에서 교사는 내용과 내용의 계열성을 완전히 통제한다.
    교사는 단원에 포함될 내용, 학습 과제의 위계, 수행 평가 기준을 결정한다.

- 수업 운영

    교사는 학생이 준수해야 할 수업 운영 계획, 학급 규칙, 세부 절차를 결정한다.
    개인 교사(tutor)는 학습 과제 내에서 연습 장소의 결정, 학습자에 대한 과제 소개, 안전 지도와 같은 수업 관리 책임의 일부를 부여받는다.

- 과제 제시

    과제 제시는 다음과 같은 2가지 수준에서 일어난다.
    교사가 개인 교사에게 수행 단서, 과제 구조, 숙달 기준을 안내할 때 과제 제시가 이루어진다. 또한, 개인 교사가 학습자에게 주어진 과제 연습을 시작할 수 있도록 교사로부터 받은 정보를 제공할 때 일어난다.

- 참여 형태

    교사는 각 역할에 학생을 배정하고 과제 내에서 역할 교대 계획을 결정한다.
    주된 학습 과제는 2인 1조 형태이지만, 3인 1조도 가능하다.

- **상호작용**

    2가지 형태의 상호작용이 이루어진다.

    첫 번째 상호작용 형태는 교사와 개인 교사 사이에 이루어진다. 교사가 개인 교사에게 직접적으로 필요한 과제와 구조 정보를 제공하고 개인 교사의 이해도를 점검한다(A). 교사는 학습자가 아닌 개인 교사와 상호작용을 한다. 교사는 개인 교사의 관찰, 분석 및 소통 기술을 향상시키기 위해 직접 설명하기보다는 질문과 응답과 같은 대화 방식으로 상호작용을 하게 된다(B).

    두 번째 상호작용 형태는 개인 교사와 학습자 사이에 이루어진다. 주어진 학습 활동을 구조화하고 수행하기 위해 협력적으로 참여하는 과정에서 개인 교사와 학습자 사이에 상호작용이 활발하게 이루어진다(B). 개인 교사는 학습자에게 자유롭게 조언하고 질문하며, 학습자도 마찬가지로 그렇게 한다.

- **학습 진도**

    일단, 교사가 개인 교사에게 과제를 제시하고 과제 구조에 대한 정보를 제공하고 나면, 개인 교사는 학습자에게 그것을 전달하고 학습자는 자신의 학습 속도로 연습을 시작한다.

    학습자는 개인 교사와 함께 각각의 연습을 시작하는 시기와 지속시간을 결정하게 된다.

- **과제 전개**

    교사는 각 단원의 내용 목록과 그 안에서 학습 활동이 바뀌는 시기를 결정한다.

    교사는 각 학생이 개인 교사에서 학습자로, 학습자에서 개인 교사로 교대할 시기를 결정한다.

- **동료 교수 모형의 포괄성**

    동료 교수 모형은 다양한 수준의 학생 능력과 학습 내용에 대한 사전 경험을 수용할 수 있다. 즉 동료 교수 모형은 상당히 포괄적이다.

    기능 수준이 낮은 학생 : 과제를 연습하는 동안 충분한 관찰을 받을 수 있고, 개인 교사로서의 역할을 학습할 수 있는 기회를 가질 수 있다.

    기능 수준이 높은 학생 : 개인 교사에 의해 제공되는 부가적 관찰과 정보를 통해 기능을 강화하고, 개인 교사의 역할을 수행할 때 분석 기술의 증가를 꾀할 수 있다.

2) 학습 과제

동료 교수 모형에서 개인 교사-학습자 조의 구성 방식은 학습자의 연습 효율성을 증가시키고 개인 교사에게는 움직임 기능 분석 지식을 발전시킬 수 있는 기회를 제공한다. 또한 개인 교사와 학습자의 역할을 수행하는 모든 학생에게 개인적, 사회적, 언어적 의사소통 기술을 발달시킬 수 있는 기회를 제공한다.

- **과제 제시**

    교사는 개인 교사에게 기술에 대한 시범을 보이고 연습해야 할 과제를 주요 학습 단서와 함께 제시한다.

교사는 개인 교사가 학습자에게 제공할 교수 정보의 내용과 방법을 숙지하고 있는지를 정기적으로 점검해야 한다.

교사는 개인 교사에게 정보를 제공할 때 CD, 비디오테이프, 그림, 사진 등과 같은 매체를 활용할 수 있다.

- 과제 구조

  동료 교수 모형의 특징인 양자 간 상호작용 패턴은 한 학생이 관찰하는 동안 다른 학생이 연습하게 되는 과제 구조를 만들어 준다.

  동료 교수 모형에서 전형적으로 사용되는 과제 구조의 종류로는 연습, 자기 조절 과제, 스테이션, 간단한 수업중 인지 과제 등이 있다.

  교사는 개인 교사들이 학습자의 연습 시도를 관찰할 때 사용할 수 있는 간단한 체크리스트를 개발할 수 있다. 이 체크리스트에는 모든 수행 단서들이 제시되기 때문에 개인 교사는 체크리스트를 사용하여 학습자가 그 단서를 정확히 수행하고 있는지를 매번 관찰하여 체크한다.

- 과제 발달

  교사는 직접 교수 모형과 동일한 방법으로 계획된 학습 활동을 전개해 나간다.

  단원은 점차 어렵거나 복잡해지는 일련의 학습 과제들로 나누어지고, 학생들은 계획된 순서에 따라 학습 과제들을 수행해 나간다.

3) 학습 참여 형태

모형의 명칭이 암시하듯이 동료 교수 모형의 주요 참여 유형은 조(짝)로 이루어진다. 2인 1조, 3인 1조로 이루어지며, 개인 교사와 학습자의 역할을 교대한다.

4) 교사와 학생의 역할 및 책임

역할 및 책임	동료 교수 모형에서의 책임 주체
수업 시작	교사가 수업을 시작한다.
수업 기구 준비	교사가 수업에 필요한 용·기구를 가져온다.
수업 기구 배분 및 회수	각 파트너 모둠이 활동에 필요한 용·기구를 가져오고 수업이 끝나면 제자리에 돌려놓는다.
출석 점검	교사가 출석을 부른다.
과제 제시	교사가 개인 교사에게 각 움직임 기능 또는 개념을 보여주고 설명한다. 개인 교사가 학습자에게 각 움직임 기능 또는 개념을 보여주고 설명한다.
과제 구조	교사가 개인 교사에게 과제 구조를 설명한다. 개인 교사는 학습자에게 과제 구조를 설명한다.
상호작용	- 경로 1 : 교사가 개인 교사와 상호작용을 하기 위해 질문을 활용한다. - 경로 2 : 개인 교사가 학습자에게 단서, 안내, 피드백, 격려를 제공한다.
평가	교사가 각 과제를 평가할 수 있는 방법을 결정한다. 개인 교사는 학습자를 평가한다. (예) 체크리스트를 활용하여
학습 진도 파악	교사가 새로운 내용이 전개될 시기를 결정한다.

5) 교수 과정의 검증

- **교사**

기 준	검증 방법
단원 내용을 보다 큰 학습 목표로 제시하기 위해 작은 규모의 학습 과제로 나눈다.	단원을 시작하기 전에 교사가 작성한 과제 분석, 내용 목록, 과제 발달을 살펴본다.
전시 학습 내용을 복습한다.	전시 학습이 다루어지는 도입부분을 확인하기 위해 교수 학습 과정안을 살펴본다.
개인 교사에게 명확하고 효과적으로 과제를 제시한다.	QMTPS(명확성, 시범, 단서 수, 단서의 정확성, 단서 내용의 질, 초점의 정확성)를 사용하여 관찰한다. 연습을 시작할 때 학생을 관찰한다. 학생이 과제를 정확하게 수행하는가?
과제 구조를 명확하게 제시한다.	연습을 시작할 때 학생을 관찰한다. 학생은 교사가 제시한 방식으로 참여하고 있는가?
과제 발달을 빠른 속도로 진행한다.	교사가 작은 규모의 학습 과제를 계획한다. 교사는 계획한 수업 단계와 역할 교대를 신속히 진행시킨다.
교사는 학습 활동 동안 개인 교사와의 상호작용을 위해 우선적으로 질문을 사용한다.	개인 교사에게 지시된 질문의 빈도와 유형을 기록한다.
학습 과제에 성취기준을 포함시킨다.	교수학습과정안을 점검한다. 학습자의 성취를 점검하기 위해 지필평가를 실시한다.
정기적으로 내용 복습을 실시한다.	단원 계획을 점검한다. 복습 시간과 중점사항을 기록한다.

- **학습자**

기 준	검증 방법
학습자는 과제 제시를 이해한다.	교사가 초기에 제시한 대로 기술/움직임/개념을 수행하는 학습자의 수를 파악한다.
학습자는 과제 구조를 이해한다.	학습자 수를 파악한다. - 교사가 개인 교사에게 지시한 사항에 따라 참여하는 학습자 - 과제를 변형한 학습자 - 과제를 포기한 학습자
학습자는 높은 비율의 학습 참여 기회(OTR)를 가진다.	연습시도 횟수를 파악한다(빈도가 참여기회를 가장 잘 나타낼 때). 학습자가 참여한 실제연습시간을 측정한다(시간이 학습 참여 기회(OTR)를 가장 잘 나타낼 때)
학습자는 높은 비율의 실제 학습시간을 가진다.	타당한 실제 학습시간(ALT-PE) 기록지를 가지고 표본 학습자를 관찰한다.
학습자는 높은 비율의 긍정적, 교정적 피드백을 제공받는다.	개인 교사가 학습자에게 제공한 피드백을 기록하고 분석한다.
학습자는 내용을 숙달한다.	학습자는 과제를 완수하고 개인 교사에 의해 관찰되는 정기 평가를 통과한다.

• 개인 교사

기 준	검증 방법
개인 교사는 과제 제시를 이해한다.	교사가 이해도를 확인할 때 정답 횟수를 파악한다. 학습자에게 제공되는 정확한 정보와 부정확한 정보에 주의하면서 개인 교사의 과제 제시를 관찰한다. 이를 위해 QMTPS를 활용할 수 있다.
개인 교사는 과제 구조를 이해한다.	교사가 이해도를 확인할 때 정답 횟수를 파악한다. 각 조는 학습 환경을 구성하고 학습자가 연습을 시작하도록 한다. 다음 학습자들의 숫자를 파악한다. - 교사가 지시한 대로 참여한 학습자 - 과제를 변형한 학습자 - 과제에 참여하지 않는 학습자
개인 교사는 학습자에게 높은 비율의 긍정적이고 교정적인 피드백을 제공한다.	개인 교사가 학습자에게 제공한 피드백 유형과 비율을 관찰한다.
개인 교사와 학습자는 협력적으로 수행한다.	각 조의 상호작용 유형을 관찰한다.
개인 교사는 움직임 기능과 개념을 정확히 분석한다.	교사와 개인 교사는 동일한 체크리스트로 동일한 학습자를 관찰하고 기록 후 서로 비교한다.

6) 학습 평가

동료 교수 모형은 무엇보다도 학생의 개별적인 참여를 강조하는 구체적인(비연속적인) 학습 활동에서 효과적으로 활용될 수 있다. 동료 교수 모형의 이러한 특징으로 인해, 학습자가 학습하는 동안 개인 교사가 관찰할 수 있는 비교적 단순한 움직임 패턴과 개념을 학습할 때 특히 유용하다.

경쟁적인 게임과 같은 매우 역동적인 참여 유형은, 게임이 잠시 멈춰지거나 중단될 때 상호작용이 가능하긴 하지만, 개인 교사에게 학습자와 상호작용할 수 있는 기회를 많이 제공하지 못한다. 그 대신, 동료 교수 모형은 정지된 상황에서 반복적이고 단순한 움직임 활동에 효과적으로 적용할 수 있다.

체크리스트는 동료 교수 모형에서 평가 도구로 광범위하게 활용될 수 있다. 이것은 개인 교사가 심동적 영역에 해당하는 운동수행을 관찰하고 정확하게 수행된 움직임 또는 기술을 기록하기 쉽기 때문이다. 이때 중요한 것은 체크리스트 항목의 수와 난이도가 개인 교사의 능력과 일치해야 한다는 점이다.

체크리스트는 학습자와 개인 교사 모두에게 도움을 줄 수 있다. 학습자에게는 자신의 운동 수행 요소에 대한 구체적 피드백을 제공하고, 개인 교사에게는 자신이 연습할 차례가 되었을 때 중요한 학습 단서를 기억할 수 있게 해주기 때문이다.

4. 교사 전문성 및 상황적 요구 조건

1) 교사의 전문성

- **발달 단계에 적합한 수업의 실행**

  교사는 높은 비율의 학습 참여 기회(OTR)를 가지고 의미있는 과제에 안전하게 참여하고자 하는 학습자의 요구와 관련된 발달 이슈들을 염두에 두어야 한다.

  교사는 학습자가 과제 제시 및 과제 구조 정보를 이해하고 있는지, 과제의 난이도가 학습자의 발달 단계와 일치하는지를 확인해야 한다.

  학습자는 동료 개인 교사로부터 칭찬과 비판을 모두 수용할 태세를 갖춰야 한다.

  교사는 개인 교사들이 짧은 시간 동안 가르치는데 필요한 지적 능력, 일정 수준의 책임감, 의사소통 기술, 성숙함을 갖추고 있는지에 대해 자문해 보아야 한다.

  개인 교사가 발달 단계적으로 준비가 되어 있지 않을 경우, 모형의 주요 특성들이 제대로 발휘될 수 없고 그 효율성도 크게 저하될 것이다.

- **과제 분석과 과제 발달**

  교사는 단원에서 지도될 기능이나 개념을 숙지하고 그것들을 순차적으로 제시할 수 있도록 각 기능이나 개념을 부분적 요소들로 분절할 수 있어야 한다.

  학생들은 계열성 있는 과제가 전개되는 동안 개인 교사와 학습자의 역할을 교대로 수행하면서 발전해 나간다.

- **평가**

  개인 교사는 동료 교수 모형에서 대부분 평가자로서의 역할을 수행한다.

  교사의 평가 전문성은 관찰 체크리스트와 같은 평가 기법을 설계하고 개인 교사와 의사소통을 하는데 필요하다.

- **사회적·감정적 분위기**

  동료 교수 모형은 개인 교사와 학습자간의 순간적인 상호작용에 크게 의존하기 때문에 두 사람이 서로 간의 상호 관계를 편안하게 느껴야 한다.

  교사는 두 사람이 서로 서로 편안하게 느끼고 다른 사람을 위해 기꺼이 개인 교사의 역할을 하고자 하는 분위기를 조성해야 한다.

  교사는 수업에서 정기적인 토의 시간을 갖고, 좋은 개인 교사와 학습자 역할 행동에 대한 사례를 제공하며, 모든 학생들에게 공동 책임감을 제시함으로써 긍정적인 분위기를 조성할 수 있다.

2) 핵심적인 교수 기술

- **수업 계획**

  동료 교수 모형에서 교사는 학습 목표를 달성에 도움이 되도록 단원 내용을 세부 과제로 나눈다.

교사는 과제가 제시된 후 개인 교사와 학습자가 신속하고 적절하게 학습에 참여할 수 있도록 과제와 관련된 모든 측면을 계획할 필요가 있다.

- **시간 및 수업 운영**

    동료 교수 모형은 수업 중 시간을 어떻게 분배하고 학생 이동을 어떻게 관리할 것인지에 대한 특별한 주의를 필요로 한다.

    동료 교수 모형에서 학생들은 개인 교사와 학습자 역할을 번갈아하기 때문에 수업 중 이동 시간이 많아지게 된다. 따라서 교사는 학생들의 학습 활동과 역할 교대 시에 연습 시간의 손실이 최소화될 수 있도록 상규적 활동과 절차를 수립해야 한다.

- **과제 제시 및 과제 구조**

    교사는 개인 교사에게 과제를 잘 제시해야 하고 그들의 이해도를 점검해야 한다.

    교사가 개인 교사에게 과제 제시와 과제의 구조에 대한 정보를 잘 제시할수록, 개인 교사는 임시 교사로서의 지도책임을 훨씬 더 효과적으로 수행할 수 있다.

- **의사소통**

    교사는 개인 교사에게 과제 제시와 구조를 제시해야 하기 때문에 언어적 의사소통을 자주 활용한다.

    교사는 개인 교사들이 그들의 학습자들에게 내용을 잘 가르칠 수 있도록, 개인 교사들과의 상호작용을 잘 해야 한다.

- **교수 정보**

    일단 개인 교사-학습자의 조가 활동을 시작하면, 교사는 개인 교사하고만 간접적인 상호작용을 한다.

    교사가 개인 교사의 관찰능력 및 의사소통 기술을 발달시키고자 하는 의도를 갖고 있기 때문에, 교사의 기본적인 상호작용 방식은 문제 해결 능력을 키우는 질문들을 포함하게 된다.

- **수업 정리 및 종료**

    동료 교수 모형의 수업 정리 시에는 수업 중 이루어진 모든 종류의 학습을 다루게 된다. 수업 정리에서는 체육수업에서 학생이 서로 교대로 가르치고 배웠을 때 일어나는 모든 학습 상황을 검토해야 한다.

3) 상황적 요구 조건

동료 교수 모형의 중요한 상황적 요구조건은 학급의 절반이 한 번에 연습할 수 있는 충분한 공간과 용·기구가 마련되어야 한다는 점이다.

이 모형은 모든 학습 참여 학생들에게 일정 시간 동안 각자의 개인 교사를 제공하고 오직 학급의 절반 학생들에게만 학습 활동을 위한 용·기구와 공간이 필요하기 때문에, 대규모의 학급을 대상으로 한 수업에서 매우 효과적으로 활용될 수 있다.

4) 모형의 선정과 변형

동료 교수 모형은 광범위한 수업 상황과 내용 영역에서 사용될 수 있다. 이 모형을 사용할 때 고려해야 할 주요 사항은 내용 그 자체보다 교사가 기대하는 학습자의 학습 성취 수준이다. 예를 들어 스포츠에 적용할 경우, 역동적인 게임 상황은 개인 교사와 학습자에게 상호작용의 기회를 제공하지 못하기 때문에 비경쟁적인 학습 활동으로 제한하는 것이 좋고, 숙련된 학생들보다는 초급과 중급 수준의 학생들에게 적합하다.

- 동료 교수 모형에 적합한 활동들
    움직임 기능과 개념
    - 개인 스포츠(비경쟁성 강조)
    - 단체 스포츠(비경쟁성 강조)
    레크리에이션 활동
    - 무용(라인, 스퀘어, 포크 댄스 등)
    개인 체력 개념
    - 개인 체력 훈련 프로그램
    - 수상 활동(수영과 다이빙)

- 학교 급별 적용 가능성
    동료 교수 모형은 개인 교사에게 요구되는 관찰, 의사소통, 문제해결 능력이 조화를 이룰 수 있는 초등학교 4학년 이상, 중·고등학생들에게 적용 가능하다(유치원생 ~초등학교 3학년 이하 학생은 적용 불가능).

- 다양한 학습자 수용 전략
    동료 교수 모형은 교사가 학생 개인 교사에게 충분한 훈련과 방향을 제시해 주고 역할 수행을 모니터할 수 있다면 청각, 시각, 지체, 행동 장애 학생들과 운동 기능이 낮은 학생들에게도 적용할 수 있다.

5. 지도 계획시 주안점

1) 동료 교수 모형 계획시 주안점

개인 교사들에게 그들이 역할을 수행하는 동안 교사인 당신의 눈, 귀, 목소리를 대신한다는 사실을 지적하면서 개인 교사에 대한 기대를 분명하게 제시한다.

개인 교사들에게 효과적인 교사가 의미하는 바를 가르친다. 개인 교사에게 교사인 당신이 학생들의 학습을 돕기 위해 무엇을 하는지를 보여준다. 매 수업 계획에서 그러한 훈련 시간을 마련하라.

학습자와 개인 교사를 평가하라. 이것은 개인 교사에게 가르치는 역할의 중요성을 강화시켜 준다.

동료 교수 모형에서는 운동 기능 수준이 높은 학생과 운동 기능 수준이 낮은 학생이 짝짓는 것을 허용한다. 운동 기능 수준이 낮은 학생은 숙달된 운동 수행자가 아닐지라도 운동 기능 수준이 높은 학생으로부터 개인 교사 역할을 할 때 어떤 점에 주목해야 하고 어떤 피드백을 제시해야 하는지를 배울 수 있다.

학습 활동 중에 개인 교사와 학습자가 역할을 교대할 때, 새로 바뀐 개인 교사는 새로운 과제 제시를 할 필요가 없다. 그는 이미 이전 개인 교사로부터 중요한 요소를 배워서 과제 구조를 잘 알고 있기 때문이다. 새로운 개인 교사에게 그의 역할을 분명히 인식시키고자 한다면 새로운 학습자가 기술 연습을 하는 시간을 이용하여 개인 교사의 역할 이해도를 재빨리 체크하라.

동료 교수 모형은 다른 모형들보다 역할의 전환이 많다. 그렇기 때문에 수업에 역할 전환 계획을 포함시켜 가능한 한 전환이 효과적으로 이루어지도록 한다.

Chapter 04 협동 학습 모형

서로를 위해, 서로에 의해, 서로 함께 배우기
(Students Learning With, By, and For Each Other)

협동 학습은 학생들이 교사가 제시한 과제를 책임감 있는 팀원으로서 서로 협력하여 완수하는 수업 방식이다. 수업 초기에 학습 내용과 팀원의 선정 등은 교사 중심으로 이루어진다. 그 후 수업의 운영권은 각 협동 집단 내에 있는 학생들에게 이양되고 교사는 학생의 인지적, 사회적 학습을 위한 격려자이자 관찰자로서 간접적인 역할만을 수행하게 된다. 협동 학습은 팀 보상, 개인 책무성, 학습 성공에 대한 평등한 기회 제공이라는 3가지 기본 개념을 바탕으로, 학습 목표를 달성하는 과정에서 인지적 학습과 동시에 사회성(상호작용 기능과 사회적 기술) 학습을 하도록 하는 데 그 목적이 있다. 많이 활용되는 협동 학습 방식으로는 학생 팀-성취 배분(STAD), 팀 게임 토너먼트(TGT), 직소(jigsaw), 팀-보조 수업(TTAI), 집단 연구(group investigation) 등이 있다.

1. 개요 및 특징

1) 협동 학습 모형의 개요

협동 학습(Cooperative Learning) 모형은 1970년 중반 이후 R. Slavin 등에 의해 계속 연구되어 왔으며, 현재 세계적으로 가장 인정받고 있는 수업모형 중의 하나이다. 이 모형의 공동 목표는 교사가 학생에게 제시한 학습 과제의 완성이다. 과제는 집단 내 수행(가장 좋은 팀이 되도록 노력), 집단 간 수행(다른 팀과의 경쟁), 또는 공유하는 집단 수행(학급의 나머지 학생을 가르칠 수 있는 내용 학습)을 통해서 성취할 수 있는 것이어야 한다.

- **협동 학습 모형의 3가지 개념(Slavin, 1955)**

  팀 보상
  - 협동 학습에서 가장 중요한 것은 교사가 각 팀에게 제공하는 과제이다. 모든 팀들은 동일 과제나 서로 관련이 있는 다른 과제를 수행하게 된다.
  - 두 개 중 어떤 방법을 선택하든지 관계없이, 교사는 팀들이 달성해야 하는 한 가지 이상의 수행 기준을 제시해야 한다.
  - 이 기준에 도달하는 팀들에게는 누적 점수, 특혜, 공개적인 인정, 또는 점수 등의 보상이 제공된다.

개인 책무성
- 학습 과제의 또 다른 중요한 점은 모든 팀원들의 수행이 팀 점수 또는 평가에 포함된다는 것이다.
- 모든 학생은 팀의 과제 수행을 위해 노력해야 한다. 그렇기 때문에 모든 팀원들이 무엇인가를 배우고 자신의 잠재력을 최대로 발휘하는 것이 중요하다.
- 이러한 요구 조건은 전체 팀의 수행력을 향상시키기 위해 운동수행력이 높은 학생이 운동수행력이 낮은 학생을 가르치는 동료 교수를 유도한다. 동료 교수는 팀 내에서 높은 수준의 사회성 학습을 촉진시켜 주는 주요 요인이 된다.

학습 성공에 대한 평등한 기회 제공
- 협동 학습에서 팀원을 선정하는 과정은 중요하다. 집단은 가능한 이질적인 소집단(4~6명의 팀원 구성)으로 구성하며 전체 팀의 운동수행 능력이 평등하도록 구성해야 한다.
- 팀은 성, 기술 수준, 학습 내용에 대한 사전 경험, 인지 능력, 동기 등을 고려하여 구성한다. 이러한 팀원들의 다양성은 모형 내에서 사회성 학습을 촉진하는 역할을 한다.
- 운동수행 능력에 대한 팀들 사이의 균형은 공정한 경쟁을 장려하고 학습 동기를 증가 시킨다.
- 팀들 사이의 균형이 이루어지면, 모든 팀원들의 수행이 다 중요하다는 규정 때문에 모든 학생은 학습 성공에 대한 평등한 기회를 가지며 팀원 각자의 참여가 다른 팀원들에게 가치 있게 느껴질 가능성이 높아진다.

협동 학습의 본질과 관련된 절차적 요인
협동 학습 모형과 협력학습(다양한 집단 학습 전략들)의 차이를 아는 것 또한 중요하다. 협동 학습 모형은 위에 제시된 3가지 주요 개념과 연구를 통해서 밝혀진 많은 학습 과제 구조를 포함한다. 협동 학습은 또한 모형 자체의 본질과 독특성을 제공하는 아래와 같은 6개의 절차적 요인을 포함한다(Cuseo, 1992).
- 의도적인 팀 구성
- 팀원들 간의 상호의존 관계
- 팀 상호작용의 연속성
- 개인의 책무성
- 사회성 발달에 대한 외재적 관심
- 격려자로서의 교사

반면, 협력 학습은 덜 형식적이고 덜 영속적인 구조를 가지고 있다. 협력 학습은 사회성 및 운동수행 학습을 위해서가 아니라 수업 운영상의 이유로 대개 단시간 소집단 협력학습으로 이루어진다. 협력 학습은 서로 돕거나 함께 학습하는 것(students learning alongside or assisting on another)이 특징인 반면, 협동 학습은 "서로를 위해, 서로에 의해, 서로 함께 학습하는 것"(students learning with and for each other)이 특징이다.

협동 학습의 4가지 지도 목표(Hilke, 1990)

협동 학습은 성취 지향적이며 과정 지향적인 모형이다. 성취지향적인 모형의 특성은 학생의 학습을 가장 중요하게 생각한다는 것이며, 과정중심적인 모형의 특성은 학생이 내용을 학습하기 위해 서로 상호작용하는 방식이 각 학생에게 똑같이 중요하다는 것이다. 학생은 협동하는 것을 배워야 하는 것이 아니라 배우기 위해서 협동하여야 한다. Hilke(1990)는 다음과 같이 협동 학습의 4가지 지도목표를 제시하였다.

- 학생 사이에 협동 학습을 증진하는 것
- 긍정적인 팀 관계를 격려하는 것
- 학생들의 자아 존중감을 개발하는 것
- 학업 성취도를 향상시키는 것

| 표 5.4 | 협동 학습의 5가지 기본 요소(Johnson 등, 1994)

팀원들 간의 긍정적인 상호의존	• 학생은 협동 학습에서 모든 팀원이 목표를 성취하기 위해서 필요한 사람이라는 것을 이해해야 한다. • 각 팀원은 팀에 공헌할 수 있는 독특한 재능, 지식, 경험, 기술을 가지고 있다. • 재능은 팀 내에서 의견 충돌을 일으키기도 하지만, 사회성을 향상시킬 수 있는 기회가 되기도 한다.
일대일의 발전적인 상호작용	• 팀 구조는 마치 스포츠 팀의 선수들처럼 팀원들의 활동을 상호 지지하고 격려하며 강화시키는 역할을 한다. • 모든 팀원들은 팀의 공동 목표에 도달하기 위해서 그들 자신의 잠재력을 최대로 발휘하고 팀을 위하여 서로 협력해야 한다는 사실을 알게 되고, 팀이 서로 협력하고 모든 팀원들의 성취에 관심을 가지는 것이 팀의 성공에 중요하다는 사실을 깨닫게 된다.
개인의 책무성/ 책임감	• 모든 팀원이 자신의 몫을 다할 때 협동 학습은 가장 잘 이루어진다. • 그러나 이것은 모든 학생이 평가에서 똑같은 점수를 받는다는 뜻이 아니다. 오히려 모든 학생이 집단 활동에 최대한 참여하면, 자신의 능력보다 더 많은 것을 배운다는 것이다. • 교사가 학생의 참여 기대 수준을 설정하고 각 학생의 참여를 평가할 수 있는 방법을 찾아야 한다. • 모든 개별 학생의 학습이 중요하기 때문에 학생 개인 점수를 모두 팀 수행력 평가에 포함시켜야 한다. 이러한 개인적 책무성은 학생들의 책임감 수준을 증가시키게 될 것이다.
대인관계와 소집단 인간관계 기술	• 협동 학습에서 학생의 성취는 매우 가치 있게 여겨진다. • 역동적인 팀원들 사이의 대인관계 기술 학습도 중요하게 인식된다. • 이 모형은 팀원들끼리 잘 알고, 신뢰하고, 의사소통을 잘 하고, 서로를 인정하며, 갈등을 해결하는 것을 강조한다.
팀 반성	• 교사는 사회성 학습을 강조하기 위해서 학생들에게 팀 경험을 공유할 수 있는 정기적인 반성 시간을 제공한다. 팀 반성 시간은 각각의 수업마다 미리 계획되어야 하는데, 특히 협동 학습 단원의 앞부분에 계획되어야 한다. • 팀 반성 시간에서 교사의 역할은 학생이 공동의 목표(인지적 및 사회적 학습)를 달성하기 위해 팀에서 어떻게 행동해야 하는지를 적극 지도하는 것이다. • 여기서 중요한 것은 교사가 팀원들과 어떻게 상호작용하고 행동해야 하는지를 학생에게 직접 이야기하지 않는다는 사실로서, 팀 반성은 학생들의 깊이 있는 반성 능력을 향상시키기 위해서 간접적으로 이루어져야 한다.

2) 협동 학습 모형의 특징

- **핵심적 특징**
  교사가 제시한 과제를 팀원들이 협력하여 완수한다.
- **목적**
  학생들이 책임감 있는 팀원으로서 협력하여 학습 목표를 달성하는 과정에서 인지적 학습과 사회성(상호작용 기능과 사회적 기술) 학습을 하는 데 목적이 있다.
- **협동 학습 모형에서 교사의 역할**
  협동 학습 모형에서는 직접 지도 모형과 달리 교사가 과제를 제시할 때를 제외하고 대부분 간접적인 역할을 수행한다.
  - 수업 목표를 상세화한다.
    · 교사는 할당된 과제에 대한 학습 목표를 상세화해야 한다.
    · 배울 내용은 무엇이고, 수행 기준은 무엇인지를 명확히 밝혀야 하고, 학생이 팀에서 협동하며 경험하는 상호작용이 무엇을 의미하는지를 보여주는 사회성 기술 목표들 또한 상세화해야 한다.
  - 수업 전 의사결정을 한다.
    · 협동 학습 모형을 사용하는 교사는 팀 내 학생 간 상호작용을 촉진하기 위해 단원과 수업이 시작되기 전에 많은 계획 의사결정을 해야 한다. 이러한 의사결정을 통해 각 팀들은 과제의 성격, 수행 기준, 소요되는 시간, 사용해야 하는 수업 기구 및 자료(용·기구, 공간 등) 등에 대해 잘 알 수 있게 된다.
    · 또한, 팀원은 어떻게 선정할 것인지, 평가는 어떻게 할 것인지, 사회성 기술은 어떻게 관찰할 것인지에 관해서도 결정해야 한다.
  - 과제 제시 및 과제 구조를 전달한다.
    · 학생이 과제를 수행하는 데 요구되는 정보의 양과 과제를 수행하는 방법에 관해 교사가 제공하는 수행 또는 배경 정보의 양 사이의 균형이 이루어져야 한다.
    · 많은 협동과제는 과제 제시보다는 과제 구조(공간, 기구, 시간, 팀, 기준)를 강조한다.
    · 과제 제시와 관련하여 학생에게 제공할 정보의 양의 수준에 대해 쉽게 판단하기 어려울 때는, 보통 생각하는 것보다 적은 양의 정보를 제공하는 것이 좋다.
    · 그렇게 하면, 팀들은 교사에게 정보를 얻으려고 하기 전에 자발적으로 정보를 찾으려고 노력하고 그 후에 교사에게 도움을 요청하게 된다.
  - 협동과제를 실행하게 한다.
    · 일단 교사가 팀을 선정하고, 수행 과제를 학급에게 알려주고, 과제 구조를 제공하고 난 후에, 학생들에게 그냥 "과제를 시작해"라고 말하게 된다.
    · 이때 학생들에게는 과제를 수행하는 방법을 알려주지 않고 학생이 과제를 이해할 수 있을 만큼의 정보만 제시할 필요가 있다.

- 팀들이 처음에 과제를 시작할 때는 과제에 내포되어 있는 문제를 파악하고 해결책을 찾는 데 꽤 긴 시간이 걸릴 수도 있다.
- 이때 교사는 팀이 올바른 방향으로 진행해 나가는지를 면밀히 관찰해야 한다.
  - 협동 학습을 수행하는 팀들을 모니터하고 필요하면 개입한다.
- 팀들이 과제에 참여하게 되면, 교사는 협동적으로 과제를 수행하는지를 파악하기 위해 팀들을 모니터해야 한다.
- 이는 교사가 과제의 진도를 점검하는 것이 아니라, 팀들이 모든 자료를 사용하고 있는지, 팀원들이 최선을 다해서 공헌하고 있는지를 살펴보기 위한 것이다.
- 교사는 팀들이 협동하여 과제에 참여하지 않을 때만 개입한다. 그러한 경우가 사회성 기술인 협동심의 발달을 위한 '지도 순간'(teaching moments)이 된다.
  - 학습 결과와 팀 상호작용을 평가한다.
- 협동 학습의 평가는 학생 학습의 양과 질, 팀 상호작용의 효율성이라는 두 가지 측면에서 이루어진다.
- 교사는 두 측면의 평가 방법과 기준을 마련해야 한다. 학습 평가는 팀들이 각 과제를 완성하면 총괄적으로 이루어진다. 팀 상호작용 평가는 정기적인 형성평가로 이루어져야 한다. 그렇게 하면 비효율적인 상호작용 시간을 단축시킬 수 있다.

- **협동 학습의 장·단점(McCaslin과 Good, 1996)**

  장점
  - 협동 학습 과제는 대부분의 사람들이 사회에서 업무를 수행하는 방식으로 수행된다.
  - 교과 내용 지식은 집단의 전문성이 팀원의 전문성보다 클 때 향상된다.
  - 학생은 공동의 과제와 팀 도전 목표에 대한 가치관을 배운다.
  - 팀원은 서로 발달 단계에 맞는 모델링 역할을 한다.
  - 학생은 팀의 인적 자원을 효율적으로 활용하고 관리하는 방법을 배운다.
  - 학생은 혼자서 배우는 것보다 함께 배우는 것이 좋은 이유를 알게 된다.
  - 학생은 공동 과제를 수행하면서 자신과 타인에 대해 더 잘 이해하게 된다.
  - 학생은 스스로 학습의 과정과 진도를 조절할 수 있다.

  단점
  - 팀원들이 과정보다 결과에 집착하면 협동 학습 모형의 취지를 잃을 수 있다.
  - 팀원 모두가 개념을 잘못 알고 있을 때 그 오개념을 수정하기가 어렵다.
  - 성취보다 과정을 강조하면 '협동을 통한 학습'보다는 '협동' 그 자체에 가치를 두게 된다.
  - 한두 명의 학생이 팀에서 교사 대신 권위자처럼 행동할 위험이 있다.
  - 능력이 뛰어난 학생은 다른 학생보다 더 많은 공헌을 해야 한다는 부담감을 느낀다.
  - 일부 학생들은 "사회적 태만자"가 되어 게으름을 피우는 방법을 배울 수 있다.
  - 노력은 했지만, 팀 공헌도가 낮은 학생은 창피함과 수치심을 느낄 수 있다.
  - 일부 학생은 자신에게 주어진 기회를 회피하는 경향을 보일 수 있다.

2. 협동 학습 모형의 기초

1) 이론적 배경 및 근거

- **교육의 3가지 목표 구조(Deutsch, 1949)**
    - 개인적 목표 : 개별화 지도 모형과 같은 종류의 모형은 개별성을 강조하는 모형으로, 학생은 개인적 학습 목표를 달성하기 위해 독자적으로 참여하며, 교사를 포함한 다른 학생과 상호작용을 거의 하지 않는다.
    - 경쟁적 목표 : 직접 교수 모형은 학생이 교사의 관심을 얻고 내용 학습에 필요한 자료를 획득하기 위해 자신을 부각시켜야 하고, 때로는 다른 학생의 학업 성취와 비교하여 평가를 받기 때문에 매우 경쟁적이다.
    - 협동적 목표 : 협동 학습 모형은 동료 교수 모형, 스포츠 교육 모형과 함께 학생이 구조화된 상호의존적인 관계를 통하여 협동하여 함께 학습하는 것이 기본이다.

- **협동 학습 모형의 이론적 근거**
    - 동기 이론(motivational theory) : 팀의 성공을 위해서는 모든 팀원이 공헌하고 성취해야 한다는 점을 인식시키는 구조를 조성하는 데 사용된다. 이는 개별 학생이 최선을 다하고 공동 목표를 달성하기 위해 팀 상호작용을 하도록 만들어 준다.
    - 인지 이론(cognitive theory) : 발달 단계에 적합한 협력적 학습 과제를 학생에게 제공하는 데 사용된다. 그러한 협력적 학습 과제는 팀 목표를 달성하는데 도움이 되는 적당한 수준의 도전감을 팀에게 부여하게 된다. 과제가 너무 쉬우면 팀은 목표를 달성하기 위해서 최선을 다하지 않을 것이고, 과제가 너무 어려우면 팀원들 간에 의견 차이가 나타나고 중도 포기하게 되어 결과적으로 실패하게 된다.
    - 사회 학습 이론(social learning theory) : 다른 팀원들의 학습을 지켜보고 그들의 의견을 경청하는 과정에서 학습이 이루어진다는 것이다. 한 학생이 학습에서 진보를 이루고 학습 결과를 다른 학생들과 공유할 때, 학습 과정은 상호적 성격을 띠게 된다. 교사는 사회적 기술의 긍정적인 예와 부정적인 예들을 관찰하여 바람직하거나 바람직하지 못한 상호작용 기술들을 강조하기 위해 그것들을 '지도 순간'(teaching moment)에 사용함으로써, 협동 학습 모형의 사회성 학습 목표 실현에 기여할 수 있다.
    - 행동 이론(behavior theory) : 협동 과정, 학생의 과제 참여, 팀 성취에 따른 보상 사이의 관련성을 제공한다. 좋은 협동 과제는 학생에게 그 상황에서 어떤 사회적 기술(행동)이 요구되고, 학습 목표는 무엇이며, 주어진 과제의 성취 또는 실패의 결과가 무엇인지를 명확하게 제시한다. 이때 주의할 점은, 학생에게 과제를 완수하는 방법에 대하여 직접적으로 알려주지 말아야 한다는 것이다.

2) 교수·학습에 관한 가정

- **교수에 관한 가정**

    교사의 주요 역할은 학생의 인지적, 사회적 학습을 위한 촉진자(격려자)이다.

    교사는 팀 과제의 학습 환경, 구조, 매개 변수를 확립한 후에 격려자의 역할만을 담당하게 된다. 이 모형은 처음에 직접적인 지도방식으로 시작되지만, 팀원들이 주어진 과제에 참여하게 되면 매우 간접적인 지도 방식으로 변한다.

    교사는 학생의 사회성 학습을 관찰하고, 반성적인 능력을 가르치는 주요 임무를 맡는다.

    교사는 사회성 학습과 인지적 학습 목표 사이의 균형을 유지해야 한다. 사회성 학습 과정은 인지적 학습 결과만큼이나 중요하다.

- **학습에 관한 가정**

    협동적 구조는 개인적 또는 경쟁적 학습구조 보다 높은 수준의 사회적 또는 인지적 학습 능력을 촉진한다.

    집단은 개인과 공동 목표를 성취하기 위해서 협동적으로 일해야 한다.

    팀(집단) 학습은 팀이 이질적인 성격의 구성원들로 구성되어 상당한 분량의 수업 시간 동안 또는 하나의 단원이 끝날 때까지 유지될 때 가장 잘 이루어진다.

    모든 팀원들은 팀의 목표 달성을 위해 공헌할 수 있는 능력을 가지고 있다.

    학습 과제는 개인의 책무성에 대한 기준을 상세화해야 하고, 모든 팀원들의 수행은 팀의 평가 점수에 반영된다.

    "사회적 태만"(social loafing)이 집단 학습과정에서 나타날 수 있다. 따라서 팀 목표 달성에 모든 팀원들이 공헌하도록 만드는 조치가 취해져야 한다.

    팀들은 주어진 과제를 완수하기 위해 스스로를 조직화할 수 있다.

3) 협동 학습 모형의 주제 : "서로를 위해, 서로에 의해, 서로 함께 배우기"

'서로를 위해, 서로에 의해, 서로 함께 배우기'는 협동 학습 모형 설계의 주된 특징이다.

이 모형에서 학생들은 다른 학생과 긍정적인 방식으로 상호작용해야 하는데, 그러한 긍정적 상호작용을 통해 학업적, 사회적 학습 목표들을 성취할 수 있다.

협동 학습 모형에서 대부분의 교수(teaching)는 동료 간 상호작용 과정을 토대로 학생들에 의해 이루어진다.

마지막으로, 협동 학습의 주제는 학업적, 사회적 학습 목표들을 성취하기 위해 학생들이 팀과 단결해야 한다는 점을 강조한다.

4) 학습 영역의 우선순위와 영역 간 상호작용

- **학습 영역의 우선순위**

    협동 학습은 학생의 학업성취 수준을 높이고, 상호작용과 사회적 기술을 학습하기 위해 설계된다. 후자가 이루어지지 않으면 전자도 이루어질 수 없다. 그것은 사회적 기술의 학습이 개인 및 팀의 학습에 필수적이기 때문이다.

정의적 영역은 항상 할당된 과제의 최우선 주요 목표가 된다. 예를 들어, 주어진 과제가 주로 인지적 학습에 초점을 두고 있다면, 우선순위는 다음과 같이 된다.

- 1순위(공동) : 정의적·인지적 영역
- 3순위 : 심동적 영역

만일 주어진 과제가 심동적 학습 영역에 초점을 두고 있다면 우선순위는 다음과 같다.

- 1순위(공동) : 정의적·심동적 영역
- 3순위 : 인지적 영역

경우에 따라서는, 어떤 협동 학습 과제가 3가지 학습 영역을 균등하게 강조할 수도 있다. 즉, 바람직한 집단 상호작용과 반성(정의적 영역), 적당한 수준의 지적 능력(인지적 영역), 숙련된 기능 숙달 시범(심동적 영역)을 함께 추구하는 것이다. 이러한 경우에 3가지 영역은 대체적으로 비슷한 수준으로 강조된다. 이 경우에 만일 학생 또는 팀들이 3가지 영역 모두를 동등하게 학습할 수 없다면, 주어진 과제를 성공적으로 수행할 수 없게 된다.

- **영역 간 상호작용**

협동 학습에서 3가지 목표 영역이 공유될 경우, 영역 간 우선순위는 다소 복잡해진다. 상호작용은 직선적인 관계로 이루어지지 않는다. 즉 한 영역의 학습이 다른 영역의 학습을 수반하지 않는다.

오히려 3가지 영역은 한 영역의 학습이 다른 두 영역의 학습에 의해 좌우되는 영역간 상호작용적인 관계이다. 예를 들면, 심동적 영역의 목표를 달성하기 위해서 각 소집단의 학생들은 훌륭한 대인 관계(정의적 영역)와 문제 해결 능력(인지적 영역)을 가지고 있어야 한다. 이 상호의존성은 모든 영역 내에서 항상 일어나야 한다.

상호작용 관계는 전체 모형의 토대가 되며 학생들이 단순히 사이좋게 지내기 위해서가 아니라 학습을 위해서 협동할 필요가 있음을 강조한다. 또한 상호작용 관계는 협동 학습 모형의 설계상의 중요한 특징, 즉 학습 과정은 학습 결과 못지않게 중요하다는 사실을 강조한다.

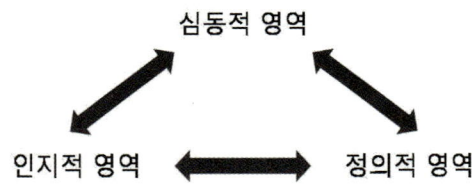

| 그림 5.4 | 협동 학습에서 영역 간 상호작용

5) 학생의 발달 요구 사항

- **학습 준비도**

    협동 학습 모형은 인지적, 심동적, 정의적 영역의 학습을 강조하기 때문에 학생은 세 영역의 학습이 가능하도록 발달 단계상의 준비가 갖추어져 있어야 한다.

    인지적 영역은 학생이 과제에 대한 일반적 지침을 이해하고 팀 문제 해결 과정에 참여할 수 있는 능력을 갖추는 것과 관련 있다.

    심동적 영역은 주어진 과제의 난이도에 의해 좌우된다. 가장 중요한 것은 과제를 성공적으로 수행하는 데 필요한 기술과 전략을 학생들끼리 서로 가르쳐 줄 수 있느냐이다.

    정의적 영역은 학생들이 팀 성공에 필요한 개인 및 공동 책임감을 완수할 준비가 되어 있느냐의 여부, 즉 팀원들이 협동하여 학습할 준비가 되어 있느냐가 협동 학습의 가장 중요한 전제 조건이 된다.

- **학습 선호도**

    학생의 학습 선호도에 대한 Reichmann과 Grasha(1974)의 프로파일에 의하면, 협동 학습은 참여적, 협력적, 경쟁적, 독립적인 학생에게 효과적이다.

    학생은 팀의 당면한 목표를 성취하기 위해서 팀의 일원으로 협력해야 하고, 동일한 학습 과제를 다른 팀과 경쟁해야 하는 과제 구조 속에서는 경쟁적이 된다.

6) 모형의 타당성

- **연구 타당성**

    협동 학습은 지난 20년 동안 수많은 연구의 관심 대상이 되어 왔다. 100편 이상의 연구를 조사한 Slavin(1955)은 다음과 같이 협동 학습의 연구 결과를 요약하였다.

    연구들의 65%는 '협동 학습 실시 집단의 학업성취가 다른 지도를 받은 집단에 비해 의미 있게 높았다'고 보고했다.

    협동 학습에 참여한 학생은 전통적인 방법으로 수업을 받은 통제 집단의 학생보다 다양한 배경을 가진 학생과의 상호작용 비율이 높았다.

    협동 학습에 참여한 학생은 전통적인 방법으로 수업을 받은 통제 집단의 학생 보다 장애 학생과의 상호작용 비율이 높았다.

    협동 학습은 모든 학년과 모든 교과 영역에서 성공적인 것으로 나타났다.

여러 교과 영역에서 협동 학습 연구가 풍부하게 수행되었지만 체육 교과를 대상으로 이루어진 연구는 그다지 많지 않았다. 그러나 연구 결과를 종합해 보면, 협동 학습 모형은 청소년들의 체력 향상과 긍정적인 사회적 상호작용을 촉진시키는 것으로 이해할 수 있다.

- 실천적 지식의 타당성

    협동 학습 모형은 다양한 교과목에 걸쳐, 초등학교에서 대학교에까지 모든 학년을 대상으로 적용이 가능하다. 그러나 체육교과에서 협동 학습에 대한 실천적 지식의 타당성을 규명하는 연구는 광범위하게 이루어지지 못했다. Grinesk(1996)는 일부 체육 교사만이 협동 학습 모형을 사용하고 있다고 주장했다. 대신 교사들은 협동 학습으로 잘못 해석될 수 있는 소집단중심의 학습 활동 중심의 수업 방식을 사용하고 있었다. 연구 타당성과 마찬가지로 협동 학습은 아직까지는 체육 교과보다 다른 여러 과목에서 실천적 타당성이 검증되어 왔다고 볼 수 있다.

- 직관적 타당성

    우리 모두는 스포츠 상황에서 개인 또는 팀 목표를 성취하기 위한 팀 역할의 중요성을 경험하고 인정한다. 이는 자신의 성공이 다른 사람의 성공에 따라 결정되고 팀의 공동의 이익을 위해서 함께 노력해야 하는 팀 동료정신에 근거를 두고 있다. 우리 모두는 팀의 다른 구성원들이 그들의 잠재력을 최대한 발휘하도록 도와주기 위해 노력한다. 체육수업에서 팀원들이 주어진 팀 과제를 완성하기 위해 함께 노력해야 하는 이유를 안다면, 협동 학습 모형의 토대가 되는 이론적 근거를 이해할 수 있을 것이다. 학생은 혼자보다는 친구들과 함께 학습할 때 더 많은 것을 성취할 수 있고, 이러한 과정을 통해서 학생의 사회성 발달이 증진된다. 이러한 것들이 체육교과에서 협동 학습의 활용에 대한 강력한 직관적 타당성을 제공한다.

3. 교수·학습의 특징

1) 수업 주도성

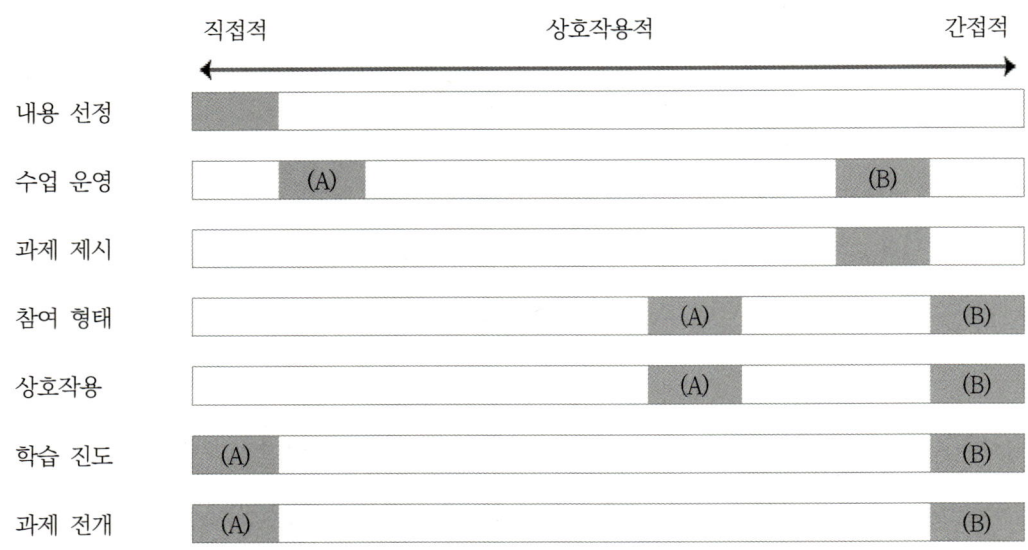

| 그림 5.5 | 협동 학습 모형의 수업 주도성 프로파일

- **내용 선정**

    내용 선정은 매우 교사 중심적으로 이루어진다.

    교사는 수업 시간에 학생들이 수행할 일련의 과제들을 결정하여 학생들에게 알려준다.

- **수업 운영**

    팀들이 학습 과제에 참여하기 전까지 수업 운영은 교사 중심으로 이루어진다(A). 교사는 팀원들을 선정하고, 이용 가능한 자원을 결정하며, 각 과제에 할당된 시간의 양을 결정하고, 팀원들이 수행해야 할 기준을 결정한다.

    일단 팀들이 과제를 시작하게 되면, 수업 운영권은 각 협동 집단 내에 있는 학생들에게 신속하게 이양된다(B). 학생들은 팀 내 조직, 역할분담, 이용 가능한 시간과 자원의 활용 방법 등에 대해 스스로 의사결정을 내린다.

- **과제 제시**

    협동 학습에서는 교사에 의한 과제 제시가 없다.

    그 대신, 교사는 할당된 과제와 그 과제의 완수를 위해 각 팀이 지켜야 할 기본 규칙들을 설명해 줌으로써 "문제를 설정"해 준다. 그 후에 팀 내에서 학생 각자가 무엇을 하고 어떻게 해야 하는지는 학생들에게 달려 있다. 이때 학생들은 주된 학습 형태로 동료 교수 방법을 사용하게 될 것이다.

- **참여 형태**

    이 모형에는 2가지의 참여 형태가 있다.

    첫 번째의 참여 유형은 학생주도형이며, 각 팀의 학생들 사이에서 이루어진다(B). 학생들은 적절한 시기에 주도할 사람을 결정하고 과제를 완수하기 위해 학생 자신들의 참여 계획을 확정한다.

    두 번째의 참여 형태는 학생의 사회성 발달을 위해 교사가 질문을 사용할 때 이루어지는 상호작용형이다(A). 상호작용이 효과적으로 이루어지기 위해서 교사는 학생들에게 현재 행동에 대해 반성할 시간을 주거나 적극적으로 협동하지 않은 학생에게 그 해결책을 찾도록 시간을 준다.

- **상호작용**

    수업 중의 상호작용 형태도 학생 참여 형태와 유사하다.

    팀원들이 주어진 과제를 수행하는 동안에는 학생중심이 된다(B).

    교사가 학생들의 사회성을 발달시키기 위해 질문할 때는 상호작용형이 된다(A).

- **학습 진도**

    팀 선정 및 학습 문제 선정은 교사 주심으로 이루어진다(A). 교사가 학생들에게 학습 과제를 소개하고 팀에게 과제 완수에 소요되는 시간을 알려주고 나면, 학습 진도는 학생 중심적이 된다(B).

    학습 과제는 교사가 소개하지만, 학습 진도는 학생들이 조절한다고 볼 수 있다.

- 과제 전개

    새로운 과제를 소개하는 시점은 교사가 결정한다(A).

    학습 진도 조절과 마찬가지로, 일단 과제가 주어지면 각 팀은 과제를 완수하는 데 필요한 단계와 각 과제를 언제 끝마칠 것인지를 결정한다(B).

- 협동 학습 모형의 포괄성

    협동 학습 모형은 모든 학생들이 팀의 학습 과정에 포함되도록 설계되었다. 이것은 다음과 같은 3가지 방법을 통해서 가능하다.

    모든 팀은 능력, 동기, 개성을 고려하여 이질적인 집단으로 구성된다. 이러한 다양성은 학생 사이의 상호작용을 촉진한다.

    모든 학생은 팀의 성공을 위해서 공헌해야 하는 책임감이 있기 때문에 팀 목표에 도달하기 위해서 다른 학생을 격려하고 지원하고 서로를 가르쳐 주어야 한다. 이것은 모든 팀원들의 완전 참여를 촉진한다.

    팀의 성공에 공헌을 하도록 장려하고 팀원들의 다양한 재능을 인정하며 재능을 최대로 발휘하도록 할 때 팀의 목표완수 가능성이 높아진다. 따라서 팀 목표를 달성하기 위해서 학생들이 가지고 있는 독특한 능력과 재능을 (배제하거나 소외시키지 않고) 끌어안는 것이 팀의 성공에 가장 도움이 된다.

2) 학습 과제

- 과제 제시

    교사에 의한 구체적인 과제 제시는 없다. 대신 학생들끼리 주어진 과제 해결을 위해 스스로를 조직해서 문제를 해결해 나가야 한다.

    학생이 스스로 문제를 해결하는 것은 다른 수업모형과 협동 학습 모형이 구분되는 가장 큰 특징 중의 하나이다.

    교사는 과제가 무엇인지만을 알려주고, 과제를 완수하는 구체적인 방법은 학생에게 알려주지 않는다.

- 과제 구조

    학생 팀-성취 배분(Students Teams-Achievement Divisions: STAD)
    - Robert Slavin(1980)에 의해 처음 개발되었으며, 학급의 학생들은 비경쟁적인 팀으로 나뉜다.
    - 교사는 모든 팀에게 동일한 학습 과제와 필요한 자원을 제공한다.
    - 교사는 팀별로 학습하게 하고 연습할 시간(15분에서 20분 정도)을 준다. 교사는 이 시간에 과제를 명료화하고 팀에게 필요한 다른 자원을 제공한다.
    - 이 시기가 끝나면, 각 팀의 모든 팀원들은 학습한 지식이나 기능에 대해 평가를 받게 된다. 평가는 퀴즈, 기능 시험 등의 형태의 수행평가로 이루어진다.
    - 모든 팀원들의 점수가 합쳐져서 팀 점수가 된다.

- 팀 점수는 발표되고, 교사는 협동 과정에 대해 학생들과 토론하고, 팀의 상호작용을 높일 수 있도록 조언한다.
- 그런 다음, 팀은 동일한 과제를 다시 반복해서 연습하는 2차 연습 시간을 갖는다. 이때 팀들은 협동심과 모든 팀원들의 점수 향상이 강조된다.
- 2차 연습에는 2개의 목표가 주어진다. 첫째 모든 팀원들의 점수와 전체 팀의 점수는 1차 시험 때 보다 높아야 한다. 첫 번째 목표가 달성되면, 두 번째 목표도 자동적으로 달성된다. 1차와 2차 평가에서 전체 팀 점수의 향상 정도에 따라 팀 점수가 부여된다.
- 개인별 점수는 발표되지 않고 팀 점수만 발표되므로, 팀내 협동을 유발하는 특징이 있다.

협동 학습 모형에서 교사가 과제를 제시할 때 지켜야 할 원칙

1. 모든 팀원에게 팀원의 자격과 팀이 어떻게 선정되었는지를 알려준다.
2. 과제를 완수해야 할 시점에 대해 알려준다.
3. 과제 완수를 위해 사용할 수 있는 학습 전략을 알려준다.
4. 각 팀에게 기본 규칙을 알려준다.
5. 팀들이 활용할 수 있는 자원과 자원의 배분 방법을 알려준다.
6. 학습 목표와 평가 방법에 대해 설명한다.
7. 사회성(대인관계) 학습 목표와 평가 방법을 설명한다.
8. 학습 안내자로서의 교사의 역할을 학생들에게 알려준다.
9. 과제를 수행하면서 생산해야 할 최종 결과물(포스터, 포트폴리오, 팀 점수)에 대해 설명한다.
10. 팀별 경쟁이 있다면 그 규칙에 대해 알려준다.

팀 편성	교사는 학습 성공에 대한 평등한 기회가 보장되도록 공평하게 팀 편성
학습 과제 제시 및 1차 연습	교사가 학습 과제를 제시한 후 1차 연습(15~20분)
1차 평가 및 팀 점수 발표	지식이나 기능에 대한 1차 평가, 팀 점수만 발표, 교사는 팀 협동을 조장하기 위해 학생들과 토론하고 조언
2차 연습	동일한 학습 과제에 대한 2차 연습
2차 평가 및 팀 점수 발표	개인별 점수는 발표하지 않고 팀 점수만 발표, 따라서 팀내 협동을 유발할 수 있음

팀 게임 토너먼트(Team Games Tournament: TGT)
- TGT의 초기 구조는 STAD의 구조와 유사하다.
- 학생들은 팀별로 나눠지고, 할당된 학습 과제를 1차 연습한다.
- 모든 팀의 팀원들은 1차 연습이 끝나면 시험을 본다.
- 평가 방법에 있어서 TGT는 STAD와 다르다. 팀게임 토너먼트에서는 각 팀의 1등, 2등,

3등, 4등 순으로 점수를 받은 사람이 다른 팀들의 같은 등수 학생의 점수와 비교된다. 각 팀의 1등은 1등끼리, 2등은 2등끼리 점수를 비교하는 식이다. 같은 등수에서 높은 점수를 얻은 학생에게 일정한 상점을 부여한다.

- 모든 학생들은 자신의 득점 순위와 관계없이 팀 성공에 기여할 수 있다.
- 이어 2차 연습이 실시되는 데, 이 때 각 팀별 상호작용과 협력이 강조된다. 2차 연습 후 다시 평가가 이루어지고 1차 때와 마찬가지로 같은 등수끼리 점수를 다시 비교한다.
- 게임이 끝난 후에 가장 높은 점수를 받은 팀이 승리 팀이 된다. 그 과정에서 팀원 사이의 협동이 조장된다.
- 그 후 다른 많은 과제들을 수행하면서 팀들을 그대로 유지하거나 과제의 난이도를 점차적으로 높여나갈 수 있다. 하지만 동일한 과제를 학생이 2번 넘게 연습하고 평가받게 하는 것은 바람직하지 않다.
- 이 방법의 가장 좋은 점은 운동 기능이 낮은 학생도 자기 팀을 위해 무엇인가를 공헌할 수 있다는 자신감을 가질 수 있다는 점이다.

팀 편성	교사는 학습 성공에 대한 평등한 기회가 보장되도록 공평하게 팀 편성
학습 과제 제시 및 1차 연습	교사가 학습 과제를 제시한 후 1차 연습
1차 평가 및 같은 등위끼리 점수 비교	각 팀의 1등은 1등끼리, 2등은 2등끼리 점수를 비교하여 같은 등수에서 높은 점수를 얻은 학생에게 일정한 상점을 부여, 따라서 모든 학생들은 자신의 득점 순위와 관계없이 팀 성공에 기여할 수 있음
2차 연습	동일한 학습 과제나 새로운 과제에 대한 2차 연습
2차 평가 및 같은 등위끼리 점수 비교	1차 때와 마찬가지로 같은 등수끼리 점수를 다시 비교하여 높은 점수를 얻은 학생에게 일정한 상점을 부여
팀 성적 발표	게임이 끝난 후에 가장 높은 점수를 받은 팀이 승리

팀-보조 수업(Team-Assisted Instruction: TAI)
- 협동 학습과 개별화 학습의 결합으로 볼 수 있다. 교사는 팀을 선정한 후에 학생들에게 수행 기준과 학습 과제가 제시된 목록을 제공한다.
- 이 목록에는 학생들이 학습해야 할 기술과 지식 영역들이 쉬운 것에서부터 어려운 단계로 나누어 제시되어 있다.
- 팀원들은 혼자 또는 다른 팀원들의 도움을 받으면서 그 과제들을 연습하게 된다. 학생이 수행 기준에 따라 과제를 완수하면 다른 팀원이 과제 수행 여부를 체크한다. 학생은 다음 과제로 이동한다.
- 팀 수행능력은 2가지 방식 중의 하나로 평가될 수 있다. 팀 성적은 매주 각 팀들이 수행한 과제들의 수를 점수로 환산하거나 개인별로 시험을 본 후 개인 점수를 합산하여 평가한다.

팀 편성	교사는 학습 성공에 대한 평등한 기회가 보장되도록 공평하게 팀 편성
수행 기준 및 팀별 학습 과제 제시	교사는 학생들에게 수행 기준과 팀별 학습 과제 제시, 과제는 쉬운 것에서부터 어려운 단계로 나누어 제시
팀별 과제 수행	팀원들은 혼자 또는 다른 팀원들의 도움을 받으면서 과제 수행
과제 완수 체크 및 다음 과제로 이동	학생이 수행 기준에 따라 과제를 완수하면 다른 팀원이 과제 수행 여부를 체크한 후 다음 과제로 이동
평가	팀별 과제 수행 점수 혹은 개인별 합산 점수로 평가

직소(jigsaw)
- 교사는 학생들을 팀으로 나누고 기술, 지식 또는 게임 등의 과제를 배정한다. 예를 들면, 테니스 단원의 경우 한 팀은 포핸드 드라이브의 요소와 단서를 학습하는데 배치되고, 다른 팀은 백핸드 드라이브, 다른 팀은 게임 규칙과 점수 등을 학습하는 데 배치된다.
- 모든 팀원들은 자신의 팀에 할당된 과제를 익힌 후, 교사가 되어 다른 팀에게 그 내용을 가르쳐준다. 포핸드 드라이브를 익힐 때 A팀이 교사가 되어 B팀과 C팀에게 가르쳐 준다. 평가는 다른 팀을 지도하는 지도 능력에 따라 이루어진다.
- 직소 전략의 또 다른 방법은 각 팀의 구성원들이 각자 다른 학습 요소들을 학습하여 그 분야의 전문가가 되는 것이다. 각 팀의 구성원들이 동일한 분야나 기술을 익히면, 각 팀에서 동일한 기술을 익힌 학생들끼리 모여 전문가 집단을 구성한다. 전문가 집단은 자신들이 배운 내용을 공유하게 된다.
- 전문가 집단 모임 후 전문가들은 원래 집단으로 돌아가 배운 것을 다른 팀원에게 가르쳐 준다. 이 때 동료 교수 방식으로 다른 학생들을 가르칠 수 있다.

팀 편성	교사는 학습 성공에 대한 평등한 기회가 보장되도록 공평하게 팀 편성
팀별 과제 할당 및 연습	팀별로 학습 과제를 할당하고 연습하게 함
다른 팀 가르치기	모든 팀원들은 자신의 팀에 할당된 과제를 익힌 후, 교사가 되어 다른 팀에게 그 내용을 가르침
평가	다른 팀을 지도하는 지도 능력에 따라 평가

집단 연구(group investigation)
- 각 팀이 학습 결과를 공동으로 생산하고 공유하도록 하는 교수 전략이다.
- 교사에 의해 팀들이 선정되고 과제가 할당된다. 집단 연구에 할당되는 시간은 최소 3주 정도로 길다. 학생은 수업 시간이나 그 외의 시간을 이용해서 과제를 수행할 수 있다. 과제는 포스터, 콜라주, 비디오테이프, 컴퓨터 그래픽, 보고서 등 여러 가지 매체를 이용하여 완성하며, 발표는 단체 프로젝트 형식으로 이루어진다.
- 매체를 이용하여 과제를 작성하는 목적은 각 팀의 학습 정도를 확인하고 그 내용을 다른

팀들과 공유하기 위한 것이다.
- 평가는 집단 연구가 시작되기 전에 학생들에게 제시한 루브릭 점수로 이루어진다. 따라서 각 팀은 한 가지 점수를 얻는다.

팀 편성	각 팀이 학습 결과를 공동으로 생산하고 공유하도록 팀을 편성
과제 할당	각 팀에 과제 할당, 집단 연구에 할당되는 시간은 최소 3주 정도로 긴 편임
팀별 과제 수행	과제는 포스터, 콜라주, 비디오테이프, 컴퓨터 그래픽, 보고서 등 여러 가지 매체를 이용하여 완성
과제 완수 체크 및 다음 과제로 이동	학생이 수행 기준에 따라 과제를 완수하면 다른 팀원이 과제 수행 여부를 체크, 다음 과제로 이동
발표 및 평가	과제 발표는 단체 프로젝트 형식, 평가는 루브릭 점수로 이루어지며 각 팀은 한 가지 점수를 얻게 됨

- **과제 발달**

　협동 학습 모형의 학습 과제는 대부분 다른 모형보다 규모가 크고 오랜 시간이 요구되기 때문에 과제 발달은 다른 모형들과 다르게 이루어진다.
　협동 학습 모형의 수업 단원은 단순한 것에서 복잡한 것으로 전개되는 일련의 학습 문제 또는 과제들로 구성된다.
　각 과제에 부여되는 시간은 이러한 계열성을 반영하여 단시간이 요구되는 과제는 학습 초기에, 장시간이 요구되는 과제는 학습 중간이나 끝에 제시된다.
　이러한 구조 때문에 많은 성공을 경험하게 되는 초기 과제에서 팀워크와 상호작용 기술을 연습하고, 팀의 협력이 증진됨에 따라 좀 더 긴 시간이 요구되는 어려운 과제에 도전하게 된다.

3) 학습 참여 형태

　협동 학습 모형은 4~6명으로 구성된 팀에 의해서 실시된다.
　협동 학습에서 사용된 모든 전략은 팀에 기초하여 이루어진다.

팀원 선정

1. 팀원 선정은 인지적 학습과 사회성 학습을 목적으로 하는 협동 학습 모형에서 교사가 수행하는 가장 중요한 기능이다.
2. 팀원을 결정할 때 팀 내의 다양성과 여러 팀들 사이의 공정성(팀들이 서로 경쟁할 때)이 고려되어야 한다.
3. 교사는 팀원을 배치할 뿐만 아니라 다른 팀원들의 재능, 개성, 관점에 대한 인식을 고양시킨다. 팀원을 다양하게 구성하기 위해 내용 영역의 사전 경험, 성, 기술능력, 인지적 능력, 학습 유형, 인종, 민족성, 리더십과 동료애에 대한 의지, 학생 행동 등을 고려하여야 한다.
4. 팀에 학생을 배치하는 과정은 교사 개인에 의해 결정되며, 수업 시간에 알려주거나 알림판에 부착한다.

4) 교사와 학생의 역할 및 책임

역할 및 책임	협동 학습 모형에서의 책임 주체
내용 목록	교사는 각 팀이 학습할 내용을 결정한다.
팀 선정	교사는 모든 팀의 다양성과 이질성을 최대한 고려하여 팀원을 선정한다.
과제 구조화 및 문제 해결 상황	교사는 팀이 해결해야 할 문제의 구조에 기초하여 모든 팀에게 과제를 설명한다.
수업 기구 준비	교사가 각 팀이 과제를 수행하는 데 필요한 장비를 준비한다.
과제 구조	교사는 기본 규칙들을 제공하는 협동 학습 전략의 형태로 과제 구조를 결정한다.
참여 형태	각 팀은 과제를 해결하기 위해서 어떻게 팀을 조직할 것인지를 결정한다.
문제 중재	수업 초기에 문제가 발생하면 팀 내에서 학생에 의해 먼저 조정되고, 성공적이지 못할 때 교사가 반성 시간을 통해서 중재한다.
수행 평가	교사는 루브릭 점수 형태로 모든 수행 평가를 계획한다. 각 팀의 학생은 각 평가에서 가장 좋은 점수를 성취하기 위한 방법을 결정한다.
사회성 평가	교사는 집단 상호작용의 기준을 결정하고 학생이 팀에서 어떻게 참여하는지 관찰한다.
수업 과정	각 팀의 학생은 주어진 학습 과제에 참여함에 따라 동료 교수 계획을 결정하고 실행한다.

5) 교수 과정의 검증

- 교사

기 준	검증 방법
교사는 팀 내에서는 이질적이지만, 팀 간에는 동질하게 팀을 조직한다.	교사는 팀 선택에 사용될 기준을 목록화한다. 교사는 팀원을 어떻게 구성할 것인지를 학생에게 알려준다. 교사는 학생에게 팀 선정에 대한 생각을 묻는다.
교사는 적절한 학습 과제를 선택 한다.	1. 과제에 시간 제약과 절차를 제시한다. 2. 과제는 제한된 시간 내에 모든 팀원들에 의해 완성될 수 있다. 3. 과제는 모든 팀원들의 공헌을 필요로 한다. 4. 과제는 각 팀에게 3가지 영역에 도전하도록 요구한다.
교사는 적절한 협동 학습 전략을 선택한다.	과제는 단순히 '집단 학습'을 위한 것이 아니라 협동 전략 중의 하나에 해당한다.
교사는 학습 과제를 구성한다.	교사는 과제를 완수하는데 필요한 단서를 제공하지 않고 정보를 충분히 제공한다. 팀들은 곧바로 과제에 참여하는데 이는 과제와 과제 구조를 이해하고 있음을 나타내기 위해서이다.
교사는 팀이 과제를 수행하는 동안 격려자의 역할을 한다.	교사는 상호작용의 수와 유형을 모니터한다. 교사는 간접적인 말과 질문을 사용하고, 상호작용은 학생에 의해 시작된다
교사는 사회성 학습 결과를 관찰하고 진행시켜 나간다.	교사는 사회성 학습 결과를 진행시키기 위한 계획을 수립해야 한다. 교사는 직접적인 언어를 거의 사용하지 않는다.
교사는 운동 수행과 사회성 학습에 필요한 평가 방법을 설계한다.	평가의 구성요소에 필요한 교사의 계획을 점검한다. 각 팀원들의 개인적인 책무성으로 팀 성취도가 평가되어야 한다.

- 학생

기 준	검증 방법
학생들은 팀이 공정하게 구성되었다고 본다.	학생들은 팀원 선택과정에 대하여 질문받고 이의가 없다고 대답한다.
학생들은 과제를 이해한다.	팀은 곧 바로 과제 수행을 시작한다. 팀은 교사에게 과제에 대한 질문을 거의 하지 않는다.
학생들은 협동 학습 전략을 이해한다.	팀은 과제 수행에 필요한 시간과 자원을 가지고 바로 시작한다. 팀은 참여 계획을 신속히 구체화한다. 팀은 과제를 완성하는데 요구되는 절차를 따른다.
팀은 모든 팀원들과 임무와 책무성을 공유한다.	팀은 개인에게 특별한 임무를 부여한다. 팀은 각 팀원들의 공헌도를 도표화한다. 팀은 다른 팀원들을 동료 평가한다.
팀들은 운동 수행 향상을 위해 동료 교수 방법을 활용하고 팀원들의 노력을 인정한다.	팀 사이의 상호작용 유형과 빈도를 관찰한다.
팀들은 수행 평가를 통해 향상도를 보여준다.	평가 점수를 수차례 비교한다.
팀들은 사회성 학습의 증거를 제시한다.	교사나 동료는 긍정적/부정적 사회성 행동의 사례를 파악하기 위해 주요 사건 기록 또는 행동 점검표를 사용한다.

6) 학습 평가

협동 학습 모형에서 학습 영역의 우선순위는 전형적으로 3가지 모든 주요 영역 간에 공유되기 때문에, 교사는 3영역을 균등하게 평가할 수 있는 방법을 이용하여 학생을 평가해야 한다.

표준화된 심동적 기능과 내용지식의 학습에 중점을 둔 과제의 경우, 기능검사, 필기시험 등 전통적인 평가방법을 사용하는 것이 효과적이다.

난이도가 높거나 응용 과제의 경우, 실제평가와 대안평가를 사용한다. 교사는 학생의 능력, 내용, 단원의 맥락에 맞게 과제를 계획하기 때문에 평가 내용 및 도구를 직접 제작하는 것이 좋다.

- 심동적 영역의 평가

심동적 영역을 평가할 때 다음과 같은 방법을 사용할 수 있다.
- 간단한 실기 시험 : 정해진 기준에 따라 일정 횟수를 완수하는 것.
  (예) 목표물에 성공적으로 슈팅한 수
- 과제의 시간 측정. (예) 200미터를 달리는 데 소요된 시간

- 정확성 검사. (예) 슛 확률, 목표물과의 거리
- 일관성 검사. (예) 연속적으로 슈팅한 수
- 표준화된 실기 검사.

　　STAD와 TGT 같은 전략은 일정한 시간 동안 연습 후 평가가 이루어진다. 이 평가는 연습 과제와 직접 관련이 있으며, 매우 신속히 이루어져야 한다.

　　대개 교사는 각 팀원에게 일정한 횟수의 시도를 하도록 하고 성공률을 기록하도록 한다. 각 팀의 점수는 모든 팀원 점수의 합산이 된다.

　　간단한 퀴즈는 각 학생의 발달 상태를 관찰하고 팀의 동료 교수의 효율성을 평가하기 위해 사용한다.

- **인지적 영역의 평가**

　　지식의 단순 기억과 같이 비교적 쉬운 인지적 내용에 초점을 맞추어 평가할 경우에는 심동적 영역의 평가와 거의 유사하다.

　　게임 규칙, 절차, 전략 등과 같은 학생의 지식을 평가하는 데는 교사가 직접 만든 퀴즈를 사용할 수 있다. 퀴즈는 선택형, 완성형, 조건형, 단답형의 질문과 항목으로 만든다.

　　협동 학습 전략이 보다 복합적이거나 고차원적인 학습 결과를 얻으려고 할 때, 어려운 평가 기법들이 사용된다. 이러한 평가 기법은 직소와 집단 연구와 같은 전략으로, 학생의 학습이 여러 종류의 지식을 나타내는 다차원적인 성격을 띤다.

　　이들 전략들은 실제적인 학습 경험을 요구하기 때문에 평가는 대안평가와 실제평가로 이루어진다.

　　교사는 학습 과제를 부여하면서 팀에게 루브릭 평가 체계를 개발하여 제공해야 한다.
- 학습의 구체적 성과물(포트폴리오, 비디오, 콜라주 등)에 대한 기준
- 완성된 과제물의 질적 평가와 각 수준별 세부 규정에 대한 진술
- 각 팀의 작품 평가에 사용할 교사의 채점표와 평가서

- **정의적 영역의 평가**

　　협동 학습 모형에서는 동료 교수, 팀원에 대한 언어적 격려, 협동, 리더십, 문제 해결력과 같은 팀 내 상호작용에 대한 정의적 영역의 평가도 이루어진다. 이러한 영역의 평가는 너무나 미묘하여 쉽지 않지만, 다음과 같은 몇 가지 평가 방법을 사용할 수 있다.

　　각 팀을 정기적으로 모니터하고 긍정적, 부정적인 사회적 상호작용을 기록한다.

　　학생의 긍정적, 부정적 상호작용 패턴과 횟수를 관찰하기 위해 체크리스트를 사용한다.

　　팀별로 활동 일지를 작성하게 한다.

　　팀별로 긍정적이고 부정적인 사례를 기록한 일지를 작성한다.

　　수업이 끝난 후에 집단 과정에 대한 반성 시간을 갖도록 한다.

4. 교사 전문성 및 상황적 요구 조건

1) 교사의 전문성

- **학습자**

    학생들의 다양한 성향을 파악해 학생의 재능과 팀의 다양성을 고려하여 팀을 선정한다. 모든 팀원들에게 과제에 성공할 수 있는 동등한 기회를 제공하는 것에 우선순위를 두어 팀을 선정해야 한다.

- **학습 이론**

    협동 학습 모형은 인지 이론(팀이 문제를 해결하는 동안), 행동주의 이론(수행 기준에 부합하는 데), 동기 이론(팀원들 사이에 상호 협력 관계를 만들 때), 사회성 발달 이론(팀원들과의 상호작용과 관찰을 통해 학습할 때)에 기초한다.

    교사는 어떤 이론이 모형의 어느 부분에 효과적인지를 알고 필요한 시점에 해당되는 종류의 학습을 촉진시켜야 한다.

- **과제 분석과 과제 발달**

    협동 학습의 과제 분석은 3가지 목표 영역의 학습 진도를 의미한다.

    교사는 운동 기능 수행 능력과 인지적 학습뿐만 아니라 사회적, 정의적 영역의 과제 발달을 계획해야 한다.

- **발달 단계에 적합한 수업**

    학생은 심동적 영역과 인지적 영역의 과제를 수행할 준비가 되어 있지만, 팀이 성공적으로 과제를 수행하는 데 필요한 사회적·협동적 상호작용에 대한 준비가 미흡할 수도 있다.

    교사는 과제를 분석하고 전개해 나가면서 "학생들이 과제를 협력해서 수행해 나가는 데 필요한 협동적 상호작용에 대한 준비 태세를 갖추고 있는가?"라고 스스로 자문해 보아야 한다.

    발달 단계에 적합한 협동 학습 프로그램을 설계할 때, 교사는 학생들이 최선의 선택을 할 수 있고 팀 공헌에 필요한 책임감을 가지고 있다는 점을 확신해야 한다.

- **평가**

    부과된 모든 협동 학습 과제는 수행 능력과 협동 학습 과정으로 평가된다.

    수행 평가는 과제를 수행하는 동안이나 과제를 마친 후에 정기적으로 실시한다.

    교사는 학생들이 협동 과제를 수행하는 동안 팀과 팀원들 사이에서 관찰되는 사회성 기술을 평가하는 방법을 알아야 한다.

- **사회·정서적인 학습 분위기 조성 및 유지**

    협동 학습 모형의 효율성은 학생이 과제를 수행하는 동안 팀에서 이루어지는 학생들의 상호작용의 수와 질에 의해 결정된다.

    교사는 3가지 영역에서의 전문성이 요구된다.

    - 긍정적인 학습 분위기의 조성

- 부정적인 환경을 만드는 비효율적인 상황의 발견
- 부정적인 학습 분위기를 긍정적인 학습 분위기로 바꾸는 방법의 지도

- **체육교육 내용**

  교사는 적절하고 도전적이며 창의적인 학습 과제를 제시한다.

  교사는 팀들이 그러한 학습 과제에 대한 해결책을 모색할 수 있도록 하는 다양한 방법을 알고 있어야 한다.

- **평등**

  협동 학습의 가장 기본이 되는 원칙 중의 하나는 모든 학생에게 성공할 수 있는 동등한 기회를 제공하는 것이다.

  모든 팀원이 자신이 가진 재능을 사용하여 팀의 성공에 공헌하도록 해야 한다.

  학생들이 집단 작업과 평가의 양 측면에서 과제 성취와 사회성 학습 결과에 대해 책임을 지도록 팀을 선정하고 과제를 설계하는 데 교사의 전문성이 필요하다.

2) 핵심적인 교수 기술

- **수업 계획**

  팀과 학급에게 주어지는 과제를 결정하는 계획은 단원 수준에서 이루어진다.

  교사는 과제를 제시하기 전에 여러 맥락적 요인에 대한 의사결정을 해야 한다.

- **시간 및 수업 운영**

  교사의 주요한 시간 운영 결정은 각 과제에 얼마만큼의 시간을 할당하느냐와 관련되어 있다.

  협동 학습에서 팀이 결정되고 과제를 수행하게 되면 각 팀들은 스스로 학습 진도를 결정하고 시간을 적절하게 배분해야 한다.

  교사는 학생들 사이의 상호작용을 간접적으로 모니터하고, 상호작용이 보다 효과적이고 효율적으로 이루어질 수 있도록 반성 시간을 활용하는 중요한 역할을 한다.

- **과제 제시 및 과제 구조**

  교사는 팀을 선정하고 과제를 구조화하며 팀이 과제를 수행하도록 감독한다. 이 때 필요한 기술은, 과제를 완수하는 방법에 대한 단서를 제공하는 것이 아니라 과제를 시작할 때 필요한 정보를 충분히 제공하는 것이다.

  과제 구조는 과제를 수행하기 위해 선택된 전략에 의해 결정된다. 교사는 각 전략에 필요한 설계와 절차를 알고 각 상황에 맞는 최상의 전략을 선택해야 한다.

- **의사소통**

  과제를 구조화하고 전략을 설명할 때 명확하고 구체적인 정보를 팀들에게 제공해야 한다.

  과제를 설명하는 동안이나 팀이 처음 과제에 참여하는 몇 분 동안에 학생들의 이해 정도를 점검하면 명확한 정보 전달에 도움이 된다.

- **교수 정보**

    협동 학습을 사용하는 교사는 두 가지 유형의 교수 정보 (과제의 구조에 대한 설명과 반성 시간 동안의 질문) 제공에 능숙해야 한다.

    교사는 각 팀의 학생들에게 부과된 과제와 그 과제 해결에 사용될 협동 전략에 대해 명확하고 상세한 설명을 해주어야 한다.

- **질문의 사용**

    반성 시간에 사용되는 교사의 질문 사용 능력은 협동 학습을 사용하는 교사가 갖추어야 할 기본적인 지도 기술이다.

    교사는 팀(들)이 협력해서 과제를 수행하지 않은 것을 발견했을 때 그 상황을 바로잡기 위해 바로 이야기하기보다 학생들이 반성 시간을 통해 문제의 본질을 이해하고 해결책을 발견 하도록 해야 한다.

    이는 사회성 학습의 과정으로서, 각 팀이 최고의 잠재력을 발휘할 수 있도록 학생들의 능력을 향상시키는 것이 협동 학습 모형의 주된 목표 중의 하나이다.

- **수업 정리 및 종료**

    수업은 학생들이 어떻게 협동했는지를 스스로 확인하는 교사 주도의 반성 시간을 가진 후 마쳐야 한다.

    교사는 학생들이 팀원으로서 얼마나 잘 참여했는지를 직접 이야기하기보다는 질문을 사용하여 학생이 문제의 본질을 이해하고 해결 방안을 찾도록 해야 한다.

3) 상황적 요구 조건

협동 학습 모형은 학생이 협동해서 과제를 수행하는 방법을 배울 수 있는 능력을 갖춘 상황에서 사용될 수 있다.

중요한 것은, 학생들이 이미 좋은 사회성 기술을 가지고 있어야 한다는 것이 아니라 학생들이 팀의 성공에 기여하는 방법을 배울 준비가 되어 있느냐 하는 것이다.

그러한 조건이 충족된다면, 협동 학습은 거의 모든 학년을 대상으로 한 체육수업에서 사용될 수 있다.

과제의 특성에 따라 필요한 용구와 시설물이 결정되기 때문에 교사는 활용 가능한 용구를 가지고 있으면 과제를 쉽게 계획할 수 있다.

가장 중요한 상황적 요구 조건은 과제를 완성하는 데 필요한 충분한 시간을 제공하는 것이다. 집단 연구와 같은 전략을 사용할 때 특히 그러하다.

4) 모형의 선정과 변형

- **협동 학습 모형에 적합한 활동들**

  협동 학습 모형은 3가지 학습 영역 모두를 개발하기 때문에 체육의 다양한 목표와 내용에서 활용될 수 있다.
  - 팀 스포츠
  - 2인 및 소집단 레크리에이션 활동
  - 무용
  - 체력 활동
  - 개인 체력 개념
  - 스포츠 역사
  - 스포츠와 체육의 경향과 쟁점 사항
  - 집단 활동 및 모험 활동
  - 뉴 게임

- **학교 급별 적용 가능성**

  초등학교 이상 모든 학생에게 적용할 수 있다.

- **다양한 학습자 수용 전략**

  협동 학습 모형은 교사가 다양하고 공정한 모둠을 만들고 학습 내용과 학습 방법을 함께 강조한다면 청각, 시각, 지체, 행동 장애 학생들과 운동 기능이 낮은 학생들에게도 적용할 수 있다.

5. 지도 계획시 주안점

1) 협동 학습 모형 계획시 주안점

운동 기능 수준, 성, 인종, 지적 능력, 창의성, 리더십 등과 같은 특성을 고려하여 가능한 한 이질적인 팀들을 선정한다. 학생들은 팀 선정이 공평하게 이루어졌다고 생각하면 다른 팀에 대한 관심이 적어지고 소속 팀의 향상에 더욱 집중할 것이다.

일단 팀들이 선정되면 팀에 무엇이 부족한지를 생각하지 말도록 한다. 각 팀원의 독특한 능력과 팀 목표 달성을 위해 함께 공부해야 한다는 점에 관심을 갖게 한다.

해당 단원이 추구하는 목표를 가장 잘 촉진시킬 수 있는 협동 학습 전략(예 : 팀게임 토너먼트, 직소 등)을 신중하게 선택한다. 학생의 참여 방법이 학습 내용과 방법을 결정한다는 것을 생각하라.

높은 수준의 학습 도전을 제공하고 문제 해결을 위해 학생들의 다양한 능력이 요구되는 학습 과제/문제를 설계한다. 팀 성공을 위해 높은 수준의 도전과 참여를 촉진시키지 않는다면 그 과제를 과감히 조정해야 한다.

학습 과제/문제를 명확하게 계획하고, 학생들이 명료하게 이해할 수 있는 많은 기회를 제공한다.

학습 과제/문제를 계획할 때 루브릭 또는 다른 평가 방법을 포함시킨다. 학생과 팀은 적극적으로 과제에 참여하게 되며 교사의 기대를 알게 되므로 오랫동안 과제에 참여할 것이다.

루브릭 또는 평가 전략은 운동 수행뿐만 아니라 학생과 팀의 협동을 모니터하는 방법을 포함해야 한다.

가장 유념할 점은 학습 과제/문제를 완성하는 방법을 학생들에게 제공하는 것이 아니라, 학습 과제/문제를 수행할 수 있도록 충분한 정보와 자료를 제공하는 것이다.

좋은 학생과 팀의 협력 사례를 찾아서 수업 종료 시간에 학생들에게 칭찬해 준다.

스포츠 교육 모형

유능하고, 박식하며, 열정적인 스포츠인으로 성장하기
(Learning to Become Competent, Literate, and Enthusiastic Sportspersons)

스포츠 교육 모형은 학생들에게 시즌별 스포츠 리그에 참여할 기회를 제공함으로써 스포츠 기능에 뛰어날 뿐만 아니라 스포츠 지식에 해박하고 열정적인 스포츠인으로 성장하도록 유도한다. 이 모형에서 모든 학생은 선수이면서 동시에 스포츠 리그 운영에 필요한 한, 두 가지 이상의 역할을 배우게 된다. 학생의 경험 폭은 스포츠 리그라는 구조 속에서 자신이 맡은 역할(리그 위원회의 구성원, 선수, 코치, 심판, 점수기록자, 트레이너, 경기 보조원 등)과 관련되는 기술, 의사결정, 관습, 책임을 배우는 과정에서 넓어지게 된다. 모든 학생은 팀에 소속되어 시즌별 공식경기에 참여하게 되고, 리그 형식으로 진행되는 게임의 결과는 공식적인 기록으로 보존되며, 각 게임은 축제적 성격을 띠면서 최종적으로 결승전 이벤트를 벌인다. 이러한 과정을 거치면서 학생들은 유능하고, 박식하며, 열정적인 스포츠인으로 성장하게 된다.

1. 개요 및 특징

1) 스포츠 교육 모형의 개요

스포츠 교육(sport education) 모형은 Siedentop(1998)에 의해 개발된 모형으로, 스포츠를 포괄적으로 가르친다.

스포츠 교육 모형의 목표는 직접 교수, 협력적인 소집단 학습, 동료 교수 등의 방법을 다각도로 활용함으로써 잘 성취될 수 있다.

스포츠 교육 모형의 기본 구조는 스포츠 리그의 조직(선수, 코치, 심판, 점수기록자, 트레이너, 행정가, 연습시간/일정 담당자, 시설 용구 담당자 등)으로부터 파생되었다. 이러한 특성은 학생에게 스포츠 참여를 통해 다양한 경험과 학습을 할 수 있는 구조를 제공한다.

스포츠 교육 모형에서 모든 학생은 선수이면서 동시에 스포츠 리그 운영에 필요한 한, 두 가지 이상의 역할을 배우게 된다. 학생의 경험의 폭은 스포츠 리그라는 구조 속에서 자신이 맡은 역할과 관련되는 기술, 의사결정, 관습, 책임성을 배우는 과정에서 넓어지게 된다.

스포츠 교육 모형에서 학생은 리그의 운영과 구조에 대한 의사결정에 적극적으로 참여하는 능동적인 역할(리그 위원회의 구성원, 선수, 코치, 심판, 점수기록자, 트레이너, 경기 보조원의 역할 등)을 하게 된다.

학생들은 한 시즌 동안 단지 하나의 리그에 참여하는 것으로 끝나지 않는다. 학생들은 다양한 측면에서 스포츠 리그 자체를 체득함으로써 보다 깊고, 넓고, 긍정적인 스포츠 교육적인 체험을 하게 된다.

2) 스포츠 교육 모형의 특징

- **핵심적 특징**
    - 시즌 : 체육수업의 전통적인 내용 단원이 아닌 시즌이라는 개념을 활용한다.
    - 팀 소속 : 학생들은 전체 시즌 동안 같은 팀의 일원으로 참여한다.
    - 공식 경기 : 학생은 시즌을 조직하고 운영하는 의사결정에 참여하게 된다. 경기의 공정성과 참여의 촉진을 위해 게임 규칙을 수정할 수 있다. 공식적인 경기 일정이 미리 잡혀 있기 때문에 각 팀과 팀 구성원들이 장·단기적인 의사결정을 하게 된다.
    - 결승전 행사 : 시즌은 라운드 로빈 토너먼트, 팀 경쟁, 개인 경쟁 등 다양한 형태의 결승전 경기로 끝나는데, 결승전은 축제적 분위기를 띠게 된다.
    - 기록 보존 : 경기는 수행에 대한 많은 기록을 양산한다. 경기 기록은 경기 전략을 가르치고 흥미를 유발시키며 경기 결과를 홍보하거나 학생 평가를 하는 데 사용될 수 있다.
    - 축제화 : 스포츠 이벤트는 축제의 성격을 지닌다. 각 팀은 팀별 전통을 강조하는 고유한 팀명을 정하고, 경기 장소는 각양각색의 깃발과 플래카드로 장식되어 축제 분위기를 띤다.
- **목적** : 학생들이 시즌별 스포츠 리그에 참여함으로써 스포츠 기능에 뛰어날 뿐만 아니라 스포츠 지식에 해박하고 열정적인 스포츠인으로 성장하게 한다.

| 표 5.5 | 3가지 주요 목적

유능한 스포츠인	만족스럽게 게임에 참여할 수 있는 충분한 기술을 가지고 있고, 게임의 난이도에 따라 적절한 전략을 이해하고 실행할 수 있으며, 경기 지식이 풍부한 스포츠 참여자이다.
박식한 스포츠인	스포츠의 규칙, 의례, 전통을 이해하고 그 가치를 알 수 있으며, 프로나 아마추어 스포츠를 막론하고 바람직한 수행과 그렇지 못한 수행을 구별할 수 있다. 따라서 박식한 스포츠인은 스포츠팬이든 관람자이든 스포츠 수행을 잘하는 참여자이면서 안목 있는 소비자이기도 하다.
열정적인 스포츠인	어떤 스포츠 문화이든 관계없이 다양한 스포츠 문화를 보존하고 보호하며 증진할 수 있는 방향으로 행동하고 참여한다. 열정적인 스포츠인은 스포츠 집단의 일원으로 지역, 국가 및 국제적 수준의 스포츠 경기에 참여한다.

Siedentop의 스포츠 교육 모형의 학습 목표
- 특정 스포츠에 대한 기능과 체력을 발달시킬 수 있다.
- 스포츠 경기의 전략을 이해하고 수행할 수 있다.
- 발달 단계에 적합한 스포츠에 참여할 수 있다.
- 스포츠 경험에 대한 계획 수립 및 운영 방법의 결정 과정에 적극 참여할 수 있다.
- 책임있는 지도력을 배양할 수 있다.
- 공동의 목적을 위해 집단 내에서 효율적으로 협력할 수 있다.
- 각 스포츠의 고유한 의미가 내재해 있는 의례와 관습을 수행할 수 있다.
- 스포츠 쟁점에 대한 합리적인 의사결정 능력을 발달시킬 수 있다.
- 경기 심판 및 훈련 방법 등에 대한 지식을 발달시키고 적용할 수 있다.
- 방과 후 스포츠 활동에 자발적으로 참여할 수 있다.

- **스포츠 교육 모형에서의 교사**

    교사가 시즌의 전반적인 구조를 제시하고 학생들의 임무를 알려주는 것 이외에는 대부분 간접적인 역할에 그친다. 교사는 모든 학습 활동을 직접적으로 통제하는 역할보다는 자료를 제공하고 지원하는 역할을 담당하며, 스포츠 활동에 내재된 가치, 전통, 수행을 반영한 의사결정을 학생 스스로 할 수 있도록 안내해야 한다.

- **그 외의 특징**

    스포츠 교육 모형은 사회 속에서 스포츠가 가지고 있는 부정적인 특성을 제거하고 감소시킨다.
    - 경쟁은 학생의 기능, 지식, 전략을 발달시키는 수단으로 사용된다.
    - 모든 학생은 선수로서 뿐만 아니라 팀 내에서 다른 역할도 수행하는 참여자가 된다.
    - 학생은 자신이 참가하는 스포츠의 구조와 맥락을 결정하는 데 능동적인 역할을 한다.
    - 학생은 자신의 발달 단계에 맞는 스포츠를 직접 설계하고 수행하는 결정을 할 수 있다.
    - 교육적 환경 속에서 체육수업이 이루어지기 때문에 교사는 스포츠 교육 모형의 목표와 실행이 "학생 지도"라는 학교의 가장 중요한 사명과 일치되게 하는 책임을 진다. 학교 대항 경기나 청소년 스포츠 리그에서 간혹 나타나는 승리 지상주의와 같은 잘못된 메시지 혹은 우선순위가 등장해서는 안 된다.

    스포츠 교육 모형은 팀별로 시즌을 준비하는 막중한 책임을 지기 때문에 협동 학습 과 동료 교수 전략에 주로 의존한다.

    학생에게 주어지는 협동 학습의 책임과 동료 교수(peer teaching)의 정도는 학생의 준비도에 따라 결정된다.

2. 스포츠 교육 모형의 기초

1) 이론적 배경 및 근거(Siedentop의 이론적 가정 4가지)

스포츠는 다소 발달된 형태의 놀이이다.
스포츠는 우리 문화의 중요한 부분이다.
스포츠는 학교 교육 내용으로 반드시 가르쳐져야 한다.
스포츠 교육은 발달 단계에 맞춰 이루어져야 한다.

2) 교수·학습에 관한 가정

- **교수에 대한 가정**

    교사는 스포츠 교육 모형에서 다양한 학습 목표를 성취할 수 있는 여러 가지 전략을 활용할 필요가 있다.
    교사는 모든 학습 활동을 직접적으로 통제하는 역할보다는 자료를 제공하고 지원하는 역할을 담당한다.
    교사는 스포츠 활동에 내재된 가치, 전통, 수행을 반영한 의사결정을 학생 스스로 할 수 있도록 안내해야 한다.
    교사는 시즌 동안 학생들이 선수로서의 역할 이외에 시즌을 이끌어 갈 다른 역할에 대한 기회와 책임감을 가질 수 있도록 수업을 계획하고 촉진해야 한다.

- **학습에 관한 가정**

    교사의 적절한 안내와 독려로, 학생은 스포츠 교육 시즌에서 많은 의사 결정권과 책임감을 가질 수 있다.
    학생은 팀 구조 속에서 공동 목표를 성취하기 위해 협력한다.
    스포츠를 학습하는 방법으로 수동적인 참여보다는 능동적인 참여가 선호된다.
    학생은 스스로 적합한 형태의 스포츠를 선택한다. 때에 따라, 교사의 안내가 필요하다.
    스포츠 교육 모형의 구조는 다른 환경에서의 참여를 일반화할 수 있는 실제적인 스포츠 경험을 제공한다.

3) 스포츠 교육 모형의 주제 : "유능하고, 박식하며, 열정적인 스포츠인으로 성장하기"

스포츠 교육 모형은 모든 연령대의 학생들에게 스포츠에 대한 안목을 갖춘 플레이어가 될 수 있도록 가르쳐야 한다. 여기서 플레이어의 의미는 스포츠로부터 다양한 관점들을 알게 되는 사람, 인생에서 스포츠 참여가 중심인 사람, 스포츠 활동으로부터 깊은 개인적 의미를 파생시킬 수 있는 사람을 말한다.

학생은 단순히 경기를 하는 것에 그치지 않고, 스포츠 구조와 경기 속에 내재되어 있는 스포츠를 하는 전통(sporting traditions)을 학습하고. 이를 통해 유능하고 박식하며 열정적인 스포츠인이 된다.

4) 학습 영역의 우선순위와 영역 간 상호작용

스포츠 교육은 학습 결과가 세 가지 주요 학습 영역에 걸쳐 골고루 이루어지기를 기대한다. 세 가지 주요 학습 영역은 유능함(인지적 능력을 바탕으로 한 심동적 영역), 박식함(인지적 영역), 열정적(정의적 영역)을 의미한다.

조직적 의사결정	1.인지적 2.정의적
선수로서의 시즌 전 연습	1.심동적 2.인지적 3.정의적
코치로서의 시즌 전 연습	1.인지적 2.정의적 3.심동적
임무 역할(심판, 기록원, 트레이너 등)의 학습	1.인지적 2.정의적 3.심동적
팀원으로서의 임무 수행	1.정의적 2.인지적 3.심동적
선수로서의 경기 수행	1.심동적 2.인지적 3.정의적
코치로서의 경기 지도	1.인지적 2.정의적 3.심동적

5) 학생의 발달 요구 사항

- **학습 준비도**

  저학년 수준에서 교사는 수업 운영 체계와 교수 상호작용에서 큰 역할을 떠맡아야 한다. 학생들에게 복잡하고 어려운 역할보다는 쉬운 역할을 수행하도록 지도하고, 가급적이면 직접 교수 형태가 효율적이다.

  학생들이 성숙하여 고학년이 되면 보다 어렵고 다양한 역할을 수행할 수 있을 뿐만 아니라, 규모가 크고 복잡한 시즌 활동을 운영할 수 있게 된다.

  초등학교 수준에서는 학생들과 활발한 상호작용을 통해 역할을 늘려 나가고, 중등학교 수준에서는 학생들이 스포츠 교육 모형의 체육수업 형태와 환경에 잘 적응하도록 고무시키는 일이 중요하다.

- **학습 선호도**

  스포츠 교육 모형은 참여적, 협력적(팀 내에서)/경쟁적(상대팀에 대해), 독립적 성향의 학생에게 효과적이다.

  학생은 스포츠 교육 모형 내에서 협력적이고 경쟁적일 필요가 있다. 공동의 목표를 성공적으로 성취하기 위해 협력해야 하고, 상대팀에 대해서는 경쟁적으로 대응해야 한다.

  스포츠 교육 모형은 학생에게 적절한 시기에 적절한 방법으로 '협력과 경쟁'을 학습할 수 있는 기회를 제공한다.

6) 모형의 타당성

- **연구 타당성**

  스포츠 교육 모형은 세 가지 다른 수업모형(협동 학습, 직접 교수, 동료 교수)과 밀접한 관련이 있기 때문에, 이들 모형 각각의 연구 기반으로부터 일반적인 타당성을 도출할 수 있다.

- 실천적 지식의 타당성

    발달 단계에 적합한 스포츠 교육 모형은 체육 프로그램을 통해 여러 가지 상황 속에서 모형의 효과성이 검증되었으며, 이제는 체육 프로그램에서 가장 흔히 사용되는 모형이 되고 있다.

- 직관적 타당성

    스포츠가 학생들의 적절한 발달 단계 수준에서 구조화되고 실행된다면, 그리고 스포츠의 긍정적인 특성이 적절하게 강조되고 학습될 수 있다면, 스포츠의 교육적 잠재력을 극대화할 수 있다.

3. 교수·학습의 특징

1) 수업 주도성

- 내용 선정

    교사는 스포츠 교육 시즌에서 어떤 스포츠를 제공할지에 대해 두 가지 선택을 할 수 있다. 첫 번째는 교사가 종목을 선정하고 학생들에게 알려주는 직접적인 선택이다.

    두 번째는 학생들에게 선택의 범위를 제공하고, 학생들로 하여금 각 시즌에서 적용할 스포츠 종목을 선택하게 하는 것이다.

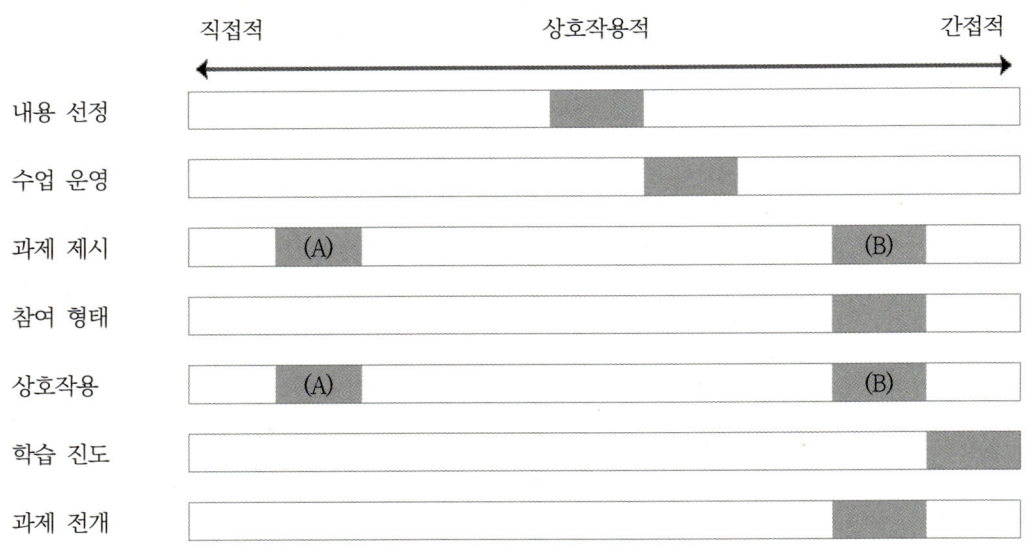

| 그림 5.6 | 스포츠 교육 모형의 수업 주도성 프로파일

- 수업 운영

    교사는 스포츠 시즌에 대한 전반적인 구조를 제시하는 초기 수업 운영에 대해 대부분의 의사 결정을 한다.

    결정이 이루어지고 학생들에게 전달되면, 학생들은 거의 모든 통제를 스스로 하게 된다. 학생들은 시즌 동안 매일 매일의 수업 운영 과제를 계획하고 실행하게 된다.

- 과제 제시

    기술과 전략 발달에 대한 대부분의 과제 제시는 시즌 전과 시즌 중에 팀 연습의 맥락 속에서 이루어진다.

    이러한 과제 제시는 학생들에 의해 동료 교수와 협동 학습의 형태로 이루어질 수 있다(B).

    팀내 임무와 역할(심판, 팀 매니저, 점수기록자 등)에 대한 과제 제시는 미니 워크숍 형식으로 교사에 의해 수행된다(A).

- 참여 형태

    과제 제시처럼, 학생의 참여 형태는 선수 역할과 비선수 역할에 따라 달라진다.

    팀원으로서 학생들은 동료 교수 및 소집단 협동 학습 과제에 참여하게 된다. 각 팀은 시즌을 준비할 책임이 있다. 따라서 각 구성원들은 집단 의사결정을 해야 하고 팀 동료를 가르치는 데도 적극적인 역할을 해야 한다.

    비선수 역할을 맡는 학생은 각 임무에 부여된 과제에 대한 지식, 기술, 절차를 학습하는 적극적인 참여자가 되어야 한다. 초기에는 각 임무에 익숙해지도록 교사의 직접적인 지도를 받지만, 이후에는 할당된 임무들을 수행하는 과정에서 많은 것을 배우게 된다.

- 상호작용

    학생들이 동료 교수 또는 협동 학습 활동을 팀 내에서 수행할 때 학생들 사이에 상호작용이 일어난다(B).

    교사는 학생들에게 자료를 제공하고(A), 대부분의 수업은 학생 대 학생의 상호작용으로 이루어진다.

- 학습 진도

    팀 구성원들은 시즌 경쟁에 대한 준비와 시즌 전 계획을 보충하는 데 무엇이 필요한지를 결정한다.

    학생들은 준비에 어느 정도 시간이 필요한지를 결정하고, 게임 전과 게임 사이의 진도를 조절한다.

- 과제 전개

    학습 진도와 마찬가지로, 팀들은 시즌과 게임들을 준비하면서 과제 연습의 순서에 대한 의사 결정을 한다.

    수업에서 팀별 과제 내용 목록은 팀에 속한 선수들의 능력에 따라 달라질 수 있다.

- **스포츠 교육 모형의 포괄성**

    스포츠 교육은 본래 통합적(포괄적)인 수업을 위해 설계되었다. 모든 학생이 팀에서 역할을 해야 하기 때문에 이 모형은 자동적으로 모든 학생을 포함시키게 된다.

    스포츠 교육 모형의 수업 소외 학생들에 대한 이점(Hastie, 1998)
    - 소규모의 팀들은 팀의 성공에 모든 팀 구성원의 공헌을 필요로 한다.
    - 지속적으로 한 팀에 소속되기 때문에 팀 응집력과 소속감이 높아진다.
    - 시즌 내내 정기적인 연습 기회가 제공되기 때문에 운동 기능이 낮은 학생들이 기능을 향상시키는데 도움이 된다.

    모든 학생들이 시즌 동안 동일한 흥미와 능력을 가지고 체육수업에 임하지는 않는다. 이는 종종 수업의 통합성(포괄성)을 저해하는 학생 불만족과 고립을 초래한다. 하지만 모든 학생들이 선수 이외의 한 가지 역할을 수행하기 때문에 그 역할에 충실하게 되면 제 2의 관점에서 적극적인 스포츠 참여자가 될 수 있고, 시즌 기간 내내 의미 있는 공헌을 할 수 있다.

    모든 학생이 각자 임무를 맡아 최선을 다해 수행하게 되면, 체육수업에서 통합적(포괄적)인 환경이 증진된다.

2) 학습 과제

- **과제 제시**

    선수 지도
    - 교사는 팀 선정과 시즌의 조직에 대한 전반적 감독을 담당한다. 또한, 각 팀의 학습에 필요한 요구 사항과 이를 성취하는 방법을 결정하는 데 협력적으로 참여하도록 지도한다.
    - 일단 팀이 선정되고 나면, 교사는 각 팀에서 1명 혹은 몇 명의 학생을 선발하여 그들이 다른 학생들을 위한 과제 제시를 계획하고 실행하도록 훈련시킨다. 이것이 협동 학습과 동료 교수 전략 활용의 첫 번째 단계가 된다.

    역할 지도
    - 교사는 학생들에게 부여된 역할을 지도하기 위해 직접 교수법을 사용할 수 있다.
    - 각 임무에 해당되는 기능, 지식, 책임감을 소집단 학생들에게 지도하는 데는 시간적 제한이 있다. 교사는 각 임무를 정확히 수행하기 위해서 직접적 정보 제공과 시범을 통해 학생들에게 과제를 제시하는 '임상지도 전략'을 사용할 수 있다.
    - 동일한 목적을 위해 학교의 다른 교사나 코치, 공인심판, 통계학자, 학교의 트레이너 등을 초빙 강사로 활용할 수 있다.

- **과제 구조**

    선수 지도
    - 스포츠 교육 모형에서 학습 과제의 구조는 게임을 연습하고 준비할 때 스포츠 코치들이 팀을 지도하는 방법과 유사하다.

- 각 그룹의 학생들은 한 팀이 되어 다른 팀들을 이기기 위해 연습하게 된다.
- 과제 구조의 범위는 준비 운동, 강연, 기술, 운동조절, 공격과 수비, 작전, 전략훈련 등을 포함한다. 이 모든 것은 팀의 리더에 의해 설계되고, 협동 학습 또는 동료 교수 전략을 사용하여 학습된다.

역할 지도
- 학생들에게 다양한 임무를 지도하는 과제의 구조는 스포츠 팀에서 선수 이외의 주요 역할을 학습하는 방법과 비슷하며, 교사의 직접 지도에 의해 이루어진다.
- 심판은 규칙을 알아야 하는데, 교사나 비디오테이프를 통해 정보를 얻을 수 있다. 학생 심판은 경기규칙 시험을 통과해야 하고, 경기를 판정하고 운영하는 절차와 기술을 배워야 한다. 학생 심판은 교사의 지도하에 심판 기술을 연습하고 이어 실제 게임에서 교사의 지도 없이 심판을 보게 되는데, 이는 바로 실제적인 과제 구조가 된다. 교사는 이 모형의 모든 역할 임무에 대해 유사한 과제 구조와 학습 진도를 계획할 수 있다.

- **과제 발달**

스포츠 교육 단원은 경쟁적인 스포츠 리그 형식으로 진행된다.

교사는 리그가 시작되기 전에 리그를 진행하는 데 필요한 과정들을 계획하고, 시즌을 진행하는 방법과 각 시기에 해야 할 일들의 목록을 작성해야 한다.

대부분의 과제 발달은 팀 수준에서 이루어지고, 코치와 선수들이 시즌을 준비하는 데 필요한 것과 과제 발달을 결정한다.

따라서 스포츠 교육 모형을 위한 전형적인 과제 발달은 존재하지 않는다.

3) 학습 참여 형태

스포츠 교육 모형에서 학습 활동에 관한 3가지 주요 참여 형태는 직접 교수, 협동 학습, 동료 교수를 들 수 있다.

- **직접 교수**

직접 교수는 학생들에게 역할을 가르칠 때 주로 교사에 의해 사용된다.

학생들에게 주어진 역할에 초점을 맞추어 기초 지식을 획득할 수 있도록 미니 워크숍 형태로 이루어질 수 있다.

이러한 미니 워크숍의 시간은 매우 짧기 때문에, 교사의 직접 교수가 매우 효과적이다.

학생들이 교사로부터 훈련을 받고 나면, 역할을 수행하기 전, 중, 후에 실제로 떠맡게 되는 자신의 역할에 대해 배우게 된다.

- **협동 학습**

학생들이 각 팀 내에서 선수와 코치로서 팀의 목표 달성을 위해 서로 도울 때 협동 학습이 발생한다.

이 과정에서는 권위를 갖춘 중심적인 인물이 존재하지 않기 때문에, 매우 민주적인 성격을 띤다. 때로 갈등 해소가 필요하기도 하지만, 그 또한 협동 학습 과정의 일부가 된다.

- 동료 교수

　동료 교수는 팀 내에서 기술이 뛰어난 학생들이 기술이 낮은 학생들을 도와 줄 때 주로 사용되며, 이것이 팀 전체의 수준을 향상시킨다.
　모든 팀원은 기술 수준이 높은 학생들이 낮은 학생들을 돕는 것이 팀 전체의 이득에 기여한다는 사실을 깨닫게 된다.

4) 교사와 학생의 역할 및 책임

역할 및 책임	스포츠 교육 모형에서의 책임 주체
각 시즌의 스포츠 종목 선정	교사가 직접 스포츠 종목을 선정하거나, 학생들에게 목록을 제공하여 그들이 선택하게 한다.
시즌의 조직	교사가 기본 구조를 제공하고 학생이 구체적인 규칙과 절차를 정한다. 학생은 스포츠 위원회를 선정하여 시즌에 대한 규칙들을 만든다.
주장과 팀의 선정	교사가 기본 규칙을 확립하고 학생이 절차를 결정한다.
규칙과 경기 변형의 결정	학생이 제안하면 교사가 승인한다.
팀 연습의 조직과 수행	학생 코치 또는 주장이 주도하며, 교사는 이들을 자원으로 이용할 수 있다.
경기 중 팀 경쟁 준비·코치	학생 코치 또는 주장이 주도하며, 교사는 이들을 자원으로 이용할 수 있다.
역할을 위한 학생 훈련	교사가 핵심 내용을 제공하되, 외부 인사를 이용할 수 있다.
용·기구 및 장소 준비와 정리	학생 운영자가 담당한다.
시즌 기록 작성 및 보관	학생 기록원이 수행한다.
경기 심판	학생 심판이 수행한다.
학습 평가	학생 코치와 주장은 자신의 팀원을 평가하며, 학생 기록원은 통계 자료에 기초하여 선수들의 경기 수행력을 분석한다.

5) 교수 과정의 검증

- 교사

기 준	검증 방법
교사는 시즌에 대한 전반적인 구조를 제시한다.	교사가 단원(시즌)계획을 검토한다. 교사의 목적과 목표를 검토한다.
교사는 구체적인 시즌 구조와 경기 방식의 변형을 결정하기 위해 학생과 상호작용한다.	교사의 단원(시즌)계획을 검토한다. 소집단 학생의 의견을 물어본다.
교사는 학생에게 역할을 부여 하고 학생들은 역할을 실행한다.	교사는 단원(시즌)계획을 검토한다. 소집단 학생의 의견을 물어본다.
교사는 균형 있는 팀 선정을 위해 팀 구성원들의 선정 과정을 감독한다.	1. 교사의 단원(시즌)계획을 검토한다. 2. 소집단 학생의 의견을 물어본다.
교사는 임무의 정확한 수행을 위해 학생들을 훈련시킨다.	1. 교사의 단원(시즌)계획을 검토한다. 2. 각 임무에 대한 '역할'을 서술한다. 3. 교사가 모든 일에 대한 평가를 설계하고 시행한다.
교사는 팀들이 연습하고 경쟁할 때 협동 학습을 권장한다.	교사와 학생과의 상호작용을 관찰한다. 대부분의 상호작용은 문제해결 접근인 간접적인 방법으로 이루어지는가?
교사가 논쟁을 중재한다.	논쟁이 일어날 때 교사의 상호작용을 관찰한다.
교사가 선수들의 수행 평가를 계획한다.	교사의 단원(시즌)계획을 검토한다. 교사는 주요 수행목표의 평가를 계획한다. 평가는 교사와 학생 코치에 의해 시행될 수 있다.
교사는 적극적인 참여를 촉진한다.	교사의 단원(시즌)계획을 검토한다. 교사는 학생이 적극적으로 참여할 수 있도록 계획과 아이디어를 목록화한다.

- 학생

선수 기준	검증 방법
선수들은 유능하다. (유능한 선수)	교사에 의해 설계된 경기 기술과 지식 평가를 실시한다. 게임 수행을 평가하기 위해 GPAI(Griffin, Mitchell, & Oslin, 1997)를 사용한다.
선수들은 해박하다. (해박한 선수)	선수들은 규칙, 역사, 경기 전통에 대한 시험을 통과할 수 있다. 선수들은 게임에 대한 자세한 내용을 설명할 수 있다.(복장, 용·기구, 에티켓, 고도의 운동수행)
선수들은 전략을 이해한다.	팀들은 협력하여 적절한 전략과 전술을 계획하고 실행할 수 있다. 선수들은 스카우팅 기록을 해석할 수 있다. 경기에서 나온 통계를 정확하게 분석할 수 있다.
선수들은 열정적이다. (열정적인 선수)	열정적인 참여(응원, 축하, 춤추기 등)에 대한 이벤트를 모니터하기 위해 관찰한다.
선수들은 팀에서 협동적으로 참여한다.	사건기록 시스템(event-recording system)을 이용하여 팀의 상호작용을 모니터한다.
선수들은 좋은 스포츠 행동을 보여준다.	긍정적이고 부정적인 스포츠 행동의 예들을 경기에서 모니터한다. "좋은 스포츠 행동 기록원"의 역할을 수행할 학생을 지명한다. 그들은 좋은 스포츠 행동의 예를 기록하고 수업의 정리 부분에서 간단하게 보고한다.

다른 임무	검증 방법
학생은 자신의 임무를 선택할 수 있다.	임무가 할당된 후 학생을 면담한다. 그들은 자신이 원하는 임무를 선택할 수 있는 기회를 가졌다고 생각하는가?
학생은 자신의 임무에 대해 해박한 지식을 지니고 있다.	학생은 모든 임무에 대해 훈련을 받는다. 모든 학생은 특정한 임무에 지필시험이나 구술시험을 통과한다.
학생은 자신의 역할에 대한 기능을 수행할 수 있다.	학생은 모든 임무에 대한 훈련을 받는다. 학생은 특정한 임무에 대한 실제적인 시험/퍼포먼스를 통과한다.
학생은 교사의 감독없이도 역할을 수행할 수 있다.	1. 각 임무에 대한 책무성을 매일 점검한다. 2. 교사는 학생이 각 임무를 완수했는지를 관찰하고 기록한다. 3. 교사는 시즌이 진행되면서 학생이 자신의 역할에 대해 갖는 질문의 수와 유형을 모니터한다.
학생은 임무를 수행하는 동안 독자적으로 갈등을 해소할 수 있다.	교사는 자신과 스포츠위원회로 회부되는 논쟁의 수와 유형을 모니터한다.

6) 학습 평가

스포츠 교육 모형에서 평가는 시즌동안 학생들이 수행한 선수와 기타 임무라는 2가지 역할에 대한 수행 결과를 대상으로 이루어진다. 2가지 역할에 대한 평가는 스포츠 교육 모형의 주요 목적(유능하고, 박식하며, 열정적인 스포츠 참가자)을 반영해야 한다. 이러한 목적을 제대로 평가하려면, 다양한 평가 방법, 특히 실제적 평가 방법을 사용해야 한다.

- **선수 평가**

  기본 기능
    - 학생 코치와 팀 동료들이 간단한 체크리스를 활용하여 평가할 수 있다.
    - 1명의 선수가 기능을 수행하면 다른 학생은 이미 진술되어 있는 핵심 기능에 대한 단서를 토대로 선수를 관찰·평가한다.

  규칙과 전략 지식
    - 시즌에서 활용되는 규칙을 간단한 지필검사나 퀴즈로 평가할 수 있다.
    - 평가할 규칙들은 실제 경기 상황에서 적용될 수 있는 방식으로 구성되어야 한다.

  게임 수행 능력과 전술
    - 평가가 실제 경기가 진행되는 동안 이루어지도록 해야 한다.
    - 게임수행평가도구(Game Performance Assessment Index: GPAI)는 전체적인 "게임수행 지수"를 결정하기 위해 선수의 위치, 실행, 의사결정, 참여를 모니터 할 수 있는 평가 체계이다. 이것은 게임이 진행되는 동안에만 사용하는 고도의 실제적 평가 기법이다.

  팀워크
    - 시즌 전반에 걸쳐 선수들과 학생 코치 사이의 상호작용을 관찰함으로써 평가할 수 있다.
    - 팀 내에서 긍정적인 참여를 반영하는 행동들에 대한 팀 멤버십 체크리스트를 만들어 팀원들이 주기적으로 기입하게 할 수 있다.

  바람직한 스포츠 행동
    - 시즌이 시작되기 전에, 교사와 학생들이 함께 특정 스포츠와 관련한 바람직한 스포츠 행동 목록을 작성할 수 있다.
    - 시즌 초반과 중반에 팀 멤버십 체크리스트와 동일한 방식으로 바람직한 행동 체크리스트를 사용하여 자신과 팀 동료들을 평가하거나, 시즌 종료 시에 다른 팀들을 대상으로 바람직한 스포츠 행동을 평가할 수 있다.

- **임무 학습에 대한 평가**

  임무 지식
    - 임무 지식 평가는 시즌이 시작되기 전에 학생들이 자신들에게 부과된 임무에 대해 기본적인 지식을 갖고 있는지를 평가하는 것이다.
    - 시즌이 시작될 때 학생들이 자신의 임무를 알지 못하면 수업에 지장을 주게 된다.

기술 수행
- 심판, 코치, 기록자 등과 같은 모든 임무는 학생들에게 유연한 게임 운영을 하는 데 필요한 학생들이 기술들을 가지도록 요구한다.
- 교사는 학생들에게 기술을 실행하도록 한 후 체크리스트로 평가할 수 있다.

게임 중 실제 평가
- 실제 게임에 대한 평가는 학생의 지식, 기술, 임무에 대한 최상의 실제 평가가 될 수 있다.
- 교사의 체크리스트를 통한 관찰이나 학생의 체크리스트를 활용한 자기평가 방법을 사용할 수 있다.

- **팀 스포츠 평가 절차 사용**[5]

  팀 스포츠 평가 절차(TSAP: Team Sport Assessment Procedure, Gréhaigne, Godbout, & Bouthier, 1997)는 게임 수행의 두 가지 특징을 기반으로 한다. 첫 번째는 선수가 소유권을 획득하는 방법에 중점을 두고, 두 번째는 선수가 소유권을 관리하는 방법에 대해 살펴본다. 〈그림 5.7〉은 학생(또는 교사)이 경기를 관찰하고 간단하게 기록할 수 있는 평가 도구를 보여준다. 팀 스포츠 평가 절차(TSAP)에는 선수의 활동량 지수와 효율성 지수를 제공하는 두 가지 공식이 있으며, 이 두 가지 요소로부터 전체 수행 점수를 계산할 수 있다.

---

[5] 이 내용은 Daryl Siedentop, Peter Hastie, Hans Van Der Mars(2020)의 저서 Complete guide to sport education 3rd edition을 류태호, 이병준, 이주욱, 홍덕기가 번역한 스포츠 교육 모형(2024)의 내용을 요약하여 인용한 것이다.

공의 소유권 획득	
공의 소유(CB)	- 가로채기 - 상대방에게서 공을 빼앗음 - 슛 실패 후, 공을 되찾음
패스 받은 공(RB)	- 선수가 동료로부터 공을 받았으나 곧바로 공을 빼앗기지 않는 경우.
공을 내보내기	
패스함(P)	팀 동료에게 패스한 후 공을 상대 팀 골문 쪽으로 이동
슛 성공(SS)	슛으로 득점
공의 소유권을 뺏김(LB)	공의 소유권을 잃는 경우 (i) 패스를 상대방에게 가로채기 당하는 경우 (ii) 공을 뺏기는 경우 (iii) 공의 통제권을 잃고 상대 팀이 공을 소유한 경우

경기 지수 및 경기 점수 계산:

활동량 지수 = CB + RB

효율성 지수 = CB + P + SS / 10 + LB

퍼포먼스 점수 = (활동량 지수 / 2) + (효율성 지수 x 10)

Reprinted by permission from J.-F. Gréhaigne, P.G. Godbout, and D. Bouthier, "Performance Assessment in Team Sports," Journal of Teaching Physical Education 16 (1997): 500-516.

| 그림 5.7 | 변형된 팀 스포츠 평가 절차(TSAP) 영역형 게임 행동

이러한 데이터는 팀이 자신들의 강점 또는 약점 영역을 판단하고 궁극적으로 이를 해결하는 팀 연습을 설계하는 데 사용된다.

팀 스포츠 평가 절차(TSAP)를 수행한 결과, 초등학교 5학년에서 중학교 2학년 수준의 학생들은 보통에서 양호한 수준의 타당도와 관찰자 간 신뢰도를 보여 학생 대부분이 TSAP를 사용할 수 있는 것으로 나타났다. 학년이 올라갈수록 이러한 수준은 더욱 높아지는 것으로 나타났다(Richard, Godbout, & Gréhaigne, 2000). 스포츠 교육 모형에서 학생들이 여러 가지 임무를 수행한다는 점을 고려할 때, 학생들이 동료의 경기 수행에 대한 기록을 모든 시즌에 걸쳐 공식적인 활동으로 포함하는 것이 적절하다. 예를 들어, 일부 학교에서는 교사가 핸드볼을 변형한 게임에서 한 학생의 경기 수행을 코딩하기 위해 다른 팀의 선수들을 활용하기도 한다.

4. 교사의 전문성 및 상황적 요구 조건

1) 교사의 전문성

- **학습자**

  학생은 세 가지의 서로 다른 역할(선수, 팀원, 부여된 임무)을 학습할 필요가 있다.
  각 역할은 학생에게 심동적, 인지적, 정의적 영역의 능력들을 요구한다.

- **발달 단계에 적합한 수업**

  각각의 체육수업을 위해 발달 단계에 적합한 스포츠를 선정하여 전개해 나가는 교사의 능력은 학습자들에 대한 교사의 지식과 밀접하게 관련되어 있다.

  스포츠 교육 모형은 학생들이 성인용의 완전한 스포츠를 학습해야 한다는 것을 의미하지 않는다. 따라서 게임 구조는 단순화되고, 규칙들은 변형되며, 기록 작성은 학생이 종이에 적어 기록하는 수준으로 이루어진다.

- **체육교육 내용**

  스포츠 교육 모형에서는 교사가 주로 간접적 역할을 수행할지라도 스포츠에 대한 교사의 지식이 매우 중요하다.

  교사는 선수의 입장에서 스포츠를 알아야 하고, 다양한 임무에 대해서도 알아야 하며, 스포츠의 조직 구조 및 전통에 대해서도 숙지하고 있어야 한다.

- **평등**

  평등의 문제를 해결하지 못하면 스포츠 교육 모형은 소기의 성과를 거둘 수 없다.
  평등은 모든 학생이 공정한 참여 기회를 가질 수 있는 규칙과 규정을 제정함으로써 촉진될 수 있다.
  - 모든 선수들은 모든 포지션을 한 번씩 거쳐야 한다.
  - 팀의 규칙은 모든 구성원이 투표로 정한다.
  - 모든 선수들은 각 게임에서 같은 양의 시간을 플레이한다.

- **평가**

  스포츠 교육 모형에서 평가는 수행, 지식, 행동에 대한 실제적인 평가에 의존한다.
  평가 지식의 주요 출처는 경기와 임무수행 능력의 주요 측면들을 인식할 수 있는 능력이다.

- **사회·정서적 풍토**

  시즌 동안 축제 분위기를 만들어가야 한다.
  스포츠가 지닌 축제적 본질은 긍정적인 태도를 강조하고, 학생들로 하여금 스포츠에 참여하여 즐기면서 공정한 경쟁을 추구하게 하며, 최고 수준의 훌륭한 스포츠 행동을 함양하도록 하는데 도움이 된다.

2) 핵심적인 교수 기술

- **수업 계획**

    수업 계획은 교사와 학생이 시즌 동안 어떤 게임을 수행할지를 결정한 후 수립한다.

    수업 계획 시에는 맥락적 요인들(시즌의 기간, 용·기구·시설, 게임 변형의 방식, 경쟁 방식, 팀 선정법, 필요한 임무와 팀원의 배분, 임무 훈련법, 스포츠위원회의 위원 선정 방법, 시즌 일정, 평가 방법, 수업·연습의 구조, 시상 체계 등)을 고려해야 한다.

- **시간 및 수업 운영**

    교사는 수업과 경기에 대한 전반적인 계획을 제시하고, 대부분의 수업 운영은 일단 연습과 시즌이 시작되면 학생들에게 맡겨진다.

    교사는 시즌 동안 수업 스케줄이 원래 계획대로 잘 진행되고 있는지를 확인한다.

- **발달 단계적으로 적합한 비선수 역할의 결정**

    과제 제시 및 과제 구조는 시즌을 준비하는 각 팀의 학생들에 의해 결정된다.

    교사는 원만한 시즌의 진행을 위해 학생들이 코치, 매니저, 트레이너, 기록원 등과 같은 임무를 잘 수행하도록 훈련시킬 책임이 있다.

    교사는 학생들이 각각의 역할을 얼마나 배울 수 있으며 그들에게 그러한 역할을 가장 잘 가르치는 방법이 무엇인지를 이해해야 한다.

    학생들은 임무의 기술적 부분을 훈련받은 성인들처럼 잘 수행할 수 없다. 따라서 교사는 학생들이 '임무를 수행할 수 있도록' 발달 수준에 적합한 방법을 가르쳐야 한다.

- **의사소통**

    교사는 학생과 직접적 혹은 간접적인 의사소통에 능숙할 필요가 있다.

    교사는 특히 대부분 질문의 형태로 이루어지는 간접적 의사소통 기술이 필요하다.

- **교수 정보**

    교수 정보는 선수 역할과 비선수 역할을 할 때마다 다르게 주어진다.

    선수로서 학생에게 주어지는 대부분의 교수 정보는, (학생들 간의) 협동 학습과 동료 교수에 의해 전달된다.

    임무 역할 학습에 대한 대부분의 교수 정보는, 일반적으로 트레이너와 감독자 역할을 담당하는, 교사에 의해 제공된다.

- **수업 정리 및 종료**

    시즌이 시작되기 전에 교사는 팀별로 경기가 어떻게 진행되는지에 대해 간략히 설명하고, 개인 혹은 팀으로부터 나오는 질문에 응답한다.

    시즌 기간 동안의 수업 정리와 종료 시에, 교사는 주요 이벤트와 결과를 요약하고 좋은 경기와 경기 내용을 보여준 선수와 팀들을 칭찬한다.

3) 상황적 요구 조건

스포츠 교육 모형을 실행하기 위해서는 다음과 같은 3가지 상황적 요구조건을 고려해야 한다.

- 자원

  교사는 스포츠 교육 모형의 실행에 필요한 자원들을 고려할 때 시간(수업 시수), 기구, 공간이 충분한지를 확인해야 한다.

  Grant(1992)는 스포츠 교육 모형의 한 시즌을 운영하는데 최소 20시간 이상이 필요하다고 주장했다.

- 학생

  스포츠 교육 모형에서 학생들은 관리, 수업 운영, 평가 측면에서 여러 가지 임무를 수행해야 한다.

  학급의 인원수도 시즌 운영과 스포츠 내용 결정 시에 고려해야 하는 요소이다.

- 경기 방식

  스포츠 교육 모형에서 흔히 사용하는 경기 방식은 4가지로 구분된다.

  단일 리그전, 조별(division) 리그전, 토너먼트, 삼각전(triangles, 트랙이나 필드 경기에서 3개 팀이 동시에 경기하는 방식)이다.

4) 모형의 선정과 변형

- **스포츠 교육 모형에 적합한 활동들**
  - 개인 스포츠(공식 스포츠 및 변형 스포츠)
  - 단체 스포츠(공식 스포츠 및 변형 스포츠)
  - 체력 프로그램
  - 올림픽 종목

- **학교 급별 적용 가능성**

  초등학교 고학년(4~6학년) 이상의 모든 학생에게 적용할 수 있다.

- **다양한 학습자 수용 전략**

  이 모형은 교사가 학생들의 개인차를 고려하여 적절한 역할과 임무를 부여하고 학생들이 자신이 맡은 임무와 책임을 성실하게 수행할 수 있다면 다른 어떤 수업모형보다도 포괄성이 큰 수업모형이다. 청각, 시각, 지체, 언어, 행동 장애 학생들과 운동 기능이 낮은 학생들에게 모두 적용할 수 있다.

5. 지도 계획시 주안점

1) 스포츠 교육 모형 계획시 주안점

학생들이 감당할 수 있는 정도의 의사결정의 권한과 책임을 부과하라. 학생들이 시즌의 성공에 대해 주인 의식을 가질 때, 보다 적극적인 참여를 끌어내어 스포츠 교육이 의도하는 목적을 성취하는 데 한발 다가서게 된다. 학생들 스스로 다양한 역할을 선택하고, 수행하게 될 때, 동기유발이 적극적으로 이루어지며, 더 많은 것을 학습하게 된다.

학생들이 맡아야 할 의사결정의 권한과 책임이 어디까지인지 정확하게 규정하라. 교사가 책임져야 할 권한은 무엇이며, 학생이 져야 할 책임과 권한의 경계를 뚜렷이 구분해야 한다.

팀 선정을 공개적인 방식으로 하지 말라. 주장들이 팀원을 지명하는 전통적인 방식은 많은 부작용을 초래할 수 있다.

팀 선정의 기준은 성별, 기능 수준, 인종이나 민족적 다양성, 인지적 발달 수준, 창의성, 리더십, 등의 요소들이며, 이러한 요소들을 충분히 고려하여 균등한 배치가 이루어져야 한다. 학생들이 볼 때 선정이 공정하다고 인정되면, 소속 팀의 발전에 열심을 기울일 것이고 다른 팀에 관심을 두지 않을 것이다.

일단 팀 선정이 완료되면, 팀의 약점보다는 팀 구성원 개개인의 장점과 고유한 특성에 초점을 맞춰 공동의 목표를 성취하는 데 주력해야 한다.

학생의 발달 수준에 적합하도록 경기 방식을 적절히 변형하여 최대의 참여를 이끌어내도록 한다.(예 : 3:3 농구, 축소된 경기장에서의 4:4 축구 등).

가능하면 구조화된 연습, 팀명, 팀 구호, 팀 노래의 제정, 학교 신문이나 웹 사이트를 통한 게임 결과의 공지, 축제 분위기 조성 등을 통한 실제 프로스포츠의 리그처럼 시즌을 조직적으로 운영한다.

여러 가지 임무들에 대한 실제적인 책임을 학생들이 수용할 수 있도록 다양한 영역의 학습과 의사결정, 문제해결 능력을 기를 수 있도록 한다.

Chapter 06 탐구 수업 모형

문제 해결자로서의 학습자(Learner as Problem Solver)

탐구 수업 모형은 인지 학습 이론에 바탕을 둔 것으로서, 학습자의 인지적 발달에 수업의 우선 순위를 두는 수업 방식이다. 교사는 질문 형식을 통해 문제를 제기하고, 학생들은 제기된 문제에 대해서 한 가지 이상의 가능한 해답을 찾도록 노력한다. 탐구 수업 모형에서 사용되는 질문은 Bloom의 6단계 인지적 지식 분류(지식, 이해, 적용, 분석, 종합, 평가)를 토대로 한다. 탐구 수업 모형에서는 교사가 질문 형식으로 제시한 문제에 대해 학생들이 탐색과 발견을 통해 해답을 찾는 방식으로 수업이 진행된다. 문제 해결 과정에서 학생들의 인지적 발달이 이루어지며, 교사는 학생들이 문제를 해결할 수 있도록 단서와 피드백을 제공하고 후속 질문을 던진다.

1. 개요 및 특징

1) 탐구 수업 모형의 개요

- **움직임 중심의 프로그램의 목적**

    1960년대에 들어서 기존의 교사 중심의 수업에 대한 심각한 도전으로서 스포츠 중심 체육교육과정에서 탈피한 움직임 교육(movement education)이 등장하였다. 움직임 중심의 프로그램의 목적은 다음과 같다.
    - 기초적·포괄적인 움직임 기능의 발달
    - 문제 해결력 및 인지적 능력의 발달
    - 표현력과 창의적 움직임의 개발

- **움직임 중심 지도방법**

    움직임 중심 지도방법은 간접 교수, 문제 해결, 탐색 수업, 유도 발견, 학생 중심 수업 등으로 불리어 왔다.
    - 교사는 어떻게 움직이는가를 학생에게 설명하고 시범보이기보다는 학생의 인지적, 심동적 영역의 참여를 이끌어내는 질문 방법을 사용한다.
    - 교사는 학생의 사고를 이끌어 내는 질문을 통해 학생으로 하여금 '움직임으로 대답'하도록 유도한다.
    - 학생이 다양한 형태와 깊이로 생각하고 움직일 수 있도록 교사는 여러 형태의 질문을 한다.

- 탐구 수업(inquiry teaching) 모형과 협동 학습 모형/전술 게임 모형의 비교
  유사점 : 문제해결 중심의 지도전략을 사용한다.
  차이점
    - 협동 학습은 학습활동을 위한 팀 구조에 바탕을 둔다. 반면에 탐구수업은 다양한 종류의 구조를 사용하지만, 주로 개별 학생의 사고(thinking)에 의존한다.
    - 협동 학습 모형과 상황 중심 활동들에 바탕을 둔 전술 게임 모형에서는 교사가 점수화된 루브릭을 가지고 학생들과 의사소통을 하기 때문에, 이들 모형들은 대체로 좁은 범위의 해답과 움직임을 산출해 낸다. 반면에 탐구 수업 모형은 학생들에게 넓은 범위의 (인지적, 심동적) 해답, 특히 "뻔한" 답이 아닌 창의적인 해답을 탐구하게 만든다.
- 움직임 교육, 교육적 게임, 기술 주제
  이들은 모두 탐구 수업에 바탕을 둔 것으로서, 학생의 지적 능력을 발달시키고 심동적 영역에서 표현력, 창의력, 기능의 개발을 돕는다. 이들 프로그램에서 탐구중심 지도가 효과적인 모형이 될 수 있는 근거는 질문자로서의 교사와 문제 해결자로서의 학생의 역할에서 찾을 수 있다.
- 인지적 영역의 6단계 분류(Bloom)
  탐구 수업 모형에서 사용되는 질문들의 가장 기본적인 도해(schema)는 Bloom의 6단계 인지적 지식 분류이다. 교사는 학생들이 과제를 수행하는데 필요한 지식을 갖도록 하기 위해, 그 학습 활동에서 추구하는 지식의 종류를 토대로 각각의 지식 단계에 해당하는 질문들을 집중적으로 사용한다. Bloom의 지식 분류표는 낮은 수준의 지식(지식, 이해, 적용)과 높은 수준의 지식(분석, 종합, 평가)으로 나눌 수 있으며, 교사는 학습 활동에서 의도하는 지식의 수준에 초점을 맞춰 그 수준에서 학생들이 언어나 움직임으로 대답할 수 있는 질문들을 사용한다.
  지식(knowledge) : 기억, 회상하기
  이해(comprehension) : 의역, 해석, 유추하기
  적용(application) : 기존에 알고 있던 방법, 원리, 개념을 적용하여 문제를 해결하기
  분석(analysis) : 자료를 분해하고 부분간의 관계와 조직되어 있는 방식 발견하기
  종합(synthesis) : 여러 요소나 부분을 전체로서 하나가 되도록 창의적으로 묶어내기
  평가(evaluation) : 대상의 가치 판단하기

2) 탐구 수업 모형의 특징

- 핵심적 특징
  교사가 질문 형식으로 제시한 문제에 대해 학생은 탐색과 발견을 통해 해답을 찾는 방식으로 수업이 진행된다.
- 목적
  문제 해결 과정에서 인지적 발달을 도모하는 것을 목적으로 한다.

- 탐구 수업 모형에서 교사

    교사는 내용선정, 수업 운영, 과제 제시, 과제 전개 등을 주도하며, 질문을 통해 학생과 상호작용한다.

- 그 외의 특징

    질문 중심의 수업의 독특한 성격과 그 속에 담겨 있는 많은 유용한 전략들은 체육 교사가 학생의 사고력, 문제해결력, 탐구력 등을 증진시키는 데 활용될 수 있다.

    '질문하는 일'은 교사의 기본적인 수업기술이다. 질문을 한다고 탐구수업이 되는 것은 아니다. 학생을 지적, 신체적, 정서적으로 발달시키는 방법으로 전체 지도 단원에 걸쳐 질문이 활용될 때 비로소 탐구 수업 모형이라 할 수 있다.

    탐구 수업 모형은 그 동안 다른 명칭으로 사용되어 왔던 간접 교수, 문제 해결, 탐색 지도, 유도 발견 등의 전략을 합성한 것이다.

    탐구 수업 모형의 두드러진 특성은 가장 우선적으로 인지적 영역에서 학생의 학습이 이루어 진다는 것이다. 즉 학생은 먼저 생각을 하고 난 후에 움직임 형태로 대답을 하게 된다. 인지적 영역과 심동적 영역간의 상호작용은 교사가 추구하는 학생의 학습 유형에 의존한다.

2. 탐구 수업 모형의 기초

1) 이론적 배경 및 근거

탐구 수업 모형은 많은 인지 학습 이론에 바탕을 두고 있으며, 각 이론은 체육수업에서 서로 다른 지도 전략과 학습 활동을 적용하도록 제안한다.

탐구 수업 모형에 기여한 연구로는 Bruner(1961)의 발견 학습 이론, Ausubel(1968)의 의미 수용 학습, 최근 각광을 받고 있는 구성주의 이론 등이 있다.

탐구 수업 모형의 기본적 근거는 학습자들이 움직임을 통해 지식을 표현하기 전에 '내용을 인지적으로 과정화'(process content cognitively)할 필요가 있다는 것이다.

2) 교수·학습에 관한 가정

- 교수에 관한 가정

    수업 중 교사의 주된 일은 학생의 사고를 자극해서 심동적 영역의 발달을 도모하는 것이다.
    교사는 학생에게 가장 일반적인 형태의 대화 수단으로 질문을 사용한다.
    교사는 학생의 학습을 증진시키는 촉진자로서, 학생의 창의력과 탐구력이 발달될 수 있도록 진지하고 사려 깊은 질문을 하여 학생을 자극한다.
    교사의 질문은 학생의 지적 능력에 적합하여야 한다.
    교사의 역할은 직접 교수와 간접 교수를 적절히 배합하는 것이다.

- 학습에 관한 가정

    학습 활동이 학생 개개인에게 의미가 있을 때 최상의 학습이 이루어진다.

    학생은 새로운 지식 또는 의미를 구성하는 데 활용할 수 있는 다양한 원천의 사전 지식을 가지고 활동에 참여한다.

    인지적 영역의 학습은 심동적 영역의 학습에 선행한다.

    학습은 본질적으로 문제 해결의 과정이다. 그 과정에서 학생은 사전 지식과 의미를 활용하여 언어적 혹은 신체적으로 표현되는 해결책을 만들어 낸다.

    다른 학습 유형들과 마찬가지로, 문제 해결 과제의 복잡성이 학생의 발달 능력과 부합될 경우에 인지적 발달이 가장 잘 일어난다.

3) 탐구 수업 모형의 주제 : "문제 해결자로서의 학습자"

탐구중심의 다양한 지도 전략들이 체육교육에서 많이 활용되고 있지만, 그들 전략들은 모두 학습을 문제해결의 과정으로 보고 접근하는 공통된 특징을 가지고 있다.

교사는 질문을 통해 문제를 제기하고, 가능한 해답을 찾아내도록 시간을 할당한다. 그 후 학생들에게 학습의 증거로서 찾아낸 해답을 시범보이도록 요구한다.

문제 해결 과정의 5단계(Tillotson, 1970)
- 문제의 규명(identification of the problem) : 교사는 학생들이 배워야 할 개념, 숙달해야 할 기능, 잘 준비된 질문으로 학생들을 자극하는 방법에 대해 알고 있다.
- 문제의 제시(presentation of the problem) : 교사는 학생들에게 학습 과제와 그 속에 내재된 문제를 한 가지 이상의 질문으로 제시한다.
- 문제에 대한 유도된 탐구(guided exploration of the problem) : 교사는 문제를 해결하기 위해서 다양한 시도를 하는 학생들을 관찰하면서 단서, 피드백, 보조 질문 등을 제공한다.
- 최종 해답의 규명 및 정교화(identifying and refining the final solution) : 교사는 학생 사고를 정교화하고 한 가지 이상의 해답을 찾도록 단서, 피드백, 보조 질문 등을 활용한다.
- 분석, 평가, 논의를 위한 발표(demonstration for analysis, evaluation, and discussion) : 문제에 대한 해답을 고안하여 과제를 완수하고 나면, 학생들은 학급의 나머지 학생에게 찾은 해답을 발표한다. 이러한 발표는 교사와 다른 학생이 분석하는 것을 도와주는 역할을 한다.

4) 학습 영역의 우선순위와 영역 간 상호작용

체육수업에서 탐구 수업 모형은 인지적 영역에 최우선 순위를 두고 있다. 탐구 수업 모형의 영역별 우선순위는 다음과 같다.
- 1순위 : 인지적 학습

- 2순위 : 심동적 학습
- 3순위 : 정의적 학습

탐구 중심 지도를 하는 대부분의 교사는 학생의 자아 인식, 탐구심, 창의력, 자아 존중을 촉진시키기 위해 정의적 학습을 심동적 학습보다 우선시 할 수도 있다(인지적-정의적-심동적).

만일 교사가 정의적 학습을 두 번째 우선순위로 촉진하고 싶어 한다면, 비록 학생의 움직임 답변이 높은 수준의 것이 아니거나 숙달되지 않았더라도 어떠한 형태로든 학생이 '생각하고 움직이는 것'에 대해 좋은 느낌이 들 수 있도록 학생의 사고를 창의적인 해결책으로 유도할 수 있다.

5) 학생의 발달 요구 사항

- **학습 준비도**

  인지적 및 심동적 영역에서 학생들의 발달 요구 사항이 고려되어야 한다.

  학생은 교사가 설정한 문제를 이해할 수 있고, 문제 해결 과제 또는 질문을 이해할 수 있어야 하며, 의도한 인지적 수준에서 대답을 통해 학습할 수 있어야 한다.

  탐구 수업 모형의 주요 목적을 달성하기 위해서는 학생들이 인지적, 심동적 두 영역에 대한 해답('생각하고 움직이기')을 가지고 있어야 한다.

- **학습 선호도**

  탐구 수업 모형은 참여적, 협력적, 독립적 학생에게 효과적이다.

  학생들의 이러한 학습 선호도는 교사가 학생이 해결할 문제를 형성할 때가 아니라 학생이 문제해결 과정에 직접 참여할 때 가장 잘 적용될 수 있다.

  교사가 수업의 진도와 학생과의 상호작용을 통제하는 경우 교사가 제시하는 문제는 직접 교수 모형의 속성을 가지게 된다.

6) 모형의 타당성

- **연구 타당성**

  탐구 수업 모형은 교사가 질문을 작성하여 학생에게 제시하고, 학생은 "생각하고 나서 움직이는 것"에 초점을 둔 몇 가지 전략을 합성한 것이다. Siedentop과 Tannehill(2000)의 질문식 지도, Mosston과 Ashworth(2002)의 유도발견, Harrison 등(1996)의 탐구 학습이 이에 해당한다.

- **실천적 지식의 타당성**

  수십 년간 체육에서 탐구 수업 모형을 사용해 온 결과, 체육수업 목표로서 이 모형을 폭넓게 사용하는 것은 학생의 사고력, 창의적인 움직임, 자아 존중을 증진시키는 데 효과가 있다는 것이 밝혀졌다.

- **직관적 타당성**

  탐구 수업 모형에 대한 직관적 타당성은 운동 학습 원리와 광범위하게 사용되는 Bloom의 인지적 교육 목표 분류법에서 찾아볼 수 있다. 운동 학습 전문가들은 인지 능력이 심동적 학습에 중요한 역할을 한다는 데 동의한다. Bloom의 인지적 교육 목표 분류는 단순한 기억으로 출발해서 평가로 발전하는 학습 범주의 위계를 제시한다. 인지적 발달의 각 단계는 학습자에게 점점 더 복잡하고 어려운 과제에 참여할 것과 그에 따라 지도 전략도 달라져야 함을 요구한다.

3. 교수·학습의 특징

1) 수업 주도성

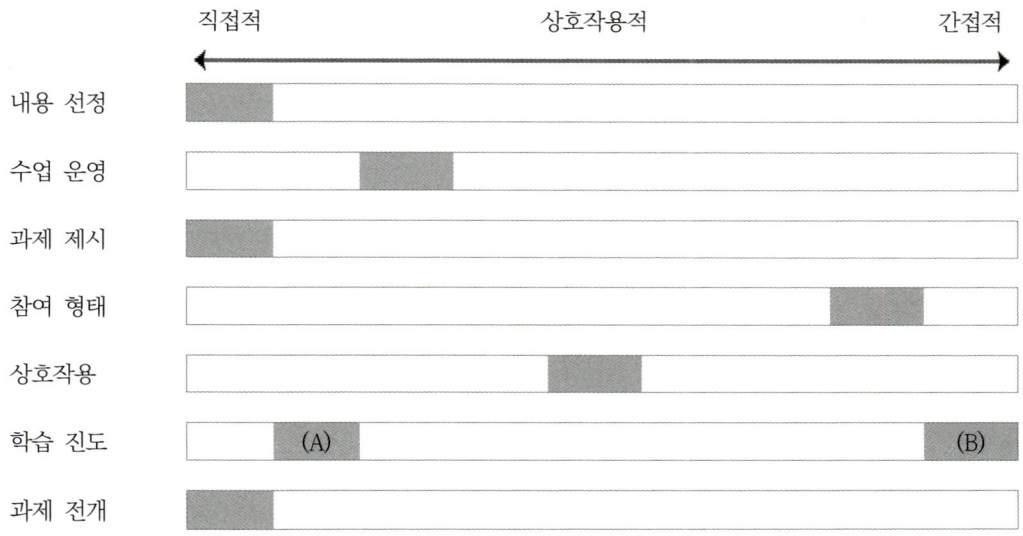

| 그림 5.8 | 탐구 수업 모형의 수업 주도성 프로파일

- **내용 선정**

    탐구 수업 모형에서 다루는 내용은 교사가 학생에게 학습하기를 원하는 인지적 지식, 개념, 움직임 패턴으로, 해결해야 할 각 문제에 그러한 내용들이 포함되어 있다.
    교사는 단원과 각 수업에서 학생이 배울 모든 내용을 결정한다.

- **수업 운영**

    교사가 수업 운영 계획과 특정의 수업 절차를 결정한다.
    수업 장소 결정, 사용 기구 선정, 팀 조직과 같은 수업 운영적 과제가 학습 과제와 중첩되는 경우, 교사는 학생에게 일정한 결정권을 부여한다.

- **과제 제시**

    과제 제시는 학생이 학습 과제를 해결하기 위해 문제를 부여받을 때 활용된다.
    과제 제시는 교사가 학생의 사고와 움직임을 자극하면서 의사소통하는 질문 형태로 나타난다.

- 참여 형태

    교사가 문제를 설정하고 나면, 학생들에게는 해답을 찾기 위한 많은 재량권을 준다. 학생은 가능한 해답들을 탐색하고, 다른 학생과 협력하며, 새로운 시도를 해보고, 용구를 변경할 수 있다.

- 상호작용

    학생이 문제 해결에 몰입하게 될 때 높은 수준의 상호작용이 나타난다.

    교사는 학생의 사고력을 자극하고 움직임 유형을 탐색하게 하도록 직접적인 설명이 아니라 질문을 활용해야 한다.

- 학습 진도

    교사는 전체 단원과 각 수업 진도를 결정한다. 교사는 언제 새로운 과제를 시작할 것인지, 그 과제에 얼마의 시간을 할당할 것인지를 결정한다(A).

    학생은 해답을 생각하는 데 얼마나 많은 시간이 필요한지, 가능성 있는 해답을 몇 번이나 연습할지, 과제를 언제 완수할지를 결정함으로써 할당된 시간 범위 내에서 학습 진도를 조절한다(B).

- 과제 전개

    교사는 단원 및 각 수업의 학습 과제들의 목록과 계열성을 결정한다.

    교사는 과제 전개를 통해 학생들에게 점점 더 복잡한 문제들을 제시함으로써 학생들의 인지적, 심동적, 정의적 영역의 능력을 발달시킨다.

- 탐구 수업 모형의 포괄성

    탐구 수업 모형은 포괄성이 매우 높다.

    교사가 문제를 설정하여 학생들에게 제시할 때 모든 학생은 해답을 찾아내기 위해 사고할 수 있는 기회를 가지게 되며, 자신이 생각한 것과 움직임을 맞추는 노력을 하게 된다.

    모든 학생은 '생각하고 움직이기 기회'를 가지며, 해답은 교사나 친구들에 의해 강화를 받는다.

2) 학습 과제

탐구 수업 모형에서는 교사가 질문 형식으로 설정해 준 한 가지 이상의 문제들을 해결하기 위해 학생들이 참여하는 일련의 계획된 학습 과제가 존재한다. 과제카드, 단서 카드, CD-ROM과 같은 유인물과 시각 자료 등이 활용될 수 있으나, 학생에게 주어지는 문제는 항상 교사의 언어로 제시된다. 문제가 설정되면 교사는 학생에게 주어진 과제 구조 내에서 '생각하고 움직이기'를 시작하라는 신호를 보낸다. 탐구 수업 모형에서 사용하는 문제들은 대부분 학생이 쉽게 해결할 수 있는 작은 문제들이다. 따라서 하나의 과제 구조 내에 많은 과제 제시 또는 질문이 등장하고 활용된다.

- 과제 제시

    교사는 개념이나 움직임을 시범 보이지 않고 설명하지도 않은 채, 학생들에게 그것을 해 보라고 주문한다. 학생이 '생각하고 움직이기' 과정 후에도 스스로 문제를 해결하지 못하는 경우, 드물게 교사가 시범을 보여준다.

    과제 제시에는 '과제 설정하기'와 '질문하기'라는 두 가지 주된 요소가 포함된다.

    교사는 학생들이 과제와 해결해야 할 문제를 이해할 수 있도록 충분한 정보를 제공해야 한다. 그런 다음 '생각하고 움직이기'를 요구한다.

    과제를 설정한다는 것은 과제를 특정한 상황에 놓고 학생들에게 해결을 위한 기준점을 제공하는 것을 의미한다. 여기에는 과제를 수정하거나 복잡성의 정도를 높이는 단어들이 포함될 수도 있다. 과제를 설정하는 과정의 마지막 부분은, 교사가 학생들이 당면한 과제에서 해결해야 할 인지적인 문제와 움직임 문제를 제시하는 질문을 하는 일이다.

- 과제 구조

    탐구 수업 모형은 '생각하고 움직이기'를 할 수 있는 매우 다양한 과제 구조를 활용할 수 있다. 과제 구조는 다음에 제시된 변인들 중 한 가지 이상을 포함한다.
    - 활용 공간
    - 용구
    - 집단 편성
    - 안전에 대한 정보
    - 문제 해결 시간의 한도

잠깐!

☑ **탐구 수업 모형의 과제 구조와 전술 게임 모형의 과제 구조의 비교**
- 탐구 수업 모형은 고도의 개방형 과제 구조를 가지고 있다. 이러한 과제 구조는 표현 움직임 및 몇 가지 무용 형태의 내용을 지도할 때 학생이 탐색하고 창의적인 수행을 하는 데 활용될 수 있다.
- 탐구 수업 모형에서의 과제 구조는 질문으로 시작되어, 그 질문에 대한 반응으로 학생이 '생각하고 움직이기'를 수행하게 된다.
- 전술 게임 모형에서 학생은 교사가 제시한 전술, 전략, 게임 기능 및 규칙에 관한 질문에 근거하여 짧은 시간 동안 간이 게임 또는 변형게임을 한다.

- 과제 발달

    탐구 수업 모형에서는 2가지 차원의 내용을 동시에 전개시켜 나간다.

    한 가지 차원은 드리블, 패스, 수비, 체력 등과 같이 배워야 할 개념이나 기술과 관련된 것으로, 다른 수업모형처럼 교사는 학습 활동들을 발달상 적합한 순서(쉬운 과제부터 어려운 과제)로 제시한다.

    다른 차원은 Bloom의 인지적 목표 분류 수준에 근거하여 내용을 전개해 나가는 것이다.

만약 학습 목표가 낮은 인지적·심동적 수준의 것이라면, 교사는 단지 지식 또는 이해 수준의 활동들(예: 건강관련 체력 개념 이해하기)과 관련된 질문을 활용할 것이고, 높은 수준의 학습 목표라면 종합이나 평가(예: 맞춤형 체력 프로그램 설계 및 체력 증진 운동 능력 향상)와 관련된 질문을 활용하게 될 것이다.

3) 학습 참여 형태

탐구 수업 모형에서는 교사가 제시한 문제의 해답을 학생이 탐색하기 때문에 다양한 참여 유형을 사용할 수 있다.

학생은 혼자, 짝, 소집단, 임시 팀, 단체, 심지어 학급 전체로 "생각하고 움직이기"를 할 수 있다.

4) 교사와 학생의 역할 및 책임

역할 및 책임	탐구 수업 모형에서의 책임 주체
수업 시작	교사가 수업을 시작한다.
기구 준비	교사가 용구를 준비하거나 학생이 대신하게 한다.
내용 목록	교사가 단원에서 제시될 인지적, 움직임 문제들의 목록을 결정한다.
과제 제시	교사가 학생들에게 각 학습 과제나 문제를 설정함으로써 과제를 제시한다.
과제 구조	교사가 전형적으로 각 과제와 문제에 대한 구조를 결정한다. 그러나 학생들이 자신에게 맞도록 과제 구조를 부분적으로 변용할 수 있다.
과제 발달	교사가 어느 시점에서 새로운 과제·문제로 이동할 것인지를 결정한다.
평가	㉠ 교사는 학생들에게 인지적, 움직임 질의의 답변에 대해서 조언 또는 피드백을 제공한다. ㉡ 학생들에게 다른 학생의 답변을 관찰하고 평가하도록 한다.

5) 교수 과정의 검증

- 교사

기 준	검증 방법
단원 내용은 학생이 학습할 인지적, 움직임 지식 영역의 목록에 근거한다.	교사의 단원 계획을 검토한다.
교사는 학생에게 부과할 과제 및 문제를 설정한다.	교사는 학생에게 부여할 각 과제/문제를 교수학습과정안에 작성해야 한다.
교사는 분류 수준에 근거하여 내용을 전개시킨다.	교사는 Bloom의 위계에 따라 각 과제/문제를 분류하고 단원을 통해 발달 단계적으로 적절한 내용을 전개해 간다.
각 과제·문제에 해당하는 질문을 계획한다.	교사는 각 과제/문제에서 활용될 가능성이 있는 질문 목록을 작성한다.
과제 및 문제에 참여하는 학생의 참여도를 관찰한다.	과제/문제가 수행되는 동안 교사 움직임의 형태를 기록한다.
직접 설명보다는 학생의 학습을 촉진하는 질문을 활용한다.	교사와 학생의 언어적 상호작용을 기록하고 관찰한다.
과제 문제를 완수할 수 있도록 적절한 시간을 제공한다.	교사가 새로운 과제/문제로 이동할 때 과제/문제를 완수한 학생의 수를 파악해서 기록한다.
목표 영역과 목표 수준에서 학생의 학습을 평가한다.	교사는 학생에게 주어진 과제/문제를 성공적으로 완수했는지를 확인하기 위해 체크리스트를 사용한다.

- 학생

기 준	검증 방법
교사가 설정한 문제를 그대로 이해한다.	교사는 학생이 "생각하고 움직이기"를 착수한 직후 학생을 관찰한다. 학생은 문제에 관해 생각한 증거를 신속히 보여주고, 바로 움직임 해답을 탐색하기 시작한다.
학생은 과제 구조를 교사가 설명해 준 대로 이해한다.	일단 학생이 과제/문제에 참여하게 되면, 학생은 교사가 제시한 구조에 부응하는 해답을 향해 나아가는 증거를 보여주어야 한다.
과제 및 문제에서 요구하는 적절한 수준의 인지적, 움직임 지식을 가지고 있다.	학생은 참여 목적을 가지고 있다. 학생은 정확한 질문의 이해를 위해 다시 질문하지 않는다. 학생은 교사에 의해 기술된 과제/문제를 변경하지 않는다. 학생은 과제/문제에 도전하지만, 합리적인 시간 내에 그것을 완수한다.
학생은 "생각하고 움직이기"를 배운다.	학생의 이해를 점검하기 위해 질문을 활용한다. 학생은 확산적 질문에 대해 1가지 이상의 답변을 할 수 있다. 학생은 과제를 완수하고 문제를 해결하기 위해 사용한 과정들을 설명할 수 있다.
학생은 목표한 상위 수준의 학습에 도달한다.	학생은 창의적, 유목적적으로 움직인다. 학생의 인지적, 움직임 답변은 일치한다. 학생은 다른 사람들의 답변을 평가할 수 있다. 학생은 복잡하고 기간이 길게 필요한 과제/문제들에 대한 지시사항을 거의 필요로 하지 않는다.

6) 학습 평가

- **비공식적 평가**

    교사가 단기간에 신속히 해결할 수 있는 학습 과제나 문제를 계획했을 때 비공식적 평가는 가장 실제적인 방법이 된다.

    이러한 비공식적 평가의 대부분은 교사의 질문에 답변하기 위해 학생들이 "생각하고 움직이기"를 수행하는 모습을 교사가 관찰한 것에 근거하여 이루어진다.

- **공식적·전통적 평가**

    하위 수준의 학습 평가를 위해 교사는 전통적이고 공식적인 평가 기법을 사용할 수 있다.

    학습 목표 수준을 지식, 이해, 적용으로 설정했을 때 간단한 퀴즈, 컴퓨터 활용 테스트, 활동 학습지의 작성, 또는 간단한 기능검사를 통해 유용한 평가 정보를 얻을 수 있다.

    위의 기법을 상위 수준의 학습 결과 평가에 적용할 경우 타당성이 떨어지고 실제성이 결여된다.

- **대안 평가**

    대안적인 평가 기법은 탐구 수업 모형의 모든 학습 단계에서, 특히 높은 수준의 학습 결과 평가에 활용될 수 있다.

    질문들이 실제 학습을 반영하여 창의적으로 설정된 경우라면, 이때의 평가는 매우 실제적인 평가가 될 수 있다.

    다양한 대안 평가 방법
    - 체크리스트를 활용한 학생-동료 관찰
    - 다른 학생의 대답에 대한 학생-동료의 비평
    - 체크리스트를 활용한 자기 평가
    - 대답을 어떻게 찾아냈는지를 설명하는 학생의 일지
    - 게임이나 유사 게임에 대한 게임 수행 평가 도구(GPAI)
    - 학생이 만들어 낸 움직임과 매체를 이용한 발표
    - 타당한 지식 발달 단계에 토대를 둔 체크리스트

4. 교사 전문성 및 상황적 요구 조건

1) 교사의 전문성

- **학습자**

    탐구 수업 모형을 사용하는 교사는 학생의 인지적, 심동적 능력을 고려해야 한다.

    학생의 능력은 교사가 제시한 질문을 이해하고 문제 해결 과정에 참여할 수 있는 정도를 결정하게 된다.

- **학습 이론**

    구성주의, 발견 학습, 피아제의 아동 성장과 발달 이론 등에 익숙해야 한다.

    교사는 위 이론의 어떤 부분이 탐구 수업 모형에 적용되는지를 인식해야 한다.

- **발달 단계에 적합한 수업**

    탐구 수업 모형에서는 심동적 영역의 학습 결과를 유도하는 인지 학습을 강조하기 때문에 학습 발달 단계에 대한 교사의 지식이 매우 중요하다.

    교사는 각 질문이 목표로 하는 인지적 발달 수준을 알아야 하고, 그것이 움직임을 통해 어떻게 나타나는지를 이해해야 한다. 두 가지 수준 모두 학생들의 발달 단계에 적합해야 한다.

- **학습 영역과 목표**

    탐구 수업 모형은 Bloom의 인지적 학습 발달 단계(수준)에 근거하고 있다.

    따라서 교사는 Bloom의 인지적 발달 분류 체계를 잘 알아야 하고 각 단계의 인지적·심동적 학습 지표들을 파악할 수 있어야 한다.

- **과제 분석과 과제 발달**

    탐구 수업 모형에서의 과제 분석은 인지 개념과 심동적 수행 요구의 결합을 포함한다.

    교사는 숙달시켜야 할 기술의 위계와 도달해야 할 수행 기준을 단순히 나열하기보다, 학생들이 단원을 배워나가는 동안 습득해야 하는 인지적 지식 유형에 맞추어 단원 내용의 각 부분을 분석한다.

- **움직임 내용**

    탐구 수업 모형에서 지도되는 내용은 스포츠, 체력, 게임, 무용이 아니다. 이들은 숙달된 수행에 기여하는 각 움직임 형태를 이해하는 데 필요한 개념에 불과하다.

    학습 목표가 학생들의 표현력과 의미를 증진하는 것이라면, 움직임의 초점은 그것에 맞추어진다.

    탐구 수업 모형을 활용하는 교사는 모형을 효과적으로 활용하기 위해서 체육교육 내용의 다양한 측면을 알아야 한다. 이러한 지식은 교사로 하여금 학생의 움직임을 여러 가지 측면으로 관찰할 수 있도록 해준다.

    학생의 실수가 관찰되면, 교사는 단순히 교정적 피드백을 제공하지 않는다. 교사는 학생에게 부족한 지식이 무엇인지를 파악하고, 대안적 반응 패턴들을 통해 생각해 보게 하는 질문들을 던짐으로써 학생이 나중에 적합한 움직임을 형성할 수 있도록 해야 한다.

- **평가**

    탐구 수업 모형에서 평가는 전통적인 방식(지필 검사)과 대안적 방식(체크리스트)을 사용할 수 있다.

    탐구 수업 모형에서 모든 유형의 평가에 가장 중요한 것은 학생의 답이 인지적 또는 심동적으로 적절한지 아닌지를 판단할 수 있는 교사의 지식이다.

- **교육과정 모형** : 탐구 수업 모형은 체육과 내용 영역 중 다음과 같은 내용을 지도할 때 효과적으로 사용할 수 있다.

- 움직임 교육
- 교육 체조
- 기술 주제
- 교육 무용
- 팀 게임 및 뉴 게임

2) 핵심적인 교수 기술

- **수업 계획**

  교사에 의해 학생이 배워야 할 지식 영역으로 작성된 목록은 탐구 수업 모형의 단원 계획을 수립하는데 출발점이 된다.

  교사는 단원에서 다루어질 지식의 전개와 수준을 결정하고 나서 질문의 순서, 해결할 문제, 학생이 참여할 특정한 학습 활동들을 계획한다.

  수업 계획의 내용이 기능 중심이 아니라 대부분 인지적 내용이라는 점을 제외하고는 탐구 수업 모형에서의 계획 과정은 여러 면에서 직접 교수 모형에서의 계획과 비슷하다.

  탐구 수업 모형에서의 수업 계획은 다소 비구조적이다. 그것은 학생들이 문제해결 과제를 마치는 데 걸리는 시간과 학생의 움직임 지식 습득을 돕는 데 필요한 질문 위주의 상호작용 길이를 예측하기 쉽지 않기 때문이다.

  교사는 수업에서 학생의 해결 과정에 즉흥적으로 끼어드는 행동을 삼가야 한다.

- **시간 및 수업 운영**

  교사가 계획된 학습 활동들의 진행과 진도를 조절하는 특징을 가지고 있다.

  교사는 학생들에게 문제해결 능력을 발달시킬 수 있을 정도의 시간을 허용하고, 적절한 속도로 수업을 전개하면서, 단호하면서도 융통성 있는 수업 운영 계획을 세워야 한다.

- **과제 제시 및 과제 구조**

  탐구적인 수업을 하는 교사는 중요한 3가지 교수 기능을 갖추고 있어야 한다. 그것은 학생에게 문제를 설정해 주는 능력, 탁월한 질문 기술, 학생의 지적·신체적 도전을 요구하는 학습 과제를 설계할 수 있는 능력이다.

  학습 문제 설정 : 문제의 규모와 복잡성에 관계없이 당면한 학습 문제의 단계를 설정할 수 있어야 한다. 문제의 도입 부분은 학생들이 배우게 될 지식의 중요성과 그 지식을 적용하게 될 맥락을 환기하게 시켜 주는 데 효과적으로 사용될 수 있다.

  - 질문하기 : 좋은 질문은 다음과 같은 다양한 요소를 포함한다.
  - 질문 수준 : 교사의 질문은 3번 정도 이루어진다. 3번의 시기는 수업 초기 질문들로 학생의 참여를 유도하는 문제 설정의 마지막 부분, 학생들이 문제해결 과정에 참여하는 동안, 그리고 수업 정리 동안이다. 이 3번의 시기에서 가장 중요한 질문 기술은 질문의 수준을 학생의 학습 수준에 일치시키는 교사의 능력이다.

- 질문 유형 : 수렴형 질문(지식, 이해, 적용), 확산형 질문(분석, 종합, 평가)
- 대답 대기시간 : 교사는 다른 학생들에게 (대신) 대답하기를 허용하기 전에 질문을 받은 학생이 스스로 답을 찾을 수 있는 시간을 부여하는 것이 중요하다. 연구 결과, 수렴형 질문은 최소 5초에서 8초, 확산형 질문에는 최소 15초가 필요하다고 한다.
- 후속 질문(probes) : 다음과 같은 목적으로 학생의 대답에 이어지는 질문을 한다.
· 명료화 : 초기 대답을 고쳐 말하게 하거나 대답의 본뜻을 분명하게 한다.
· 새로운 정보의 요구 : 학생의 대답이 부분적으로 맞거나 거의 수용할 만한 대답인 경우, 교사는 좀 더 많은 정보를 제시하도록 요청한다.
· 흐름의 전환 : 학생이 정확한 대답을 하지 않았을 때 부드럽고 긍정적인 형태로 다시 바꿔 질문한다. 거칠거나 퉁명스러운 말을 사용하지 않으면서, 학생에게 다시 생각해 보도록 권한다.

도전적인 과제 설정하기
- 탐구 수업 모형에서 사용되는 질문들은 대부분 과제 구조를 결정하는 데 활용된다.
- 어떤 질문은 학생이 혼자서 학습할 것을 요구하고, 또 어떤 질문들은 짝과 함께, 소집단 또는 대집단으로 학습할 것을 요구한다.
- 어떤 질문(특히 수렴형 질문)은 짧은 답변 대기시간을 요구하고, 또 어떤 질문들(확산형 질문, 고차원적 질문)은 3~5분의 보다 긴 대기시간이 있어야 한다.
- 탐구 수업 모형에서 교사는 질문을 만들고, 최선의 과제 구조를 결정하고, 적절한 수준의 문제해결 시간을 학생들에게 할당하는 데 자신의 전문성이 있어야 한다.

- **의사소통**

  탐구 수업 모형에서의 의사소통 기술은 문제를 설정하고 의도한 학습 결과를 증진시키기 위한 기본적인 지도 전략으로서 질문을 활용할 수 있는 능력이다.
  교사는 명확하고 간결하게 의사소통해야 할 필요가 있다.

- **교수 정보**

  탐구 수업 모형을 활용하는 교사는 학생과 직접적인 의사소통을 거의 하지 않는다. 탐구 수업 모형에서 의사소통의 기본적 아이디어는 "설명하지 말고 질문하라"이다. 따라서 교사는 학생들이 탐색하고, 문제를 풀고, 여러 개의 그럴듯한 답을 찾을 수 있도록 "먼저 생각하고 나서 움직이기"를 유도하는 질문을 만들어 제시해야 한다.
  다른 유형의 교수 정보는 학생이 과제에 참여하는 동안 학생에게 주어지는 조언이나 그들이 답을 제시한 후에 주어지는 피드백 형태의 것들이다.

- **수업 정리 및 종료**

  수업 정리는 수업 중 교사가 제기한 질문의 수준과 일관성이 있어야 한다.
  교사는 정리 단계에서 질문 수준이 너무 확장되지 않도록 주의해야 한다.

| 표 5.6 | 탐구 수업 모형에서 질문의 형태

수준	공통적인 질문 형태	예시
지식	"~을 보여주겠니?" "~을 말해 보겠니?"	• 누가 슬라이딩의 첫 부분을 정확한 방법으로 보여줄 수 있을까? • 테니스 복식 경기에서 파트너가 서브를 넣을 때 어디에 서야 하는지를 누가 말해 보겠니?
이해	"~을 설명해 보겠니?" "왜, 어째서 ……?" "어떻게 하여 그렇게 됐지?"	• 왜 파트너의 샷이 라인 밖으로 나갔는지를 설명해 보겠니? • 왜 농구에서 지역 수비 하기를 원하지? • 어떻게 상대방이 오버헤드 스매싱 샷을 하게 되었지?
적용	"연관시켜 보겠니?" "네가 알고 있는 것으로 이것을 말해 보겠니?" "~와 얼마나 비슷한지 말해 보겠니?"	• 슬라이드와 갤럽을 결합할 수 있겠니? 할 수 있다면, 어떻게 하는지 보여주렴. • 지금 막 플래그 풋볼에서 공격시 패스 전략을 토론하였는데, 이를 기초로 만일 여러분이 수비라면 공격을 어떻게 차단할 것인지를 말해 보렴. • 핸드볼과 비슷한 하키의 수비 방법 3가지를 말해 보겠니?
분석	"는 ~과 어떤 점에서 차이가 나지?" "왜 ~하지 않았지?" "~을 분석해 보겠니?"	• 배드민턴의 낮고 짧은 서브가 높고 깊은 서브와 어떻게 다르지? 언제 각각의 서브를 사용할 수 있을까? • 왜 수축된 근육을 스트레칭하지 않았지? • 내가 몸으로 만들고 있는 형태를 학급 학생들을 위해 분석해 보겠니? 얼마나 안정적이지? 몸의 균형이 좋을까, 나쁠까? 왜?
종합	"만약 ~하다면 어떤 일이 생길까?" "~를 새롭게 해볼 수 있겠니?" "변화가 생겼다면, 어떻게 대응해야 할까?"	• 가벼운 공을 긴 도구로 친다면 어떻게 될까? • 이 음악을 활용하여 파트너와 새로운 무용을 만들어 볼 수 있겠니? • 무게중심이 변화될 때, 안정감을 높이기 위해서 어떻게 해야 할까?
평가	"~었을 때 무엇을 해야 했을까?" "~가 좋을까, 아니면 ~가 좋을까?" "~하는 이유가 무엇이니?" "그것이 ~하는 적절한 방법일까?"	• 영수가 오른쪽 위치에서 공을 가지고 있었을 때 수비수를 제치기 위해서 무엇을 해야 했을까? • 골프 퍼트를 빠르게 하는 게 좋을까? 느리게 하는 게 좋을까? 왜? • 정기적으로 달리기를 하는 것을 보았는데, 그렇게 하는 이유는? • 포핸드로 칠 때 두 손을 사용하던데, 그 방법이 적절한 방법이니?

3) 상황적 요구 조건

탐구 수업 모형에서는 상황적 요구 조건이 거의 필요하지 않기 때문에 어떤 체육수업 상황에서도 활용될 수 있다.

탐구 수업 모형에서 고려해야 할 3가지 상황적 요구 조건들은 충분한 활동 공간, 용·기구, 문제 해결 시간이다.

4) 모형의 선정과 변형

- **탐구 수업 모형에 적합한 활동들**

    탐구 수업 모형은 움직임 교육과 기술 주제 학습처럼 주로 초등학교 프로그램에서 사용되는 몇몇 체육교육과정 모형에서 나온 전략을 합쳐 놓은 것이다. 이 모형은 '질문에 의한 교수'(teaching by questioning) 방법을 주로 사용하고 '생각하고 움직이기' 과정을 강조한다. 따라서 아래 제시된 내용 영역에만 국한되지는 않는다. 그러나 주로 다음과 같은 내용을 지도할 때 효과적으로 활용될 수 있다.
    - 움직임 교육/움직임 개념
    - 교육 체조
    - 교육 게임
    - 무용
    - 팀 게임 및 뉴 게임
    - 개인 체력 개념
    - 스포츠 및 활동 개념
    - 기술 주제

- **학교 급별 적용 가능성**

    유치원 이상 모든 학생에게 적용할 수 있다.

- **다양한 학습자 수용 전략**

    탐구 수업 모형은 학생이 교사의 질문을 이해하고 답변할 수 있는 인지적, 신체적 능력을 가지고 있다면 청각, 시각, 지체, 행동 장애 학생들과 운동 기능이 낮은 학생에게 두루 적용할 수 있다.

5. 지도 계획시 주안점

1) 탐구 수업 모형 계획시 주안점

과제 발달은 학생이 더 높은 수준의 신체적, 인지적 수행으로 나아가도록 해야 한다는 사실을 항상 기억하라.

가능한 한 "질문하되 말하지 않아야 한다." 학습 과제/문제에 대해 학생에게 해결 방안을 이야기해 주던 습관을 버려라. 이 모형에서는 학생들이 스스로 답을 찾게 해야만 한다.

이 모형에서는 질문을 "충동적으로 말하는" 경향이 있다. 그러나 많은 경험이 쌓여 내용에 따라 질문이 어떻게 진전되는지를 충분히 이해하게 될 때 많은 시간을 들여 질문을 작성하고 수업 계획을 구성하는 것이 최상임을 알게 될 것이다.

질문을 최대한 명료하게 하라. 학생을 이해 능력을 기준으로 다양한 질문을 작성해야지 당신을 기준으로 삼아서는 안 된다.

수업에서는 학생이 질문에 대해 생각하고 있는 몇몇 답변을 시도해 볼 수 있도록 충분한 시간을 부여하라.

학생들에게 질문하는 형태에 대해 점검한다. 모든 학생이 언어적, 행동적 답변이 나타날 수 있도록 적절하고 공평한 기회를 제공하는지를 확인하라.

Chapter 07 전술 게임 모형

이해중심 게임지도(Teaching Games for Understanding)

전술 게임 모형은 기술지도 위주의 전통적인 게임 지도 방식에서 탈피하여 전술의 이해를 강조하는 게임지도 방식으로서, 게임 또는 게임 유사 상황에서 효과적인 전술적 결정을 내리고 실행하는 능력을 습득하는 데 초점을 둔다. 이 모형은 게임을 구성하는 두 가지 요소인 기술과 전술 중에서 기술 위주로 지도해 온 전통적인 게임지도 방식에서 탈피하여 전술의 이해를 강조하는 게임지도 방식이다. 이 모형은 기술 발달과 게임 수행에 필요한 전술 지식을 학습하기 위해 게임 구조에 대한 학생의 흥미를 활용하고자 노력한다. 따라서 이 모형에서 교사는 학습 과제를 유사한 게임 상황으로 계획하여 정식 게임 혹은 변형게임으로 이끌어간다. 이 모형의 바탕에는 학생이 한 게임의 전략(전술)을 이해하게 되면 다른 유사 게임으로까지 게임 수행력이 향상될 수 있다는 전제가 깔려 있다.

1. 개요 및 특징

1) 전술 게임 모형의 개요

전술 게임(tactical games) 모형은 Bunker와 Thorpe(1982)의 '이해중심 게임수업'에서 발전됐다. 게임을 구성하는 두 가지 요소인 기술과 전술 중에서 기술 위주로 지도해 온 전통적인 게임지도 방식에서 탈피하여 전술의 이해를 강조하는 게임지도 방식이다.

Bunker와 Thorpe는 체육 프로그램에서 학생에게 게임에 내재하는 원리를 가르쳐야 한다고 주장한다. 그 이유는 학생이 게임 원리를 배울 때에 게임 수행 기능뿐만 아니라 각 게임의 구조와 전술을 이해할 수 있다고 보기 때문이다.

전술 게임 모형은 기술 발달과 게임 수행에 필요한 전술 지식을 학습하기 위해 게임 구조에 대한 학생의 흥미를 활용한다.

전술 게임 모형에서 교사는 일련의 학습 과제들을 유사한 게임 상황으로 계획하여 정식 게임 혹은 변형게임으로 이끌어간다. 이와 같은 게임과 유사한 과제와 변형게임을 일컬어 '게임 형식'(game forms)이라고 한다.

전술 게임 모형의 중심은 전술(tactics)이다. 이때 전술은 게임과 게임 유사 상황에서 게임을 수행하는 데 필요한 전략(strategy) 및 기술(skill)의 결합체를 의미한다.

전술 게임 모형은 소위 Bunker와 Thorpe(1982)의 '이해중심 게임수업' 개념에서 발전됐다. 이들은 모든 게임을 영역형(침범형), 네트형/벽면형, 필드형, 타깃형(표적형)의 4가지 유형으로 분류하였다.

Griffin, Mitchell, Oslin(1997)에 의하면 모의 게임 활동(혹은 게임 형식)은 반드시 정식 게임을 대표할 수 있어야 하며(대표성), 전술 기능 개발에 초점을 둘 수 있도록 상황이 과장되어야 한다(과장성). 대표한다는 의미는 게임 형식이 나중에 학생이 정식 게임에 참여할 때 접하는 실제 상황을 포함해야 한다는 것이고, 과장되어야 한다는 의미는 학생이 오직 움직임의 전술 문제에만 초점을 두도록 게임 형식이 설정되어야 함을 의미한다.

2) 전술 게임 모형의 특징

- **핵심적 특징**

    이해 중심의 게임 지도를 통해 게임 전술을 습득하여 게임이나 다른 유사한 게임에 전이하여 활용한다.

- **목적**

    학생으로 하여금 게임 또는 게임 유사 상황에서 효과적인 전술적 결정을 내리고 실행하는 능력을 습득하게 하는 데 목적이 있다.

- **전술 게임 모형에서의 교사**

    교사는 내용 선정(전술 문제 결정), 수업 운영, 과제 제시 등을 주도하며, 연역적 질문들을 사용하여 학생들과 상호작용한다.

    교사는 학생의 기술과 전술을 발달시키기 위해 일련의 학습 과제들을 유사 게임 상황으로 계획한 다음 정식 게임 혹은 변형게임으로 이끌어간다.

3) 전술 게임 모형의 6단계

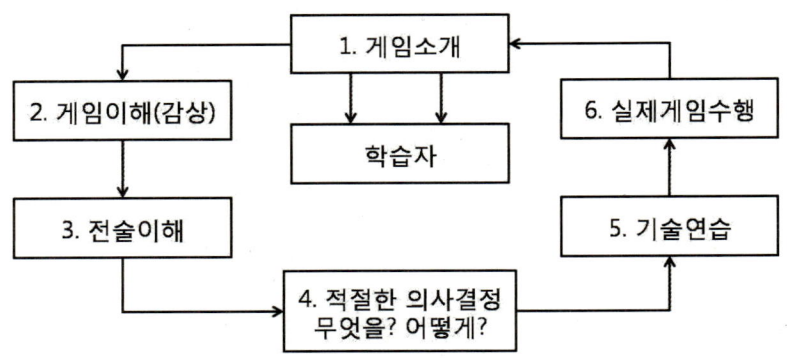

- **게임 소개**

    수행할 게임의 성격과 유형을 소개한다. 이 단계에서는 성인용 스포츠와 유사한 형태의 간이 게임이 인원수, 공간, 장비 등이 변형된 형태로 제시되는데, 비교적 쉽고 간단한 네트형 게임을 먼저 소개하는 것이 좋다.

영역형(침범형)	농구, 하키, 풋볼, 라크로스, 넷볼, 축구, 프리스비
네트형/벽면형	네트형(배드민턴, 피클볼, 탁구, 배구), 벽면형(라켓볼, 스쿼시)
필드형(타격형)	야구, 크리켓, 킥런볼, 소프트볼
표적형(타깃형)	크로켓, 당구, 볼링, 골프

- 게임 이해(게임 감상)
  게임의 역사와 전통, 규칙을 가르쳐 줌으로써 게임에 대한 학생의 흥미를 진작시킨다.
- 전술 이해
  주요한 전술 문제들을 게임 상황에서 제시하여 학생의 전술 이해(인지)를 발달 시킨다. 예를 들어, 공격 및 수비에 유리한 공간을 만들어 내는 것이 왜 중요한지를 이해시킨다.
- 적절한 의사결정
  게임 유사 활동이나 변형게임을 활용하여 전술적 지식(무엇)을 언제(시기), 어떻게(방법) 적용할 것인가에 대한 인식을 학생에게 가르친다. 테니스를 배우는 학생의 경우, 코트 뒤로 깊숙이 떨어지는 로브의 중요성을 깨달은 후에 그 기술을 배우고자 하는 욕구가 생길 수 있다.
- 기술 연습
  기술 연습과 게임 유사 활동을 통해 전술적 지식과 기능 수행을 결합시킨다.
- 실제 게임 수행
  전술과 기능을 결합하여 능숙하게 수행한다.

2. 전술 게임 모형의 기초

1) 이론적 배경 및 근거

- 전술 게임 모형의 대표적인 이론 : 구성주의와 인지학습이론
  구성주의나 인지학습이론에서는 학습자들이 단순히 기억했던 사실을 회상하거나 고정된 학습 기술을 수행하는 것이 아니라 학생의 이해 증진을 촉진하는 차원에서 사전 지식으로부터 새로운 학습이 이루어진다고 본다.
  모의 게임 형식에서 전술 문제(tactical problem)를 사용하고 운동 수행 전 인지학습을 강조하는 것은 구성주의 학습이론에 근거를 두고 있다.
- Griffin 등(1997)의 전술 게임 모형에 대한 3가지 주요 근거
  첫째, 게임과 게임 형식에 대한 학생의 흥미와 열정은 전술 게임 모형에서 긍정적인 동기유발 요인(motivator)이자 주도적인 과제 구조로서 작용한다.
  둘째, 지식은 권능감을 부여하는 힘이 있다. 학생들이 게임에 대해 깊이 이해하면 할수록 더 좋은 경기 수행자가 되고 경기 참여와 의사결정 측면에서 교사에 대한 의존도가 낮아진다.
  셋째, 학생은 자신이 이해한 것과 수행 기술을 다른 게임에 전이할 수 있다.

2) 교수·학습에 관한 가정

- **교수에 관한 가정**

    교사는 게임의 주요 전술 문제를 규명하고, 주어진 문제의 해답을 찾아나가는 데 초점을 둔 개별 과제를 조직할 수 있다.

    교사는 게임 수행에 필요한 전술 인지와 운동 기능을 발달시키는 과제를 설계하기 위해 게임 및 변형된 게임 형식을 사용할 수 있다.

    교사는 학생이 전술 문제에 몰입할 수 있도록 간접적인 학습 경험을 제공한다.

    모든 게임과 게임 형식은 성인 수준이 아닌 해당 학년의 발달 단계에 적합해야 한다.

- **학습에 관한 가정**

    대부분의 학생은 게임 참여가 적용 가능성이 거의 없는 기술 연습보다 훨씬 재미있고 흥미진진하며 실질적이라는 것을 깨닫는다.

    학생은 전술 인지와 의사결정 능력이 학습의 최우선 목표가 될 때 이들을 개발시킬 수 있다.

    전술 인지는 수행 능력의 필수 조건이다. 그러나 학생들이 게임을 잘 수행하기 위해서는 전술 인지와 의사결정 능력이라는 2가지 유형의 지식을 가져야 한다.

    전술 인지와 의사 결정은 구성주의적 방식으로 학습되어야 한다.

    전술 인지와 다른 유형의 학생 학습은 유사한 범주 내 게임 간에 전이된다.

3) 모형의 주제 : "이해 중심 게임 지도"

이해 중심 게임 지도는 게임과 게임 유사 상황에 적용될 수 있고 동시에 다른 유사한 게임들로 전이될 수 있는 깊은 수준의 이해를 촉진할 수 있다.

이 주제는 학생의 전략적 인지와 의사결정 능력을 우선적으로 강조하고 있다.

4) 학습 영역의 우선순위와 영역 간 상호작용

전술 게임 모형의 가장 기본적인 가정은 학생들이 인지적 학습을 먼저 하면 운동 기술 수행이 훨씬 원활해진다.

따라서 인지적 영역에서 주어진 전술 문제를 해결한다. 그러면 순차적으로 심동적 영역에서의 게임 수행 기능이 촉진된다.

정의적 영역은 학생들이 전략적 인지와 운동 수행을 결합하는 것을 배울 때 나타나는데, 이는 게임에 대한 감상력과 자아 존중감을 향상시키게 된다.

- 1순위 : 인지적 학습
- 2순위 : 심동적 학습
- 3순위 : 정의적 학습

5) 학생의 발달 요구 사항

- **학습 준비도**

    전술 게임 모형의 활용은 게임 또는 게임 유사 학습 과제와 그 속에 있는 전술 문제들을 이해할 수 있는 학생의 능력이 필요하다.

    전술 게임 모형이 잘 활용되기 위해서는 학생들이 상당한 수준의 듣기 능력과 지적 능력을 갖추어야 한다.

- **학습 선호도**

    전술 게임 모형은 회피적, 경쟁적, 의존적 학생에게 효과적이다.

    전술 게임 모형은 대부분 직접 교수를 활용한다. 간접적인 질문 전략들이 전술 문제를 해결하기 위해서 사용되지만, 직접 교수 모형에서처럼 교사가 대부분의 학습 환경을 통제한다. 학생의 학습 선호는 직접 교수 모형의 학습 선호와 유사하다.

6) 모형의 타당성

- **연구 타당성**

    전술 게임 모형을 적용했을 때, 게임 전술의 사용과 의사결정, 그리고 게임에 대한 관심이나 동기가 높게 나타났다.

- **실천적 지식의 타당성**

    전술 게임 모형은 게임 지도에 관한 새로운 모형으로 아직 실천적 지식이 구체화하지 않고 있지만 새롭고 타당한 모형으로 일반화될 가능성이 높다.

- **직관적 타당성**

    일부 연구자들은 전술 게임 모형이 학생들에게 게임을 가르칠 때 통상적으로 사용하는 전통적인 교수 전략과 어긋난다고 주장한다. Chandler(1996)에 따르면, 모형에서 활용하는 리드업 게임은 정식 게임 상황을 적절히 대표하지 못하며, 그릇된 성취감을 학생에게 제시할 수 있다고 본다. 그것은 게임 형식이 실제 게임이 지닌 직접성과 실제성을 가지지 못하기 때문이다.

    그럼에도 불구하고, 전술 게임 모형이 체육수업에서 활용되는 많은 이유가 있다.
    - 모든 연령의 학생은 게임하기를 좋아한다.
    - 체육 교사는 게임 내용을 잘 알고 있으며 이에 대한 전문성을 가지고 있다.
    - 게임의 구조는 학생에게 지속적으로 "실제적" 학습 과제를 제공해 준다. 또한 이들 과제들은 미래가 아니라 즉각적으로 활용할 목적으로 학습된다.
    - 전술 게임 모형은 학생의 발달적 측면을 고려한다.

3. 교수·학습의 특징

1) 수업 주도성

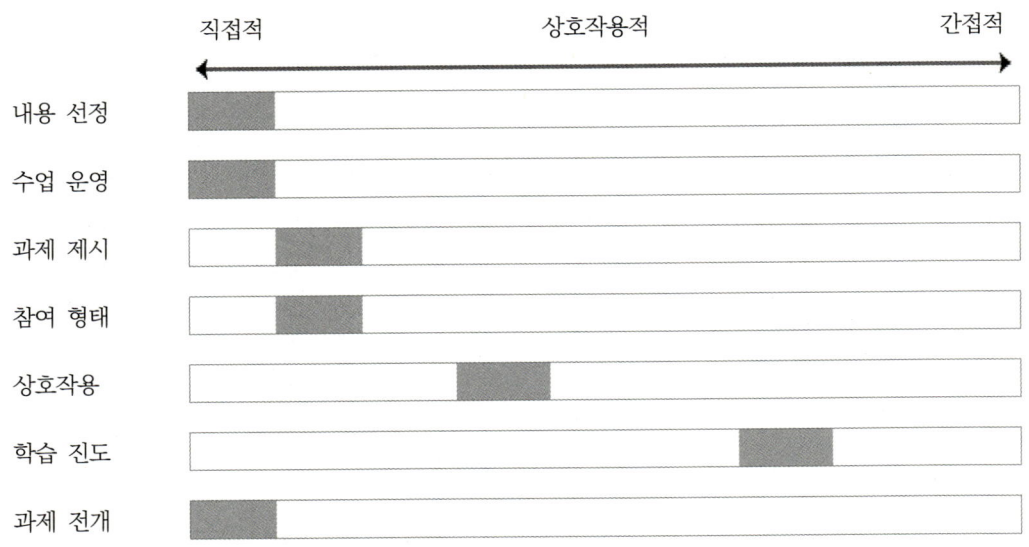

| 그림 5.9 | 전술 게임 모형의 수업 주도성 프로파일

- **내용 선정**

    전술 게임 모형의 내용은 학생이 단원을 통해 해결해야 하는 전술 문제의 계열성에 따라 제시된다.

    교사는 단원에서 가르칠 게임을 선정한 후, 전술 문제를 나열하고 학생의 전술 인지와 의사결정 능력을 개발하기 위해 사용할 게임과 게임 유사 상황을 계획한다.

- **수업 운영**

    교사는 수업 운영 계획, 수업 규칙, 그 외에 필요한 절차를 결정한다.

    이 모형에서는 각 학습 활동을 설정하고 학생들을 연습에 참여하게 하는데 많은 수업 운영 시간이 소요되기 때문에, 교사가 직접 수업 운영을 통제한다.

- **과제 제시**

    교사는 게임 지식의 가장 주요한 정보원으로 인식되기 때문에 전술 인지와 의사결정을 개발하기 위한 학습 과제를 계획하고 실행하는 유일한 존재가 된다.

    교사는 학생이 전술과 기능을 결합하는 변형 게임에 참여하기 전에 문제를 풀 수 있게 하도록, 연역적 질문을 사용하여 전술 문제를 제기한다.

    따라서, 과제 제시는 매우 교사 중심적이고, 학생들이 교사의 질문에 대답할 때 교사와 학생 간에 약간의 상호작용이 이루어진다.

- **참여 형태**

    교사는 모든 학습 과제와 과제의 구조를 결정하고, 학생들로 하여금 전술 문제를 해결하고 게임 연습을 실행하도록 지도한다. 따라서 과제 참여 형태는 교사 중심적이다.

    그 후, 학생들이 독자적으로 연습하면서 참여 형태에 대한 몇 가지 의사결정을 할 수 있다.

- **상호작용**

    교사는 대부분의 교수 상호작용을 개시한다. 먼저, 연역적 질문을 제기함으로써 학생이 전략 문제를 해결하는 데 도움을 주고, 이어서 게임 모의 상황과 기술 연습 동안 학생들에게 단서와 피드백을 제공한다.

    학생이 전술 문제를 해결한 후에도 학생의 이해를 보다 심화 개발하기 위해 교사가 연역적 질문을 계속 사용한다는 점에서, 전술 게임 모형은 다소 상호작용적이라 할 수 있다.

- **학습 진도**

    학생 중심적이다.

    학생이 게임 상황에 참여하게 되면 연습을 언제 시작하고 마칠 것인지에 대해서 학생 스스로 결정하게 된다.

- **과제 전개**

    교사 중심적이다.

    교사는 각 학습 활동이 끝나고 학생이 다음 전술 문제와 학습 과제로 이동하는 시기를 결정한다.

- **전술 게임 모형의 포괄성**

    전술 게임 모형을 활용하는 교사가 학생의 인지 능력과 기술 수행 능력의 수준 차이를 고려할 경우, 모든 학생을 포괄하여 체육수업을 계획할 수 있다.

    모든 학생이 축소형 게임, 변형 게임 또는 정식 게임에 참여한다는 점에서 포괄적이라고 볼 수 있다.

2) 학습 과제 제시

전술 게임 모형에서 활용되는 4가지 주요 학습 과제는 게임 형식, 기술 연습, 변형 게임, 그리고 정식 게임이다. 각 과제 유형은 자체적인 과제 제시 및 과제 구조를 가지고 있으며, 모두 학생들에 의한 전술 문제 해결에 초점을 맞추고 있다.

교사는 과제의 전체적 계열성 속에서 수행하게 될 전술 문제를 제기한다.

과제의 계열성은 게임 형식부터 시작된다. 게임 형식은 게임 내의 특정 영역에서 학생의 전술적·기능적 지식을 평가하기 위해 사용되는 정식 게임의 변형된 형태로 볼 수 있다.

| 표 5.7 | 초기 게임 형식의 예

게임	게임 형식	평가 적용의 예	
농구	3대 3 하프 코트	• 수비 위치 • 리바운드 위치	• 공과 관련 없는 움직임 • 수비수 사이의 의사소통
배구	2대 2	• 공격에 대한 수비 위치 • 팀 동료 간 의사소통	• 공격 패스 • 서브 전술

게임 형식이 수행되고 나면, 교사는 게임 전술 및 기술과 관련된 학생들의 요구를 조사한다. 그런 후 학습이 필요한 영역에 초점을 둔 기술 연습 방법을 고안한다.

기술 연습에 이어 학생은 초기 게임 형식으로 돌아갈 수도 있고 변형 게임으로 진도를 나아갈 수도 있다.

변형 게임은 정식 게임과 많은 부분에서 유사하지만 규칙, 점수, 경기장 크기, 게임 시간을 계획적으로 변화시킨 것이다. 이러한 변화는 학생의 발달적 준비 상태를 반영해야 하며, 학생이 주요 전술과 기술을 게임 상황에서 계속 반복 연습할 수 있도록 게임의 특정 부분이 보다 강조되어야 한다.

| 표 5.8 | 변형 게임의 예

게임	변형	초점
축구 (초등학교)	경기장의 폭과 길이를 반으로 줄이고, 골대의 크기를 줄인다.	• 공을 접하고 수비를 취할 수 있는 기회 증가 • 공과 관련 없는 움직임 • 슛의 정확성
배드민턴	오버헤드 스매시를 허용하지 않는다.	• 공격의 정확성과 터치 샷 • 랠리 오래하기

학습 과제의 마지막 형태는 정식 게임이다. 정식 게임은 게임의 모든 요소를 갖춘 것으로, 학생들이 최대한 참여해서 전술과 기능을 연습하도록 발달 단계에 적합한 형태이어야 한다.

| 표 5.9 | 과제 제시

초기 게임 형식	• 게임 형식이 원형 게임에 어떻게 관련되는지, 전술적 측면에 왜 중요한지를 설명한다. • 이 단계는 교사와 학생들로 하여금 독립적으로 반복적인 학습 과제를 통해서 개발시키고자 하는 전술 인지와 기술 영역을 규명하게 하는 데 목적을 둔다.
기술 연습	• 교사는 실제적인 학습 요구를 파악하고 게임을 잘하기 위한 요구 사항의 중요성을 학생이 이해할 수 있게 해야 한다. • 기술 연습은 직접 교수에서 했던 방식대로 제시된다. 이때 교사는 학생들이 배울 움직임 패턴을 설명하고, 시범보이며, 학생에게 언어적 단서를 제공한다. • 교사는 학생들이 게임 형식으로 되돌아가거나 변형 게임 또는 정식 게임으로 진행할 경우 기술을 수행하는 방법뿐만 아니라 그 기술을 사용하는 방법과 이유를 설명해야 한다.

변형 게임	• 변형 게임은 정식 게임의 전술 및 수행의 복잡성을 줄이기 위해 고안되었으며, 학생들이 특정한 부분에 초점을 맞추어 여러 번 시도하는 것이 허용된다. • 교사는 전술적인 목표를 진술함으로써 학생들이 변형 게임에서 제시된 하나 이상의 전술 문제에 접근하도록 유도한다.
정식 게임	• 교사는 게임 단계를 설정하고, 게임이 시작되기 전 학생이 해결해야 하는 전술 문제를 부과한다. • 학생이 훌륭한 전술적 이해와 필수 경기 기술을 가지게 되었다고 교사가 확신할 경우, 정식 게임을 제시한다.

| 표 5.10 | 과제 구조

초기 게임 형식	• 게임 형식은 변형 게임 또는 정식 게임 맥락에서 일어나는 일반적인 상황에 대한 모의 상황으로 볼 수 있다. • 교사는, 학생들이 전술 인지, 의사결정, 기타 필요한 기술을 연습하고 평가할 수 있도록, 각 상황을 합리적으로 대표하는 학습 과제를 구성한다.
기술 연습	• 학생이 전술적 의사결정을 하는 데 필요한 기능을 개발할 수 있도록 많은 기술 연습 방식이 고안될 수 있다. 즉, 개별 연습, 2인조 연습, 소집단 연습, 대집단 연습 등 다양한 과제 구조들을 활용할 수 있다. • 기술 연습 지도는 연습 시작 전에 교사가 전술 문제를 학생에게 부과하는 것 빼고는 직접 교수 모형과 거의 유사하다.
변형 게임	• 변형 게임의 과제 구조는 '대표적'이면서 동시에 '과장'되어야 한다. '대표적'이라는 의미는 실제 상황에서 게임을 수행하고 전술을 적용할 수 있도록 변형 게임이 실제 게임과 흡사해야 한다는 뜻이다. '과장'의 의미는 게임의 어떤 측면을 과장하게 되면 학생들이 그 부분을 더 연습할 수 있는 기회를 가질 수 있을 뿐만 아니라 예측할 수 없는 게임 상황에서 다른 요소들이 발생하는 것을 제거하거나 줄임으로써 학생들이 특정한 측면에 초점을 맞추는데 도움이 되도록 한다는 뜻이다. • 변형 게임의 과제 구조는 기술 과제와 정식 게임 사이를 직접적으로 연결시키는 가교 역할을 하기 때문에 전술 게임 모형에서 중요하다. • 이는 학생의 게임 중심적 의사결정 능력을 발전시키고, 나중에 정식 게임을 수행할 때 실제 상황에서 기술을 적용하는데 도움이 된다.
정식 게임	• 교사는 학생들이 변형 게임에서 탁월한 능력을 지속적으로 보일 경우에만 정식 게임을 하게 한다. • 교사는 변형 게임에서 학생의 지식에 대해 공식적·비공식적인 평가를 할 수 있으며, 평가 결과에 따라 정식 게임을 과제 구조로 채택할지 여부를 결정한다. • 교사는 게임 중에 발생하는 '교수 순간'(teaching moment)을 관찰해야 한다. 전술 인지, 전술적 결정, 그리고 게임 기술을 지도할 적절한 시기를 잘 포착해야 한다. • 전술 게임 모형에서 정식 게임 구조의 주요 특징은 전술 인지, 전술적 의사결정, 기술 수행에 지속적인 초점을 두는 것이다.

3) 학습 참여 형태

학생들이 기능을 연습할 때 동일한 과제에 개별적으로 참여하게 된다.
게임 유사 상황과 변형 게임에서의 참여 형태는 소집단으로 이루어진다.
학생의 준비도에 따라 정식 게임은 수행되거나 수행되지 않을 수 있다.

4) 교사와 학생의 역할 및 책임

역할 및 책임	전술 게임 모형에서의 책임 주체
수업 시작	교사가 학급 전체를 대상으로 첫 번째 과제와 전술 문제를 제시하면서 수업이 시작된다.
과제 제시	교사가 과제를 제시한다. 교사는 전술적 상황을 학생에게 보여주기 위해서 교수 매체를 활용할 수 있다.
전술 문제 제시	교사는 모의 상황별로 학습 과제의 단계를 설정하고 전술 문제를 학생에게 제시한다.
전술 문제 해결	학생은 전술 문제를 해결하기 위해서 혼자 또는 소집단별로 문제에 대해 생각한다.
수업 기구의 배치 및 회수	대부분의 학습 과제가 소집단의 구조를 활용하기 때문에 모든 학생 집단은 필요한 기구를 사용하고 반환할 책임이 있다.
과제 구조	학생은 교사의 지시를 따라서 각 과제를 설정한다.
평가	교사는 각 과제에 대한 평가 방법을 설계해야 한다. 설계가 이루어지면 학생 또는 교사에 의해서 평가가 이루어진다.

5) 교수 과정의 검증

- 교사

기 준	검증 방법
전술 문제를 각 학습 과제의 핵심으로 활용한다.	전술 문제가 작성된 내용 목록을 점검한다.
학생들의 지식을 평가하기 위해 각 단원을 세분하여 게임 형식으로 시작한다.	단원 계획을 점검한다.
게임 형식으로부터 필요한 전술과 기술 영역을 확인한다.	교사는 각 단원의 일부에서 전술적 영역 목록을 작성할 수 있으며 각 게임 형식을 관찰한 후 각 영역에서 학생의 지식을 지필 평가할 수 있다.
연역적 질문을 활용해 문제를 해결할 수 있도록 한다.	교사의 교수학습과정안을 점검한다. 질문 목록과 학생의 반응을 작성한다.

기 준	검증 방법
모의 상황으로 설정한 학습 과제에 대해 의사소통을 분명히 한다.	학생이 과제를 조직하는 것을 관찰한다. 학생은 교사의 지시에 따라서 신속하게 과제를 설정하고 참여한다.
학습 과제를 실시하는 동안 높은 비율의 피드백을 제공한다.	교사의 수업 상호작용의 내용과 빈도를 기록한다.
해당 수업의 전술 문제를 포함하여 학습 정리를 한다.	교사의 교수학습과정안을 점검한다. 교사가 수업 말기에 실시하는 이해 여부 점검의 횟수를 기록한다.
평가	교사의 단원 및 교수학습과정안을 점검한다. 교사가 만든 전술적 의사결정 및 기술 수행에 관한 체크리스트를 점검한다.(예: 게임수행 평가도구)

• 학생

기 준	검증 방법
학생들에게는 전술 문제의 연역적인 질문에 대해 생각할 수 있는 시간이 제공된다.	교사의 대기시간 활용을 관찰한다. 각 학생이 대답해야 하는 횟수를 기록한다.
학생들은 모의 상황으로 제시된 학습 과제를 구성하는 방법을 이해한다.	학생이 과제를 조직하는 것을 관찰한다. 학생은 교사의 지도를 따라, 신속하게 과제를 설정하고 참여한다.
학생은 모의 상황으로 제시된 전술적 의사결정을 한다.	각 학습 과제 동안 교사의 질문에 대해 학생이 답한 정답과 오답을 기록한다. 각 학습 과제 동안 학생의 전술적 의사결정과 기술을 관찰한다.
게임 변형은 발달 단계적으로 적합해야 한다.	학생의 참여를 관찰한다. 게임 변형은 너무 단순하거나 복잡한 것이 아닌가?
학생은 과제 전개에 따라 학습해 나가면서 전술적 지식을 발전시켜 나간다.	게임 형식, 변형 게임, 정식 게임을 게임수행 평가도구를 가지고 모니터한다. 학습 과제의 복잡성이 증가할수록 나타나지 않는 게임수행 요소를 기록한다. 과제의 복잡성이 증가할 때마다 가끔 누락되는 요소가 있을 것이나 그것은 일시적인 현상이다.
학생은 전술 인지, 의사결정, 상황 기술을 학습한다.	게임수행 평가도구 또는 다른 실제 평가 방법을 가지고 학생을 평가한다.

6) 학습 평가

전술 게임 모형의 주요 학습 목표는 학생이 게임 또는 게임 유사 학습 활동에서 전술 문제를 구성하고 수행하는 것이다. 학생의 학습 성취도는 게임 상황에서 무엇을, 어떻게 정확하게 수행할 것인가를 제대로 아는가? 여부에 의해 평가된다. 전술 게임 모형을 사용할 때 수업 목표가 잘 설정되면 타당하고 실제적인 평가 기법을 고안하는데 도움이 된다. 전술 게임 모형에서 평가는 게임이 진행되는 동안 전술적 결정을 하고 실행하는 학생의 능력에 초점이 맞추어져서 이루어져야 한다. 평가는 게임 상황을 대표하는 게임 형식, 변형 게임, 정식 게임 등이 진행되는 상황을 관찰하면서 이루어지는데, 게임 진행 중의 평가이기 때문에 실제성이 높다.

- **게임 통계 자료의 평가**

  팀의 경기를 보다 잘 평가하려면 경기 내용을 요약한 게임 통계를 살펴봐야 한다.

  게임 통계는 선수가 골을 넣은 횟수와 지역, 공 소유 시간, 범한 실책의 횟수와 양 팀이 범한 반칙 수에 대한 정보가 반영되어야 한다.

  게임 통계 자료는 학생들에게 제공되어 활용될 수 있다.

- **전략적 의사결정과 기술 수행의 평가**

  학생의 게임 수행을 게임 통계로 평가하는 것이 유용하지만, 그 정보는 교사에게 경기 중 학생이 전술적 결정들을 어떻게 수립하고 실천했는지를 알려주지는 않는다.

  Griffin, Mitchell, Oslin(1997)이 개발한 게임수행 평가도구(GPAI)는 여러 유형의 게임에서 학생의 전술적 지식을 평가하는 데 활용할 수 있는 기본적인 평가 방법이다.

  특정 게임에서 GPAI를 활용할 때, 교사는 7가지 요소 중 어떤 요소가 게임에 적용되는지를 파악하고, 각 요소에서 좋은 전술적 의사결정과 수행을 나타내는 한 가지 이상의 기준을 결정한다.

  GPAI는 각 요소의 3가지 수행 측면, 즉 의사결정의 적절성(적절/부적절), 기술 실행의 효과성(효과적/비효과적), 보조하기의 적절성(적절/부적절)에 초점을 맞춘다.

| 표 5.11 | GPAI의 게임수행 요소

요소	수행평가 기준
돌아오기	선수가 기술 시도들 사이에 홈 또는 제자리로 적절하게 돌아오기
적응하기	게임 진행에 필요한 수행자의 공격적이거나 수비적인 움직임
의사결정	게임 중에 공을 가지고 수행할 내용에 대해 적절하게 선택하기
기술실행	선정된 기술의 효과적인 수행
보조하기	소속 팀이 공을 가지고 있을 때 패스를 받을 수 있는 위치로 움직이기
커버하기	소속 팀원이 공으로 기술을 시도하거나 상대편의 공에 접근할 때 방어적으로 지원하기
마크하기	공을 가지고 있거나 가지지 않은 상대 팀원을 수비하기

| 표 5.12 | 축구에서 GPAI의 활용 예

관점	기준
의사결정	1. 선수가 열린 공간에 위치하고 있는 동료에게 패스를 시도한다. 2. 선수가 적절한 시기에 슛을 시도한다.
기술실행	수용: 패스를 통제하고, 공을 차거나 패스할 태세를 갖춘다. 패스: 공을 목표 지점의 팀원에게 보낸다. 슛: 슈팅한 공이 머리 아래 적절한 높이로 목표를 향해 날아간다.
보조하기	선수가 패스를 받을 수 있는 적절한 위치로 이동하거나 공을 가진 팀원 옆으로 따라가면서 팀원을 보조한다.

교사는 게임에 참여하고 있는 각 학생을 관찰하고, 선택된 요소에 해당하는 전술적 지식(의사결정)과 기술실행의 적절성과 효과성을 기록한다.

Griffin 등(1997)은 학생의 게임수행 점수가 의사결정 및 기술실행의 적절성/부적절성과 효과성/비효과성 사이의 균형을 나타낼 뿐 절대적인 점수가 아님을 강조한다. 게임 상황에서 긍정적인 (적절한) 사례 수가 많은 학생이 적은 학생보다 반드시 높은 점수를 받게 됨을 의미하지는 않는다. 높은 GPAI 점수는 학생이 부정적인(부적절한) 사례에 비해 긍정적인 (적절한) 사례 수를 많이 가질 때 발생한다.

이러한 점수 방식은 학생이 적절한 전술적 의사결정을 많이 하고 부적절한 의사결정을 적게 하도록 격려한다. 따라서 좋은 플레이를 많이 했다고 해서 반드시 더 좋다고 볼 수 없다. 중요한 것은, 긍정적인(적절한) 전술적 의사결정에 비해 잘못된 의사결정을 하는 횟수를 줄여 나가는 것이다.

아래 표에서 '김철수'의 예를 살펴보면, 그는 약 30초에 1번씩의 게임 참여(10분 동안에 총 21번)를 한 것으로 나타났다. 김철수의 경우, 간이 축구 게임 구조에서 높은 비율의 게임 참여를 한 것이 아니기 때문에 교사는 그에게 좀 더 적극적으로 게임 활동에 참여하라고 격려할 수도 있다. 그러나 그의 GPAI 게임 수행 지수(점수)를 보면, 그가 수행한 의사결정 중에서 약 79%가 적절하거나 효과적인 것으로 나타났다. 이는 그가 게임에 직접 참여한 경우에 매우 적절하고도 효과적으로 의사결정을 했다는 것을 보여준다.

| 표 5.13 | 10분간의 3대3 간이 축구 게임에 대한 GPAI의 예

이름	의사결정		기술실행		보조하기	
	적절	부적절	효과적	비효과적	적절	부적절
김철수	xxxxxx	x	xxxxxx	x	xxxxxxx	xxxx
이용식					xxx	xxx
신주희	xxxxx	x	xxxxx	x	xxxx	x
남시우	xx	x	xxx	x	xxxxx	xx
배건우	xxx	xx	xx	xxx	xx	x
남서연	x	xx	x	xx	xxxxxxx	x

항목	계 산 법
게임참여	적절한 의사결정의 수 + 부적절한 의사결정의 수 + 효과적인 기술실행의 수 + 비효과적인 기술실행의 수 + 적절한 보조움직임의 수
의사결정 지수 (DMI)	적절한 의사결정의 수 ÷ (적절한 의사결정의 수 + 부적절한 의사결정의 수) × 100
기술실행 지수 (SEI)	효과적인 기술실행의 수 ÷ (효과적인 기술실행의 수 + 비효과적인 기술실행의 수) × 100
보조하기 지수 (SI)	적절한 보조움직임의 수 ÷ (적절한 보조움직임의 수 + 부적절한 보조움직임의 수) × 100
게임수행	[DMI + SEI + SI] ÷ 3(사용된 항목의 수)
김철수의 GPAI 평가의 예 : 게임참여=6+1+6+1+7=21 기술실행 지수=6÷(6+1)×100=86 게임수행 지수=(86+86+64)÷3=79	의사결정 지수=6÷(6+1)×100=86 보조하기 지수=7÷(7+4)×100=64

4. 교사 전문성 및 상황적 요구 조건

1) 교사의 전문성

- **발달 단계에 적합한 수업**

  게임이나 변형 게임은 학생 입장에서 상대적으로 높은 수준의 인지적·심동적 준비성이 필요한 복잡한 수업 환경에서 이루어진다.

  전술적 의사결정을 수행하는 데 필요한 당면한 전술 문제와 기능의 복잡성은 학생의 발달 수준과 일치해야 한다.

- **학습 영역의 목표**

  전술 게임 모형은 인지적·심동적 영역의 상호작용에 기초한다.

  교사는 일련의 연역적 질문들을 통해 학생들이 전술 문제를 해결하고 그 후 다양한 과제 구조 유형 안에서 전술적 의사결정을 하도록 지도한다.

- **과제 분석 및 과제 발달**

  전술 게임 모형의 과제 분석은 게임을 능숙하게 하는 데 필요한 전술적 지식과 기술에 근거한다.

  교사는 게임 형식, 기술 연습, 변형 게임, 정식 게임의 4가지 주요 과제 구조에 대해서 학생의 준비 상황을 정확하게 평가할 수 있어야 한다.

  전술 게임 단원은 학생의 전술 인지, 의사 결정력, 기술들을 평가하기 위해 활용되는 게임 형식으로 시작한다.

- 체육교육 내용

    교사는 전술 게임 모형을 활용하여 지도하는 게임에 대한 탁월한 전문성이 있어야 한다.

    교사는 전술적 요구 사항을 확인하고, 전술 문제를 형성하며, 발달상으로 적합한 게임 형식과 변형 게임을 설계할 수 있을 만큼 각 게임에 대해 잘 알고 있어야 한다.

    교사는 모든 경기자의 위치와 게임 흐름 중 발생할 수 있는 가장 전형적인 전술 상황을 알고 있어야 한다.

- 평가

    전술적 지식은 인지적 영역과 심동적 영역의 두 가지 학습 영역에서 나타난다.

    전술 게임 모형에서 평가는 학생이 게임에 참여하는 동안 이루어지는 실제 평가 기법으로 이루어진다.

2) 핵심적인 교수 기술

- 수업 계획

    전술 게임 모형의 단원 계획은 단원이 시작되기에 앞서 계획되어야 한다.

    수업 계획은 학생들의 전술적 지식과 기술을 판단하는 데 활용되는 첫 번째 게임 형식을 시작 하기 전에 수립되어야 한다.

    전술 문제는 초기 게임 형식 후의 모든 학습 과제의 출발점이 된다.

- 시간 및 수업 운영

    학습 과제는 게임 상황을 모의 상황으로 설계해야 하므로 교사는 각각의 기능 연습, 게임 형식, 변형 게임에 대한 상세한 계획을 수립할 필요가 있다.

    훌륭한 계획은 학생들의 참여율을 높이고 학생들에게 게임 기술의 연습 기회를 많이 제공할 수 있다.

- 과제 제시 및 과제 구조

    전술 게임 모형에서의 과제 제시는 직접 교수의 과제 제시와 유사하다. 다만 각 과제가 시작되기 전 전술 문제를 해결하기 위해 연역적 질문들이 더해진다.

    과제 제시에는 연습해야 하는 기술이나 상황의 전술적 중요성뿐만 아니라 수립해야 하는 주요 전술적 의사결정에 대한 설명이 포함되어야 한다.

- 의사소통

    이 모형에서는 많은 상황 학습 과제가 제시되기 때문에 의사소통 기술이 중요하다.

    각 과제는 연습 상황과 수립해야 할 중요한 전술적 의사결정에 대한 충분하고도 명확한 설명을 요구한다.

- 교수 정보

    대부분의 교수 정보는 학생이 연습하는 동안 언어적 상호작용 형태로 교사에 의해 제시된다.

    학생들이 상황 학습 과제를 연습할 때 교사는 높은 비율의 언어적인 안내와 피드백을 제공해야 한다.

- **수업 정리 및 종료**

    수업에서 학생에게 제시된 전술 문제가 수업 정리의 초점이 된다.

    수업 정리는 차시에 계획된 전술 문제와 학습 과제를 예습하는 데 활용될 수 있다.

3) 상황적 요구 조건

전술 게임 모형은 거의 모든 체육교육 내용에서 활용될 수 있다.

전술 게임 모형을 사용하려면, 학생이 기다리지 않고 모두 참여할 수 있도록 충분한 기구와 수업 공간이 확보되어야 한다.

4) 모형의 선정과 변형

- **전술 게임 모형에 적합한 활동들**
    - 낮은 조직 수준의 게임(태그 게임, 집단 게임)
    - 새로운 게임이나 기타 창의적 게임
    - 협동 게임
    - 개별 또는 2인조 게임
    - 팀 스포츠
- **학교 급별 적용 가능성**

    교사가 전술적 복잡성과 게임 수행에 필요한 기술적 조건들을 학생의 능력과 일치시킬 수 있다면, 전술적 게임 모형은 다양한 범위의 발달 단계 학생들에게 활용될 수 있다. 초등학교 고학년(4~6학년) 이상의 모든 학생에게 적용할 수 있다.

- **다양한 학습자 수용 전략**

    전술적 게임 모형은 청각, 시각, 지체, 언어, 행동 장애 학생들과 운동 기능이 낮은 학생들에게 모두 적용할 수 있다.

5. 지도 계획시 주안점

1) 전술 게임 모형 계획시 주안점

내용은 기술이 아닌 전술적 문제에 근거해야 함을 기억한다. 예를 들어서 농구 수업의 초점은 '슛하기'가 아니라 '슛을 하기 위한 열린 공간으로 이동하기'가 되어야 할 것이다.

게임 형식을 가능한 한 단순하게 할 뿐만 아니라 실제 게임과 유사하게 만든다. 즉 완전한 형태의 게임에 가까운 요소들을 포함하고 있어야 한다.

학생들이 너무 오랫동안 한 게임에 참여하지 않도록 유의한다. 한 가지 이상의 전술적 문제가 규명되고 나면 다른 게임으로 이동한다. 예를 들어, 3대3 배구를 15점제로 하지 않는다. 그 이유는 15점제로 하면 시간이 많이 소요되기 때문이다. 점수가 몇 번만 나도 전술적 문제들은 거의 구체화 된다.

학생들에게 생소한 게임을 하게 되면 전술적 문제가 무엇이 될지를 예상하고 시간에 맞추어 학습 과제를 배치할 수 있어야 한다.

가능한 한 학생들로 하여금 그들 스스로 전술적 문제를 발견하도록 한다. 만약 학생들이 스스로 전술적 문제를 해결하고 게임의 어떤 측면에서 개선을 요구하게 될 경우, 학생들은 더욱더 학습 과제에 충실할 수 있을 것이다.

유사 학습 과제들은 어느 정도 실제성을 가지고 있어야 하며, 전술적 문제에 초점을 맞추어야 함을 인식해야 한다. 예를 들어 학생들로 하여금 단순히 소프트볼을 잡으라고 하면 안 된다. 그보다는 그 과제에 몇 가지 요소를 부과하여 게임 상황을 만들어야 한다.

학생들이 전술적 문제에 대해서 고안해 낸 몇 가지 예상 답안을 실습해 볼 수 있도록 시간을 부여해야 한다.

평가는 실제 경기 상황에서 이루어져야 한다. 이 모형에서는 평가를 위한 기능 검사를 하지 않는다.

개인적·사회적 책임감 모형

통합, 전이, 권한 위임(권능감 부여), 교사와 학생 관계
(Integration, Transfer, Empowerment, and Teacher-Student Relationships)

개인적·사회적 책임감 모형은 Hellison의 5단계 '책임감 발달 수준'을 바탕으로 학생 개개인을 위한 체육 프로그램을 구성하여 개인적·사회적으로 책임감 있는 행동을 촉진하는 것을 목적으로 한다. 5단계 '책임감 발달 수준'은 학생들의 책임감 수준을 진단하고, 그에 따른 개인적 학습 프로그램을 구성하고, 구성된 프로그램을 실행해 나가는 데 준거로 작용한다. 이 모형은 체육에서 가르치는 신체 활동의 대부분이 학생 자신과 타인에 대한 책임을 연습하고 배우는 기회들을 제공해야 한다고 본다. 따라서 이 모형은 학생들에게 일련의 계열화된 체육 활동에 참여하게 하여 교사 및 동료 학생들과 다양한 상호작용을 하게 함으로써 개인적·사회적인 책임감을 함양시키고자 하며, 수업을 진행해 나가는 동안 교사와 학생들 간, 그리고 학생들 간에 목적의식을 가진 대화와 상호작용이 많이 발생한다.

1. 개요 및 특징

1) 개인적·사회적 책임감 모형의 개요

개인적·사회적 책임감 모형은 Hellison이 대도시 불우한 청소년들에게 신체 활동을 매개로 책임감을 가르치기 위해서 개발한 모형으로, TPSR(Teaching for Personal·Social Responsibility) 모형이라고도 한다.

책임감과 신체 활동은 별개의 학습 결과가 아니므로, 이 2가지는 체육수업에서 동시에 추구되고 성취되어야 한다는 것이다. 개인적·사회적 책임감 모형은 체육에서 가르치는 내용의 대부분이 학생 자신과 타인에 대한 책임을 연습하고 배우는 기회들을 제공해야 한다고 본다.

개인적·사회적 책임감 모형은 Hellison(1995)의 '책임감 발달 수준'을 바탕으로 학생 개개인을 위한 프로그램을 구성한다.

TPSR 모형은 학생이 부적절한 행동 양식과 서투른 의사결정을 보일 때만 사용하는 "결핍"(deficiency) 모형이 아니다. 모든 학생이 긍정적 행동을 배우고 바람직한 의사결정 습관을 발달시키도록 안전한 학습 환경을 제공할 수 있다.

2) 개인적·사회적 책임감 모형의 특징

- **핵심적 특징**

    모형의 시작과 끝은 Hellison의 5단계 '책임감 발달 수준'(0단계: 무책임, 1단계: 자기 통제, 2단계: 참여, 3단계: 자기 방향 설정, 4단계: 배려, 5단계: 전이)이다. 이 5단계 '책임감 발달 수준'은 학생들의 책임감 수준을 진단하고, 그에 따른 개인적 학습 프로그램을 구성하고, 구성된 프로그램을 실행해 나가는 데 준거로 작용한다.

- **목적**

    낮은 책임감 수준의 학생에게 일련의 계열화된 학습 과제에 참여하게 하여 교사 및 동료 학생과 다양한 상호작용을 하게 함으로써 개인적·사회적인 책임감을 함양시키는 데 목적이 있다.

- **개인적·사회적 책임감 모형에서의 교사**

    교사는 내용 선정과 과제 제시 등을 주도 하고, 수업 중 학생과의 빈번한 상호작용을 한다. 개인적·사회적 책임감 지도모형에서 교사의 역할은 여러 측면에서 상담자와 유사하고, 모형의 성공적인 실행 여부 또한 교사의 능력에 많이 좌우된다.

3) 그 외의 특징

개인적·사회적 책임감 모형(TPSR)에서 정의적 영역의 학습은 계열성 있는 학습 경험과 교사와 학생 간의 상호작용에 의하여 의도적으로 계획되고 실천된다.

TPSR 모형은 교사와 학생 간, 학생들 간에 이루어지는 다양한 상호작용에 의존한다.

TPSR 모형의 성공적인 실행 여부는 교사의 능력에 많이 좌우된다.

TPSR 모형은 필요할 경우 다른 수업모형과 혼용하여 사용할 수 있다.

TPSR 모형에서 공통적인 참여의 특징 중 하나로 교사와 1인 이상의 학생 간 또는 두 사람 이상의 학생 간의 대화를 들 수 있다. 이 모형에서는 대화를 통해 수업과 관련된 모든 사람이 의사결정 과정에 참여하여 자신의 의견을 이야기하고, 질문하고, 뜻을 공유한다.

2. 개인적·사회적 책임감 모형의 기초

1) 이론적 배경 및 근거

개인적·사회적 책임감 모형은 명확한 이론적 배경이 부족하다. 하지만, 사회적 문제의 관점에서 볼 때, 가정적, 사회적 부적응 청소년들이 폭력, 마약 및 알코올 중독, 소외, 낮은 학업 성취, 건강 상실과 같이 사회 곳곳에서 직면하는 많은 위험에 대응하는데 도움이 되는 강력한 지원이 필요하다(Hellison, 2003).

개인적·사회적 책임감 모형은 체육 프로그램에서의 필요성과 활용에 대한 탄탄한 근거를 가지고 있다.

- 그러한 근거는 체육 프로그램의 내용(스포츠, 체력, 무용 등)이 '안전한' 수업 환경과 자격을 갖춘 교육 전문가의 지도 아래서, 학생 스스로나 타인에 대한 책임을 가지고 긍정적인 개인적·사회적 선택을 하는 방법들을 배울 기회를 제공한다는 것이다.
- 안전한 수업 환경은 학생이 학교 밖의 생활이 관련된 심각한 문제 없이 자신과 타인을 도울 수 있는 선택 활동을 배우고 연습할 수 있게 해준다.

개인적·사회적 책임감 모형의 또 다른 근거는 학교 프로그램에서 가르치는 대부분의 개인 및 팀 스포츠와 관련된 활동들의 내재적인 특성에서 찾을 수 있다.

- 팀 스포츠는 팀 구성원들이 팀 목표 달성을 위해 각자의 개인적 임무를 수행하고 공동으로 협력하는 명백한 예들을 제공해 준다.
- 심지어 골프나 테니스 같은 개인 스포츠 선수들도 주요 타자들(코치, 트레이너, 후원자들)에게 의존하게 된다.
- 팀의 모든 구성원은 팀의 성공에 필요한 역할을 인지하고 책임을 떠맡는다.
- 개인적·사회적 책임감 모형은 그러한 학습 기회들을 가장 적절하게 마련하는 교수 계획을 제공할 수 있다.

2) 교수·학습에 관한 가정

- **교수에 대한 가정**

    자신과 타인에 대한 책임감은 높은 수준의 교육적 의도를 가지고 지도될 수 있다.

    교사들은 책임감과 의사결정 학습을 체육 프로그램의 내용 학습과 별개로 취급해서는 안 된다. 즉, 한 가지를 다른 것보다 중요하게 취급하거나 두 가지를 따로따로 추구하는 것은 바람직하지 않다.

    최상의 수업은 학생들이 신체 활동 환경 내에서 긍정적으로 개인적·사회적 의사결정을 하도록 권한을 부여하고, 그러한 의사결정을 실행하도록 도와주는 것이다.

- **학습에 대한 가정**

    학습은 학습자 중심으로 이루어져야 한다. 활동 내용은 학생들에게 교육적으로 의미가 있어야 하고, 긍정적인 의사결정을 연습할 수 있는 다양한 기회를 제공해야 한다.

    개인적·사회적 책임감 모형 구조의 일부 수준은 책임감을 가르치도록 계획될 수 있다. 그러나 학습자들이 반드시 똑같은 패턴으로 향상할 것이라는 예상을 하지는 말아야 한다. 교사가 TPSR 모형을 적절하게 사용하게 될 경우, 성공과 실패 모두 학생에게 학습을 위한 기회를 제공할 수 있다.

3) 개인적·사회적 책임감 모형의 주제 : "통합, 전이, 권한 위임(권능감 부여), 교사와 학생의 관계"

- **통합(integration)**

  교사가 신체 활동 내용의 학습과 개인적·사회적 책임감의 학습을 서로 분리하지 않고 통합하는 것을 의미한다. TPSR 모형에서 교사는 책임감 학습 기회를 제공하는 신체 활동 내용에 학생을 참여시킴으로써 학습 결과 간의 연계성을 도모한다.

- **전이(transfer)**

  학생들이 체육관이라는 상대적으로 통제된 환경에서 책임있게 행동하던 모습을 학교생활, 방과 후, 그리고 지역 공동체와 같이 다소 예측하기 힘든 환경에서도 긍정적인 의사결정을 하는 모습으로 전이할 수 있도록 교사가 학생들을 인도하는 것을 의미한다.

- **권한 위임(empowerment)**

  학생들이 삶의 많은 부분에 대해 자결권(자기 결정권)을 인식하고 높은 수준의 자결권에 근거해서 행동하는 것을 의미한다. 이는 학생이 자신의 삶을 책임지는 주체라는 사실을 자각하는 것이 관련된다.

- **교사와 학생의 관계(teacher-student relationship)**

  교사와 학생의 관계는 개인적·사회적 책임감 모형의 필수적인 요소이다. TPSR 모형에서 이뤄지는 상호작용의 대부분은 경험, 정직, 믿음, 그리고 의사소통에 의해 형성되는 개인적 대인 관계에 토대를 둔다.

4) 학습 영역의 우선순위와 영역간 상호작용

- **학습 영역의 우선순위**

  개인적·사회적 책임감 모형은 교수에 대한 총체적인 접근을 가능하게 한다.

  많은 사람이 얼핏 생각하는 것처럼, 정의적 영역이 다른 영역보다 절대적인 우위에 있는 것은 아니다.

  학습 영역의 우선순위는 현재의 학습 활동의 초점을 어디에 두느냐에 따라 결정되며, 수업과 단원에서 여러 번 바뀔 수 있다.

  초기의 학습 영역의 우선순위는 인지적 또는 심동적 영역에서 교사가 진술한 학습 목표에 의하여 결정된다. 그러나 계획된 학습 과제에 학생들이 참여하게 되면 개인적·사회적 기술들을 발달시킬 기회를 갖게 되고, 그러한 목표가 우선순위를 차지한다.

  즉, 학생들은 여전히 처음과 동일한 기술 연습에 참여하지만, 다른 사람들의 안전을 고려하고, 착하게 행동하며, 타인을 돕는 것과 같은 목표가 강조되게 된다.

- **학습 영역간 상호작용**

  개인적·사회적 책임감 모형에서는 3가지 학습 영역이 역동적으로, 때로는 예측 불가능한 방식으로 상호작용한다.

  학습 영역의 우선순위와 영역 간 상호작용도 언제든지 변할 수 있다.

5) 책임감 수준(Hellison)

수준	특징	의사결정과 행동의 사례
5	전이	• 지역 사회 환경에서 타인 가르치기 • 집에서 개인적 체력 프로그램 실행하기 • 청소년 스포츠 코치로 자원하기 • 학교 밖에서 훌륭한 역할 본보이기
4	배려	• 타인의 말을 먼저 단정하지 않고 경청한 후 대응하기 • 거드름 피우지 않고 돕기 • 타인의 요구와 감정을 인정하기
3	자기 방향 설정 (자기 책임감)	• 교사 감독없이 과제 완수하기 • 자기 평가 및 자기 목표 설정 가능 • 부정적인 외부 영향에 저항할 수 있음
2	참여	• 자기 동기 부여하기 • 의무감 없이도 자발적 참여하기 • 학습을 열심히 시도하기(실패하는 것도 무방함)
1	자기 통제 (타인의 권리와 감정 존중)	• 다른 사람을 방해하지 않고 참여하기 • 타인을 고려하면서 안전하게 참여하기 • 자기 통제 모습 보여주기(기질, 언어 측면에서) • 평화로운 갈등 해결을 시도하기
0	무책임	• 참여 의지 없음 • 어떠한 수준의 책임감도 수용할 의사 없음 • 자기 통제 능력 없음 • 다른 사람들을 방해하려 함

※ 수준 0은 긍정적 의사결정이나 책임감이 없기 때문에, 학생을 기술하는 데 거의 사용되지 않는다.

6) 학생의 발달 요구 사항

- **학습 준비도**

    다른 수업모형들에 적용되는 것과 같은 것으로, 단원 내용을 학습하려는 학생들의 신체적·인지적 준비 태세를 의미한다.

    개인적·사회적 책임감 모형에서는 2가지 측면의 학습 준비도가 필요하다. 즉, 첫 번째는 신체적, 인지적 학습 준비 태세가 되어 있어야 하고, 두 번째는 개인적·사회적 책임감을 배울 준비가 되어 있어야 한다.

- 학습 선호도

    개인적·사회적 책임감 모형에서 학생의 선호도는 역동적이다.

    교사는 학생들의 학습 유형(회피적/참여적, 경쟁적/협력적, 의존적/독립적)을 결정하여, 그것을 학생들이 참여적, 협력적, 독립적인 방향으로 옮겨 가도록 하는 데 필요한 내용과 특정 전략을 결정하는 출발점으로 삼게 된다.

    개인적·사회적 책임감 모형은 학생의 학습 준비도와 학습 선호도를 다양한 방식으로 변화시키려고 시도하는 유일한 모형이며, 그것이 이 모형의 주요 목적이기도 하다. 즉, 학생들로 하여금 내용과 책임감을 학습하려는 준비도를 변화시키고 그러한 변화 과정에 그들이 자발적으로 참여하도록 유도한다.

7) 모형의 타당성

- 연구 타당성

    개인적·사회적 책임감 모형에 관한 광범위한 연구는 아직 이루어지지 않았지만, 이 모형을 통해 개인적·사회적 기술과 책임감을 가르치는 것이 효과적이라고 밝히는 연구 결과들이 등장하고 있다.

- 실천적 지식의 타당성

    개인적·사회적 책임감 모형은 Hellison과 그의 동료들 그리고 미국과 몇 개의 국가에 걸친 교사들의 경험들로부터 발전되어 왔다.

    그러나 실천적 지식의 타당성은 다음과 같은 2가지 이유로 도전을 받고 있다. 첫 번째 이유는 실제로 완성된 모형을 활용하는 교사가 거의 없고, TPSR 모형을 사용하는 경우에도 부분적으로만 사용한다는 점이다. 두 번째 이유는 모형의 성패가 특수한 맥락에서만 적용되는 의사결정을 해야 하는 교사의 능력에 좌우된다는 점이다.

- 직관적 타당성

    개인적·사회적 책임감 모형의 근거 자체가 직관적 타당성의 이유가 될 수 있다.

    정의적 영역의 학습은 대부분의 다른 모형들의 경우에 간접적으로(즉, 인지적, 정의적 영역 학습의 부산물로) 이루어지는 데 반해, 개인적·사회적 책임감 모형에서는 프로그램의 다른 내용과 똑같이 일련의 계열화된 학습 경험과 교사-학생 간의 상호작용에 의해 의도적으로 계획되고 실행된다.

3. 교수·학습의 특징

1) 수업 주도성

- **내용 선정**

  교사는 학생들의 현재 수준을 확인하고 적절한 학습 활동을 계획한 후 TPSR 모형의 내용을 결정한다.

- **수업 운영**

  학생들이 낮은 수준의 책임감을 가지고 있을 때, 교사가 수업 운영과 관련된 의사결정과 학생 행동에 대한 통제를 직접적으로 한다.

  학생들이 높은 수준의 책임감을 나타내면, 교사는 학생들에게 수업 운영 사항에 대해 더 많은 결정권을 부여한다.

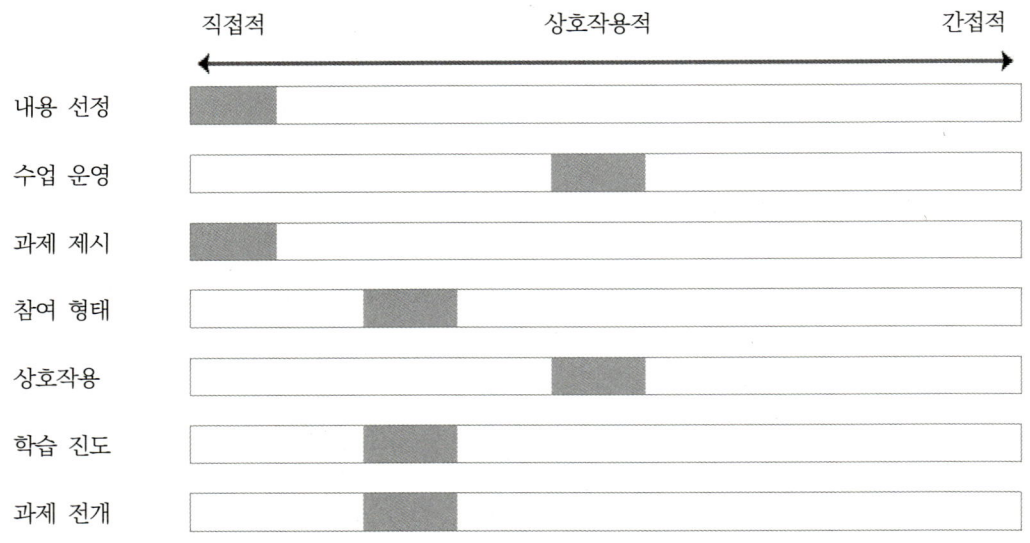

| 그림 5.10 | 개인적·사회적 책임감 모형의 수업 주도성 프로파일

- **과제 제시**

  TPSR 모형에서 개인적, 사회적 책임감을 다루는 과제의 제시는 교사에 의해 이루어지며, 일반적으로 교사의 관찰과 학생의 현재 수준 평가에서 출발한다.

  [예] 교사는 많은 학생들이 배구 경기에서 심판과 논쟁을 벌이는 것을 관찰한 후, 경기를 중단시키고 수업하는 학생들이 모두 주목하도록 요청한다. 교사는 학생들의 그러한 행동이 수준 2(참여와 노력)를 나타내는 것이라고 지적하면서 '지금쯤이면 여러분은 다음 수준(자기방향 설정)에 있어야 하지 않느냐'고 이야기한다. 결국 교사는 경기의 다음 15분을 '목표 설정하기 계획'으로 이용하기로 하고, 학생들에게 그것을 과제로 제시한다.

- **참여 형태**

    TPSR 모형은 다양한 참여 유형을 이용하지만, 교사는 학생이 언제 어떻게 참여할지를 결정한다.

    교사는 개인적·사회적 책임감을 증진시키기 위한 적절한 전략은 물론이고 학생의 현행 수준을 잘 알기 때문에, 참여 유형을 결정하여 학생들에게 알려준다.

    학생이 높은 책임감 수준에서 의사결정을 할 수 있는 능력을 보여주게 되면, 교사는 학생에게 참여 형태에 대한 통제권을 넘겨주게 된다.

- **상호작용**

    TPSR 모형의 특징 중 하나는 교사가 학생들과 항상 상호작용한다는 점이다. 이 모형의 가장 중요한 주제 중 하나가 교사와 학생의 관계이다. 이러한 관계는 교사와 학생 사이에 정규적으로 이루어지는 언어적, 비언어적 상호작용에 의해 형성된다.

    TPSR 모형을 사용하는 교사는 학생의 안전이 즉각적으로 위협당하는 경우에만 직접 어떤 행동을 하게 하거나 중단시킨다.

    그 외의 다른 모든 상황에서 교사는 학생들이 그들의 행동이 어떤 행동인지를 알고, 그 결과를 이해하고, 개선된 새로운 행동 유형들을 시도하도록 유도하는 방식으로 학생들과 상호작용한다.

    교사의 역할은 여러 측면에서 상담자와 유사하다. 교사는 학생이 무엇을 하고 있고 그러한 행동이 자신과 주위 사람들의 삶에 어떤 영향을 미치는지 이해하도록 도와주고 발전된 새로운 행동 양식을 시작하도록 격려한다.

- **학습 진도**

    교사는 학생이 다음 수준으로 언제 옮겨갈 지 그 시기를 결정한다. 학생이 현재 수준에서 의사결정 및 행동 측면에서 일관성 있는 패턴을 보이면, 다음 책임감 발달 수준에 해당하는 전략을 사용하기 시작한다.

- **과제 전개**

    TPSR 모형에서 학습 과제는 각각의 책임감 발달 수준에 맞게 계획한다.

    하나의 수준 내에 포함되어 있는 모든 과제들은 개인적, 사회적 발달을 위해 동일한 정도의 복잡성과 개인적 책임감을 갖도록 한다.

    하나의 과제에서 다음 과제로 전환하는 결정은 학생들이 현재의 과제에 얼마나 잘 반응하는지, 언제 그 과제를 성취했다고 보는지에 대한 교사의 생각에 달려 있다.

- **개인적·사회적 책임감 모형의 포괄성**

    TPSR 모형은 모든 학생이 자신의 현재 개인적·사회적 책임감 수준을 출발점으로 삼아 학습하기 때문에 매우 포괄적이라고 할 수 있다.

    학생이 궁극적으로 달성하기를 희망하는 책임감 수준을 스스로 결정하고 그 수준에 도달하기 위해 책임감을 떠맡게 될 때 TPSR 모형의 포괄성은 더욱 촉진된다.

2) 학습 과제(전략)

- 수준 1 전략 : 자기 통제(타인의 권리와 감정 존중)

전략	목적	과제제시
수용	모든 사람이 경기에 참여하고 그 과정에서 굴욕을 받지 않을 권리가 있다는 것을 학생들이 이해하도록 한다.	팀 선택의 안내 지침 설정 : 1) 팀들은 모두에 의해 공정하다고 합의되어야 한다. 2) 팀 구성원들이 선정되면, 모두가 다음 선택 사항에 대한 결정권을 가진다("주장의 독단적인" 결정은 안됨). 3) 팀들은 남학생과 여학생을 번갈아 선택한다. 4) 특정 팀의 선택을 조롱하지 않는다. 5) 누구나 경기 동안 모든 포지션에서 경기할 수 있어야 한다.
아코디언 법칙	학생들이 수업 지침을 잘 따르면, 좋아하는 활동을 할 수 있다는 점을 이해시킨다. 그렇지 않을 경우 좋아하는 활동을 중단시킨다. 좋아하는 활동은 5분간 계속될 수도 있고, 수업 시간 내내 계속될 수도 있다.	다음과 같은 상황이 발생할 때까지 좋아하는 활동을 계속할 수 있다. 1) 3가지 중대한 위반 발생 2) 6가지 경미한 위반 발생 3) 학생 안전이 위협받는 경우
벌칙의 단계	학생 개개인이 수업 참여 여부에 대한 결정을 스스로 내리도록 한다. 벌칙에 대한 규칙은 학생들이 결과를 예상할 수 있도록 사전에 수립한다. 학생들이 잘못된 행동을 하게 되면, 교사에 의해 벌칙이 부과된다.	첫 번째 위반 : 교사로부터 경고 신호를 받는다. 두 번째 위반 : "너 자신을 통제해. 아니면 바로 경기에서 제외할 거야!"라는 경고를 듣는다. 세 번째 위반 : 학생은 경기에서 제외되고 정해진 시간 이후에만 복귀할 수 있다. 네 번째 위반 : 교사와 학생이 교정 계획을 협의하여 타결책을 찾을 때까지 경기에서 제외한다. 다섯 번째 위반 : 교장실로 가게 하거나 집으로 돌려보낸다.
할머니의 법칙	지금 흥미가 낮은 활동에 참여하면 나중에 흥미가 높은 활동들을 할 수 있게 해준다.	교사 : "나는 여러분이 에어로빅을 좋아하지 않는다는 걸 알아요. 그렇지만 여러분이 불평 없이 15분간 에어로빅을 하면, 남는 시간에는 농구를 할 수 있어요."
실수 없는 연속 5일	수준1의 의사결정과 행동에서의 일관성을 촉진한다. 현재의 수준 에서 "0"수준으로 "퇴보"하는 것을 방지하기 위해 사용된다.	학생에게 수준1에서의 긍정적 의사결정과 행동 목록을 제공한다. 이는 학생별로 따로 준비된 계획으로서, 만약 연속적으로 5일간 규칙을 위반하지 않고 계획을 잘 따르면 수준2로 옮겨가게 해준다.

- 수준 2 전략: 참여

전략	목적	과제제시
과제의 수정	학생들이 기술이나 체력 과제에서 상이한 난이도 수준을 이해하게 한다.	기본과제, 즉 적당한 난이도 수준의 과제(예, 10m 떨어진 곳에서 축구 패스 수행하기 과제)를 시작한다. 학생이 그 과제를 10분간 수행하고 나면, 과제를 더 쉽거나 어렵게 변형하여 다시 10분간 실시하게 한다. 기본 과제가 바뀔 때마다 학생들의 반응과 참여 수준을 관찰한다.
자기 진도에 맞는 도전	학생들에게 주어진 기술 또는 체력 과제에서 자신의 능력을 이해하게 한다.	학생들에게 일련의 학습 과제(예, 배구의 서브, 언더핸드패스, 오버핸드패스)를 주고, 각 과제를 10회씩 시도하도록 한 다음 성공적으로 수행한 횟수를 헤아려 보게 한다. 그렇게 되면, 학생들은 배구에서 자신의 최적 포지션이 어디인지를 이해하게 된다.
노력에 대한 평가	학생들에게 각자의 노력과 참여에 대해 스스로 평가해 보게 한다.	학생들에게 학습 과제를 주고 10분간 연습하게 한다. 연습이 끝나면 학생들에게 참여 수준을 각자 평가하게 한다. 1은 참여(노력)가 전혀 없음, 10은 참여(노력)가 최고 수준임을 의미한다. 다음 활동에서는 이전 활동에 대한 학생들의 수준에 따라 팀을 구성한다.
초대에 의한 교수 (teaching by invitation)	학생들에게 권능감을 부여하여 학생 스스로 수업 참여 방식을 선택하도록 유도한다.	패스 기능 연습을 위한 5가지 수준별 스테이션을 설치한다. 학생들에게 도전과 성공의 균형이 맞는 수준을 각자 결정하게 한다. 그 후 학생들에게 그들이 어떻게 자신의 수준을 결정했는지를 토의하게 한다.

- 수준 3 전략 : 자기 책임(자기방향 설정)

전략	목적	과제 제시
과제 수행의 독립성	교사의 직접적 감독없이 독자적으로 과제를 수행함으로써 개별적 의사결정과 행동을 촉진한다.	• 학생들은 테니스 서브 학습에 대한 일련의 과제카드를 읽고 따라 한다. • 교사의 지시가 없어도 학생들이 본시 학습 전에 스트레칭을 완수한다. • 학생들은 자신의 심장 박동이 15분간 목표 심박수 범위 내에 있도록 한다.
목표 설정 계획	개인적 목표 달성을 위해 독립성을 초월한다.	• 학생들은 정해진 체중 감량을 위해 스스로 계획을 설계하고 실행한다. 원하는 체중 감량의 양은 학생들 각자가 정하게 한다. • 학생들은 연속적으로 "반칙 없는 날"의 수에 대한 목표를 설정한다. 목표 횟수는 학생들이 각자 정하게 한다.
상담 시간	학생들에게 자신의 의사결정, 행동, 목표 사이의 관계를 이해하도록 한다.	• 교사는 어떤 학생이 비합리적인 목표를 설정했다는 것을 알게 되면, 현실적인 목표를 설정하고 달성하는 과정을 명확히 하기 위해 그 학생과 대화한다. • 때로는 어떤 학생이 자신의 목표 달성의 실패를 다른 학생들 탓으로 잘못 비난하기도 한다. 교사가 이를 인지하면, 실패의 원인이 된 학생 자신의 의사결정과 행동을 명확히 하기 위해 그 학생과 대화하고, 향후 그 학생이 자기 통제력을 더 발휘하도록 조언한다.

- 수준 4 전략 : 배려

전략	목적	과제제시
동료 교수	학생들에게 타인에 대한 감수성을 발달시키고 책임감을 수용하는 기회를 제공한다.	• 교사는 학생들의 짝을 정하거나 모둠을 결정한다. 그 중 한 학생을 리더로 선정한다. • 교사는 리더들에게 과제를 설명하고, 리더 학생들이 각자의 모둠에 돌아가서 그 과제를 지도하도록 한다. • 교사는 훌륭한 리더의 자질에 대하여 리더와 토의한다. • 교사는 리더에게 모둠 구성원들과 협력하도록 지시한다. • 교사는 모범적인 훌륭한 리더십의 사례들을 찾아 수업 말미에 학급 전체에게 소개한다.
집단 목표 설정	집단의 목표를 달성하기 위해 독립성을 초월한다.	• 교사는 4~6명의 집단(모둠)을 구성하되, 가능한 이질적인 집단으로 구성한다. • 교사는 학생들에게 현행 체력 단원 목표와 관련하여 목표를 설정하라고 설명한다. 모둠에게는 그 목표에 도달할 때까지 2주의 기간을 준다. • 모둠들은 논의를 통해 각자의 적절한 목표를 설정한다. • 교사는 각 모둠이 도전적이면서도 실현 가능한 목표를 설정 하도록 돕기 위해 자문에 응한다.

- 수준 5 전략 : 전이

전략	목적	과제 제시
지역 사회의 자원 봉사자	교사의 직접적인 감독이 없는 환경에서 책임감을 발달시킬 수 있는 기회를 제공한다.	• 교사는 파트 타임제의 자원 봉사 코치를 찾는 몇 몇 지역 사회 단체를 확인한다. • 학생들에게 한 단체를 선택하여 방과 후 매주 하루 2시간씩 자원봉사를 하게 한다. • 교사는 봉사 시간을 체육수업 점수에 반영한다.
학급 리더	학생들에게 다른 학생들이 다음 수준에 도달할 수 있게 돕도록 한다.	교사는 수준5인 학생이 수준2인 학생들로 구성된 모둠에게 가서 "인지적 대화"(awareness talk)를 하도록 요청한다.

3) 학습 참여 형태

개인적·사회적 책임감 모형에서 교사는 기술 발달, 게임, 운동 등을 포함하는 수업을 계획하고 상황의 요구에 따라 TPSR 전략 중 하나를 사용한다.

TPSR 모형에서 참여 형태는 각 상황에 따라 독특하다.

이 모형을 사용하는 모든 프로그램의 공통된 특징은 교사와 1인 이상의 학생 간, 또는 두 명 이상의 학생 간의 대화를 들 수 있다.

대화를 통해 모든 참여자가 의사결정 과정에서 자신의 의견을 이야기하고, 질문하고, 뜻을 공유한다.

4) 교사와 학생의 역할 및 책임

기능 또는 역할	TPSR에서 책임을 지는 사람(책임자)
수업 시작	• 교사가, 학생들이 어느 수준에서 학습할 것인지를 안내하거나 수업의 개요를 설명하면서, 수업을 개시한다.
과제 제시	• 교사는 수업 중 활동 내용에 대한 과제를 제시한다.
개인적·사회적 발달과 관련된 문제점 확인	• 교사는 수업활동에 참여하는 학생들을 관찰하면서 TPSR 전략을 필요로 하는 행동들을 확인한다.
TPSR 학습 활동의 선정	• 교사는 확인된 문제점에 근거하여 어떠한 TPSR 학습 활동이 그 상황에 적합한지를 결정한다. 교사는 관련 학생들에게 왜 TPSR 활동이 당장 필요한지를 알려준다.
TPSR 활동과 관련된 변수의 결정	• 교사와 관련 학생들은 TPSR 활동의 참여 기간, 참여 목적, 참여 성과를 결정하기 위한 논의를 한다.
문제 해결	• 학생들은 많은 노력, 열린 대화, 타인 존중의 자세로 TPSR 활동에 참여할 책임이 있다.
학습 결과 평가	• 교사는 학생에게 문제 해결을 위해 그들이 해야 할 일들이 무엇인지를 명확히 설명하고 문제 해결을 위한 그들의 노력을 평가해야 한다.

5) 교수 과정의 검증

• 교사 기준

기 준	검증 방법
교사는 신체 활동 내용의 정규 수업을 계획한다.	• 교사는 수업 계획서를 점검한다.
교사는 각 학생의 책임감 수준을 안다.	• 교사는 현재의 수준을 포함한 모든 수준에서 걸쳐 각 학생의 향상 과정 기록을 갖고 있다.
교사는 필요한 TPSR 학습 활동을 확인한다.	• 교사는 학생들의 신체 활동들을 관찰하여 TPSR 학습 활동 중 하나를 활용해야 할 필요가 있는 행동에 주목한다.
교사는 곧 실시할 TPSR 활동의 필요성을 설명한다.	• 교사의 설명을 관찰한다.
교사는 곧 실시할 TPSR 활동에 대해 기대하는 바를 명확히 제시한다.	• 교사는 자주 이해 여부를 확인한다.
학생들이 의사결정 과정과 목표설정 과정에 참여하도록 한다.	• 교사가 학생들과 상호작용하는 것을 관찰한다. • 학생들에게 의사결정과 목표설정 과정의 참여 기회를 제공받았다고 느끼는지 질문한다.
개인적·사회적 책임감에 대한 학생의 발전 과정을 토의하기 위해 학습 정리 및 수업 종료 시간을 갖는다.	• 교사의 수업 계획을 점검한다. • 학습 정리와 종료 부분에서 교사가 학생과 상호작용하는 것을 관찰하고 기록한다.

- 학생 기준

기 준	검증 방법
학생들은 자신의 수준을 안다.	• 학생들에게 자기 수준을 이야기하도록 한다. • 학생들에게 자신의 수준에서 제시할 수 있는 행동과 의사결정의 사례를 제시하도록 요청한다.
학생들은 TPSR 학습 활동이 필요한 이유를 이해한다.	• 교사 설명이 이뤄질 때 학생들을 관찰하여, 교사가 관찰한 내용에 동의하는지를 확인한다.
학생들은 TPSR 활동에 성실한 노력을 쏟는다.	• 학생들이 TPSR 활동에 참여하는 모습을 관찰하면서 그들의 노력을 보여주는 일들을 주목한다.
학생들은 퇴보하지 않는다(낮은 수준으로 내려가지 않는다).	• 수준에 부합하는 학생 행동들을 관찰하고 현재 수준보다 낮은 수준의 행동을 보이는 학생 행동에 주목한다(간혹 퇴보가 있을 수 있으나 자주 일어나지 않음).

6) 학습 평가

개인적·사회적 책임감 모형은 Hellison이 제시한 5가지 수준의 책임감에 기초한다. 학생들은 수준별 행동들의 특징을 알고, 특히 현재 자기 수준의 행동을 일관성 있게 보여줄 수 있어야 한다. 현재 수준에서 일관성 있는 행동들을 보일 수 있으면, 점차 다음 수준의 의사결정과 행동을 보여줄 기회가 주어질 수 있다.

TPSR 모형에서 학생들은 책임감 수준 자체를 아는 것만으로 충분하지 않다. 그들은 적절한 의사결정과 행동을 통해 자신의 책임감 수준의 발전을 보여주어야 한다. 이 모형에서 평가의 많은 부분은 학생 자신의 학습 활동 내에서 이루어지므로 실제 평가가 되어야 한다.

- 책임감 수준에 의거한 지식의 평가

  TPSR 모형에서는 책임감의 수준이 학습 진도의 기초이기 때문에, 학생들은 각 수준이 무엇을 의미하고 각 수준에 어떠한 의사결정과 행동들이 포함되는지를 알아야 한다.

  교사는 학생에게 자신의 의사결정 사항이나 행동이 각 수준과 일치하는지를 알아보기 위해 간단한 지필 검사를 실시할 수 있다.

- 학생의 의사결정과 행동의 평가

  5가지 책임감 수준들은 TPSR 모형에서 학생들의 의사결정과 행동을 평가하기 위한 루브릭을 설계하는 데 활용될 수 있다.

  학생들이 학급에서 어떻게 활동하고 그 활동이 각 수준의 특성에 일치하거나 불일치하는 사례들을 찾아냄으로써, 학생들의 현재 수준을 규정짓는 적절한 의사결정과 행동 능력을 평가할 수 있다. 이러한 평가는 교사나 동료 학생에 의해 수행될 수 있다.

  예를 들어, 수준 3(자기 방향 설정)에 있는 학생은 테니스 수업에서 다음과 같은 의사결정과 행동들을 보여주어야 한다.
  - 교사 감독없이 과제 완수하기

- 자기 평가 수행하기
- 자기 목표 설정하기
- 부정적인 외부 영향에 저항하기

만약 그 학생이 수준 3의 지침을 잘 준수했다면, 수업 말미의 몇 분을 할애하여 다음과 같은 특별한 사건들을 '반성 및 상기'해 볼 수 있다.

"나는 선생님의 도움을 받지 않고 스트레칭 과제를 완수했다."
"스트레칭이 끝난 후, 나는 지체없이 내 연습과제에 착수했다."
"나는 수업이 끝나기 전에 5개의 훌륭한 서브를 연속적으로 넣겠다고 결심했다."
"창호가 내 연습을 방해하였지만, 나는 그에게 '노'라고 말하고 연습을 계속했다."

체크리스트를 활용한 평가 : 체크리스트를 활용하여 학생이 학급에서 자신의 책임감 수준에 맞는 의사결정 또는 행동하는지 알아볼 수 있다.

행동 계약 : 교사와 학생에 의하여 합의된 공식적인 계약에서, 학생에게 기대하는 행동들과 계약의 성공과 실패를 규정하는 행동들을 명확하게 규정하여 활용할 수 있다.

평가를 위한 학생과의 협의 : 개인적·사회적 책임감 모형에서는 평가 시에 교사들이 학생과 협의하는 것이 중요하다.

- 학생들은 평가 과정에 참여함으로써 체육에서 그들에게 직접적인 영향을 미치게 되는 의사 결정을 할 수 있다.
- 학생들은 모형의 핵심인 책임감이 따르는 실제적인 의사결정 방법도 배울 수 있다.

4. 교사 전문성 및 상황적 요구 조건

1) 교사의 전문성

- **신체 활동 내용**

  개인적·사회적 책임감 모형을 사용하는 교사는 대부분의 모형과 다른 방식으로 신체 활동 내용을 알아야 한다. 즉, 각각의 잠재적인 내용 영역이 어떻게 책임감의 5가지 수준에서 적절히 활용될 수 있는지를 알 필요가 있다.

  학생들의 책임감 발달을 위하여 각 수준에 맞는 신체 활동 내용을 알아야 한다.

- **학생 발달**

  우수한 교사는 학생의 발달, 특히 정서적 성숙과 사회적 기술에 대한 지식을 갖고 있다.

  학생들이 어떤 수준에서 자신의 의사결정과 행동을 통제할 만큼 성숙되지 않았다면, 교사는 학생들을 그 수준에 억지로 머무르도록 강요하지 말아야 한다.

- **환경 요인**

  개인적·사회적 책임감과 관련하여 드러내는 학생들의 행동과 태도들은 학교에서 학습된 것이 아니라, 가정이나 지역 사회에서 학습된 것이 학교 환경으로 전이되는 것이다.

TPSR 모형을 사용하는 교사는 학생들의 문제를 총체적으로 검토하기 위하여 학생 행동에 영향을 미칠 수 있는 환경 요인들에 대한 이해가 필요하다.

의사소통

TPSR 모형 실행의 핵심은 교사와 학생 간의 대화(dialogue)이다.

교사는 학생들에게 복합적인 신호를 보내거나 나중에 지킬 수 없는 사항에 대해 동의하는 것을 피하기 위해 명확하고, 직접적이고, 솔직하고, 일관성있게 의사소통해야 한다.

- **학생에 대한 권한 위임(권능감 부여)**

  개인적·사회적 책임감 모형의 중요한 학습 결과 중 하나는 학생들에게 신체 활동 환경과 관련하여 스스로 의사를 결정하고 수행하도록 권한을 부여하는 것이다.

  이는, 교사가 학생들로 하여금 그러한 결정을 하도록 돕고 그들이 긍정적·부정적 결과들을 모두 경험하도록 허용한다는 것을 의미한다.

2) 핵심적인 교수 기술

- **상담하기**

  개인적·사회적 책임감 모형에서 교사는 일종의 상담자이다. 교사는 관찰 대상 학생의 행동과 사회적으로 적합한 행동 사이의 차이를 이해하고, 학생이 그 부분의 문제점을 인식하고 의사결정을 향상하도록 도와준다.

- **경청과 질문**

  상담 과정의 핵심적인 요소는 듣는 것, 다시 말해서 학생들에게 의사결정과 행동을 설명할 기회를 제공하고 그들의 관점을 듣는 것이다.

  TPSR 모형에서 교사는 학생의 관점을 명확히 이해하기 위해 질문하는 법에 숙달해야 한다. 교사는 학생이 자신의 이야기를 명확히 하도록 고도로 숙련된 질문들을 사용해야 한다.

- **진실성 보여주기**

  진실성은 기술이 아닌 개인적 특성이다.

  TPSR 모형에서 교사는 학생들의 신뢰를 얻는 방식으로 그들과의 상호작용에서 진실성을 보여주어야 한다.

  학생들에게 진실성을 보여주고 신뢰를 얻는 또 다른 방법은 교사가 말이 아니라 실천으로 개인적·사회적 책임감의 본보기가 되는 것이다.

- **농담과 유머 감각의 활용**

  교사와 학생들은 각자의 감정을 표현하거나 공식적인 방법으로 의사결정을 내릴 때 매우 주저하는 경향을 보인다.

  TPSR 모형을 사용하는 교사는 학생들의 감정 표현이나 의사결정 과정이 덜 위협적으로 받아들여지도록 하는 방법과 개인적·사회적 책임감 지도 전략을 재미있게, 때로는 익살스럽게 사용하는 방법을 알아야 한다.

- 반성

    개인적·사회적 책임감 모형을 사용하는 교사는 지속적으로 학생들에게 그들의 의사 결정과 행동을 반성하도록 요구한다.

    예상치 못한 많은 의사결정과 행동이 요구되는 상황들이 있기 때문에 교사는 훌륭한 자기 반성 습관과 기술을 개발시켜야 한다.

3) 상황적 요구 조건

개인적·사회적 책임감 모형은 어떠한 환경에서도 사용될 수 있고, 어떠한 신체 활동 내용과도 결합될 수 있다.

개인적·사회적 책임감 모형의 사용 여부를 고려할 때, 교사는 시설, 요구, 시간 등과 같은 많은 맥락적 요인을 고려하지 않는다. 오히려 학생들의 현재 개인적·사회적 책임감 수준을 평가하여 추가적으로 책임감 발달이 필요한지를 판단하고, 그를 바탕으로 모형의 활용 여부를 결정한다.

Hellison이 대도시 중심가의 우범 지역에서 개인적·사회적 책임감 모형을 성립시켰기 때문에 많은 사람들은 이 모형이 오직 대도시에서만 유용한 것으로 오해하기도 한다. 그러나 이 모형은 개인적·사회적 책임감이 미숙한 모든 지역, 모든 학교의 학생들에게 적용할 수 있다.

4) 모형의 선정과 변형

- 학교 급별 적용 가능성

    개인적·사회적 책임감 모형은 다른 교수 모형들과 달리 학교 급별, 학년 수분에 따른 모형의 변형에 대한 지침이 없다. 책임감이 낮은 학년과 수준에서는 학습 전략과 활동들을 단순한 형태로 적용하되 책임감이 높은 학년과 수준에서는 학습 전략과 활동들을 좀 더 복잡한 형태로 적용한다.

- 다양한 학습자 수용 전략

    개인적·사회적 책임감 모형은 교사가 학생의 현재 책임감 수준을 정확히 평가하고 특정 전략들의 적용 방법을 알며 긍정적 의사결정과 사회적 상호작용 발달을 위한 안전한 학습 환경을 설계할 수 있다면, 청각, 시각, 지체, 언어, 행동 장애 학생들과 운동 기능이 낮은 학생들에게 모두 적용할 수 있다.

5. 지도 계획시 주안점

1) 개인적·사회적 책임감 모형 계획시 주안점

항상 각 학생의 현재 수준을 알고 학급 학생들의 가장 대표적인 수준에 맞춰서 수업활동을 계획하라.

TPSR 모형에서는 충분한 시간을 제공하는 것이 중요하다. 이 모형에서는 학습 과정이 학습 진보로 연결되므로, TPSR 전략이 효과를 발휘할 수 있을 만큼의 충분한 시간을 제공해야 한다.

학생이 낮은 수준에서 행동하고 의사결정을 할 때는 "퇴보"를 예상하고 학습 계획을 세워야 한다. 가능하면 서면 계약서를 활용하라. 서면 계약서는 교사와 학생이 함께 약속한 학습 활동에 대한 의문을 제거해 주며 부정적 상호작용을 예방해 준다.

이 모형에서는 개인적·사회적 학습이 다른 학습 결과들보다 우위에 있다. 만약 학생의 유형이 의사결정에 초점을 맞추어야 하는 경우라면, 기술 발달과 같은 부분의 시간이 줄어드는 것을 두려워할 필요가 없다.

2) 개인적·사회적 책임감 모형에 따른 체육수업 계획

체육에서 개인적·사회적 책임감 모형을 적용하는데 유용한 수업 형식들

개인적·사회적 책임감 모형에서는 수업 전략과 학습 활동들이 '요구에 근거하여'(on an as-needed basis) 결정되기 때문에, 정해진 수업 구조가 존재하지 않는다. 그러나 Hellison(2003)은 교사가 체육수업에서 TPSR 모형을 활용할 때 출발점으로 삼을 수 있는 5가지 수업 형식들을 제안하고 있다.

1. 상담시간(counseling time) : 상담은 보통 수업이 시작될 때 이루어지지만, 수업 중 언제라도 사용될 수 있다. 상담 시간 동안에는 교사가 개별 학생과 학급 전체를 연결시키려 노력한다. 교사는 학생의 생일을 알고, 학생의 특별한 성취결과에 주목하며, 학급에 새로 전입해 오는 학생을 환영한다. 더불어 교사는 학생의 장점을 강조하고, 그들의 의사결정에 대한 책임감을 상기시키며, 동기를 유발하는 이야기를 해 준다.

2. 인지 대화(awareness talk) : 상담 시간에 이어서, 인지 대화에서는 5가지 책임감 수준을 검토하고 개인 혹은 집단적으로 학생들의 현재 수준을 상기시킨다. 인지 대화는 학생들로 하여금 그들의 현재 수준을 설명하게 하고, 그들이 성취하고자 노력하는 다음 최고 수준에 해당하는 행동과 의사결정에 대한 사례들을 제공하는 시간이다. 인지 대화를 통해 학생들에게 수업 규칙을 준수하도록 설명하고 규칙을 지키지 않을 경우의 결과에 대해서도 알려 준다.

3. 수업 계획(the planned time): TPSR 모형은 정규적으로 계획된 수업 내용과 수업모형 내에서 사용된다. 일부 모형들, 즉 동료 교수 모형, 개별화지도 모형, 스포츠 교육 모형, 협동 학습 모형 등은 학생이 개인적·사회적 의사결정을 학습하고 실행하도록 보다 많은 기회들을 제공한다. 따라서 교사가 수업 계획에 개인적·사회적 책임감 지도를 포함시키고자 할 때 이들 모형들을 선택하여 활용할 수 있다. 학생들이 현재의 책임감 수준에 맞지 않는 의사결정이나 행동을 하는 것을 교사가 인지하게 될 경우, 본 장의 앞에서 제시된 학습 전략들을 활용한다.

4. 집단 회의(group meeting): 수업 내용이 완수되고 나면 학생들은 집단 회의를 통해 수업에 대한 자신의 의견을 표현하고 개선 방법을 제시한다. 이는, 다음 수업을 계획하는데 학생들의 발언권을 보장해주는 것이기 때문에, 학생들에게 권능감을 부여하는 활동이라 할 수 있다.

5. 반성 시간(reflection time): 수업의 마지막에 이루어지는 반성 시간은 학생들 자신의 현재 책임감 수준과 관련된 의사결정들과 행동들을 사고하고 반성하는데 활용된다. 교사는 학생들에게 수준에 적합한 행동을 나타낸 사례들과 그때보다 더 낮거나 높은 수준에 적합한 사례들을 이야기해 보도록 요청할 수 있다. 반성 시간은 사적으로(예 : "여러분이 자신의 현재 수준보다 얼마나 낮게 행동하는지 생각해 보겠니?") 혹은 공적으로(예 : "체육관을 나갈 때, 포스터에 수업 중 자신의 수준을 표시해 주렴.") 수행될 수 있는 일종의 자기 평가를 포함해야 한다.

참고문헌

강신복·손천택(2008). 체육교수이론. 서울: 보경문화사.
김대진(2012). 스포츠교육학 총론. 서울: 교육과학사.
류태호·이병준·이주욱·홍덕기(2024). 스포츠교육모형. 서울: 무지개사.
류태호·이병준·이주욱·이규일·임용석·홍덕기(2020). 학습자중심 체육교수론. 서울: 무지개사.
손천택(2015). 체육교수학습론. 서울: 교육과학사.
손천택·박정준(2018). 체육교수이론. 서울: 대한미디어.
안양옥·김기철(2012). 초등체육 교과교육론. 서울: 무지개사.
유정애(2003). 체육수업비평. 서울: 무지개사.
유정애 외(2007). 체육수업모형. 서울: 대한미디어.
이주욱·한동수·홍덕기(2022). 스포츠교육학에서 피드백의 개념 탐색. 한국스포츠교육학회지, 29(1), 55-76.
조미혜 외(2003). 체육 교수 스타일. 서울: 대한미디어.
최의창(2003). 체육 교사로 일하며 성장하기. 서울: 태근문화사.
Metzler, M.(2005). Instructional models for physical education(2nd ed.). Scottsdale, Arizona: Holcomb Hathaway, Publishers, Lnc.
Metzler, M.(2011). Instructional models for physical education(3rd ed.). Scottsdale, Arizona: Holcomb Hathaway, Publishers, Lnc.
Mosston, M., & Ashworth, S.(2002). Teaching Physical Education(5th ed.). San Francisco: B Cummings.
Rink, J.(1985). Teaching Physical Education for Learning(2nd ed.). Boston: McGraw-Hill.

찾아보기

[ㄱ]

가치적 피드백 • 123
가치형(evaluative) 질문 • 89
간격(동간) 기록법 • 33
간접 교수 • 84, 199
간접 기여 행동 • 81
개방 기능 • 221
개방 기술 • 56, 76
개별화 지도 모형 • 272
개인 교사 • 289
개인적·사회적 책임감 모형 • 380
게임 기술의 발달 • 76
게임수행평가도구(GPAI) • 247
결과 지식 • 55
계열적 기술 • 56
과제 간 전이 • 59
과제 내 전이 • 59
과제 발달 분석지 • 43
과제 제시 전략 • 220

과제 제한 • 54
과제 활동지 • 130
과제활동 전 결정군 • 121
과제활동 중 결정군 • 122
과제활동 후 결정군 • 122
관리 행동 • 51
관찰자 • 143
교수 기능 • 4
교수 기능 연습법 • 4
교수 기능의 발달 단계 • 5
교수 스타일 • 115
교수 스타일군 • 118
교수 행동 • 119
교정적 피드백 • 123
권한 위임 • 380, 383
귀인이론 • 58
규준 지향 평가 • 241
규준지향 평가 • 103

긍정적 연습 • 16
기능 연습 • 222
기준 용지 • 145
기준 점검표 • 201
기준의 서열 척도 • 201

[ㄴ]

내용 교수법(수업 방법, 교수 내용) 지식 • 204
내용 지식 • 204
내용 질문 • 233
내용 타당도 • 102
내용 행동 • 51
내용의 계열화 • 67
누적적인 설계 방법 • 157

[ㄷ]

다른 행동(무반응 행동) • 18
대안적 평가 • 247
대용 보상 체계 • 17
대용 보상 체계(토큰 시스템) • 17
대칭적 전이 • 58
독립적 학생 • 197
동료 교수 • 86
동료 교수 모형 • 288

동료 장학 • 23
동료 평가 • 100
동시 처리 • 12

[ㄹ]

루브릭 • 105, 244
리드-업 게임 • 222

[ㅁ]

메이거의 목표진술 • 91
명제적 지식 • 204
모사 • 118
모사 중심 스타일 • 130
목견적(육안) 관찰법 • 24
목표 • 119
문제 해결 과정의 5단계 • 349

[ㅂ]

반성적 교수 • 4
반응 대가 • 16
발견 역치 • 118, 128
발견·창조 중심 스타일 • 130
변형 게임 • 222

보상 손실 • 16

부분 연습 • 57

부적 강화 • 18

부적 처벌 • 18

분산 연습 • 57

분석적 교수 단위의 사정 • 21

불분명한 피드백 • 123

불연속 기술 • 56

비 대비 접근 • 115

비기여 행동 • 82

비언어 단서 • 230

[ㅅ]

사건 기록법 • 29

사색 • 125

사정 • 19

삭제 훈련 • 16

상규적 활동 • 13

상반되는 행동(부조화 행동) • 18

상호 교수 • 85

상호작용 교수 • 199

상호작용 분석 시스템 • 37

상호학습형(교류식) 스타일 • 141

상황 이해 • 12, 145

상황적 지식 • 205

세련 과제 • 72

세분화 • 14

수렴발견형 스타일 • 168

수렴적(폐쇄형) 질문 • 234

수렴형 사고 • 127

수렴형(convergent) 질문 • 89

수시 평가 • 240

수업 운영 질문 • 233

수업 운영(관리) 게임의 이용 • 11

수업모형 • 95

수업의 주도성 • 198

수업지도안 양식 • 95

수행 지식 • 55

수행 평가 • 104, 247

수행자 • 143

스크리미지 • 223

스테이션 교수 • 86

스펙트럼 • 116

스포츠 교육 모형 • 327

시간중심 전개 • 215

시작(제시, 정보) 과제 • 72

시즌 • 339

신뢰도 • 102

신호 간섭 • 13
실제 평가 • 247
실제 학습 시간 • 3
실제 학습시간 • 38
심동적 영역 • 211

[ㅇ]

언어 단서 • 230
에피소드 • 10, 133
여세 유지 • 12
역동적 체계 이론 • 54
역할 수행 • 223
연속적 기술 • 56
연습형 스타일 • 136
연합 단계 • 54
예방적 수업 • 10
완전 교수 사정(평가) 모델 • 20
완전학습중심 전개 • 215
요소 점검목록표 • 159
요청 장학 • 23
유기적 제한 • 54
유도 발견형 스타일 • 161
유연한 수업 전개 • 12
이해중심 게임지도 • 363

인지 단계 • 54
인지 이론 • 53
인지 전략 • 88
인지적 불일치 • 125
인지적 영역 • 92, 210
인지적 영역의 6단계 분류 • 347
일화 기록법 • 25
임상 장학 • 23

[ㅈ]

자기 기록법 • 36
자기 장학 • 23
자기교수 전략 • 87
자기설계형 스타일 • 182
자기점검형(자검식) 스타일 • 147
자기주도형 스타일 • 187
자기학습형 스타일 • 191
자동화 단계 • 54
장학 • 22
적극적 연습 • 16
적용/평가 과제 • 72
전술 게임 모형 • 363
전이 • 383
전체 연습 • 57

전통적 평가 • 242
전향적 연습 • 16
전환시간 관리 • 64
절차적 지식 • 204
점검표 • 26
접근 통제 • 13
정보처리 이론 • 53
정의적 영역 • 93, 211
정적 강화 • 17
정적 처벌 • 18
조작 단서 • 230
좋은(바람직한) 행동 게임 • 17
준 폐쇄 기술 • 76
준거 지향 평가 • 241
준거관련 타당도 • 102
준거적 과정 변인의 사정 • 21
준거지향 평가 • 103
중립적 피드백 • 123
지도 방법 지식 • 204
지속시간 기록법 • 30
지시형(명령식) 스타일 • 132
직관적 판단법 • 24
직소 • 317
직접 교수 • 84

직접 교수 모형 • 253
직접 교수 모형 수업의 6단계 • 254
직접 기여 행동 • 79
직접적 지도 • 3
진단 평가 • 103, 240
집단 경각 • 12
집단적 시간표집법(순간표집법) • 35
집중 연습 • 57

[ㅊ]

창조 • 118
체계적인 관찰(평가) 방법 • 28
체육 실제 학습 시간 • 21
체육수업에서의 평등 • 216
체육수업의 생태 • 7
체육의 실제 학습 시간(ALT-PE) 분석 시스템 • 37
체크리스트 • 100, 105
초대에 의한 교수 • 221
총괄 평가 • 240
총괄평가 • 100, 103
축소수업 • 4
측정 • 19

[ㅌ]

탐구 수업 모형 • 346

통제의 소재 • 58

퇴장 • 16

팀 게임 토너먼트 • 315

팀 스포츠 평가 • 340

팀 티칭 • 88

팀-보조 수업 • 316

[ㅍ]

평가 • 19

평정척도 • 27, 100, 105

폐쇄 기능 • 221

폐쇄 기술 • 56

포괄성 • 199

포괄형(포함식) 스타일 • 153

포트폴리오 • 244

프리맥의 원리 • 18

피드백 • 123

피드백의 일치도 • 230

피아제의 인지 발달 단계 • 59

[ㅎ]

학생 팀-성취 배분 • 314

학생 평가 기록지 • 202

학생 행동 • 119

학습 단서 • 70

학습 선호도 • 197

학습 센터 • 222

학습 영역의 우선순위 • 258

학습 참여 형태 • 200

학습의 우선순위 • 196

학습자와 학습자 특성 지식 • 204

학습자 반응 기회(OTR) • 7

행동 계약 • 16

행동 공표 • 16

행동 목표 • 236

행동 질문 • 233

행동 훈련 • 255

행동수정 • 14

행동주의 이론 • 53

협동 학습 • 86

협동 학습 모형 • 303

형성 평가 • 240

형성평가 • 99

형성평가 • 103

Index 찾아보기

확대(확장) 과제 • 72
확산발견형 스타일 • 173
확산적(발산적, 개방형) 질문 • 234
확산형 사고 • 127
확산형(divergent) 질문 • 89
확인 장학 • 23
환경적 제한 • 54
활동 일지 • 243
활동-지도-활동 • 223
회상형(memory) 질문 • 89
회피적 학생 • 197

[기타]

30초 질문 • 101
Bloom의 분류 • 233
GPAI • 374
O - T - L - O 관계 • 119
Shulman의 고사 지식 • 204
Siedentop의 완전 교수 사정(평가) 모델 • 19
T - L - O 관계 • 119

저자 약력

박명기
- 서울대학교 학사, 석사
- 노스캐롤라이나대학교 박사
- 전) 서울교육대학교 교수
- 현) 대원스포츠연구소 소장

이병준
- 서울대학교 학사, 석사
- 고려대학교 박사
- 전) 서울시교육청 중등교사
- 현) 경상국립대학교 체육교육과 교수

이주욱
- 명지대학교 학사
- 고려대학교 석사, 박사
- 전) 대전, 세종, 충남 지역혁신플랫폼 지역혁신센터장
- 현) 충남대학교 체육교육과 교수

홍덕기
- 고려대학교 학사, 석사
- 노스캐롤라이나대학교 박사
- 전) 노던아이오와대학교 교수
- 전) 문화체육관광부 스포츠혁신위원회 제3분과 위원장
- 현) 경상국립대학교 체육교육과 교수

체육교수론 [개정 2판]

2025년 2월 24일 인쇄
2025년 3월 4일 발행
편저자 | 박명기·이병준·이주욱·홍덕기
펴낸곳 | 레인보우북스
주　소 | 서울특별시 관악구 신림로 75 레인보우 B/D
전　화 | 02-2032-8800
팩　스 | 02-871-0935
이메일 | min8728151@rainbowbook.co.kr

값 25,000원
ISBN 978-89-6206-565-7　93690

＊ 본서의 무단복제를 금하며, 잘못된 책은 구입한 곳에서 교환해 드립니다.